Miguel Luengo Angulo

## LA ARQUITECTURA RADICAL
Cinco puntos para una redescripción teórica

Luengo Angulo, Miguel
   La arquitectura radical: Cinco puntos para una redescripción teórica / Miguel Luengo Angulo. - 1a ed . - Ciudad Autónoma de Buenos Aires : Diseño, 2021.
   400 p. ; 21 x 15 cm. - (Textos de arquitectura y diseño / Camerlo, Marcelo)
   ISBN 978-1-64360-392-6
   1. Arquitectura . 2. Historia. 3. Investigación. I. Título.
   CDD 720.1

Textos de Arquitectura y Diseño

Director de la Colección:
Marcelo Camerlo, Arquitecto

Diseño de Tapa:
Liliana Foguelman

Diseño gráfico:
Cecilia Ricci

Hecho el depósito que marca la ley 11.723

La reproducción total o parcial de esta publicación, no autorizada por los editores, viola derechos reservados; cualquier utilización debe ser previamente solicitada.

© de los textos, Miguel Luengo Angulo
© de las imágenes, sus autores
© 2020 de la edición, Diseño Editorial

ISBN 978-1-64360-392-6
ISBN EBOOK: 978-1-64360-393-3

Abril de 2021

Miguel Luengo Angulo

LA ARQUITECTURA RADICAL

Cinco puntos para una redescripción teórica

diseño

# LA ARQUITECTURA RADICAL
## Cinco puntos para una redescripción teórica

*No hay objeto más profundo, más misterioso, más fecundo, más tenebroso, más deslumbrador, que una ventana alumbrada por una vela. Lo que se puede ver al sol es siempre menos interesante que lo que sucede detrás de un vidrio. En ese agujero negro o luminoso vive la vida, sueña la vida, sufre la vida.*

*Más allá de las olas de los tejados advierto a una mujer madura y ya arrugada; una mujer pobre siempre inclinada sobre algo y que no sale jamás. Con su rostro, con su vestimenta, con su gesto, con su casi nada, rehago la historia de esta mujer, o más bien su leyenda y a veces me la relato a mi mismo, llorando.*
(Baudelaire, 2010; 76)

"A mis hijas, Martina y Julieta; a mis padres, Carlos y María Jesús; y a Romina.

Todo lo que este texto se acerque a la belleza es para vosotros".

# ÍNDICE

| | |
|---|---|
| 10 | INTRODUCCIÓN |
| 16 | EL DESVÍO COMO ÚNICA SALIDA AL CALLEJÓN DE LA MODERNIDAD TARDÍA |
| 22 | Elección de los casos |
| | |
| 24 | 1. POSMODERNIDAD |
| 25 | PRÓLOGO-POST |
| 25 | Compañeros de viaje |
| 31 | Inventarios formales. Hacia una posmodernidad performativa |
| 34 | LYOTARD, JAMESON, BAUDRILLARD: RELATOS ENTRE LA ARQUITECTURA Y LA FILOSOFÍA |
| 34 | Lyotard. La sistematización de los pequeños relatos |
| 44 | Jameson y el pastiche |
| 48 | Baudrillard. Arquitectura de la imagen y el simulacro |
| 54 | TEORÍAS POSMODERNAS OFICIALES. ANEXO PARALÓGICO |
| 62 | BARTHES Y LA SUBVERSIÓN DEL TEXTO |
| 67 | EL ARTE COMO CORRELATO POSMODERNO |
| 69 | FOUCAULT Y LA INVENCIÓN DE LAS HETEROTOPÍAS |
| | |
| 72 | 2. CIUDAD |
| 73 | EN LA CIUDAD (RADICAL) |
| 73 | Polisemia urbana |
| 77 | Radical©ity. Adiós tradición |
| 82 | La ciudad de Archigram. El simulacro urbano |
| 86 | ESCALÍMETRO DE URBANISMO RADICAL |
| 87 | ESCALA XL. SUPERCIUDADES: |
| 88 | Megaestructura aparentes |
| 96 | Mecanismos alegóricos |
| 103 | Metaurbanismo y conflicto |
| 108 | ESCALA M: CIUDADES-AMBIENTE |
| 110 | Urbanismo para los sentidos |
| 113 | Ciudad-Parásito |
| 117 | Activadores instantáneos |

| | |
|---|---|
| 122 | ESCALA S: CIUDADES-CUERPO |
| 124 | Lo cercano: Exoambientes |
| 127 | Lo interior: Endoambientes |
| 129 | Ciudades-objeto |
| 131 | ESCALA XS: MICROCIUDADES |
| 131 | Pequeños rituales |
| 133 | El mundo del Design |
| | |
| 136 | 3. ARTE |
| 137 | TENTANDO AL ARTE |
| 140 | LA FUSIÓN ARTE-VIDA EN LA INTERNACIONAL SITUACIONISTA |
| 142 | EXPANDIENDO FRONTERAS. EL ARTE COMO HORIZONTE |
| 144 | HACIA UNA ARQUITECTURA POP |
| 149 | Preludios Pop. Archigram |
| 151 | Venturi en clave formal |
| 152 | Radicalmente pop |
| 156 | Escalas pop |
| 158 | Pop-tech architecture |
| 161 | Pop italiano |
| 162 | Perversiones Pop |
| 163 | CONTAMINACIÓN MINIMALISTA |
| 167 | Escalas y retículas |
| 171 | Materia mínima |
| 173 | HAPPENINGS. LA ACTIVACIÓN DEL AMBIENTE |
| 175 | El Happening social. Ugo la Pietra |
| 180 | Austria en clave performativa |
| 184 | La construcción del ambiente político. UFO |
| 186 | El happening semántico. Gianni Pettena |
| 190 | El ritual. Tras la estela Fluxus |

| | |
|---|---|
| 193 | AUMENTANDO LA ESCALA. LAND ARCHITECTURE |
| 198 | *Matériels trouvé* |
| 203 | HACIA LA INDISCIPLINA DESDE EL (TERRITORIO) ARTE |
| | |
| 204 | **4. INDISCIPLINA** |
| 205 | Convocando a la indisciplina |
| 206 | ESTRATEGIA E INTERPRETACIÓN (IN)DISCIPLINADA |
| 207 | ¿QUIÉN TEME A LA MODERNIDAD? |
| 209 | El paradigma moderno como corsé |
| 210 | EL PARADIGMA COMO CORSÉ NORMATIVO |
| 211 | Tabula rasa y novedad |
| 212 | Parejas conceptuales: Sujeto-Objeto |
| 213 | Tecnología y mecanicismo |
| 215 | (IN)DISCIPLINAS PREVIAS |
| 215 | Robert Venturi |
| 220 | EL FENÓMENO AUSTRÍACO |
| 222 | Los hinchables |
| 223 | Contexto cultural |
| 229 | Radicalmente tecnológico |
| 236 | Ligero, más ligero |
| 243 | Simbolismos renovados |
| 247 | EL RING ITALIANO |
| 247 | Arquitectura (radical) o revolución |
| 260 | Utopías y herramientas |
| 263 | Profundidad simbólica |
| 267 | INDISCIPLINAS LÚDICAS. HACIA EL JUEGO |
| | |
| 272 | **5. JUEGO** |
| 273 | JUGANDO A LA ARQUITECTURA |
| 274 | Aproximación táctica al concepto |
| 279 | JUEGOS PRELIMINARES EN ARTE Y ARQUITECTURA |
| 282 | INTRODUCCIÓN (LÚDICA) A LAS TEORÍAS DEL JUEGO |
| 282 | *HOMO LUDENS RADICALIS*. JOHAN HUIZINGA |
| 286 | Redundancia y exageración |

| | |
|---|---|
| 287 | Acotando el terreno de juego |
| 289 | Ficciones radicales |
| 293 | Respetando las reglas del juego |
| 295 | HEDONISMO Y ARQUITECTURA |
| 296 | El Potlach y las marmitas radicales |
| 288 | El concurso. Fracasos gloriosos |
| 302 | LA ACTUALIDAD DEL JUEGO. HANS-GEORG GADAMER |
| 303 | ¿Movimientos inútiles? |
| 307 | Autonomía y consciencia |
| 309 | Rellenando la obra radical |
| 313 | Fósiles lúdicos: La fiesta |
| 315 | CONTINGENCIA E IRONÍAS DEL JUEGO. RICHARD RORTY |
| 320 | Distancias radicales: Mass media y tecnología |
| 321 | Ironía escalar y descontextualización |
| 323 | Metarrealidad y simbolismo |
| 324 | Italia irónicamente radical |
| 326 | La ironía alegórica: Dream beds |
| 328 | La construcción del espacio irónico: Los Gazebos |
| 330 | Crítica ironista periférica |

332 **6. RECAPITULACIÓN**
333 EXODUS, O LOS PRISIONEROS VOLUNTARIOS DE LA ARQUITECTURA

346 **EPÍLOGO**
347 LOS CINCO TERRITORIOS RADICALES

353 **DIAGRAMA SOCIO-CONTEXTUAL**

360 **ENTREVISTA A ADOLFO NATALINI (SUPERSTUDIO)**

368 **CONVERSACIÓN CON GIANNI PETTENA**

380 **BIBLIOGRAFÍA**

# INTRODUCCIÓN

*Este libro nació de un texto de Borges. De la risa que sacude, al leerlo, todo lo familiar al pensamiento-al nuestro: al que tiene nuestra edad y nuestra geografía-, trastornando todas las superficies ordenadas y todos los planos que ajustan la abundancia de seres, provocando una larga vacilación e inquietud en nuestra práctica milenaria de lo Mismo y lo Otro. Este texto cita "cierta enciclopedia china" donde está escrito que "los animales se dividen en a)pertenecientes al Emperador; b) embalsamados, c)amaestrados, d)lechones, e) sirenas, f)fabulosos, g) perros sueltos, h) incluidos en esta clasificación, i) que se agitan como locos, j) innumerables, k) dibujados con un pincel finísimo de pelo de camello, l) etcétera, m) que acaban de romper el jarrón, n) que de lejos parecen moscas". En el asombro de esta taxonomía, lo que se ve de golpe, lo que, por medio del apólogo, se nos muestra como encanto exótico de otro pensamiento, es el límite del nuestro: la imposibilidad de pensar* esto. (Foucault, 1966: 12)

Este libro podría haber nacido del mismo texto de Borges (Borges. J. L, 1960a: 142). De la fascinación superpuesta de una clasificación imposible y, sin embargo, real. Y es que, aunque entendamos el mundo mediante las ideas, la forma de describirlo es a través del juego de las palabras, del lenguaje como productor de metáforas.

La sucesión escogida y ordenada de éstas compondrá, como veremos, un viaje personal y crítico que analiza conceptual y sistemáticamente un periodo fugaz pero energético que se ha etiquetado como *Arquitectura Radical*. Éste se produce esencialmente en Europa entre los años 1960 y 1975 con el propósito de replantear la disciplina arquitectónica desde el origen (de ahí su naturaleza esencial, fundamental), desplazando el entendimiento del oficio desde el rutinario del arquitecto como constructor hacia el expandido territorio de la reflexión sobre el mundo y la competencia del arquitecto para interpretarlo y actuar en él.

A este heterogéneo movimiento pertenece una generación distanciada de la modernidad y sin implicación directa en la segunda guerra mundial pero situada en el complejo marasmo de un mundo post-industrial identificable con la producción y comunicación a escala planetaria; un escenario de cambio y sospecha que legitima el fin de toda visión idealista, la caída del optimista y teleológico proyecto moderno para el advenimiento de lo real con sus contradicciones y defectos.

Los proyectos aquí analizados manifiestan este desconcierto en prácticas raramente "constructivas" sino transgresoras, críticas y comprometidas. En ocasiones legibles desde el cercano mundo de las segundas vanguardias artísticas (pop art, minimalismo, land art, performance art...), de la crítica político-social, la mediación del cuerpo o la preocupación y el activismo ambiental.

Todo ello destinado a impugnar el mundo recibido al hacer visibles sus paradojas y desvelar lo absurdo de una disciplina que sigue empeñada en definirse desde aspectos formales, estilísticos para desviarse hacia una arquitectura fáctica, operativa y que actúe sobre lo real... aunque no construya nada (sobre todo no construyendo nada).

Un texto/proyecto/tesis resumido en 2 palabras (indisciplina y juego) que convocan 3 territorios donde se representan y despliegan (posmodernidad, ciudad, arte). Número 5 que no tiene la voluntad secreta de iluminar (7, las lámparas de Ruskin) el camino *radical* ni de apuntar *propuestas para el próximo milenio (6, el libro de Calvino)*. Una enumeración paradójica y confesamente intuitiva al principio aunque seguramente certera y útil al final.

Con sus fisuras a habitar, y de conclusiones tan locales como contingentes (como no puede ser de otra manera tras la caída de la modernidad), pero con la esperanza de que el texto encuentre legitimación en su propia presencia. La hermenéutica de un texto codificado en esos 5 escenarios, quizás como tributo numérico radical al inabarcable Le Corbusier (Le Corbusier, 1998) o como guiño a los (5) actos fundamentales de Superstudio (Superstudio, 1972c: 27-31).

Como veremos en el primer capítulo, el texto aquí presentado puede entenderse como un producto cultural posmoderno; como otro desplazamiento desde la producción a la reproducción en resonancia con la idea de autenticidad propuesta en *La obra de arte en la época de la reproductibilidad técnica* (Benjamin. W, 2003a; 39) y con el *déjà lu* acuñado por Barthes (en Wallis, B. 2001: 172). La redescripción está servida y los criterios diferenciadores planteados (al ser construcciones opresivas, ficticias y limitantes, como hemos sugerido) se verán sobradamente superados por la amplitud de los conceptos manejados; su trasvase entre los 5 capítulos será inevitable y beneficiosa. De la misma manera los proyectos analizados voluntariamente navegan entre las categorías enunciadas, alejándose de representaciones fijas para abrirse a nuevas interpretaciones, para crear nuevas posibilidades. Cuando esto no suceda de forma natural animamos a forzar la prueba.

Pero, ¿como funciona esta investigación? Siguiendo a John Cage (y él a Duchamp, al surrealismo...) y emulando a Gertrude Stein: " A rose is a rose, is a rose, is a rose..." entre las palabras-clave no habrá ligazón, no hay sustancia. En el trabajo aquí re-presentado se rompe el juego de relaciones compositivas que podrían atar las palabras y éstas aparecerán (apropiándome de la jerga del minimal art) una tras otra. Desde Borges, Foucault, Barthes... se asume como forzada la aceptación acrítica de categorizaciones o clasificaciones positivistas (modernas) como las geográficas, cronológicas o estilísticas (sobre todo ésta) y nos instalamos en la duda posmoderna de la heterotopía. La ligazón de las partes será su mera proximidad proponiendo una especie de orden argumental topológico.

Como veremos más adelante el marco temporal (1960-1975) se apoya en la historiografía y la documentación existente que ha rigidizado el marco de entendimiento y el posicionamiento crítico de estos agentes en esa cronología exacta. La publicación de Gianni Pettena (Pettena, G. 1996) ratifica y parece legitimar dicha opción no encontrando nosotros la necesidad de plantear registros alternativos.

El autor entiende oportuna esta investigación al documentar, ordenar y analizar un movimiento de auténtica vanguardia arquitectónica (en sentido literal, de avanzar por delante-de). De hecho la *Arquitectura Radical* quizás sea la última vanguardia real (frente al Koolhaas de los metabolistas) al colocarse junto a la realidad para proponer alternativas conscientes, elaboradas y críticas con un nivel de lucidez y oportunidad (a veces oportunismo) que siguen resultando inspiradoras en la actualidad.

No definiremos aquí dicho movimiento, su correcta re-presentación es (de hecho) uno de los propósitos del libro. Sí avanzaremos que la

*Arquitectura Radical* la formaron operadores decididos a desbordar el ámbito de la arquitectura como hecho construido (o construible) para erosionarla y perpetuar un linaje indisciplinado y juguetón que la asume como forma de pensamiento, como lenguaje propio y por eso más allá de los límites de la construcción. Lugar inmerso en un caldo cultural más amplio, comprometido y militante con la sociedad a la que pertenece y a quien representa como otro actor más.

Como hemos avanzado, los tres territorios predilectos donde ensayar los dos filones que justifican la investigación se adelantan (ver capítulo siguiente) a la *condición posmoderna* (Lyotard, publicado originalmente en 1979) como desplazamiento socio-cultural posteriormente hegemónico e indiscutible y, de alguna manera, se desarrollan como forma de indisciplina por su oposición a la modernidad heredada.

En el segundo capítulo verificaremos dicho desplazamiento posmoderno en su relación con el lúdico mundo del *arte* (desprovisto de la gravedad y seriedad anterior) y posteriormente en su aplicación a la *ciudad*; espacio privilegiado donde se testa la convivencia del instrumento regulador, optimista y teleológico de la modernidad, es decir, el planeamiento urbano y su fracaso por la irrupción de los diferentes agentes sociales -negros, mujeres, gays...- junto a las diferentes formas de interpretación de lo urbano y sus modelos legitimadores.

Finalmente, y de forma directa, testaremos el desplazamiento de la indisciplina y el juego como filones arquitectónicos en capítulos autónomos.

Matizaremos, como en Moby Dick: *No deben considerarse estos extractos, este amasijo de declaraciones sobre la ballena (*sustituir el animal por *Arquitectura Radical), como un evangelio de la cetaceología. No debe ocurrir esto de ningún modo. Si estos extractos, por lo general de autores antiguos, ofrecen algún valor o interés, es debido en todo caso al conocimiento panorámico que proporcionan de todo lo que se ha dicho, pensado, imaginado o cantado, completamente al azar, sobre el leviatán, por numerosas generaciones de pueblos, incluido el nuestro.* (Melville, H. 2010: 25)

Además de no ser un catálogo completo sobre Arquitectura Radical este libro tampoco pretende demostrar que los agentes arquitectónicos de los años 60 y 70 jugaban mucho o bebían de fuentes ajenas a la propia disciplina para "inspirarse" y crear "arquitectura" (y mucho menos "estilos arquitectónicos"). Resulta evidente que el arquitecto de cualquier época, como cualquier otro miembro de un engranaje cultural complejo y variado, está sometido a muy diferentes estímulos que nutren, estimulan y condicionan su actividad. La política, la filosofía, el cine, la literatura, el arte, los comics, etc... formaban parte (en ocasiones activa) de la agenda colectiva coetánea y alimentaban su imaginación y maquinaria creativa.

Lo que pretende mostrar esta investigación es la alteración del paradigma arquitectónico moderno que dichos agentes habían heredado mediante la incorporación directa de otras disciplinas y del juego como herramientas; incorporando nuevos protocolos específicos y ejemplos susceptibles de imitación y sobre los que avanzar para la consolidación de un nuevo *paradigma*. (Kuhn, 1971)

En los radicales verificaremos un auténtico ejercicio de posmodernidad cultural. Esto es, los agentes arquitectónicos de esta época no se sumaron a la disciplina moderna diseñado llamativos hinchables, ciudades ilimitadas, píldoras verdes, explosiones o tumbas abiertas sino que desplazaron el paradigma moderno; la arquitectura y su sistema de validación a partir de los agentes a estudio ya no será el mismo.

De la posibilidad de que estos dos filones sean auténticos motores de desplazamiento disciplinar en la arquitectura actual también tratará este trabajo en sus conclusiones.

La hipótesis inicial es sencilla: Se tratará de verificar, desde la producción radical, que la arquitectura es una disciplina que avanza por el desplazamiento a nivel general (de intereses, técnico, formal, estético, político, social...) de dos conceptos, la indisciplina y el juego. Es decir, que los cambios importantes en arquitectura suceden cuando los *agentes* arquitectónicos (expresión de los radicales) voluntaria y conscientemente se saltan las reglas del juego y se divierten.

En esta introducción también parece razonable justificar que la heterogeneidad (evidente y cierta) de las propuestas radicales no imposibilitan su análisis conjunto. En el texto veremos como, a pesar de sus diferencias, todos ellos comparten una mirada *distinta* hacia la disciplina (entendida como lenguaje heredado) asumiendo:

1- Cierta intrascendencia lúdica como algo inherente a cualquier producto cultural posmoderno (incluida la arquitectura, naturalmente)

2- Su adscripción indisciplinada donde la arquitectura NO se autojustifica desde la construcción lógica (matices conceptuales a posteriori) y rechaza cualquier inercia formal, decorativa u ornamental heredada de la tradición. Los agentes radicales no obedecen el dictado moderno de que los nuevos materiales son los encargados de construir (literalmente) las nuevas arquitecturas, sino que la nueva arquitectura (o una simple silla) solo se producirá si encontramos justificación social, teórica y crítica para formularla (Pettena, 1996: 165). Su ocupación principal, como veremos, será el desmantelamiento (a lo *Cremación* de Baldessari) de convenciones y rutinas acríticamente repetidas en una producción desacostumbrada, extraña, híbrida y ambigua. Proyectos tan nuevos y emancipados en "arquitecturas" que los guardianes de la academia se han encargado de desestimar como ejercicios impropios, utópicos y (en definitiva) antidisciplinares.

## EL DESVÍO COMO ÚNICA SALIDA AL CALLEJÓN DE LA MODERNIDAD TARDÍA

*Esta postura acepta como determinante histórico que la modernidad cada vez tiene menor validez como proyecto radical y propone un conjunto de opciones y estrategias más heterogéneas como "hipótesis de trabajo" a fin de averiguar qué es la arquitectura y cómo puede funcionar críticamente.* (Wallis, 2001: 14)

Sin necesidad de profundizar, y como se desprende de una lectura rápida del texto, el hilo argumental no será lineal ni diacrónico (difícilmente podría serlo en el periodo de las heterotopías y post Borges) sino que se producirá por pura acumulación de información y superposición conceptual. La reunión de agentes diversos en asociación dialéctica formulará las diferentes hipótesis para su eventual verificación. La yuxtaposición como método analítico/creativo.

Se ha apuntado que la AR desdeña la modernidad, pero el rechazo moderno no hubiera sido suficiente ya que dicha negativa solo señalaba hacia donde no había que mirar, esto es: al capítulo academicista Beaux Arts inmediatamente anterior. Hacía falta proponer y apostar por referencias alternativas y para ello utilizaremos a Le Corbusier, radical y vanguardista agente moderno con una capacidad sintética excepcional, quien nos deja testimonio de esta nueva mirada antidisciplinar. Las ocho imágenes de la conocida conferencia en la Sorbona el 12 de junio de 1924 ilustran (Sancho. J. C. 2000: 133) la posibilidad de que la disciplina se nutra de no-arquitecturas para su renovación, quizás para la propia supervivencia.

De las 8 imágenes, únicamente 2 pertenecen a "arquitecturas" reconocidas: Un detalle del Partenón y la escalera Laurenciana de Miguel Ángel. El primero como reconocimiento del genio griego en la creación de un sistema plástico acorde con su época y como modelo o inspiración para la creación de otro sistema para el siglo XX; y el segundo como eslabón verdaderamente arquitectónico que provocaba la *raison poetique* tan arraigada en el entendimiento plástico de Le Corbusier (Sancho. J. C. 2000: 137).

Las 6 imágenes restantes pertenecen a otros campos: Silos de grano en Canadá, Hangares de Orly, un Cuadro de Picasso, Nueva York, una Puerta Blindada y un Avión Blèriot. Resulta esclarecedora, y bella, la afirmación teórica implícita en esta secuencia de imágenes que confeccionan una síntesis visual del abanico de múltiples influencias del contexto histórico al que pertenece el arquitecto francés. La arquitectura como la conocemos ha muerto, viva la arquitectura.

Encontrar el filón del juego en los textos de Le Corbusier (sobre todo en los primeros) resulta, en opinión del autor, más complicado que en su arquitectura, latente al principio de su obra para manifestarse literalmente en su producción madura (por ejemplo en Ronchamp, el Centro Olivetti o la Casa del hombre en Zurich-1963). Es decir, *Vers Une Architecture* (Le Corbusier, 1923) es un manifiesto revolucionario e incendiario tan severo, urgente y comprometido con los principios teleológicos pertenecientes a su tiempo que prácticamente imposibilitan su adscripción al territorio del juego y lo lúdico. Sin embargo, incluso en el universo moralista construido por éste, se escapan referencias que apuntan a la necesidad del disfrute, la alegría o el juego: *Los ingenieros son sanos y viriles, activos y útiles, morales y alegres* (Le Corbusier, 1998: 6). De hecho, en el inevitable filtrado "popular" que sufre cualquier forma de conocimiento o creación humana, el libro mencionado se recuerda (es memorable) por el primer párrafo de la PRIMERA ADVERTENCIA: EL VOLUMEN, en el que LC define la arquitectura como *el juego sabio, correcto y magnífico de los volúmenes reunidos bajo la luz* (Le Corbusier, 1998: 16).

a. Silos a grains (Canadá)
b. Hangars d'Orly
c. Tableau de Picasso
d. Parthénon
e. Escalera Laurenciana (Miguel Ángel)
f. New York
g. Porte de safes
h. Avion Blériot

Podemos observar, sin entrar apenas en las diferencias semánticas entre el idioma francés y el español, como la condición de armazón de cierto carácter lúdico participa incluso en el Le Corbusier más programático y enojado. Basta pensar que palabras como engranaje, conjunto o combinación podrían haber sustituido eficazmente (y seguro que más coherentemente con el pensamiento "maquínico y objetivo" del arquitecto en esa época) a dicho sustantivo. Incluso la elección (sobre todo la elección) de las palabras nos induce a pensar que lo lúdico formaba parte del universo inventado y re-presentado en el texto cuando leemos que *"una catedral (gótica) no es muy hermosa y buscamos en ella compensaciones de orden subjetivo (...) La catedral no es una obra plástica; es un drama: la lucha contra la fuerza de gravedad, sensación de orden sentimental"* (Le Corbusier, 1998: 19). Si lo NO-arquitectónico de una catedral es un drama quizá sea porque lo arquitectónico está más cercano a la comedia, a lo que place porque divierte a los sentidos "dentro" de la plástica.

Y a partir de estos mimbres modernos podemos aterrizar en el universo radical, ineludible territorio de la renovación gracias a la emergencia de referencias extrañas a una disciplina rutinaria. Parece posible y contaminador, como prólogo visual y remate de la introducción, componer el reflejo de la mítica lámina de LC siguiendo las pautas de la vanguardia italiana y austríaca de los agentes a estudio. De esta manera, asumiendo el papel fundamental que la imagen tiene en esta investigación, ofrecemos un posible *alter ego* ilustrado como rótula del siguiente capítulo. 8+8 imágenes que nos servirán para afinar el tono, sentar la pauta, contaminar, preceder a lo que está por venir, donde se reconocerá la Arquitectura Radical como el auténtico, genuino producto posmoderno.

a. Bomba atómica de Hiroshima.
6 de agosto de 1945
b y d. Apolo 11. 20 de julio de 1969
c. París. 6 de mayo de 1968
e. Pop Art. Peter Phillips.
Custom Painting, 1962
f. Sólidos de Filebo
g. Ruinas en México
h. Land Art. Walter de María

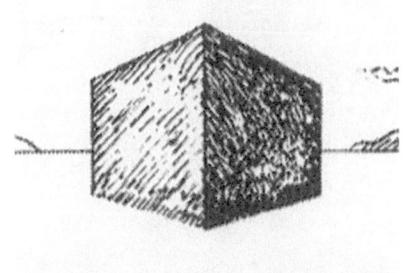

## Elección de los casos

El periodo de análisis se inscribe en el ámbito temporal y cultural de la Arquitectura Radical, una etapa de unos 15 años que se inicia embrionariamente con la caída de las certezas modernas en 1960 y que termina aproximadamente en 1975, tras la disolución de los principales equipos radicales. En la elección de los casos ha primado la representatividad y validez que adquirían dentro de la estructura general. Para nuestra sorpresa nos encontramos con que la primera imagen representa el solape entre la arquitectura clásica y una tienda de campaña y varias de las últimas nos muestran ciudades en el espacio, es decir, iniciamos con un caso paradigmático de ironía y desamor entre construir y representar y acabamos con un ejercicio fascinado por las posibilidades técnicas de la época: esta continuidad no se refleja en el texto, que dice otras cosas. La investigación no presenta carácter diacrónico ni continuidad escalar con las modificaciones disciplinares y lúdicas que los agentes radicales plantearon. La vida que allí se dio se explica desde la duda y yuxtaposición de diversos conflictos y transformaciones que mostraremos más adelante.

# POSMODERNIDAD

*Es sorprendente el grado de consenso al que se ha llegado en el discurso postmoderno sobre la inexistencia de posibilidad alguna de consenso* (Connor, 1996: 14)5F

# PRÓLOGO-POST

## Compañeros de viaje

Este capítulo inicia una deriva, un paseo conceptual que propone un criterio operativo para abrirse paso a través de la Arquitectura Radical con la intención de trazar una cartografía útil para su redescubrimiento teórico. El texto requiere una especie de *flaneur* interesado y activo.

Este mapa se dibuja en lienzos ambiguos y elásticos con una paleta colorida, delicada y compleja ofreciendo imágenes desconcertadas y desconcertantes; sabotajes disciplinares camuflados de arquitectura.

La intención de este primer texto es *animar* e incitar al paseo, afinar el instrumento y descubrir indicios valiosos para transitar por el resto de los capítulos con la tranquilidad de quien ha leído las reglas del juego. Un desvío en el pensamiento posmoderno sin mayor pretensión que habitar su atmósfera social y disfrutar su aroma.

Incidiremos en la ausencia de conflicto de la *arquitectura posmoderna oficial* como sospecha de incompatibilidad con una posmodernidad entendida como conjunto de prácticas culturales (que vacían, desinflan, liquidan) y nunca como un estilo, escuela o prueba de coherencia estética afirmativa. Veremos como una genuina posmodernidad en arquitectura debería ser teórica, anti-ilusionista, cruda, reflexiva, esencialista y didáctica; más una investigación acerca de sus propiedades y protocolos que una destreza garantizada. La arquitectura entendida como oportunidad, inconsistente pero útil.

No es ningún secreto que la posmodernidad está desacreditada en arquitectura, para resolverlo plantearemos la siguiente hipótesis: La arquitectura que llamamos *posmoderna* (Venturi...) no es congruente con las teorías de la posmodernidad. Y no lo es probablemente por una transferencia formalista entre *teoría* (que es pensamiento, duda, filosofía) y *práctica* asimilada a *construcción*. Es decir, la posmodernidad institucionalizada (la de los hermanos Krier...) establece una parcial (incluso dudosa) y posteriormente fallida simetría arquitectura=construcción confundiendo el sujeto a estudio con las teorías que lo analizan. Tratare-

mos de verificar que, sin embargo, existió y existe una auténtica arquitectura *posmoderna* en la producción radical. La posmodernidad de facto es la Arquitectura Radical que, por cierto, también construye, pero no edificios sino estructuras autorreflexivas desde el debate y la crítica. Sus agentes se organizan en tiendas de campaña conceptuales (1).

Veremos como la posibilidad de una arquitectura genuinamente posmoderna (no el fake institucionalizado) se debería verificar en dos aspectos:

1- la demostración en prácticas culturales concluyentes

2- su desarrollo *desde/entre* otras disciplinas

Este capítulo, que interpreta las teorías más relevantes de la posmodernidad, tratará de demostrar que la *arquitectura posmoderna* es un simulacro, una construcción estética o ficción estilística de posmodernidad incoherente con el resto de posmodernidades (cine, arte...). Mantendremos que la esfera del pensamiento es amplia, quizás inabarcable y definitivamente informe (sin forma asociada) y que la abreviamos en cuanto *descendemos* de esta escala a la formal; no nos interesa aquí una arquitectura entendida como objeto (obra en Barthes) o como producto (con todas sus connotaciones marxistas) sino como reflexión. En términos generales afirmamos que al acotar ejercicios formales (con forma *evidente*, dentro de cualquier disciplina) negamos o cortocircuitamos cualquier otra posibilidad, en un equilibrio precario entre limitar y matar la infinitud de la teoría. Casi absteniéndose de la arquitectura (Koolhaas sobre Maki, 2011: 313)

Lo que aquí se analiza puede entenderse como la colisión entre *la posmodernidad compositiva* frente a *una posmodernidad estructural*. Veremos como la crítica estructuralista define algo tan arquitectó-

1-Franco RAGGI. Tienda templo (1974)

nico como la composición como la *disposición última de los elementos formales, regulada por una contigüidad tempoespacial* (Martínez, 2001: 17) de tales elementos, que son unidades dotadas de autonomía aunque se reúnen en conjuntos más amplios; frente a la descripción de la estructura como una relación más compleja entre estos elementos formales, cercana a Santo Tomás o a Louis Kahn cuando apunta que ya no son autónomos sino interdependientes, de tal forma que la alteración de uno de esos fragmentos supone un cambio en el sentido total que recibe el conjunto; en un proceso de recorte y ensamblaje: *pues entre los dos objetos o los dos tiempos de los objetos se produce algo nuevo, y esto es nada menos que lo inteligible general* (Barthes, 1973: 257). Es decir, que dicha alteración no mutila el todo (como sucedería en la composición) sino que lo transforma, lo modifica fundamentalmente, describiendo la estructura de forma topológica o como sistema relacional (y no nuclear y jerárquico como la composición). Para esta investigación nos interesa, como a Barthes, entender la posmodernidad en arquitectura como una *actividad* y no un movimiento o *escuela* (disciplina, que implica solidaridad entre los participantes, ideologías...).

Paradójicamente los ejemplos de Arquitectura Radical que planean/bucean/circulan sobre/bajo/a través de esta hipótesis tienen un evidente grado formal, en un extenuante ciclo tautológico o redundante de autovalidación condicionada. Sin embargo matizaré dos aspectos, el primero es que dicha formalización se estudia como contingente e insuficiente para un entendimiento *completo o integral* de proyectos con muchas otras valencias y estratos conceptuales (críticos, sociales, lúdicos, urbanos...). Es decir, se utilizarán proyectos con forma *cierta* pero razonadamente *impropia o dependiente*. El segundo matiz o aclaración es que el propio análisis de las obras no será, en ningún caso, compositivo, geométrico o descriptivo sino conceptual o teórico. De hecho, las contadas ocasiones (ver escenario Ciudad) en que se explican *formalmente* los proyectos su uso instrumental será explícito, incluso incómodo. La propia investigación incorpora esta cualidad probabilística, de alcance limitado, como el estado de ánimo propio de la Arquitectura Radical, dedicada a ejercicios de rango corto, antiheroicos por principios (es decir, posmodernos).

*¿No será que la posmodernidad limita o corta injustamente y de forma prematura el "proyecto inacabado" de la modernidad?* (Habermas, 1985: 12)

Es sabido que hay dos acepciones de lo post, una dualidad que los debates sobre lo postmoderno han mantenido en el ámbito de las humanidades y ciencias sociales. Por un lado, designar algo como post implica cierto fracaso o decadencia, donde la tardanza significa también cierta dependencia porque ninguna post-cultura puede definirse desde una posición emancipada, está condenada a la subordinada prolongación de algún triunfo cultural ya extinguido. Esta posmodernidad es la del sentimiento de declive.

La otra acepción, más reciente, ha evolucionado de forma más positiva. Fiedler, Hassan y Lyotard la analizan como renacer positivo del caído titán de la modernidad. En la obra de estos tres escritores el post de postmodernidad ya no significa el cansancio del último invitado al salir de la fiesta sino la *libertad y presunción de aquellos que han despertado del pasado* (Connor, 1989: 52). En cualquier caso, podemos afirmar que lo común a la postmodernidad es la relación peculiar y compleja con la modernidad, a veces invocada y admirada, otras recelada o rechazada. Se diría que la lucha con la modernidad se convierte a veces en una lucha interna con la historia e instituciones de la disciplina.

Pero empecemos con un posicionamiento estratégico: la voz "posmodernidad", como término cultural, se ha usado de muy diferentes maneras y los textos interpretados en este capítulo presuponen prácticas críticas posmodernas; en buena medida, con definiciones que tienen un *origen literario*, y como veremos más adelante, en concreto, la teoría del texto de Barthes y, más en general, el posestructuralismo.

Parece razonable empezar una lectura de la posmodernidad asumiendo su condición temporal. Toda comprensión de la crítica y del arte (y la cultura) estudiada aquí está estrechamente vinculada a una reflexión sobre la modernidad, porque ésta es la norma cultural que quizás aún hoy rige nuestra concepción de lo que es el arte.

Y es que la modernidad fue la fábula del capitalismo industrial, una ideología idealista que apostó por el progreso y lo utilizó para componer un nuevo orden. Como movimiento experimental *consciente* que abarcó casi un siglo, la modernidad incluye una gran variedad de posiciones. No obstante, para los propósitos de esta investigación la modernidad no se entiende por la gran diversidad de este amplio programa histórico, ni por su contexto histórico original, sino más bien como la modernidad estética/estática que hemos heredado: la *modernidad institucionalizada*. Veremos en Arte que, en el periodo a estudio, la modernidad era un proyecto agotado; donde sus productos, antes provocativos y escandalosos, están enterrados en los museos a los que ofendieron. Como se ha apuntado: *Picasso, Joyce, Lawrence, Brecht, Pollock y Sartre son nuestros clásicos contemporáneos* (Wallis, 2001: 10) pero no es sólo que la vanguardia haya cesado de ser *radical* (aunque continúe multiplicando sus formas a fin de abastecer el ingente mercado del arte) sino que la modernidad se ha transformado, cumpliendo una última ironía, en la cultura establecida y autorizada.

Es relevante, para establecer cierto patrón ambiental, que entre 1930 y 1960 la crítica más informada afirmara que los elementos constitutivos de la práctica artística moderna eran objetivamente verificables y se ajustaban a reglas inmutables determinadas en una modernidad que confirmaba la promesa ilustrada de que las determinaciones racionales marcaban las fronteras de todas las disciplinas, de todos los campos de conocimiento, en áreas discretas de competencia: *"La esencia de la modernidad reside en el uso de los métodos característicos de una disciplina para criticar esa misma disciplina- no con vistas a subvertirla, sino para afianzarla con mayor firmeza en su área de competencia"*. (Greenberg, 1961: 48)

En la pintura, por ejemplo, las cualidades inherentes del medio -que Greenberg identifica como *color, bidimensionalidad, límites y escala*- formaban la base para determinar la calidad de una obra. Las características consideradas extrínsecas, en particular las cualidades literarias o teatrales como la narratividad, el realismo, la descripción, el tema o el drama, se desechaban por ser impurezas dañinas. Es evidente y demostrable que este crítico defendía un tipo de arte cuya expresión y forma ejemplificaba la pintura abstracta, como la de los expresionistas abstractos o, posteriormente, las obras de Morris Louis y Kenneth Noland.

La modernidad a la que se debería enfrentar este prólogo-post segregó las motivaciones o intereses artísticos exógenos del sistema artístico, negó que las obras de arte estuvieran vinculadas entre ellas a ámbitos sociales e históricos específicos. En efecto, en la *economía estética de la modernidad*, a menudo se medía la cantidad de placer puro que proporcionaba una obra de arte por cómo ésta se emancipaba efectivamente del mundo *"real"* para establecer un espacio de reflexión ideal. Veremos como algo así pasa con las obras emancipadas de la Arquitectura Radical.

Una lectura muy importante y compleja en el contexto radical es la tendencia de la modernidad a entender las obras de arte como el producto de una forma de trabajo y de consumo autónoma, liberada del comercio social normal en virtud de su calidad de objetos *diseñados exclusivamente para el placer visual*. (Wallis, 2001: 11)

Pero todo acabó a partir de los 60, porque el objetivo principal de la producción artística y la crítica de arte era desmantelar el monolítico mito de la modernidad y acabar con la necesaria secuencia de genialidades y maestros. A medida que los principales productos culturales de la modernidad tardía - el expresionismo abstracto, el nouveau roman, el existencialismo, el cine de vanguardia, la Nueva Crítica- se fueron quedando obsoletos, se cambiaron por formas artísticas y modelos críticos *explícitamente* contrarios a las ideas modernas. Los temas escogidos por el arte Pop (ver terreno Arte), por ejemplo, se tomaban de la cultura popular, de las imágenes de la prensa rosa que la modernidad rechazaba con desprecio... o el minimalismo, que exageraba sorprendentemente los códigos formales de la modernidad tardía, creando obras directas aunque *"teatrales"*. (Wallis, 2001: 11)

Es sintomático para los propósitos de este libro comprobar como la producción artística surgida entre finales de los años 60 y los años 70 asume el desafío de desviarse de categorías estéticas modernas claramente definidas y ver como se produjeron importantes *confluencias* de arte y música, de cine y performance, de escultura, pintura y cultura popular. Sin embargo, y paradójicamente en relación a la arquitectura que no verificará este desplazamiento, este cambio o transformación progresiva en las rígidas formas del arte moderno no dio paso a otro *estilo*, sino a una concepción, una *idea* del arte totalmente distinta que se basa en nuevos presupuestos críticos.

Ese desvío posmoderno que no está en Jencks y sus acólitos creemos encontrarlo en los agentes radicales.

# Inventarios formales. Hacia una posmodernidad performativa

*Se trata de una diferencia de valores y filosofía. Denominar Moderno Tardío a lo Postmoderno es igual que llamar Protestante a un Católico porque ambos practican la religión cristiana. O criticar a un burro por ser un mal caballo.* (Jencks, 1986: 38)

Aunque el término "movimiento postmoderno" se ha empleado por numerosos escritores en los 50 y los 60, no se puede decir que el concepto se concretara hasta mediados de los 70, cuando los indicios de la existencia de diversos fenómenos sociales y culturales comenzaron a desplegarse en varios ámbitos culturales y disciplinas académicas, filosofía, arquitectura, cine y formas literarias diversas.

La legitimidad del concepto llegó desde dos direcciones: en primer lugar, cada disciplina produjo cada vez más prácticas culturales concluyentes; en segundo lugar, y de mayor calado para esta investigación, cada disciplina fue desarrollándose progresivamente en base a los descubrimientos y definiciones realizados en *otras disciplinas*. Será con la aparición de *La Condition Postmoderne* de Jean-Francoise Lyotard en 1979 cuando estos diagnósticos disciplinares tan diferentes se ratificaron para no albergar jamás el desacuerdo al que parecían haber llegado el movimiento postmoderno y la postmodernidad.

Aunque no es el objetivo de este capítulo es útil señalar al movimiento moderno como referencia absoluta en la generación de 1950 (todos se remiten y comparan con el) ya que desde el fin de la segunda guerra mundial hasta la llegada de las primeras voces críticas al propio movimiento moderno será el credo moderno el que sustituirá al clasicismo y la enseñanza *Beaux Arts*, instaurando una flamante "nueva academia" que *informará* a los arquitectos radicales estudiados.

Veremos como a partir de los años 70 la teoría arquitectónica *estetizó* el rechazo a lo moderno en una versión limitada de posmodernidad y estrechó su caudal narrativo al administrarlo por canales formales.

Empezaremos por el primer teórico de la arquitectura posmoderna, Jameson, que es altamente problemático para un desarrollo natural al *encontrarla* inmediatamente y *rigidizarla* de muerte para trazar y verificar sus hipótesis desde la propia arquitectura. Comprobaremos que esta idea, según se ha categorizado, resulta especialmente insatisfactoria. Mientras en el resto de *disciplinas* (arte, cine...) se produjeron mutaciones importantes e irreversibles, que desarrollaron una nueva visión del mundo, en arquitectura el paradigma no se movió. Es decir, mientras la posmodernidad sociocultural efectivamente logró cierta redescripción de las estructuras que nos permiten el conocimiento y la experiencia, en nuestro ámbito se diría que dicha posmodernidad no verificó dicha mutación con resultados determinantes.

Parece acertada la hipótesis de que la *historiografía de la posmodernidad* en arquitectura se ha centrado en el estilo, una *versión* impropia y menor de la misma, creando cierto *simulacro* de posmodernidad. Será en la Arquitectura Radical a estudio donde encontraremos características concluyentes de las transformaciones, contaminaciones y mutaciones estructurales propias de una posmodernidad efectiva/real/eficaz/ *útil/capaz/competente*.

Las obras que ilustran las páginas de esta investigación frente a una *ficción* posmoderna muy reconocida que parece rechazar cualquier jerarquía, negar la conclusión narrativa, el deseo de representar el mundo y la autoridad (y autoría) del autor debido a la imposibilidad de representación o a la desenfrenada libertad del lector...... y que no lo consigue.

Es interesante como en otras disciplinas las obras posmodernas representaban, y se representaron, como actividades autorreflexivas, críticas -piénsese en la conocida música metafísica de John Barth, John Fowles y Donald Barthelme, o en el espacio incierto entre arte y teoría del arte del que se ocupan diversas formas de arte conceptual o "performance art". Aquí la postmodernidad no encuentra su objetivo ni en el terreno cultural ni en el crítico-institucional, sino en un tenso espacio entre ambos, creando un escenario propio, el de la estructura autorreflexiva de la postmodernidad para componer una partitura híbrida, compartida o prestada. Pura indisciplina (ver su territorio "autónomo") que desplaza la atención desde la estabilidad académica hacia cualquier otra posición mucho más incierta.

Definiciones como las que presentan la postmodernidad como *el sistema representativo de una "inflación del discurso" de los estratos sociales, sobre todo en el ámbito de la cultura y la comunicación* (Newman, 1985) son difícilmente aplicables, como veremos, a la arquitectura posmoderna oficial donde las narrativas no aumentan sino que, sencillamente, se cambian por otras más viejas. Como se ha apuntado, el debate postmoderno refleja y engloba el entorno real de la crítica cultural en una *crisis de legitimidad* (Habermas, 1976) que afecta a la vida social contemporánea. O lo que es lo mismo, que aparentemente no exista acceso alguno a principios que pudieran actuar como *criterios de valor universales* y su reemplazo por criterios parciales o permanentes gabinetes de crisis; que tampoco son coherentes con los protocolos arquitectónicos supuestamente posmodernos, totalmente universales y repetidos como nuevo estilo dominante.

Nos apoyaremos en obras clave de diferentes teóricos de la posmodernidad, inicialmente a la fórmula de Lyotard para explicar el advenimiento de la postmodernidad en la *incredulidad de los metarrelatos* (Lyotard, 1979: 4), que son los principios directivos y las mitologías totales que parecían dominar, acotar e interpretar las diversas formas de actividad discursiva en el mundo, concepto que ha recibido un amplio reconocimiento. Veremos también como Foucault denomina a esta estructura de emergencia (la de Borges) de inconmensurabilidad *radical* como *heterotopía* (Foucault, 1966: 3), y al hacerlo formula un nombre para todo el universo descentralizado de la postmodernidad.

Posteriormente nos ocuparemos de la expansión del ámbito de la cultura que Frederic Jameson y otros han considerado tan característica del mundo contemporáneo del capitalismo consumista por sus ramificaciones en la Arquitectura Radical, donde las distinciones primarias entre representaciones culturales y actividades económicas ya han sucumbido en una economía dedicada a la manufactura y difusión de imágenes y estilos.

En definitiva veremos como las condiciones postmodernas instalan las academias en una crisis de autodefinición que llevan a su desmantelamiento conceptual.

El texto se estructura (como guión de trabajo o diagrama) a propósito del nacimiento de estas formas nuevas de adaptación social, política y económica (es decir, el nacimiento de la postmodernidad a partir de la modernidad) mediante el análisis de los tres autores que orientaron inicialmente, y continúan orientando, la discusión sobre la postmodernidad: Lyotard, Jameson y Baudrillard.

# LYOTARD, JAMESON, BAUDRILLARD:
# RELATOS ENTRE LA ARQUITECTURA Y LA FILOSOFÍA

Lyotard. La sistematización de los pequeños relatos

*Simplificando al máximo, se tiene por «postmoderna» la incredulidad con respecto a los metarrelatos (...). La función narrativa pierde sus functores, el gran héroe, los grandes peligros, los grandes periplos y el gran propósito. Se dispersa en nubes de elementos lingüísticos narrativos, etc., cada uno de ellos vehiculando consigo valencias pragmáticas sui generis. Cada uno de nosotros vive en la encrucijada de muchas de ellas. No formamos combinaciones lingüísticas necesariamente estables, y las propiedades de las que formamos no son necesariamente comunicables.* (Lyotard, 1979: 4)

Por supuesto en lo conceptual, pero antes en lo literal podemos detectar un síntoma de posmodernidad en el formato de transmisión de las ideas radicales. ¿Y cuales pueden ser los medios que emplean para la transmisión de sus pequeñas proclamas estos agentes?; desde el *Todo es arquitectura* de Hollein hasta *La Generación Exagerada* de Branzi (con puntos suspensivos para no *cerrar realmente* cada párrafo) son todos textos sin metas elevadas, sin comillas y carentes de finalidad objetiva. Más bien al contrario fabrican escenas ilusorias, reducidas y desconfiadas de su propia capacidad, de su mera utilidad. Obras desacreditadas y teatrales que apuntan hacia el medio descentrado e híbrido de la posmodernidad.

Incluso el formato escogido. Los pequeños relatos de Lyotard resuenan con gusto en las *Radical notes* de Branzi (ver Colomina, 2010: 249), comunicación menor y lúdica de la revista de arquitectura como canal prioritario frente a la redacción moderna oficial, como el Hacia una Arquitectura (Le Corbusier, 1977), manifiesto inevitablemente afectado y teleológico, gran relato que desdeña (por irrelevantes) los cabos sueltos.... Frente a estas obras grabadas en piedra nos encontraremos con las notas breves y provisionales de los radicales.

El universo fragmentado y reducido de los apuntes de los radicales italianos y austríacos ni siquiera entra en crisis con la publicación de

obras de mayor entidad (tanto cualitativa como cuantitativa) como
el Anarchitetto de Pettena, que a pesar de sus 124 páginas (Pettena,
1973), está muy lejos de ser un metarrelato.

*El recurso a los grandes relatos está excluido; no se podría, pues, recurrir ni a la dialéctica del Espíritu ni tampoco a la emancipación de la humanidad para dar validez al discurso científico postmoderno. Pero, como se acaba de ver, el «pequeño relato» se mantiene como la forma por excelencia que toma la invención imaginativa, y, desde luego, la ciencia. Por otra parte, el principio del consenso como criterio de validación.* (Lyotard, 1979: 48)

Superada (no en el sentido teleológico moderno) la polémica inicial de concertar un diálogo entre la poliédrica y expandida posmodernidad del pensamiento y la Arquitectura Radical como conjunto limitado de intenciones diversas, parece posible utilizar los textos fundacionales y más relevantes de la posmodernidad para extraer ideas primordiales que estructuren esta discusión para analizar los resultados: ¿existió una genuina arquitectura posmoderna o no? Empezaremos con el análisis de Lyotard sobre la postmodernidad que aparece en su obra fundamental publicada en 1979, *La Condición Posmoderna*.

Inicialmente el argumento de Lyotard se centra en la función y la utilidad del *relato* dentro de un discurso y su relación con el conocimiento científico. No le interesan tanto el saber y los procedimientos científicos como tales, sino la forma en que éstos ganan o requieren legitimidad. *En primer lugar la ciencia moderna se caracteriza por su negación o supresión de formas de legitimidad basadas en la narración* (Connor, 1989: 26). Su definición del saber narrativo atiende a análisis antropológicos de sociedades primitivas donde la función narrativa se engloba en conjuntos de reglas ya consensuadas sobre quien tiene el derecho y la responsabilidad de hablar y escuchar en un grupo social determinado, y cita a los indios Cashinahua. Es interesante la referencia porque plantea un contrato social en el que contar una historia establece en cierto modo el derecho del narrador a poder contarla (algo así como Moby Dick para el capitán Ahab).

Y continúa: *Lo que se transmite en los relatos es el conjunto de reglas pragmáticas que constituye el lazo social.* (Lyotard, 1979: 21)

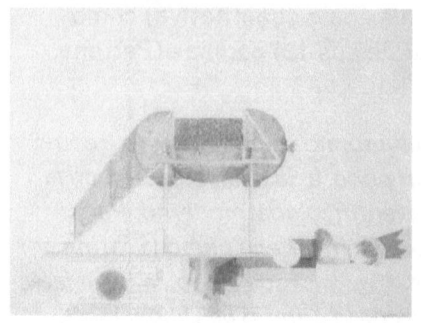

Metáfora muy energética, que plantea el respaldo de la tribu al relato que se valida de facto y automáticamente por su mera enunciación. Este desapego a las estructuras de poder, la inconsciencia del relator como figura instantáneamente capacitada para el proyecto está totalmente dentro de la órbita radical, en proyectos como la Caballería Urbana (2) de Missing Link o la Estatua de la Libertad en préstamo sobre Sudáfrica (3), que se pueden interpretar como pequeños relatos alejados del sistema, que definitivamente no los reclama. Historias que sólo pueden suceder atendiendo a este pacto renovado en el que *lo que procede ser contado* depende de la capacidad que nos otorgamos como sociedad para *poder decir* las cosas que importan. Algo así como las sillas de Pettena (4), que se fabrican porque *merece la pena hablar de ellas*... no porque necesitemos sentarnos (Pettena, 1996: 165).

Forma de verificación intrigante, máxime cuando Lyotard añade otra característica sorprendentemente arquitectónica que es la *forma rítmica* del relato que, mediante un metro regulador o "ritmo" narrativo, fija y contiene las irregularidades del tiempo natural y concluye afirmando que este tipo de relatos, en vez

2-MISSING LINK. Caballería urbana (1971)
3-Friedrich SAINT-FLORIAN. Estatua de la Libertad en préstamo sobre Sudáfrica (1970)

de llamar la atención al paso del
tiempo en su despliegue temporal (la propiedad distintiva del
relato) disuelven o suspenden el
sentido del tiempo: *Es la síntesis de un metro que hace latir
el tiempo en periodos regulares*
(Lyotard, 1979: 20). Es decir, el
relato provoca el estancamiento
del sentido diacrónico del tiempo, propio de la arquitectura y lo
sustituye por un ciclo extraño,
un rito pautado y sincrónico que
altera la continuidad esperada y
deseable en cierto aplazamiento
del estado natural de la vida...
una especie de ficción cercana a
la esfera del juego como suspensión (ver territorio Juego).
Congelamiento temporal similar
a la hibernación conceptual de

los cascos de Haus Rucker Co, Walter Pichler o Coop Himmelblau (5).

Como hemos dicho, esta forma de narración es el medio de autolegalización primordial de una cultura
o colectividad, en agotadora
tautología que Lyotard precisa:
aunque parezca que este tipo de
relatos se refieren siempre al
pasado, en realidad se están refiriendo al acto de la propia narración en presente continuo, que
no requiere de otra autorización
que ella misma. Perversión característica del periodo analiza-

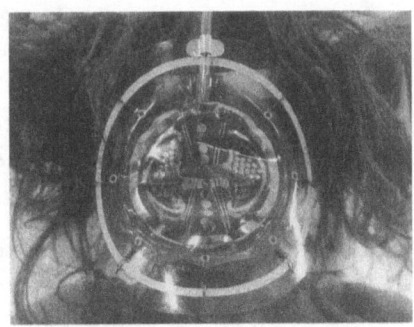

4-Gianni PETTENA. Sillas ponibles (1971)
5-HAUS RUCKER CO. Environment transformer-Viewatomizer (1968)

37

do, que requiere de instrumentos de verificación rápidos, incluso instantáneos que se oponen a la gran inercia temporal de la obra de arquitectura entendida según criterios pre-radicales (es decir, modernos). Cualquiera de las burbujas de los agentes austríacos verifican esta hipótesis en presente continuo, el tiempo propio del motor que insufla la mera posibilidad del proyecto. (6).

Y lo enfrenta al saber y el lenguaje científico que se encuentran aislados de los usos del lenguaje que forman el lazo social (...) *El lenguaje científico se opone activamente al juego lingüístico del relato, asociado a la ignorancia, barbaridad, prejuicios,* superstición e ideología. (Lyotard, 1979: 27).

Es decir, que mientras los relatos primitivos se ocupaban de la idea del redescubrimiento o regreso a la verdad primera, las narraciones modernas son teleológicas y se basan en la idea de un trayecto que conduce a una *meta final* (Cortés, 2003a: 39) por lo que también las considera *metanarraciones*, o lo que es lo mismo, relatos que subordinan, ordenan y consideran otras narraciones; así cualquier relato local, ya sea sobre un avance tecnológico o sobre un progreso individual en lo cultural, se otorga sentido en cuanto que copia y confirma el súper relato de la emancipación de la humanidad (hacia la consecución del espíritu autoconsciente puro).

Lyotard subraya, por tanto, lo que considera una paradoja: que el saber científico depende de la supresión del relato y por otro depende en gran medida de un primer relato legitimador, *metanarración o Gran Relato*:

6-Hans HOLLEIN. Oficina móvil (1969)

*El saber científico no puede saber y hacer saber lo que es el verdadero saber sin recurrir al otro saber, el relato, que para él es el no-saber, a falta del cual está obligado a presuponer por sí mismo y cae así en lo que condena, la petición de principio, el prejuicio. Pero ¿no cae también al autorizarse como relato?* (Lyotard, 1979: 29)

Y será precisamente la ausencia de metanarraciones en la Arquitectura Radical las que la aproximan a la órbita de los pequeños relatos. Así, la ciencia pierde su valor y ya no es necesaria debido a su papel en el lento progreso hacia una libertad y conocimiento absolutos. Esta pérdida de confianza viene acompañada del fracaso del poder regulador general en los paradigmas de la propia ciencia, pues ésta descubre ahora los límites de sus presunciones y procedimientos de verificación. Es razonable pensar, y se ha testado parcialmente (Team X...), que el paradigma arquitectónico dominante también descubre fronteras a sus hipótesis y entra en un proceso de crisis estructural como desarrollaremos en el territorio Indisciplina.

De esta manera el poder organizador de la ciencia/arquitectura se va debilitando, ésta se mueve en una nube de especialidades, cada una con sus protocolos y juegos lingüísticos incompatibles. Ninguno de estos juegos lingüísticos recurre a principios externos de justicia o autoridad porque en esta situación la meta "*ya no es la verdad sino la performatividad*" (Lyotard, 1979: 46). Performatividad (o estrategia) frente a verdad estética (o modelo). La posmodernidad que nos interesa aboga por la duda, la interrogación, lo provisional, la consecución de metas *laxas pero eficaces* frente a los pesados metarrelatos legitimadores previos. La ligereza (ver Ciudad) como conquista colectiva. Los radicales necesitan hacer *algo* aunque se les tilde de *ignorantes, bárbaros, llenos de prejuicios, supersticiones e ideologías*. (Lyotard, 1979: 27)

Es decir, el problema ya no es que tipo de investigaciones (radicales) conducirán al descubrimiento de hechos objetivos y demostrables (modernidad), sino que tipo de investigación funcionará mejor en el sentido de ser más fecundo y producir más investigaciones en la misma dirección; aumentar las oportunidades de un progreso mayor; incrementar el funcionamiento y rendimiento operativo del sistema del saber científico. Creemos que la Arquitectura Radical es valiosa no tanto por perseguir nobles cotas de verdad, sino por la eficacia de sus planteamientos y la transmisibilidad de sus protocolos. Por su éxito operativo.

Más adelante Lyotard nos ofrece un concepto que, ya enunciado por oposición al anterior, resulta imprescindible para la comprensión de este capítulo. Asistimos al desvanecimiento de los metarrelatos a favor de la autonomía dispersa de las *micronarraciones* o los pequeños relatos (radicales) cuando predice que la ciencia/arquitectura tendrá a su disposición un estado de *"información perfecta"* donde el saber será accesible a todos. Ya no podremos basar las pretensiones de *un nuevo saber* en descubrimientos de nuevos hechos y la única forma de convocar algún progreso científico en estas condiciones de *"información perfecta"* (Lyotard, 1979: 41) será mediante una *reordenación diferente e impredecible* de la información. En un tiempo posthistórico el futuro se crea, de alguna manera, reactivando el pasado y esto parece resucitar en arquitectura el "problema del estilo" del siglo XIX.

La nuestra es una disciplina que habitualmente confunde las motivaciones o ideas del pasado con su catálogo formal asociado (o lo que es lo mismo, cree que el mundo gótico se resume en una catedral). Como es sabido, la *reactivación diferente* de la (en opinión del autor incorrectamente) llamada *arquitectura posmoderna* se ocupó de revolver en los ropajes estilísticos anteriores porque el aplanamiento del tiempo legitimaba la utilización de los restos del pasado (como capiteles corintios o basas jónicas) para un uso nuevo e insólito en el presente (ya no futuro).

Bien distinta es la *reactivación diferente e impredecible* del pasado que hacen los radicales, también conscientes de la imposibilidad de un nuevo saber pero dedicados a revelar ese estado delirante de información perfecta (y comunicación global) con proyectos como los *Instrumentos para la información alternativa* del

7-Walter PICHLER. Núcleo de una ciudad subterránea (1963)

grupo Strum o la *Ciudad subterránea* de Pichler (7) que establecen un contrato explícito con el pasado sin necesidad de construir con estilos pasados... Sin necesidad de construir nada en realidad.

Abundando en esta caracterización del estado de ánimo posmoderno Lyotard anota:

*Interesándose por los indecibles, los límites de la precisión de control, los conflictos de información incompleta, los fracta, las catástrofes, las paradojas pragmáticas, la ciencia postmoderna hace la teoría de su propia evolución como discontinua, catastrófica, no rectificable, paradójica. Cambia el sentido de la palabra saber y dice cómo puede tener lugar ese cambio. Produce, no lo conocido, sino lo desconocido.* (Lyotard, 1979: 60)

Y nos ofrece otro argumento incompatible con la idea canónica de postmodernidad en arquitectura, que solo produce lo re-conocido. Lo des-conocido le tocó a la vanguardia experimental analizada.

El segundo concepto, órgano relevante para la lógica discursiva de este capítulo, llega cuando Lyotard argumenta que el tipo de ciencia posmoderna no depende de la lógica, sino de la *paralogía* (Lyotard, 1979: 36) que es, un razonamiento contradictorio creado errónea o intencionadamente para sustituir y transformar las estructuras de la propia razón.

La propuesta de Lyotard es uno de los mejores ejemplos del placer por lo sublime en el pensamiento posmoderno y se vincula con la obra de Deleuze y Foucault al sugerir la posibilidad de liberar al pensamiento metafísico de las desilusiones de la época y entregarlo a la libertad nómada, libre, de la diferencia pura.

Para eso la paralogía es una herramienta muy práctica al separarse de las expectativas de la razón y acomodarse en la paradoja como filón programático. De esta manera la desubicación de las estructuras racionales será el objetivo prioritario de la *ciencia* ensayada por Lyotard, más atenta a la mutación o la desestabilización que a la ratificación de certezas.

En opinión del autor, este indisciplinado dispositivo mental (proyectual a los efectos de esta investigación) es transversal a la producción radical, que desatiende sistemáticamente procesos coherentes y desea-

bles para introducir lo ilógico, absurdo y mordaz como motor del pensamiento. Proyectos como la Pequeña mezquita (08) o el Piper de Gherardi y Pacini secundan esta hipótesis rebelde frente a la absoluta complacencia de la APO (*arquitectura posmoderna oficial*) con las estructuras de la razón arquitectónica, que limitan su mirilla contradictoria (a pesar de Venturi) al uso de la cita irónica del pasado.

La paralogía es un dispositivo muy relevante y fértil en el ámbito arquitectónico ya que puede formar parte de la sistematización radical... podría ser una de las reglas del juego enunciado.

Para argumentarlo Lyotard se basa en la obra de filósofos de la ciencia como Thomas Kuhn o Paul Feyerabend, que demostraron cómo los logros de la ciencia siempre son una función de los paradigmas que gobiernan el pensamiento científico.

Hay otro apunte relevante por cercano al vocabulario radical cuando Lyotard señala que la *condición posmoderna* hace del científico el auténtico *"héroe negativo" de vanguardia en virtud de su capacidad de realizar la guerrilla intelectual desde dentro del sistema, induciendo esotéricamente a los juegos lingüísticos de la autoridad a cambios desequilibrados* (Connor, 1989: 35). Como veremos en los capítulos restantes, la descripción se ajusta con precisión a las segundas vanguardias, comprometidas en la desestabilización del sistema y en ningún caso al gigante posmoderno representado en la conocida portada del TIME magazine con un Phillip Johnson posando sobre la maqueta de su edificio AT&T.

Es decir, podemos teorizar que tanto para Lyotard como para los radicales la paralogía será la herramienta de legitimación narrativa preferida, necesaria para la disensión (siendo ésta una estrategia consciente de

8-ARCHIZOOM. Pequeña mezquita (1968)

este héroe negativo, que busca el conflicto al llevar la contraria como reacción contra la autoridad instituida). Táctica lúcida desplegada como guerra de guerrillas, forma de terrorismo teórico y crítico desde dentro (o fuera, ver Ciudad) del sistema pero perfectamente consciente de su antagonismo con el poder.

Y las felices coincidencias no cesan. La metáfora de la paralogía parece claramente dentro de las estructuras programáticas de los agentes radicales cuando Lyotard afirma que ésta no es utilizable, no es innovación (por ejemplo tecnológica) de la que se apropia el sistema (capitalista) sino que es un excedente *ineficaz*.

En definitiva una *jugada* (Lyotard, 1979: 45) antidisciplinar como veremos en el capítulo Juego.

Los arquitectos a estudio estarían de acuerdo con Lyotard, es necesario romper el consenso:

*Pero sorprende que siempre venga alguien a desordenar el orden de la «razón». Es preciso suponer un poder que desestabiliza las capacidades de explicar y que se manifiesta por la promulgación de nuevas normas de inteligencia o, si se prefiere, por la proposición de nuevas reglas del juego de lenguaje científico que circunscriben un nuevo campo de investigación.* (Lyotard, 1979 :48)

Podemos concluir que para componer una auténtica (suponiendo que lo auténtico forme parte del léxico posmoderno) arquitectura posmoderna se precisa una radical redescripción del tablero- o la mesa, como en el poema surrealista de Lautreamont- de juego para elaborar una cartografía conceptual de campo expandido que desplace o destruya el marco de referencia intelectual anterior y que modifique nuestro pacto cultural.

Se podría indicar que el *menosprecio manifiesto* a los canallas jugadores radicales y su ausencia en las Historias de la Arquitectura solventes legitima su inclusión en esta idea *desestructurada* de posmodernidad. La desestabilización inherente a la postmodernidad parece incompatible con una disciplina *pesada*, estable y subordinada a los poderes fácticos (o sea, los que hacen).

Una lectura *arquitectónica* de Lyotard demuestra que es incompatible, falsa, una descripción posmoderna de los edificios etiquetados como tal, seguramente porque no sea posible *construir* edificios realmente posmodernos. Para ello, naturalmente, hacemos explícito que la nuestra es una definición *interesada* de arquitectura, no será la construcción regulada y disciplinada *del que tiene un diploma* (Hundterwasser, 1958: 46) de objetos bajo el sol sino la invención de jugadas nuevas, de escenarios críticos de mediación cultural.

No negaremos que la APO seguramente sea una arquitectura que reacciona alérgicamente a la modernidad (al movimiento moderno presuntamente anti-histórico y unívoco), pero es reaccionaria, no es el *terrorista* descrito por Luhmann (Lyotard, 1979: 50), su poder es estatal e incluso multinacional, su (necesaria) connivencia con el Sistema (político, social, económico...) para poder construirse hace irrelevante cualquier discurso alternativo o realmente radical (literalmente). Su intersección intelectual con el pensamiento posmoderno es pura paralogía, resulta aberrante.... seguramente porque no interseque.

Nota: De hecho, las casas y algunos de los productos (no las llamaremos proyectos a efecto de esta investigación) del Superstudio Pop, Pettena e incluso Archizoom, al pertenecer al Sistema no los podemos, coherentemente, incluir en dicha idea de posmodernidad (ver Indisciplina).

## Jameson y el pastiche

*Cada grupo habla un curioso lenguaje propio, cada profesión desarrolla su código o dialecto y, finalmente, cada individuo viene a ser una especie de isla lingüística, separada de todos.* (Jameson, 1985: 114)

Las dos contribuciones principales de Jameson al debate posmoderno son, por un lado, la obra *Postmodernism and Consumer Society* y, posteriormente, un ensayo sobre vídeo experimental "*Reading Without Interpretation. Postmodernism and the video-text*" donde el filósofo norteamericano se interesa en proyectar las intuiciones y cambios del post-estructuralismo en una crítica literaria marxista cuyas ideas se centran en el análisis dominante sobre las condiciones sociales y económicas. Su postmodernidad es tremendamente relevante y contextual en esta investigación porque se describe en términos socioeconómicos (por intensificación del capitalismo).

Como ya hemos visto, Lyotard solapa el ámbito cultural con el estrato socioeconómico mediante la estetización de éste último en un giro contaminador muy atractivo para la discusión. En su planteamiento, lo socioeconómico se estetiza, y algo similar pero en conexión con lo productivo, encontramos en la obra de Jameson, en un intento de *"correlacionar el nacimiento de nuevas imágenes formales de la cultura con el nacimiento de un nuevo tipo de vida social y orden económico".* (Jameson, 1985: 113)

Para ello Jameson investiga las relaciones entre lo cultural y lo social frente al paradigma moderno anterior, pero se aleja de la condición inconmensurable de Lyotard por su explícita componente formal; notamos como la mayor parte del texto se ocupa de identificar imágenes y patrones estilísticos de la cultura analizada, demostrando su interés por dos conceptos fundamentales, muy arquitectónicos y específicos de la experiencia posmoderna *del espacio y el tiempo*:

1. El *pastiche* (Jameson, 1985: 2) que es la multiplicación monótona y el collage de estilos en oposición a lo que él llama la *estética profunda* y expresiva del estilo propio de la modernidad

2. El paso de la idea de una personalidad unificada a la *esquizofrenia* de la pérdida del ser en una época indiferenciada. (Jameson, 1985: 114-123)

A efectos prácticos (y algo de práctico tiene seguramente Jameson para la arquitectura) será esta metodología estilística o procedimiento de verificación visual e iconográfico el que desviará al autor de conclusiones mayores. La *superficialidad* postmoderna y el desplazamiento *esquizoide* en arquitectura que él detectó (dentro de la cultura de masas, el collage estilístico o saqueo estético, la multiplicación monótona...) resume y cualifica su descripción posmoderna.

Además Jameson coincide con Lyotard en la sospecha de desaparición del sentido histórico, fundamental para una lectura sincrónica del tiempo, y sus síntomas asociados de la seducción banal y genérica de imágenes aceleradas junto al pastiche esquizofrénico. De esta manera, como el *hombre sin atributos* (Musil, 1930), el sujeto posmoderno vive en un tiempo sin futuro habitado también en un permanente y superficial presente dentro de un contexto en el que ya no se hace, porque se *está haciendo constantemente*.

Y en este escenario en continua transformación será la desaparición del sentido histórico el adhesivo que une, para él, las imágenes fundamentales de la sociedad postmoderna -la aceleración de los ciclos del estilo y el gusto, el poder cada vez mayor de la publicidad y los media electrónicos, el advenimiento de una estandarización universal (genérico), el neocolonialismo (versus colonialismo moderno), la revolución Verde...etc.- con el pastiche esquizoide de la cultura postmoderna. *Nuestro sistema social contemporáneo ha perdido la capacidad de conocimiento de su propio pasado, ha comenzado a vivir en un "presente perpetuo" sin profundidad, definición o identidad fija.* (Jameson, 1985: 125)

*El pastiche es neutro, no hay risa o una voluntad oculta.* (Jameson, 1985: 3), pura mímesis de otros *estilos* y se identifica no únicamente con la imposibilidad de crear lo *nuevo* (territorio conceptual moderno) en este tiempo post-histórico sino con la victoria nostálgica y rampante de cualquier tiempo pasado (parece ser que menos el moderno, ver Pompidou) *representado* en estilos remotos.

Paradójicamente, la posmodernidad arquitectónica oficial que identifica y encuentra en Las Vegas (Jameson, 1985: 1) no condena la posibilidad de un futuro mejor (más bien al revés, dentro de la maquinaria del progreso), únicamente milita en la recuperación de las formas del pasado como única opción estética de habitar el presente.

La perspectiva radical es mucho más amplia al no conformarse con ningún tributo formal clasicista. Los agentes estudiados también celebran el aplanamiento del tiempo y la memoria; pero lo hacen *conceptualmente*, pudiendo valorar el fenómeno verbal del pastiche y la superficialidad posmoderna desde lo Pop, lo monumental, lo simbólico, lúdico o programático sin agendas compositivas impuestas. De hecho, lo más cercano al uso literal de rasgos estilísticos (o citas clásicas) en los radicales lo encontramos en Studio 65 (09) o UFO pero lo hacen incorrectamente; naturalmente como parodia, con desdén y voluntad oculta.

Otro posible conflicto entre los argumentos de Jameson y la APO lo encontramos en la superficialidad entendida como borrado de los límites entre la alta cultura y la cultura de masas.

Jameson valora la imagen (se verá aún más en Benjamin) como nueva forma de realidad y defiende una idea de populismo (por ejemplo las vegas) en la que se rechaza la cita estilística (que pertenece a la alta cultura) para la incorporación directa y comercial. Sin embargo, en opinión del autor, mientras esto se verifica en otras disciplinas más libres no es lo mismo aceptar la cultura de masas y su mundo iconográfico o carácter "comercial" que aceptar la muerte del (gran) Autor barthesiano. Es decir, en cualquier forma acordada de *arquitectura oficial* el habitante (o consumidor) sigue interviniendo como recipiente que recoge las grandes intenciones del arquitecto (que es autor, único, con nombre y apellidos) porque, aunque Jameson nos diga que los edificios posmodernos que incluye en su inventario son un subproducto cultural del capitalismo y él se identifique como agente disciplinador en realidad no lo puede ser. Charles Moore, Philip Johnson o Michael Graves siempre se ubicarán dentro del sistema y las redes de poder que consienten y promueven la construcción de sus proyectos. Es clarificador comparar estos *productos* con los happenings de UFO (10), que están obligados a alejarse del foco de poder para su realización.

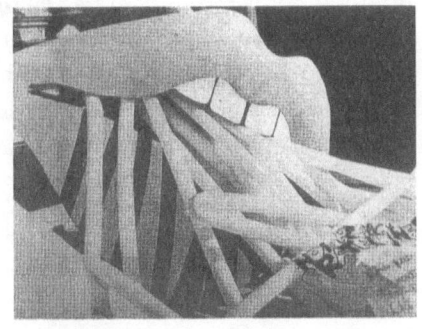

9-STUDIO 65. Babilonia (1972)
10-UFO. Urboefímero 4 (1968)

La muerte de este *sujeto creador, de personalidad única y estilo inconfundible* (Jameson, 1985:) también le sirve para anunciar la imposibilidad de inventar nada más. O lo que es lo mismo, como ya se ha dicho todo, individualmente no queda nada más que decir: *Todo se ha inventado, solo es posible un número limitado de combinaciones* (Jameson, 1985: 4). Nuevamente el desarrollo de la posmodernidad en arquitectura que plantea no es real (no es crítico, reactivo, histórico, blando...), y únicamente certifica un estado estético posthistórico (después del movimiento moderno) con seguras consecuencias estilísticas. Sus ejemplos son daños colaterales formales de su tiempo porque la imposibilidad de inventar significa simplemente, para Jameson, no poder *innovar estilísticamente*. Los agentes radicales emplean, cuando lo necesitan, la forma pero su objetivo principal es componer significados nuevos. Véase la Maleta de los Estilos de Raggi para más datos.

*Estamos abandonados a ese juego puro y fortuito de significantes que denominamos postmodernidad, que ya no produce obras monumentales de tipo moderno, sino reconstrucciones incesantes de fragmentos de textos preexistentes.* (Jameson, 1987: 222)

En fin, esto tampoco es creíble, los edificios de la APO son indudablemente monumentales, grandiosos y colosales. Resumiendo, la caracterización de Jameson es parcial y construye un argumento a (su) medida desde la constatación física/formal/estilística de ciertos síntomas detectados en otras artes/disciplinas. Quizás el problema es que Jameson percibe la posmodernidad en arquitectura como la imposibilidad de producir *obras monumentales de tipo (aspecto) moderno* sino reconstrucciones con fragmentos existentes en una *especie de enorme bricolaje* cuando podría haber apuntado bastante más abajo. Quizás la posmodernidad en arquitectura es incapaz de producir obras monumentales y punto, no hay nada de enorme en su código genético.

## Baudrillard. Arquitectura de la imagen y el simulacro

*La experiencia de los acontecimientos de mayo del 68 en Francia, cuando la radio y las cadenas de TV fueron tomadas por grupos revolucionarios, fue el mensaje más subversivo que podían transmitir los media, ya que la "transgresión y subversión nunca estuvieron "en el aire" sin la negación sutil de su verdadero ser: transformadas en modelo, neutralizadas en símbolos, vaciadas por tanto de su significado"* (Baudrillard, 1972: 173)

Algo de lo cita anterior sucede al enfrentar la Arquitectura Radical con la Posmodernidad oficial, siendo la segunda un mensaje codificado y mediado de una revolución (formal) mientras que en la primera los medios (profesionales) han sido asaltados y tomados por agentes transgresores sin mediación posible. No hay negociación en curso porque se han emancipado de los modelos de información.

La dialéctica de la distancia y el compromiso con la cultura postmoderna cobra gran importancia en la obra del teórico social Baudrillard. Su primera intención fue modificar a Marx para así poder analizar el nacimiento de la cultura de masas y las tecnologías de reproducción de masas. Para nuestro texto nos interesa todo lo relativo a la construcción en torno a la *imagen* como simulacro de realidad. Veremos que la APO no deja de ser un heroico testimonio construido, sólido, moderno, de autor, natural y fácilmente consumido posteriormente en imágenes por su carácter epidérmico (por la superficialidad de su propuesta y de su ideación) y también porque naturalmente todo lo devora la maquinaria del consumo; pero entendemos que no es arquitectura de la imagen como simulacro (es decir como sustituto disciplinar o sabotaje arquitectónico).

Creemos que este reemplazo conceptual y productivo se verifica en los proyectos radicales, que son imagen, de las que se conserva poca materia física pero muchas fotografías.

En *el espejo de la producción*, Baudrillard utiliza la genealogía tripartita de Marx sobre el desarrollo del mercado y su imagen más representativa, el valor de intercambio. En *Miseria de la filosofía*, Marx sugiere que en una primera etapa (la sociedad feudal, por ejemplo), la artesanía, la agricultura... producían una pequeña proporción de excedente, la tercera etapa sobreviene cuando esas cualidades abstractas que parecían inmunes a las operaciones de compraventa, el amor, la bondad o el conocimiento, entran en el ámbito del *valor de intercambio*. (Connor, 1989: 42)

Baudrillard aprueba esta genealogía, pero aduce que Marx no entendió bien la enorme transformación cualitativa que se produjo entre la segunda y la tercera etapa. En esta situación, cree que ya no es posible separar el ámbito económico o productivo del ideológico o cultural, porque los objetos culturales, imágenes, representaciones, incluso los resortes sentimentales y físicos, se han fusionado con el mundo económico. Vimos que hay cierta explosión de cultura –económica- en Jameson, y en ambos se reconoce cierta deuda con los Situacionistas.

En esta descripción socioeconómica, la *imagen* (en nuestra hipótesis no el residuo material, la arquitectura) es el auténtico producto de consumo desplazando los criterios de legitimación de una disciplina anclada en lo objetual. Es decir, no es tanto la idea tradicional de arquitectura (pre-Baudrillard, pre-Benjamin) que se *puede* construir para verificar las intenciones arquitectónicas descritas en los planos o que la arquitectura deba construirse para entrar en carga sino lo que se podría teorizar como una auténtica arquitectura posmoderna, aquella que hipertrofia su valor *imaginario* frente al físico y material.

Si la imagen sustituye al objeto como valor de uso y consumo debemos escorarnos a una disciplina inmaterial o conceptual. Donde las ideas visualizadas sustituyan a cualquier posible edificio. Siguiendo esta línea argumental parece claro que será la Arquitectura Radical, altamente imaginaria, sin voluntad de construirse o bien desplegada y publicitada en imágenes de con-

11.-ANT FARM. Cadillac ranch (1974)

sumo rápido, la que verifica esta proposición. Como el Cadillac Ranch de Ant Farm (11) o las construcciones imaginarias de Max Peintner.

Baudrillard también afirma que la expansión y aceleración de los productos de consumo culturales, imágenes sociales o "símbolos" que funcionan como productos de consumo, conforman una "economía política del símbolo" en el paso desde *"el intercambio abstracto de productos materiales bajo la ley general de equivalencia, al funcionamiento de cualquier tipo de intercambios bajo la ley del código"* (Baudrillard, 1973: 121).

En definitiva, significado y referente han sido abolidos en beneficio del juego de significantes; de una caracterización general en la que el código ya no se refiere a cualquier "realidad" objetiva o subjetiva, sino a si mismo, a su propia lógica; además matiza que el sistema capitalista utiliza el ámbito económico como una desviación o desplazamiento de su implacable dominación en el ámbito simbólico. Para nosotros, mientras en la arquitectura la posmodernidad oficial se apropia sistemáticamente de la componente simbólica (aquello que significa algo alejado de lo presentado) para "citar" rasgos reconocibles por el gran público pero necesita el hecho físico (el referente) para su validación, la Arquitectura Radical emplea los significantes directamente, emancipados de cualquier muleta referencial anterior. Algo cercano a la descripción de Kosuth de la obra de arte (física) como residuo del propio arte (conceptual).

*Los medios de comunicación de masas... producen incomunicación.* (Baudrillard, 1972: 169)

Otros párrafos de Baudrillard también son útiles para el propósito que tiene este capítulo de condicionar (o de perfumar) la lectura del resto del libro. Por ejemplo cuando apunta que durante el mayo del 68 (tomado como caso a estudio) los medios revolucionarios genuinos eran los muros y los grafitis superpuestos, los carteles de cine y las pintadas urbanas, el mundo de las palabras y el intercambio que comenzó en las calles -*cualquier cosa que fuera una inscripción inmediata, producida y devuelta, dicha y contestada, móvil en un mismo tiempo y espacio, recíproca y antagonista* -(Baudrillard, 1972: 176).

La calle en París es, para Baudrillard, el formato *alternativo y subversivo* a los medios de comunicación de masas porque no es, como estos

últimos, un soporte pretendidamente objetivo de mensajes sin posible respuesta, o lo que es lo mismo, un altavoz lejano. Como apunta el francés en ese *espacio raído del intercambio simbólico de la palabra* que son los medios de comunicación masivos no es posible la revolución, al pertenecer al sistema (está incluso pagado por él) y algo similar sucede con la arquitectura auténticamente revolucionaria, solo posible en la calle (tanto metafórica como literal, véanse las Acciones de Missing Link, 12), terreno predilecto de la palabra efímera en este intercambio simbólico.

Resulta significativo que Baudrillard se acerque al registro semántico de esta investigación cuando considera el intercambio simbólico mencionado como una venta o derroche incondicional, como un *potlach* que es (ver terreno Juego) el sacrificio de grandes bienes por parte de ciertas tribus primitivas con una finalidad obvia de carácter no económico sino lúdico. De esta manera excesiva un grafiti pintarrajeado sobre un cartel subvierte el código al dar una *respuesta inmediata a un diseño que no permitía respuesta alguna* (Baudrillard, 1972: 183). Es inevitable pensar en los grafitis literales de Street Farmer (13) o en los metafóricos y desmedidos de Superstudio (14) o Archizoom como palimpsestos perversos que se ofrecen a la ciudad (o a la tribu) como despilfarro simbólico.

12-MISSING LINK. Performance (1972)
13-STREET FARMER. Street farmer 2 (1972)

El otro concepto esencial, útil para esta investigación radical, es el *simulacro*. El texto de Baudrillard describe la capacidad de los medios para anular las disidencias (la disensión de Lyotard) por la mera representación de las mismas, teorizando que la realidad no puede evitar su transformación en símbolos vacíos:

*Vivimos en una época en la que ya no se precisan símbolos para entablar un contacto verificable con el mundo que representan (...) en la última etapa el símbolo "ya no posee relación alguna con la realidad; no es más que puro simulacro de ésta...".* (Baudrillard, 1983: 10)

Y para ilustrarlo utiliza el paradójico ejemplo etnológico de los Tasaday, tribu filipina desconocida para la humanidad (la humanidad también era una desconocida para esta tribu) que tropezó con la ciencia en 1971 y que, al tratar de estudiarla, se dio cuenta de que su objeto a estudio se estaba desintegrando, estaba muriendo con el contacto:

*Para que la etnología viva, su objeto debe morir.* Así, el indio, reintegrado a su gueto, a la burbuja ya artificial de su selva virgen, *se*

14-SUPERSTUDIO. Monumento Continuo (1969)
15-ZUND UP. Saint Stephan´s countdown (1969)

*convierte en el modelo de simulación de todos los indios concebibles de ANTES de la etnología.* (Baudrillard, 1983: 15)

Si tomamos este desplazamiento en el ámbito simbólico como relevante, como posible *representante* de posmodernidad no podemos sino sorprendernos por la afinidad con nuestro objeto a estudio (que esperemos no muera por sobreexposición), que vacía semánticamente las estructuras simbólicas tradicionales (el famoso mensaje encriptado) y ofrece apariencia arquitectónica a cambio. De alguna manera cualquiera de los proyectos presentes en esta investigación verifican este trueque, ya sea el Saint Stephans Countdown de Zünd-Up (15) o la Casa para dos Amigos de Abraham que aparentan ser disciplinados pero no lo son... ni siquiera (como veremos en Ciudad) proyectos más *consistentes* como el mítico Monumento Continuo son, en realidad, edificios.

## TEORÍAS POSMODERNAS OFICIALES. ANEXO PARALÓGICO

*La arquitectura moderna murió en San Luis, Missouri, el 15 de julio de 1972, a las 3:32pm.* (Jencks. 1984: 9). De esta panegírica manera, Jencks dinamita la hegemonía moderna y cristaliza los comienzos de una pluralidad desconocida desde hacía más de 50 años. Su análisis nos ayudará a dibujar algunas líneas de resistencia, pues forman una plantilla conceptual que aparece en otros análisis de la postmodernidad.

La teoría arquitectónica le debe el concepto y la categoría de posmoderno a este autor pero la negación teórica de la arquitectura moderna contra las formas del pasado y la diversidad de sus modos ya se habían desarrollado por otros (Portoghesi, 1974 y Venturi, 1966). Será la feliz coincidencia entre la búsqueda de Jencks de una arquitectura multivalente o de múltiples códigos con algunos edificios construidos en los años 70 lo que marcará la conceptualización postmoderna en arquitectura como algo nítido, articulado y afirmativo y no meramente como una posible reacción (formal) a la modernidad o como un símbolo autónomo de contemporaneidad estilística. Es decir, la *visualización* de ciertas obras (como subproductos del mercado y la ideología...) diseñó su discurso teórico... quizás debería haber mirado más.

En The Language of *Post Modern Architecture* (Jencks, 1973) éste formuló la clave de la arquitectura posmoderna: Una antideterminista, auto-sostenida *multivalencia* siguiendo los preceptos de la Nueva Crítica (particularmente las nuevas lecturas críticas de Ivor Armstrong Richards). Jencks entiende que la arquitectura tiene que ver esencialmente con la experiencia humana y la puesta en escena de dichas prácticas mediante la percepción y el pensamiento. El uso y configuración de un lenguaje arquitectónico auto-consciente –un homólogo al lenguaje poético de los Nuevos Críticos- incluía tanto la conceptualización como el diseño y (junto a mecanismos retóricos como la metáfora, la paradoja y la ironía) se verificaba una arquitectura multivalente que era, por tanto, emotiva y cognitiva:

*Cuanto más se analiza (la Unité), más se encuentran los vínculos entre los diversos niveles de experiencia y dicha experiencia se auto valida a medida que descubrimos no solamente las intenciones de Le Corbusier, sino más significados posibles que están latentes en su arquitectura. La multivalencia es un catalizador para la mente.* (Jencks, 1977: 1)

Es decir, el ejemplo anterior de la Unitè nos muestra un teórico ansioso por encontrar sofisticados y múltiples trazados reguladores en un edificio construido con la esperanza de que, una vez formulados, existan y se puedan replicar en otros edificios.

Por mucho que me fascine el edificio de Marsella es agotadora y estéril una lectura en clave consciente tratando de revelar una bandada de significantes estables que sean capaces de hacernos entender, y aceptar, el edificio construido. Es evidente la condición viva de éste (o cualquier) edificio como forma cultural recibida y su potencial latente para una eventual interpretación por las diferentes generaciones... pero también la Villa Saboya como hizo Colin Rowe hace mucho tiempo (Rowe, 1947)....y éste no fué seguramente un ejemplo válido en su momento para Jencks.

No es más tranquilizadora su explicación sobre la recepción del edificio:

*Un edificio posmoderno habla a dos niveles: los arquitectos + una minoría involucrada y al gran público, o los habitantes locales, a quienes les preocupan otras cosas como el confort, lo tradicional y un modo determinado de vida* (Jencks, 1977: 1). Esa esquizofrenia edilicia de Jencks (poco que ver con la de Jameson, ya vista) sería evidentemente extrapolable al movimiento moderno a no ser porque el autor entiende que el edificio moderno permanece mudo frente al gran público y no considera la posibilidad de autismo del receptor. Para Jencks este *monólogo* debe ser autoconsciente e irónicamente exacerbado para ser eficaz.

El trabajo de Jencks inició una manera de percepción (o interpretación) que Jameson más tarde resumió como *"la diferencia se relaciona"*. Junto a otros (Portoghesi, 1980- Klotz, 1984), Jencks ayudó a popularizar e institucionalizar (y a crear) una etiqueta que dominaría las revistas de arquitectura y la academia durante una década:

*Varios arquitectos se están desplazando más allá de la arquitectura moderna de forma tentativa, ya sea adaptando una mezcla de estilos modernos, o mezclando éstos con formas previas. Los resultados no son aún tan convincentes como para hablar de un estilo y enfoque completamente nuevo; son evolucionarios, no una desviación radical.* (Jencks, 1977: 3)

El propio Jencks no se aleja mucho de la auténtica arquitectura posmoderna y apunta a lo radical (aún no siéndolo realmente para el autor, como ya se ha visto, por su posicionamiento previo, constructivo, local...) al tomar a los jóvenes Metabolistas y a Isozaki como ejemplos "no irónicos" a pesar de hablar de su estilo, *o sistemas estéticos*.

El texto plantea crípticamente que los japoneses han *incorporado un lenguaje tradicional sin necesariamente ser irónicos o tímidos* y utiliza los proyectos del Hotel Tokoen y Odakyu Drive-In Restaurant como modelos a seguir por su formalización ambigua, mitad *tradicional* y mitad *moderna*. Claramente está buscando una arquitectura que el entiende *inclusiva* y que absorbe códigos aparentemente conflictivos para tratar de encontrar la *"dificultad conjunta"* (Jencks, 1977: 4). El fenómeno venturiano que veremos en el capítulo Indisciplina de lo uno Y lo otro.

Asistimos a la etiquetación de un *eclecticismo radical o ad hoc-ismo* (Jencks, 1977: 5) donde partes diversas, estilos o sub-sistemas (pre-

sentes en un contexto dado) *se usan en una síntesis nueva y creativa.*
Una especie de juego delirante donde los estilos reconocidos se
barajan y reparten en una partida estilística ilimitada, proporcionándonos ejemplos que muestran como se *ve* esta arquitectura, y donde el
sentido de la vista sigue siendo el prioritario frente a la contaminación
fenoménica de los radicales (que es ambiental, táctil, crítica...).

El cénit llega con el ejemplo de la Universidad de Lovaine como *improvisación* o customización por los usuarios en busca de la benéfica
complejidad pero orquestando un simulacro de desorden o temporalidad propio de la categorización de Baudrillard. Lovaine es una presunta
participación en el diseño donde la performatividad de la arquitectura
no se considera más que por figuración (no resiste la comparación con
la performatividad real de los radicales). En un teatro lleno de figurantes arquitectónicos... ¿donde han ido los actores principales?

Si seguimos leyendo aparecemos más dentro aún del simulacro de
revolución, participación y posmodernidad:

*Encontré partes del edificio con grafitis y eslóganes políticos antes de
que el edificio se usara. Era como si el arte callejero de Mayo del 68 se
hubiera pre-aplicado en taller.* (Jencks, 1977: 6)

En definitiva, afirmamos que los ejemplos que plantea Jencks: Metabolistas, Moore, Venturi, Goff y otros no plantean prácticas culturales
concluyentes... solamente edificios dentro del sistema que tratan de
hablar con formas antiguas en un esquema de sistematización de la arquitectura multivalente francamente dudoso: *El arquitecto se tendrá que
formar en cuatro o cinco (nota mía: ¿cuantos?, ¿da igual?) estilos diferentes y ser entrenado como antropólogo, o al menos como buen periodista.*
(Jencks, 1977: 7)

Este arquitecto multivalente (posmoderno) jencksiano no lo tiene fácil
porque el movimiento moderno le tentará con los cantos de sirena de
*la forma pura y el alto juego de la Arquitectura de los Arquitectos*, pero
no debe ceder ya que tiene que *construir para multinacionales y grandes empresas* que le acercarán a los usuarios finales. Una ideología
conservadora que impide la adscripción de cualquiera de los productos complacientes que toma como modelos como genuinos ejercicios

posmodernos. Sin embargo afirma que el arquitecto debe *ser entrenado como un esquizofrénico radical (todo debe ser radical hoy)*... pero parece claro que su propuesta no es radical (fundamental, profunda, de raíz) sino epidérmica.

En mi opinión (según este análisis de Charles Jencks que continúa las hipótesis iniciales ya avanzadas por Jameson) las teorías arquitectónicas postmodernas no incorporan la autoconsciencia evolutiva y crítica de otros campos disciplinares, y se entretienen en inventariar rasgos estilísticos que consideran *propios*. La relativa seguridad de sus definiciones proporciona a la teoría arquitectónica una posición de mando en aquellas descripciones más generales o aplicadas a la postmodernidad pero los problemas de definición revelan conflictos internos fundamentales que no pueden resolverse desde la mera y pura evidencia. Esto se debe parcialmente a que la teoría arquitectónica postmoderna concede al propio edificio postmoderno el estatus de *teoría o reflexión crítica* sobre él mismo, prácticamente sucede que la teoría de la arquitectura postmoderna se ha situado dentro de su objeto a estudio, negando la separación entre objeto y teoría.

Pero cabe preguntarse, ¿qué grado de autoconsciencia teórica puede residir en un edificio? Desde la heterotopía de Foucault (como veremos a continuación), la declaración o reconocimiento teórico de la heterogeneidad siempre matiza o imposibilita hasta cierto punto la posibilidad de dicha heterogeneidad (...) la postmodernidad, en este discurso "maestro" *no es el diagnóstico puramente distanciado de la relación entre la modernidad y sus sucesores, sino el proceso narrativo que se articula para producir dicho diagnóstico.* (Connor, 1989: 61)

Paradójicamente, y al contrario que la Arquitectura Radical, el éxito del *estilo* y lenguaje antiuniversalistas de la arquitectura postmoderna es tal que puede contemplarse *en todas partes.* Es decir, el problema al que se enfrenta la teoría postmoderna es tratar de producir pluralidad sin limitar o neutralizar en sí misma esa posibilidad...como indica Branzi al aparecer la primera codificación sobre ellos (Navone y Orlandoni, 1974: 13).

Pero sigamos analizando el concepto estrella, la *multivalencia* será el jerárquicamente dominante en los análisis de la posmodernidad arquitectónica en Jencks como oposición a la *"univalencia"* de la arquitectura moderna de formas puras, abstractas, tipificadas por las cajas de cristal y acero casi universales de Le Corbusier, Mies y sus acólitos. El edificio univalente anuncia su sencillez de forma, insistiendo en un *tema único que domina su construcción* (Jencks, 1977: 8). Y, como hemos visto, la raíz de la confusión es la identificación de arquitectura con construcción, porque la arquitectura es antes mediación cultural y pensamiento. Sus consecuencias argumentales nos llevan a una problemática similar a la del juego en Huizinga (ver escenario Juego). Es decir, parece obvio que este posicionamiento conceptual lastra cualquier desarrollo posterior de una posmodernidad no entendida como construcción.

Sin problematizar demasiado sobre este punto, la anotada univalencia del edificio moderno exhibe, para Jencks, la autonomía absoluta como un principio ideal físico y visible. El edificio moderno es autorreferencial, a la vez materialidad pura, símbolo neto que no se refiere, cita o alude a nada salvo a sí mismo. Como el poema ideal de la Nueva Crítica americana de los 40 y 50, el edificio moderno no debe *significar* sino *ser* (Connor, 1989: 55). Teórica ausencia de simbolismo ya criticada con anterioridad (ver Rowe y Colquhoun) que Jencks rechaza; *su* arquitectura postmoderna se caracteriza precisamente por la forma de negar este principio de univalencia.

Además, tanto en opinión de Jencks como de Venturi, la postmodernidad ha significado un reconocimiento de esa dimensión lingüística o connotativa vedada para la arquitectura moderna que desemboca en la cualidad primera, más obvia y relevante para este estudio: la regeneración del sentido de la capacidad significativa o referencial de la arquitectura en una imagen de postmodernidad en arquitectura como producto de esta sensibilidad renovada hacia *"los modos de comunicación arquitectónica..."*, una nueva disposición ante el simbolismo inherente a toda arquitectura.

Pero nuevamente la concreción formal de las palabras recortan las posibilidades de dicho renacimiento simbólico en ejercicios que condenan dicha comunicación al mundo de las formas reconocibles, sus arquitecturas/edificios se construyen explícitamente a partir de

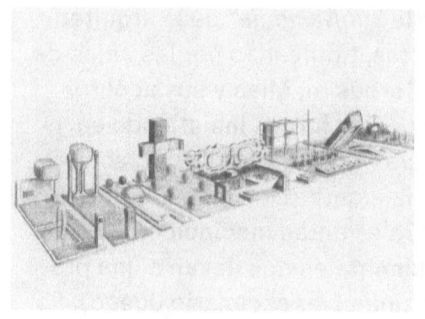
esas fuentes documentales (a las que se concedía excesivo crédito simbólico). Como veremos en Ciudad, cualquier proyecto de los agentes radicales necesita de la mediación imaginaria (piedra de toque de esta vanguardia) sin necesidad de recurrir a guiños historicistas. El Cementerio con lápidas audiovisuales de Max Peintner (16) es únicamente un ejemplo de arquitectura como correa de transmisión simbólica.

En definitiva, la multivalencia perseguida por Jencks entra en conflicto con la voluntad del arquitecto moderno de ofrecer una creación pura como muestra fidedigna de heroísmo individual (la arquitectura como creación pura del espíritu de Le Corbusier, 1977: 32) por lo que el nuevo estado *post* demanda una autoría en colaboración, plural: *La forma de pluralismo más obvia es su apertura al pasado.* (Jencks, 1977: 8).

Y quizás ese sea el otro problema, la obviedad con la que identifica la apertura al pasado con una forma conservadora de historicismo, que para él puede presentarse de dos maneras: La *rehabilitación directa* –una copia literal- o bien con *formas más críticas y autoconscientes -un neosincretismo-* (siempre dentro del sistema capitalista, de la disciplina...etc.), interesadas en salvar y acentuar diferencias históricas incluso cuando ya son evidentes en un mismo edificio (por ejemplo el AT&T). La unidad resultante adquiere un tono *irónico* (distanciado, ver Juego) porque depende en gran medida de la disparidad y armonía de los códigos utilizados en el edificio. Más adelante explicita su confianza en la llegada de un período que denomina (literal y acertadamente en mi opinión) *"Eclecticismo Radical"*, que utiliza de manera oportunista el pasado, para lograr una arquitectura multivalente que tendría una unión de *"diferentes clases de significado, que apelan a facultades opuestas de la mente y el cuerpo, por lo que se interrelacionan y modifican una a otra"* (Jencks, 1984: 132).

16 Max PEINTNER. Tumbas audiovisuales (1969)

Es significativo que posteriormente también Frampton interpreta la abstracción del movimiento moderno como resultado de una dominación total del sentido de la visión (y su redescripción/traducción de las teorías de la posmodernidad a la arquitectura también imponen el sentido de la visión como prioritario), tradicionalmente asociado a la racionalidad y el dominio epistemológico en Occidente, para declararse a favor de una arquitectura de resistencia que amplíe el número de sentidos que entran en juego a la hora de leer un edificio.... (Frampton, 1993: 275). El territorio de lo háptico y lo sensible como alternativas radicales.

En definitiva, la APO construye máscaras (no las de Terzic, 17) para verificar su interesado concepto de postmodernidad; paradójicamente Jencks necesita exagerar la visión de la arquitectura moderna que tan persistentemente ataca para alcanzar esa postmodernidad. Todavía hoy sufrimos los edificios de este *eclecticismo radical* que caricaturiza la disciplina, la reduce a forma para crear una postmodernidad impostada, falsa. Neomodernidad estilística. Tan metarrelato como lo anterior.

La utilidad, precisión y facilidad del paradigma postmoderno de Jencks en arquitectura es indiscutible y obvia... a la par que tremendamente insatisfactoria.

17-Mario TERZIC. Máscaras (1972)

# BARTHES Y LA SUBVERSIÓN DEL TEXTO

*Es un hecho que desde hace algunos años ha tenido lugar (o está teniendo lugar) un cierto cambio en nuestra concepción del lenguaje y, en consecuencia, en la idea de la obra (literaria) que debe a ese lenguaje, cuando menos, su existencia fenoménica (...) La novedad que afecta al concepto de arte, no proviene necesariamente de una transformación en el seno de cada una de las disciplinas que he mencionado, sino más bien de su confluencia en relación a un objeto que tradicionalmente ha sido ajeno a todas ellas* (Barthes, 1971: 1)

Barthes es relevante para esta investigación postmoderna porque explicita, dentro de este periodo, repudios y variaciones afines a los agentes radicales.

Su universo textual indica la relatividad en las relaciones entre el escritor, el lector y el observador (el crítico) y afirma que frente a la concepción tradicional de la obra, que durante mucho tiempo -e incluso hoy- se ha entendido en un sentido, por así decirlo, newtoniano, se manifiesta ahora la necesidad de un nuevo objeto, que ha surgido del *deslizamiento o inversión de las anteriores categorías. Este objeto es el Texto:*

Lo primero que apunta es que *el texto no debe entenderse como un objeto computable (...) es un campo metodológico mientras que la obra es un fragmento de sustancia que ocupa una porción del espacio de los libros. La realidad se muestra, lo real se demuestra (Lacan). La obra se ve (en las librerías...) mientras que el texto se demuestra, se habla conforme a ciertas reglas (o en contra de determinadas reglas- la disensión de Lyotard). El texto solo se experimenta en un trabajo, en una producción.* (Barthes, 1971: 2)

Nos detendremos en esta condición activa/móvil de la cualificación del Texto porque no es necesariamente coincidente con la posmodernidad pero indica un cambio. Fabrica un campo metodológico, una porción del lenguaje *en proceso* que se verifica en la *travesía*.

Se diría que Barthes vislumbra las características reactivas de la Arquitectura Radical, casi alérgica, de proyectos en permanente cambio, en constante desarrollo y proceso de demostración. Parece *evidente* que un edificio de Rob Krier (cualquier edificio, en realidad) se muestra y se ve frente a la necesidad de *trabajarse* cualquier proyecto radical.

Continúa diciendo que *el Texto no se agota en la (buena) literatura; no se puede aprehender mediante una jerarquía, ni tampoco a través de una mera división de géneros. Lo constitutivo del Texto es, por el contrario (y precisamente) su fuerza subversiva respecto a las viejas clasificaciones* (Y menciona a Bataille, a quien han olvidado...como a los radicales) (...) *El texto es lo que llega al límite de las reglas de enunciación* (la racionalidad, la legibilidad...) (Barthes, 1971: 2)

En este libro experimentaremos la fuerza subversiva (la paralogía de Lyotard) del Texto radical frente a viejos paradigmas (clasificaciones o marcos de entendimiento) y el ejemplo de Bataille como inclasificable (y olvidado) reproduce la difícil catalogación de los proyectos (o textos) a estudio. Es más, Barthes apunta que la imposibilidad de clasificar el texto es una de sus funciones sociales, y la disensión es una estrategia social. Su situación al límite de las reglas de enunciación (¿cómo se enuncia la Arquitectura Radical?: racionalidad/funcionalidad, legibilidad/interpretación-símbolo) impide su correcto procesado por las estructuras del sistema. El Texto radical es sub-versivo y para-dójico, es decir es contrario, está *detrás* de la idea común.

En relación con la semiótica y los apuntes sobre Baudrillard ya registrados, Barthes indica que el texto se aborda, se experimenta, en relación al signo (el significante) mientras que la obra se *clausura sobre un significado*. (...) el texto es *radicalmente simbólico* (Barthes, 1971: 3): una obra en la que se concibe, percibe y recibe su naturaleza íntegramente simbólica es un texto.

Y añade otro ingrediente principal para degustar los agentes estudiados, con un temperamento simbólico que compone una sinfonía sin fin ni centro. Los radicales creen que pensar/proyectar está constituido por significantes que cambian continuamente de significado, en el orden de lo simbólico. Según Barthes la lógica del Texto es metonímica y utiliza las asociaciones, contigüidades, traslaciones. Una arquitectura que toma el efecto por la causa necesariamente confunde las canas con la vejez.

Más adelante propone que *el texto es plural (...) son citas sin entrecomillado* (Barthes, 1971: 3). Alejándose sin frenos de la caracterización oficial de la posmodernidad en arquitectura, totalmente *citable*. Incluso "Jencks" debería escribirse entre comillas.

Barthes nos aclara que esto no es sólo que el texto tiene múltiples sentidos sino que cumple la *pluralidad natural del sentido* en una pluralidad irreductible. Es decir, en el texto no hay coexistencia de sentidos, sino una travesía (...) *deriva de una explosión, una diseminación* (Barthes, 1971: 3). La pluralidad del texto no depende de la *ambigüedad* de sus contenidos, sino de la pluralidad estereográfica de los significantes que lo entretejen. Su combinación (de significantes) es única, sólo puede ser él mismo en su diferencia.

Parece difícilmente aplicable en un estado en el que la ambigüedad y los significados literales son características explícitas de la Posmodernidad oficial ya analizada.

El siguiente concepto fundamental indica que la *obra se inscribe en un proceso de filiación. El texto, por el contrario, se lee sin la inscripción del padre* (Barthes, 1971: 4) la inscripción del autor ya no es privilegiada, paternal, sino lúdica: se convierte en una especie de autor de papel.

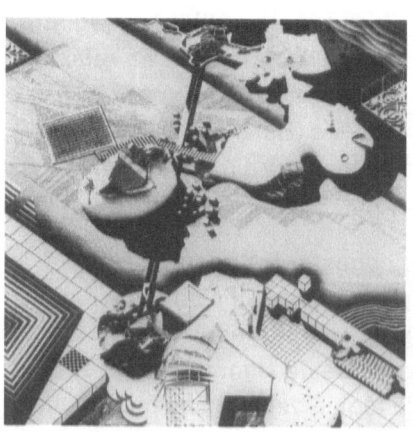

Fantástica crisis de autoría que desplaza el organismo jerárquico de la obra hacia algo parecido a una *red* (fantástica, combinatoria, sistemática) lúdica (ver Juego). El texto, frente a la obra, se puede romper como se puede romper la Arquitectura Free de Buti (18). El autor retorna al texto sin reclamar pertenencia sino como mero *invitado*. El novelista se inscribe en la novela

18-Remo BUTI. Arquitectura free (1967)

como uno de sus personajes y la obra revierte sobre la vida y no al contrario.

Podemos, y quizás debemos pensar en la actuación, en lo teatral como forma unificada de lo posmoderno.

*De ordinario la obra es un objeto de consumo. El Texto (aunque sólo sea por su frecuente ilegibilidad) decanta a la obra (si esta lo permite) de su consumo y la asume como juego, trabajo, producción, práctica (...) abole o reduce la distancia entre la escritura y la lectura (...) Leer, en el sentido de consumir, no es jugar con el texto. (...) Mallarme se planteó la cuestión: quiere que sea el público el que produzca el libro.* (Barthes, 1971: 5)

Y los objetos de *consumo*, como veremos más adelante, serán activa y directamente criticados por los agentes radicales que prefieren (evidentemente no tienen otra opción) alejarse del sistema productivo para inventar prácticas emancipadas y lúdicas que se oponen a una disciplina reglada y elitista para abrirla al público; no en un impostado proceso de diseño participativo (porque no se trata de diseñar objetos más bellos o útiles) sino en talleres urbanos de escritura creativa colectiva. El caso de los happenings es obvio, pero no menos clara es la propuesta Do-it-yourself de Archizoom en Vestirse es Fácil (19).

Este proceso de escritura compartida del texto, de *aproximar* el acto de escribir y leer implica lo que se ha llamado la *muerte del autor* (al menos de aquel conven-

19-ARCHIZOOM. Vestirse es fácil (1972)

cional). *El Texto plantea la exigencia de abolir (o cuando menos reducir) la distancia entre la escritura y la lectura, pero no mediante la intensificación de la proyección del lector sobre la obra, sino a través del enlace de ambos en el seno de una misma práctica significativa* (Barthes, 1971: 5). Es decir, leer no es una mímesis pasiva, interior y autista porque el texto precisamente se resiste a esa reducción, el lector ejecuta y juega el Texto como se interpreta la música o se juega la Arquitectura Radical. En la música post-serial como ejemplo de otra disciplina, el papel del "intérprete" se desplaza porque se le exige ser de algún modo coautor de la partitura. El Texto requiere del lector una participación activa; es programa, acción y no figuración o signo estático. De la misma forma que no es posible leer a Mallarmé sin reescribirlo continuamente.

Barthes indica que la reducción de la lectura a puro *consumo* es responsable del "aburrimiento" que a muchos provoca el texto moderno ( aparentemente "ilegible"): ya que aburrirse significa en este contexto que se es incapaz de *producir* el texto, de ejecutarlo, de *deshacerlo, de ponerlo en movimiento*.

Si atendemos a esta narración podemos interpretar que las obras realmente posmodernas (a pesar de sus limitaciones de facto) son todas *textos* (pop, minimal, land art, Godard...) sin embargo los edificios posmodernos canónicos son *obras* porque no cumplen ninguna de las proposiciones de Barthes. Y la Arquitectura Radical si.

Por último convocaremos un apunte muy interesante en la lectura de Barthes cuando propone que el texto es hedonista. *No puedo re-escribir a Dumas* (Barthes, 1971: 6). El texto está ligado al goce, esto es, al placer sin escisión. El Texto pertenece al dominio del significante y así participa a su manera de una *utopía social*. Lo primero es la filosofía del disfrute inherente al texto, muy dentro de las estructuras programáticas del momento radical (ver terreno Juego) y también la constatación de que no puedo ser Dumas porque no puedo escribir *de ese modo*. ¿Acaso ser moderno no es distinguir con nitidez aquello que no se puede comenzar de nuevo? ¿como se puede plantear el saqueo de la historia desde esta proposición? El Texto es el espacio (arquitectónico) donde ningún lenguaje domina sobre otro, donde los lenguajes oscilan, circulan, giran en torno.

# EL ARTE COMO CORRELATO POSMODERNO

*La escultura ha ingresado completamente en una lógica inversa y se ha convertido en pura negatividad (...) la suma de no-paisaje y no-arquitectura* (Krauss, 1979: 36)

Es significativo que, después de la argumentación anterior, en el arte resulte difícil determinar la presencia de lo postmoderno en términos meramente estilísticos. Ya podemos decir que lo que unifica el arte posmoderno es, en realidad, un programa o una ideología más que una práctica específica y mensurable (posmoderno=cambio de programa o ideología). Será éste un arte que se entiende mejor por sus espacios intermedios, por las fisuras entre la práctica y la teoría, entre los objetos artísticos y sus definiciones asociadas...el propio debate postmoderno hace que estas relaciones adquieran mayor complejidad si cabe en un *Arte separado de la vida.* (Bell, 1914: 68).

La modernidad en arte plantea el ensimismamiento disciplinar desde la pureza, especificidad y autocrítica interna/privada. Una disciplina entendida como culminación de un proceso histórico que se someterá a la crisis posmoderna desde distintas y nocivas contaminaciones. Las más conocidas serán la influencia de la literatura para Greenberg y la respuesta teatral para Fried (Greenberg, 1965 y Fried, 1980). Ambos críticos convencidos de la negación del espectador y la unidad, instantaneidad y autosuficiencia del artista moderno. *En definitiva las teorías del arte posmoderno recalcan la intensa conexión entre lo que reconocen como propio y lo que no.* (Greenberg, 1965: 6)

Para los efectos de esta investigación únicamente esbozaremos las dos corrientes acerca de la interrelación teoría-práctica:

1-Jencks y seguidores. Que se ha llamado *Conservadora-Pluralista* (Connor, 1989: 68) y que abarca las eternas condiciones de posibilidad resueltas aparentemente por el advenimiento de la modernidad, y que no parecen lamentar su decadencia.

2-La *Crítica-Pluralista* (Connor, 1989: 68) de Krauss, Crimp, Owens, Foster (periódico October) que va más allá de la modernidad revelando su inestabilidad interna, principalmente en sus formas oficiales o institucionalizadas (en la arquitectura casi todas son éstas). La Crítico-Pluralista preserva aspectos de la ética de la sospecha, necesariamente contraria e investigadora, que garantiza numerosas formas modernas y prácticas de vanguardia.

En la primera Jencks opina que los excesos de la pintura moderna tiene un correlato en el nacimiento de la arquitectura postmoderna (la formalista) con una caracterización de la posmodernidad que enfatiza dos aspectos: la multiplicación de formas estilísticas y el regreso del simbolismo (la primera es eclecticismo/sincretismo y la segunda se logra a través de la forma construida). Si la modernidad hacía énfasis en la integridad estilística del artista y enfatizaba la cualidad autogeneradora del edificio, la postmodernidad rompe con esta norma al tratar con numerosos estilos y métodos. Esto desemboca en cierta artificialidad (forzada, no ensimismada - se supone) y la adaptación insistente e irónica de otros modos (formas), históricos y contemporáneos.

Jencks es un admirador y promotor de la arquitectura que él llama posmoderna. Cree que el arte, tras el paso definitivo de la vanguardia y su fatigosa voluntad de escandalizar a la burguesía y atacar las sensibilidades del arte público (y la arquitectura) por fin puede reconocerse como siempre fue: absolutamente burgués... como la imagen del *triunfo burgués y su divertimento* (Jencks, 1987: 17). Parece imposible concertar una visión de la arquitectura de su tiempo más alejada de las premisas radicales, que no consuelan, tranquilizan o se refugian en la comodidad burguesa (ver Ciudad).

La segunda interpretación teórica del arte posmoderno es más cercana a nuestra órbita radical; en opinión de Krauss será la cuestión del *poder otorgado a instituciones y tradiciones* (Connor, 1989: 70) justamente el conflicto entre el arte y la teoría posmoderna.

Aunque este grupo adopta gran parte del repertorio analítico de Jencks, por ejemplo al afirmar que el arte posmoderno tiende a destruir los imperativos modernos de integridad estilística y formal de la obra, el mito del artista individual y la forma abstracta producto de la estética moderna plantean, en asociación con los agentes radicales, un mundo político y social *dentro* de la obra, interesándose mas por la investigación de relaciones diversas entre el arte y su contexto que por el objeto final.

Como hemos visto, esta condición teatral es nítida y recurrente en los proyectos a estudio, que distinguen con dificultad los ámbitos a estudio de la propia investigación, proyectándose deliberadamente -tan escandalosamente para Fried- *entre*, mejor que dentro de, *formas artísticas diversas* (Lash, 1988: 312) y esto es importante para nuestro argumento porque en la APO perfilada por "Jencks" no hay ningún *entre*, sus productos son (además de comerciales) completamente ciertos e intradisciplinares. Arquitectura intravenosa en estado puro que cierra cualquier espita extra-estética para preservar su integridad.

Si lo teatral es una amenaza, el terror lo escenifican las obras radicales presentes en este libro.

La diferencia táctica y teórica entre los dos grupos es que los segundos tratan de reinventar fórmulas críticas para una práctica artística contemporánea (no "burguesa" e institucionalizada).... Exactamente igual que los agentes radicales.

## FOUCAULT Y LA INVENCIÓN DE LAS HETEROTOPÍAS

*Entre sus surcos (texto de Borges) nació la sospecha de que hay un desorden peor que el de lo incongruente y el acercamiento de lo que no se conviene (...) el de lo heteróclito (...) Las utopías consuelan (...) Las heterotopías inquietan, sin duda, porque minan secretamente el lenguaje (...) Las utopías consuelan: pues si no tienen un lugar real, se desarrollan en un espacio maravilloso y liso; despliegan ciudades de amplias avenidas, jardines bien dispuestos, comarcas fáciles, aun si su acceso es quimérico. Las heterotopías inquietan, sin duda porque minan secretamente el lenguaje, porque impiden nombrar esto y aquello, porque rompen los nombres comunes o los enmarañan, porque arruinan de antemano la "sintaxis" y no sólo la que construye las frases —aquella menos evidente que hace "mantenerse juntas" (unas al otro lado o frente de otras) a las palabras y a las cosas. Por ello, las utopías permiten las fábulas y los discursos: se encuentran en el filo recto del lenguaje, en la dimensión fundamental de la fábula; las heterotopías (como las que con tanta frecuencia se encuentran en Borges) secan el propósito, detienen las palabras en sí mismas, desafían, desde su raíz, toda posibilidad de gramática; desatan los mitos y envuelven en esterilidad el lirismo de las frases.* (Foucault, 1966: 3).

No desarrollaremos, por inconveniente, el fenomenal texto de Foucault, solo apuntaremos dos cosas, la primera es la convivencia del texto anterior con la utopía. Concepto imponente que se ha proyectado acríticamente en la arquitectura y que, como veremos en el territorio Ciudad, se limita a un número reducido de los proyectos a estudio. El segundo, y quizás más importante es la coincidencia ambiental del mundo descrito por Foucault en la órbita radical. Podríamos decir que existe una transversal *heterotopía* (inquietud, erosión...) en las obras que analizaremos a partir de ahora. Proyectos que arruinan cualquier estado anterior, que frenan de golpe las inercias disciplinares heredadas.... La radical©ity del siguiente capítulo se registra mejor acabando éste así.

# CIUDAD

*La forma de una ciudad cambia más rápido, ¡ah! que el corazón de un mortal* (Baudelaire, 1977: 102)

# EN LA CIUDAD (RADICAL)

Polisemia urbana

Después de ensayar el estado sociocultural posmoderno es oportuno testar sus consecuencias en la probeta privilegiada de la ciudad. Escenario de lo colectivo.

La ciudad, lo urbano, la escala de mediar con el entorno en la creación de ambientes ocupan un lugar central en la agenda radical que re_describirá, como veremos, viejos enunciados sedimentados en aproximaciones sucesivas, de la ciudad a la mente. De la escala XL de la Ragnitz de Domenig o la No Stop City de Archizoom a la XS de la *píldora arquitectónica* de Hollein.

En la Arquitectura Radical se instala una duda integral en relación a la ciudad y sus prestaciones asociadas al verificar que cualquier definición heredada es insuficiente o equivocada: *una arquitectura que ignore el daño ocurrido tras las cuatro funciones –habitar, trabajar, recrearse y circular-(...) Un arte preocupado por el orden natural, por la relación poética entre los seres vivos y el entorno.* (Smithsons, 2009: 12)

Tras la caída en desgracia de las propuestas segregadoras del CIAM, la construcción de otro entorno se consideró una labor inaplazable en la generación del Team X y, como veremos, también lo será en la agenda radical que les seguirá junto a la fabricación de herramientas (proyectuales, críticas...) que permitan su efectiva comprensión, verificación y transformación.

Veremos como, tal como planteaba Hans Hollein a finales de los años 60, la disciplina que habían heredado era insuficiente, forzada, irreal, antigua y probablemente desacertada. Para entender este planteamiento es preciso acercarnos y contextualizar dicha herencia que se recibe de dos antepasados legendarios.

El primero será la monolítica tradición arquitectónica moderna, perfectamente equipada con un carácter ideológico que premiaba aspectos económicos, productivos y técnicos (*El problema de la arquitectura en sentido moderno exige en primer lugar una relación intensiva de su co-*

metido con el cometido de la economía general. Declaración de la Sarraz, CIAM, 1928) frente a otras consideraciones (sociales, psicológicas). La versión oficial está tabulada en la Carta de Atenas (es sabido que la Europa posbélica se construye según las premisas de ésta, que no eran sino las conclusiones del IV CIAM-1933, aunque publicado en 1943) y ofrece a los "modernos" los argumentos necesarios para consumar la separación funcional, el zoning urbanístico.

Dicha certeza normativa se empezó a desmoronar en el CIAM de 1947 en Bridgewater desplazando las premisas hacia lo social al declarar que *"el objetivo de los CIAM es trabajar para la creación de un entorno físico que satisfaga las necesidades emocionales y materiales de las personas"* (Frampton, 1993: 274-275). Su escisión definitiva se produjo en el IX CIAM celebrado en 1953 en Aix-en-Provence cuando la generación encabezada por Allison y Peter Smithson y Aldo Van Eyck cuestionó las categorías canónicas del la Carta de Atenas y trasladó el interés hacia la "pertenencia" o la "identidad" con el hogar o la vecindad.

Este impulso crítico hacia lo psicológico encontró el medio para desplegarse en el siguiente CIAM X celebrado en Dubrovnik en 1956 (la última reunión de los CIAM) y el grupo formado desde entonces, conocido como Team X, se consideraba el único capaz de interpretar y canalizar las urgentes necesidades de la época. Esta opinión se verá reafirmada por el propio Le Corbusier en una carta enviada al congreso de Dubrovnik: *Los que se encuentran en el corazón del presente, son los únicos capaces de entender los problemas reales de manera personal y profunda, las metas que buscar.* (Frampton, 1993: 275)

A pesar de su teórico mayor grado de empatía con los postulados de los grupos "radicales" a estudio (término acuñado por Germano Celant, número 2-3 de la revista IN. 1971) será precisamente el Team X el segundo antepasado a rechazar por los arquitectos radicales debido a que, cualquiera de sus versiones, desde el estructuralismo de Van Eyck al Nuevo Brutalismo de los Smithsons, se identifica por dichos "radicales" con un grado de nostalgia y de tradición insoportable. Es decir, las llamadas a la identidad y la progresión casa-calle-barrio-ciudad no dejan de ser desplazamientos semánticos de una disciplina demasiado "formal", anclada en la definición de la construcción de espacios físicos donde se desarrollan amables escenas desconectadas (para los radicales) de una realidad cambiante, afectada por el consumismo, por la posibilidad de llegar (y sobrevivir, sin arquitectura "tradicional" naturalmente) a la luna, sin espacio "real" sino ambientes virtuales filtrados por los nuevos medios de comunicación.

*Cuando viajamos a la Luna esperábamos obtener fotografías de cráteres; sin embargo, obtuvimos fotografías de nosotros mismos. Viaje egocéntrico. Amor por sí mismo.* (McLuhan, 1989: 17)

Según lo planteó McLuhan, se produjo un cambio de perspectiva que incluía la conquista del espacio como idea y será la imagen azul de nosotros mismos (como metonimia del planeta Tierra) la que perturbará nociones anteriores. Ya no se tratará de la reconstrucción ideológica de la sociedad (credo moderno) o la construcción de identidades particulares asociadas a lo social (Team X) sino de la búsqueda individual de la relación con el mundo.... con o sin arquitectura.

No parece casualidad, así lo han planteado algunos de los miembros de esta *corriente energética* radical (Jarauta, 2002: 10), que casi exactamente a partir de los mismos años los miembros de la Internacional Situacionista (1957-1972) estén planteando una crítica *total* a la realidad heredada y especialmente desquiciada de la economía capitalista. Como veremos en el territorio Arte, es reseñable que la Internacional Situacionista trabaja en *un nuevo uso social de la cultura* (Jarauta, 2002: 16) que consiste en la recuperación total por parte de la sociedad de la totalidad de las facultades creativas individuales, como un derecho natural y no como mensaje codificado porque veremos como el regustillo situacionista forma parte del caldo radical.

Todo lo anterior condiciona la relación de la psique de estos agentes con la ciudad, su significado y su alcance. Relación que, como veremos, carece de unidad geográfica, referencias e intereses. Por ello, teniendo en cuenta también que la verificación del concepto ciudad se puede producir por aproximación al objeto a estudio organizaré el material arquitectónico con un criterio *cuantitativo*, una clasificación escalar (y koolhaasiana) en XL, M, S y XS también cercana a la estructuración del ideólogo de Archizoom. (Branzi, 2014: 93)

La ausencia de la escala L en esta investigación es sintomática y sus posibles prácticas han sido intencionadamente obviadas porque, a pesar de existir diversos ejemplos de "casas" (Steiner, 2013: 30) proyectadas, o incluso construidas sobre todo en la facción italiana, el autor las interpreta como aplazamientos o suspensiones temporales de la actividad radical (ambigua, crítica, "destructiva") para el ejercicio de la disciplina tradicional (precisa, constructiva). Lo excluido en esta investigación no son proyectos académicos ni rutinarios, pero las dosis de realidad que implican se antojan contraproducentes para la coherencia del discurso.

*Solucionaremos el problema de la ciudad abandonándola* (Ford en Amendola, 2000: 21)

La ciudad, al igual que estas líneas, compone un lienzo y constituye un texto. Para aproximarnos a la órbita urbana radical es preciso entenderlo como la narración por excelencia del espacio construido y *habitado*, cargado de significados, conflictos sin resolver y caldero de identidades culturales.

Ciudad-texto en la que prevalece el discurso urbano sobre la práctica urbanística, es decir, domina el debate y la problematización sobre su significado, alcance, verificación y patologías frente a una idea de urbanismo más convencional donde la programación y modificación ordenada de sus características físicas (o retoque) es capaz de proporcionar escenarios más apropiados, amables o incluso bellos, para la vida. Nada de esta belleza optimista proyectada en los dispositivos urbanísticos tradicionales nos compete aquí.

No será, parafraseando a Manuel de las Casas, el objetivo de esta ciudad que *vivamos mejor* (en conferencia dictada en la Escuela de Arquitectura de Toledo); por el contrario el objetivo de la ciudad radical será *revelar* el intrincado sistema de dinámicas sociales y políticas culturales, por perniciosas o perversas que éstas sean. Veremos como los urbanistas radicales *desenmascaran* la ciudad real para aumentar nuestro nivel de consciencia y permitir su total comprensión. Aunque después *vivamos peor.*

La ciudad radical entra en competencia directa con las herramientas de poder que habitualmente han ordenado el escenario urbano y prefigurado nuestros comportamientos, sueños, aspiraciones, miedos y toda la variedad de demandas sociales. En el interior de la ciudad *programada* nace una nueva conciencia urbana descreída y cansada que, como vimos en el capítulo Posmodernidad, desplaza su centro del heroísmo de los *metarrelatos* (Lyotard, 1984: 4) y la certeza de perfección de sus herramientas para instalarse en la duda y la polémica acerca de su contradictoria y compleja realidad.

Por otro lado, naturalmente este no es un tratado urbanístico. No utiliza, salvo cuando le conviene, las herramientas de evaluación, codificación o gestión de lo urbano. Difícilmente podría hacerlo porque la ciudad radical *no está construida aún*. Su verificación no se logra con cinta métrica y trabajo de campo al raso, su mensurabilidad (si esto es posible, ver a Kahn) se respira, vislumbra o acaricia intelectualmente en escritos (numerosos), fotografías (abundantes) o dibujos (siempre insuficientes) que componen un patchwork coral de intenciones, lenguajes y proyectos que emergieron (y resurgen con vigor en la actualidad) para inyectar una dosis letal de crítica disciplinar a cualquier idea heredada de urbanismo *formalista* para desplazar el interés hacia la sociedad en su conjunto, por la gente y sus dinámicas culturales, embebida en sus redes políticas y sus agendas globales. La ciudad considerada por lo que es (que no es poco) y no pedagógicamente o paternalistamente por lo que debería ser. La ciudad radical empieza aquí.

## Radical©ity. Adiós, tradición

*Técnica y conciencia son las dos palancas de la arquitectura en que se apoya el arte de construir.* (Le Corbusier, 1959: 44)

La contextualización *urbanística* de la radical©ity debe incorporar dos factores esenciales:

1. La valorización y eventual fascinación por las nuevas tecnologías, la sociedad de consumo y los medios de comunicación de masas.

2. La crisis estructural de la sociedad urbana y sus patologías (posmodernidad, Team X, Venturi, Rossi, las previsiones de *disolución de la ciudad* (Mumford, 1961: 17).

El primer factor resulta especialmente valioso y fértil en buena parte de la producción urbana radical ya que en ella encontramos la consumación e

independencia de lo físico frente a la ciudad convencional. Es decir, las nuevas tecnologías ofrecen un *mundo* de posibilidades capaces de liberarnos de los vínculos espaciales: finalmente se puede *inventar* una ciudad no material conectada por autopistas electrónicas en las que las conciencias individuales compongan un panorama urbano nuevo, fruto de informaciones parciales e incompletas. El dibujo de un *mapa global no físico* parece una meta legítima y suculenta que los agentes radicales no dejaron pasar.

Ejercicios completos que entienden la convivencia de lo individual y lo colectivo (el hombre y el mundo) entretejidos en los medios de comunicación de masas. Lo que sucede aquí y ahora está instantáneamente conectado con todo el mundo en una verificación realista de la *ciudad global* (McLuhan, 1989).

Lo analizaremos en ejercicios parciales como la hora 11 de Remo Buti, el Heart Space (1) o el proyecto Oasis (2), donde la difusión y retransmisión del proyecto son inherentes a su propia conceptualización (es decir, si no se retransmite, el proyecto no existe).

1-COOP HIMMELBLAU. Heart space (1969)
2-HAUS RUCKER CO. Oasis (1972)

Dentro de la fascinación tecnológica son llamativos los ejercicios que militan en la agenda programática con prácticas aparentemente *literales*. Son conocidos los proyectos de la No Stop City, la Supersuperficie (3), la arquitectura interplanetaria (4) o la Villa Rosa que representan realidades *explícitamente* dependientes de la tecnología para su ideación; ya sea, respectivamente, como ejercicio de acondicionamiento artificial del ambiente (aire y luz), como alfombra tecnificada que suplanta el rol antes otorgado a la arquitectura, como teatralización efectista de la carrera espacial (el triunfo y apropiación de la técnica sobre el universo) o bien como artefacto

tecnomorfo. Como veremos más adelante, las diferentes pretensiones de estos proyectos los alejan de cualquier conformismo tecnológico acrítico, y sin embargo todos están íntimamente condicionados por una sociedad tecnófila.

El segundo factor, seguramente más complejo y ya tratado en el capítulo Posmodernidad, lo podemos resumir en el desplazamiento que la sociedad de esta generación sufre en relación a las verdades recibidas. O lo que es lo mismo, la ciudad radical se instala en la duda y hará permeables consideraciones sociales acerca del valor de las convenciones establecidas. La ciudad radical es ironis-

3-SUPERSTUDIO. Supersuperficie (1971)
4-SUPERSTUDIO. Arquitectura interplanetaria (1970)

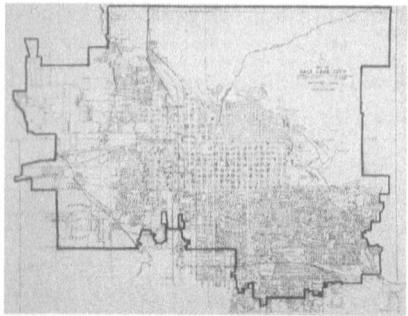

ta porque, parafraseando a Rorty, *duda del léxico heredado* (Rorty, 1991: 91) y fabrica léxicos nuevos. De esta manera, proyectos como la Red Line (5), las 12 ciudades ideales (6), el Portaaviones de Hollein (7), el Pneumacosm (8) o la Reapropiación de la ciudad (9) representan la mera posibilidad de articular palabras nuevas; respectivamente metáforas de los invisibles límites administrativos, las patologías del sistema productivo, del fracaso de la modernidad, de la apatía urbana dominante o el descubrimiento de capacidades ocultas inadvertidas por el sistema. La ciudad radical como un *lugar mental* que pretende reinventar críticamente la idea de lo cotidiano.

Estudiaremos como las posibilidades de réplica urbana son variadas y oscilan entre lo alegórico, lo alucinado o el parásito; pero comparten una

5-Gianni PETTENA. Red line (1972)
6-SUPERSTUDIO. Doce ciudades ideales (1971)
7-Hans HOLLEIN. Portaaviones (1964)

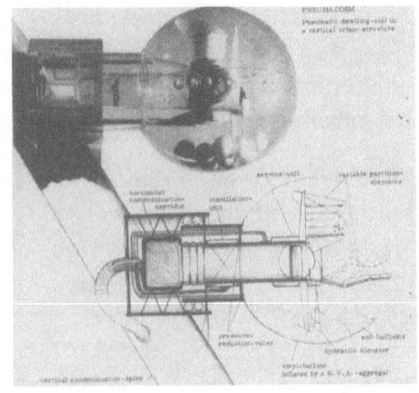

conciencia crítica y una actitud provisional pero combativa que autorizan su caracterización común. Proyectos urbanos directos y contingentes que acompañan la experiencia fronteriza de una posmodernidad que circula entre la libertad como conflicto social a resolver y que intenta, como se ha apuntado (Jarauta, 2002: 12) la *búsqueda de nuevos procedimientos para constituir nuevos territorios sobre los que reinventar el orden de lo cotidiano.*

Transitaremos por la ciudad como escenario privilegiado de los conflictos socio-políticos y marco de referencia para conquistar dicha libertad. Habitaremos desde las lúdicas y conceptuales derivas de Debord: *Un amigo me dijo hace poco que había estado vagando por la región de Harz en Alemania mientras seguía a ciegas las indicaciones de un mapa de Londres* 

(Perniola, 1972: 17) hasta las reconocidas, formalizadas y sugerentes teatralizaciones de Constant. Los radicales, como los situacionistas, nos proponen una escenificación de la vida (de la ciudad) siempre en tránsito para *sujetos nómadas*. Nos interesa el talante efímero, incluso intrascendente por desarraigo, del nómada, y analizaremos propuestas consecuentemente *ligeras*, donde la realidad urbana se centra en la conquista del aire como renovado material constructivo. Veremos, por ejemplo, arquitecturas hinchables que declaran

8-HAUS RUCKER CO. Pneumacosm (1967)
9-UGO LA PIETRA. Habitar es estar en casa (1968)

la importancia del ambiente respirable en la época del Green Awareness que prefigura las conocidas dinámicas de concienciación ambiental tan extendidas en la actualidad o bien ejercicios críticos que valoran literalmente la *movilidad* como parámetro arquitectónico.

Analizaremos proyectos de dimensión irrelevante o expandida. Práctica aescalar que provoca la perplejidad disciplinar ya que, como apunta Branzi, *el proyecto urbano, la arquitectura y el universo de los objetos reivindican cada una su centralidad y visión propia del mundo* (...) verificando el *fin de la unidad estratégica del Proyecto Moderno* (Branzi, 2014: 91) en un nuevo orden no espontáneo de carácter ampliado. La radical©ity ya no supondrá la armonía espontánea de las escalas mencionadas para actuar en una dimensión material/física e inmaterial/mental *ilimitada, infinita, nebulosa, planetaria...* (Branzi, 2014: 94).

Sólo desde presupuestos dimensionales paradójicos se explican proyectos que oscilan entre la arquitectura interplanetaria y la píldora de la arquitectura de Hans Hollein. La primera como metáfora ambigua del triunfo sobre el cosmos y la segunda como dispositivo alucinatorio que, al consumirse, modifica el entorno conocido en ficciones arquitectónicas.

Parece evidente que, si la disciplina se ocupa de la transformación del entorno, ambos dispositivos son *altamente* arquitectónicos.

## La ciudad de Archigram. El simulacro urbano

*Por encima de todo existía (a mediados de los años 60) el enorme poder destructivo que llegaba de las alas de una revista underground llamada Archigram.* (Isozaki en Cook, 1999: 4)

Archigram fue un grupo británico de arquitectos que revolucionó la escena mundial publicando desde 1961 a 1970 una serie de revistas/fanzines que ilustraron un cambio de orientación en la agenda programática dominante. Lo hicieron mediante coloridos collages plagados de referencias pop, desmedidos proyectos que negaban el "rutinario" funcionalismo banhamiano (Banham, 1955: 24) y textos incendiarios que consiguieron *re-evaluar la práctica arquitectónica y redefinir la naturaleza misma de la arquitectura*. De su producción, a los efectos de éste capítulo, no nos ocuparemos tanto del carácter transversalmente experimental, utópico y liberador de sus expresivos gestos arquitectónicos como de sus *destructoras intenciones urbanísticas* verificadas en una *nueva escala urbana*. Abordaremos aquí el análisis de Archigram no tanto por su evidente proximidad radical, o su explícita y probada influencia en los radicales (hasta Archizoom se llama así por ellos, o el soporte de Cook en the austrian phenomenon...) como por su actividad como urbanistas experimentales. Sin este grupo, el entendimiento de los radicales, esencialmente en su primera fase, sería muy complicado.

Y parece natural incluirlos en este escenario urbano, de hecho, lo primero que llama la atención es que buena parte de sus proyectos más notables sean *ciudades*: Plug in city, Walking city, Instant city, Living City ....

Pero empezaremos con un conflicto: La ciudad de Archigram es colorista, es *pop* (Sadler, 2005: 52), es tecnológica y vanguardista pero no es, en opinión del autor, *realmente* radical. O dicho de otra manera, la evidente *radicalidad formal* (de raíz, no continuista) del grupo británico es insuficientemente crítica con la sociedad a la que pertenece al perpetuar agendas heredadas del positivismo moderno. En opinión del autor, Archigram no puede sumarse de facto a un grupo que rechaza frontalmente el Movimiento Moderno y, por consiguiente, impide cualquier esquematismo acrítico a favor de la tecnología y el progreso. A pesar de su descaro y el obvio experimentalismo de sus propuestas urbanas, en su agenda falta la consciencia, la posmodernidad, el descreimiento... En definitiva, Archigram son todavía *modernos*. Quizás los últimos de una fila en la caracterización de Charles Newman:

*Una banda de artistas contemporáneos, vanagloriándose, que siguen a los elefantes circenses de la Modernidad con palas de nieve...* (Newman, 1985: 17)

Como apuntó Reyner Banham, el gran propagandista del grupo: *Archigram va corto en teoría y sobrado en diseño*. (Cook, 1999: 5) y lo escenificó en proyectos como la monumental Plug in City (10), la inquietante

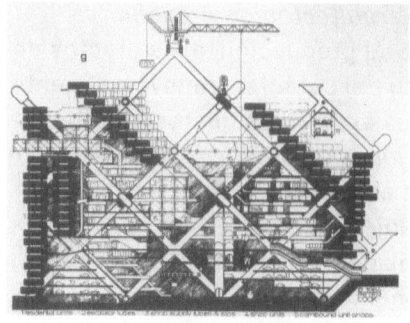

Walking City (11) o la volátil Instant city (12) que utilizan la seducción gráfica y la legitimación técnica del dibujo minucioso como forma última de expresión disciplinar. Sus proyectos, decididamente utópicos, ambiciosos y fascinantes, empiezan y acaban en el dibujo. Cualquiera de los tres proyectos mencionados comparte cierta ingenuidad y militancia teleológica que resultará intolerable en los agentes italianos y austríacos.

Si Archigram manifestaba verbalmente que *"el conocimiento científico se multiplica por dos cada nueve años"* (Sadler, S. 2005: 81) los proyectos dibujan dicha convicción triunfalista en artefactos donde las grúas, aerodeslizadores, intercambiadores y cápsulas enchufables comparten protagonismo con una estética pop rica en connotaciones lúdicas e irónicas.

Naturalmente en la producción de Archigram hay inflexiones que se deben a la heterogeneidad y evolución del grupo. Podemos destacar ejercicios más comprometidos socialmente, por ejemplo la pequeña Living City:

10-ARCHIGRAM. Plug in city (1963)
11-ARCHIGRAM. Walking city (1964)
12-ARCHIGRAM. Instant city (1969)

*visión de la ciudad como ambiente que condiciona nuestras emociones* (Sadler, 2005: 53), en un ejercicio de mayor ambición teórica (en su reducida escala) y que aparentemente comparte el existencialismo dominante en la Europa continental, incluso explicitando la palabra *situación* (Sadler, 2005: 59) de tan transversal significado después de la Internacional Situacionista. En cualquier caso, esta *ciudad viviente* representa un artefacto más lúdico que comprometido culturalmente, un juego *socio-físico* inundado por la iconografía pop con Superman, Adam Strange y Alanna del Planeta Rann (Sadler, 2005: 68) como evidencia *positiva* de la cultura de masas.

Siguiendo esta línea argumental, si tuviéramos que buscar antecedentes urbanísticos *verdaderamente* radicales en la escena británica seguramente deberíamos escarbar un poco antes en el fecundo Independent Group y los Smithsons (ver capítulo Indisciplina) con ejercicios críticos como el Parallel of Life and Art o el más "popular" Patio & Pavillion dentro de la exposición This is Tomorrow (1956) en la Galería de Arte Whitechapel de Londres donde se amplifica la inconsistencia del credo moderno y el pulso que mantiene con el arte y la arquitectura de la época.

Para acercarnos a esta ciudad radical podemos adelantar que en la Facultad de Arquitectura de Florencia, en el curso académico 1964-65, Leonardo Savioli ostenta la cátedra de mobiliario y arquitectura de interiores con Leonardo Ricci entre los cursos 1965-1967 en la cátedra de Elementos de Composición (Gargiani, 2010: 21). Ambos cursos son significativos por su carácter *alternativo* frente al resto del programa académico al ensayar una dinámica experimental tanto en la metodología de trabajo (como el trabajo en grupo, impuesto por el alumnado tras las revueltas iniciadas en 1963) como en los contenidos.

Para los propósitos de este capítulo resulta interesante que los nombres que estos docentes plantean en sus cursos sean: *Urbanística integrada o Urbanística teórica* entre otros, para analizar las posibilidades de integrar funciones o la redefinición de espacios flexibles polifuncionales. Además se preocupan del problema de la recualificación formal, lingüística (muy en boga) de los objetos arquitectónicos y de su relación visual con la nueva iconografía de la cultura de masas.

Será en el curso 1966-1967 cuando la investigación de Savioli de frutos más cercanos a la lógica megaestructuralista cuando, dentro de su curso de mobiliario, propone una investigación sobre los locales de diversión Pipers (Gargiani, 2010: 7-9), al proponer hipótesis proyectuales para estos locales lúdicos "mediados por el análisis acerca de la adaptabilidad de los nuevos lenguajes de las corrientes figurativas de vanguardia (el Pop, ver capítulo Arte) y empleando de las soluciones técnicas y estructurales más avanzadas por la tecnología" (Gargiani, 2007: 26)

Los resultados, de indudable interés, comparten el espíritu megaestructural por la escala, su lectura de componentes permanentes o fijos y dispositivos temporales y se pueden considerar variantes creativas de ejercicios precedentes que prefiguran el talante posmoderno de copia (El Sin Centre de Webb está presente en el Pipers de Gherardi).

Estos ejercicios serán los últimos de escala urbana que proyectarán los agentes radicales italianos. A partir de ese momento se truncará la relación desinhibida de estos grupos con la sociedad complaciente del consumo y la "estética de la abundancia" abandonará sus intereses para no volver. Los dos míticos proyectos de Archizoom y Superstudio nacerán en este contexto "superpolitizado" y *visualizarán* consecuencias urbanas posibles en la lógica de la sociedad capitalista postindustrial. Visiones no urbanas sino distópicas que se analizan en el capitulo Indisciplina.

## Escalímetro de Urbanismo Radical

Empezaremos con una escala muy atractiva para la modernidad, ansiosa de inyectar sus planteamientos racional-iluministas al mayor número de (incautos) habitantes posibles. Propuestas megalómanas como los planes urbanísticos para "reformar" París (1923), "actualizar" las grandes ciudades de Sudamérica de LC (1929 en Rio, Buenos Aires, Montevideo......) o empezar desde cero (Ciudad contemporánea para tres millones de habitantes, Ville Radieuse, Chandigarh...) con la seguridad de tener las herramientas necesarias para una nueva sociedad al calor de la tecnología y el progreso.....Bien, pues todo esto falló.

Como veremos, la mesa de trabajo de la Arquitectura Radical es la ciudad, que vislumbra su condición posmoderna (entendida como cese y no como actualización de la tradición moderna) en experiencias urbanas marcadas por la indeterminación (ambigüedad, fracturas), fragmentación (ruptura de metarrelatos, valoración de las diferencias, patchwork), decanonización (deslegitimación masiva de los códigos), crisis del yo y falta de profundidad (identidad), hedonismos, subjetivismo como apuntó Hassan (Hassan, 1982: 264).

## ESCALA XL: SUPERCIUDADES

*El futuro ya no es lo que era* (Valery)

Las superciudades, a nivel general, se pueden clasificar:

1. Como prolongaciones (o post coletazos) de la confianza y el optimismo moderno en el progreso en la estela de Archigram, como se ha visto

2. Como extrañamiento de la escala en prefiguraciones del posterior desencanto totalizador en la sociedad del capitalismo tardío

3. Como denuncia/crítica más general reveladora de diferentes patologías sociales y/o creativas.

Respectivamente, las Megaestructuras se relacionan con la lógica del progreso y son proyectos prefiguradores (o críticos) de una realidad urbana futura que utiliza herramientas proyectuales "clásicas"; en las Alegorías nos encontraremos con ciudades-ficción que representan, mediante imágenes, *otras cosas* y el Metaurbanismo se vincula con la utilización de la gran escala de la ciudad como tablero de juego de lo social.

## Megaestructura aparentes

En el primer grupo nos encontramos las "reconocibles" y acuñadas megaestructuras banhamianas (Banham, 1976: 20) incluidas en el famoso libro de 1978: *Megaestructuras: Futuro urbano del pasado reciente.*

No entraré aquí en la discusión sobre el origen, características o desarrollo de las megaestructuras. La voz autorizada de Banham sobre su genealogía en su libro homónimo desaconseja un despliegue necesariamente, al no ser el objetivo de esta investigación, superficial sobre el tema.

Sí utilizaré, sin embargo, el propio inventario crítico de Banham como pauta para tratar de completar la vertiente radical en lo que denomina la *línea de dependencia directa* (Banham, 1976: 102) de Archigram en, el familiar por la inclusión de lo lúdico, capítulo 5: "Diversión y flexibilidad". Más adelante me ocuparé de los breves comentarios dedicados a los radicales austríacos:

Para los italianos leemos:

*No solo el primer grupo-sucesor italiano de Archigram tomó el nombre de Archizoom, por emulación directa, sino que en Florencia, en el curso académico 1966-1967, Leonardo Savioli orientó específicamente a sus alumnos hacia el estudio de dibujos de Archigram, durante los famosos ejercicios de diseño basados en los "psicodélicos" clubs Piper.* (Banham, 1976: 102)

De la breve reseña llama la atención la voluntad de Banham de remarcar la filiación británica de cualquier episodio megaestructural italiano, hasta el punto de que el único grupo al que hace referencia expresa (los autores del proyecto que presenta en la misma página son "alumnos de Leonardo Savioli) será Archizoom y no hay referencia alguna al otro gran grupo de la vanguardia radical italiana: Superstudio. Ausencia comprensible porque la "aparente" filiación tecnológica de la No Stop City (13) le confunde por su carácter "propositivo" frente al autismo "formal" y atecnológico del Monumento Continuo (14).

En cualquier caso, aunque Banham acierta al mencionar a Savioli como una de las figuras clave confunde o al menos limita la filiación inicial de la propuesta de "sus alumnos", quienes ya habían entrado en contacto con la dimensión megaestructural y las ciudades visionarias a través de las obras de Tange, Kahn, los Metabolistas o Constant, publicadas con anterioridad en Italia (Gargiani, 2007: 8). Es más, el proyecto que muestra Banham para validar su hipótesis se fecha en 1966-1967 y encontramos proyectos "académicos" equivalentes anteriores, como la Estructura Urbana para 7000 habitantes en Brozzi (Deganello, Chiappi, Marliani) en el curso 1963-1964 cuando la gran entrada de Archigram en los círculos arquitectónicos se produce tras la publicación de Archigram 4 en 1964. Evidentemente el interés de Banham en esta corriente "italiana" no es suficiente como para que su análisis se desvíe de sus programa ideológico/genealógico.

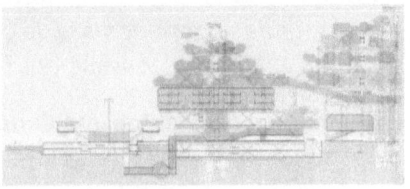

Nos ocuparemos ahora del texto de Banham dedicado al proyecto de Domenig y Huth dentro del capítulo 7: La megaestructura en el ámbito universitario: El complejo Graz-Ragnitz (15) que emplea para analizar lo que el considera otra variable o interpretación del fenómeno:

*"La obra más desarrollada (el proyecto Ragnitz) y, sobre todo, la más persuasiva de las debidas a la llamada "escuela austríaca" (que en realidad no*

13-ARCHIZOOM. No stop city (1970)
14-SUPERSTUDIO. Monumento Continuo (1969)
15-DOMENIG HUTH. Ragnitz (1965)

*era un grupo unificado, pues los arquitectos de Graz-Domenig, Huth, Hafner...-se diferenciaban mucho de los visionarios vieneses como Hollein y Pichler) (...) La fuerza de convicción del proyecto residía casi por completo en aquel modelo. En su forma acabada (...) era el más rico, lleno y completo de los megamodelos jamás construidos, superando incluso al modelo Control and Choice de Archigram. El sistema estructural consistía en una serie de capas alternadas de pares de tupidos entramados y cubos abiertos por sus caras, separadas por capas de pares de riostras diagonales, que ajustaban los cubos con los entramados superiores e inferiores. Atravesaban este sistema múltiples racimos verticales de circulaciones (enseres, pasajeros, servicios), conductos horizontales, carreteras y plataformas de aparcamiento, a las que se llegaba desde la autopista por accesos situados a uno de los dos lados, y una variedad de cápsulas habitables y de unidades de servicio adaptables".* (Banham, 1976: 162)

El retrato del proyecto, casi puramente descriptivo, que nos presenta Banham (sin entrar en cronología, ausencias o errores en la traducción) es significativo por lo positivo (¡mejor que Archigram!) de su valoración. Sin embargo poco más adelante Banham precisa:

*"¿Por qué habrían dedicado, tanto ellos como sus colaboradores y amigos, tantas horas-hombre de concienzudo y minucioso trabajo, si no hubieran estado tan convencidos?* (Banham, 1976: 102)

El texto hace permeable una duda que no le planteó, como veremos más adelante, el proyecto del Portaaviones de Hans Hollein. Ésta sería: ¿Qué sentido tienen estos proyectos en la secuencia lógica de la arquitectura en la segunda era de la máquina? Es decir, si las *puras fantasías* hipertecnológicas, irónicas y pop de Archigram habían cumplido su función desestabilizadora y gamberra en el establishment del funcionalismo rutinario... ¿que sentido lógico tiene continuarlas?

De hecho ya transigía con matices el nivel de desarrollo de los proyectos de Archigram y lo (o se auto) justificaba diciendo que "le interesaba apasionadamente el dibujo al que, por varias razones, podía consagrar mucho tiempo y llevarlo a un alto nivel de elaboración" (Banham, 1976: 93). Además la sorpresa por el grado de "detalle" de los dibujos –por ejemplo la Plug In City- es constante. La aprobación histórica la apunta el propio Banham:

Puesto que (1964, tras la Plug in City) era el período en que las primeras megaestructuras "reales" que llegarían a construirse estaban también en la fase de ser detalladas, se podría decir que en aquel momento Archigram no hacía más que "llevar el paso con la mentalidad de la época". (Banham, 1976: 97)

Con lo que verificamos la hipótesis sugerida: Banham no entiende el grado de detalle del proyecto Ragnitz porque lo considera anacrónico. En su visión positivista no procede invertir tiempo en algo que:

1. sabemos que no se va a construir

2. no ayuda a que otros edificios se construyan

Lo que no acepta Banham es que esos dibujos y esa maqueta SON arquitectura; no mediaciones o códigos a interpretar para su construcción efectiva. Pura arquitectura conceptual.

Y es que efectivamente el Wohnuberbauung Stadt Ragnitz (1965-1969) representa, sin duda, el proyecto más desarrollado y se cuenta entre los más notables de esta actitud megaestructural austríaca. La documentación del proyecto es excepcionalmente minuciosa, llegando a un extremo descriptivo cercano a la escala del detalle constructivo. Los propios autores explican su propuesta:

*En nuestros proyectos tratamos de incorporar la vivienda unifamiliar en modos urbanos de asentamiento, como forma de vida, tratando de conservar la forma construida de la vivienda unifamiliar tanto como sea posible (...) La actividad es formación y enseñanza creativa intelectual.*

*La Actividad es Producción.*

*Producción de reservas físicas.*

*Producción de pensamiento.*

*La idea es conseguir la vida individual en forma concentrada.* (Steiner, 2013: 18)

Ambos proyectos ejemplares para Banham aunque con diferencias evidentes. Ahora ensayaremos, aunque con matices locales importantes, una tentativa de clasificación de estas superestructuras por su fecha de gestación.

Podemos fijar un primer periodo hasta 1968 en el que el contexto de la cultura de masas y de la carrera espacial fascinó por su complejidad y su escala monumental al urbanismo experimental de los años 60 y 70 (con los ingleses primero, seguido de austríacos e italianos). Dicha fascinación perpetuará el entusiasmo moderno hasta que se filtre la desconfianza y el aburrimiento a partes iguales de la generación siguiente, inaugurando un segundo momento que no tratará de emular una revolución inspirada en la industria moderna sino que tomará directamente la estética y el potencial evocador de la misma (como en el barco de Hollein) para desarrollar una agenda programática muy diferente.

El primer periodo, como se ha apuntado, se inicia con la futurista, irónica y lúdica escenografía estética pop de Archigram o las consecutivas propuestas de los radicales italianos (16) para desarrollarse en una segunda etapa en las poético/simbólicas visiones de la vertiente italiana y austríaca. Para ilustrar dicho desplazamiento emparejaremos dos ejercicios radicales muy reconocidos, la No Stop City y el Monumento Continuo con sus *homólogos* modernos: El Crown Hall de Mies van der Rohe (que no una megaestructura pero si una Mies-estructura) y el Plan Obús para Argel de Le Corbusier.

El primer dúo se identifica con la lógica estructural y comparte el reconocimiento explícito de las técnicas constructivas modernas e industriales en descripciones frías y calculadas. El rigor de la estructura o el lenguaje desapasionado, incluso crudo, de ambos proyectos nos presentan el sordo triunfo de la técnica sobre cualquier rutina arquitectónica. Incluso el gesto impasible de Mies refuerza esta lectura distante en la conocida imagen de proyecto.

16-ARCHIZOOM. Proyecto final de carrera de Andrea Branzi (1966)

Se podría pensar que la No Stop City plantea devoción acrítica por Mies en una actualización colosal de sus premisas, es decir, podríamos interpretar la *ciudad sin fin* de Archizoom como la megaestructura *total* por la multiplicación *ad infinitum* de sus premisas. Un espacio ilimitado hecho habitable por el *acondicionamiento del clima y la luz banhamiano* (Banham, 1969) en un espectacular giro optimista de la tecnología.

Desde luego, como la propia memoria anuncia por *la transformación del material ideológico en material visual* (Gargiani, 2007: 173), esta visión urbana es sólo *aparentemente* megaestructural ya que al completarla con el sugerente texto que la acompaña (más bien que la precede conceptualmente) observamos la discrepancia del sentido real (el texto), en conflicto con el sentido literal (las imágenes). El agigantamiento especular de la planta libre miesiana no contempla la *posibilidad de construir así* como algo benéfico, como es el caso de Mies, sino su contrario. Estamos frente a una distopía muy realista que visualiza lo que NO se debe hacer.

Si el análisis del texto dejara dudas, que no deja, siempre podemos analizar la perspectiva del *proyecto*, tan poco atento a la inevitable gravedad como para permitir (17), o más bien forzar, el giro de 180° en la totalidad de la estructura. *Ciudad sin arquitectura* (Branzi, 2014: 93) o *ciudad sin Mies*.

La segunda pareja emparenta las aspiraciones megalómanas de Le Corbusier para el proyecto Fort l'Empereur en su plan de Argel de 1931 con el rampante. Monumento Continuo. Las imágenes del primero

17-ARCHIZOOM. No stop city (1971)

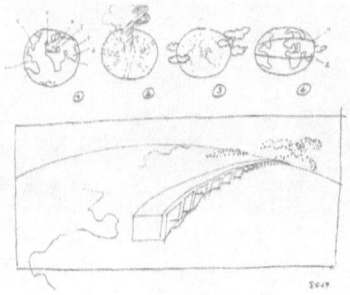

manifiestan deseos de construir un majestuoso gesto curvo a lo que Banham llamó el *precursor* (Banham, 1976: 8) de las megaestructuras a lo largo de la costa mientras que su *homólogo* radical, la cinta del Monumento Continuo, formaliza un trazo organizador a escala mundial (18).

Entre ambos nos encontramos con parecidos razonables como son la gran escala longitudinal, la abstracción formal o la pureza del objeto a construir. Pero, ¿son ambas megaestructuras?

Para responder a la pregunta nos podríamos remitir a la definición del metabolista Fumihiko Maki:

*Una gran estructura en la que tienen cabida todas las funciones de una ciudad o de parte de ella. La tecnología actual la ha hecho posible. En cierto modo, es un rasgo artificial del paisaje* (Banham, 1976: 8)

Si esto es así, el proyecto para Argel parece ser una megaestructura, porque el gran armazón acoge efectivamente un buen número de funciones y apreciamos su condición híbrida al servir de autopista, de vivienda, de oficina, de comercio.... En la famosa perspectiva del proyecto se intuye la capacidad, la permeabilidad de la superestructura de alojar el cambio, se aprecia cierta mutabilidad en su utilización y se valora la distinta jerarquía de los usos (incluso la famosa casa árabe).

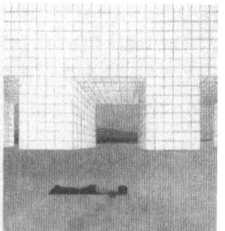

18-SUPERSTUDIO. Viaducto de la arquitectura (1969)
19-SUPERSTUDIO. Modelo arquitectónico de urbanización total (1969)

Sin embargo el Monumento Continuo no parece tan dispuesto a aceptar muchos usos, de hecho no parece dispuesto a aceptar *ninguno*. De cualquiera de las representaciones del mismo (a lo largo de una autopista californiana, en coketown... 19) no extraemos ninguna clave realmente programática y, aunque se presente como *modelo arquitectónico de urbanización total* (Gargiani, 2010: 54) reduce su mensaje a lo inalterable, cósmico, esencial y perfecto de su apariencia.

En realidad este *edificio* seguramente sea lo que parece, una cinta blanca como simulacro de arquitectura; tan inhabitable como sus admirados *dólmenes, menhires, el círculo sagrado de Stonehenge, los zigurats, las pirámides o la Kaaba* que justifican la memoria del Storyboard (Casabella, 1971: 35).

No es ajeno a este argumento que esta *ciudad* no se represente nunca ocupada, jamás como soporte de la vida o marco de convivencia. Los personajes que la pueblan son referencias al Land Art (ver Arte) o prisioneros encapsulados por la cinta blanca en el Taj Mahal. De hecho ni siquiera se ocupa del *espacio*

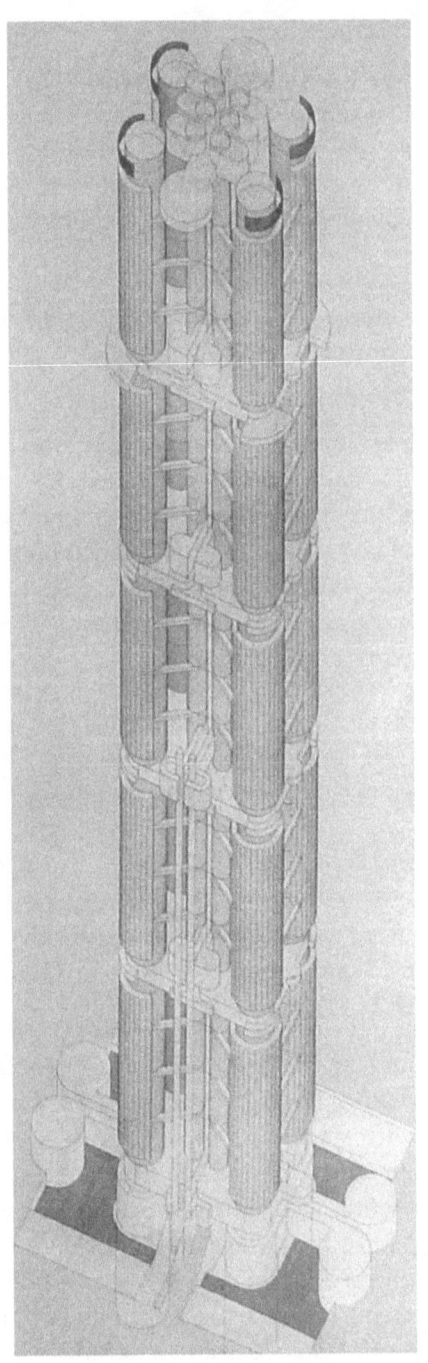

20-ST FLORIAN. Ciudad vertical (1965)

como categoría y sus versiones muestran realidades exclusivamente exteriores, alzados reticulados que lo sitúan en el extremo opuesto de la multifuncionalidad del Plan Obús, el Monumento Continuo es la negación reflectante de la vida en común. *Nihilismo arquitectónico* (Espuelas, 2012: 3) de una *arquitectura sin ciudad* (Branzi, 2014: 93).

Como escribió el propio Natalini en una carta a Jencks: el Monumento Continuo es *la visualización de nuestras ideas de arquitectura no física* (Gargiani, 2010: 68) en un artefacto, paradójicamente, extremadamente físico.

Frente a obras tempranas, como la Ciudad Vertical de Saint Florian (20) que si comparten la fascinación por la técnica observamos estos dos ejercicios paradójicos como testimonio de la pérdida de confianza en el poder redentor de la tecnología y sus instrumentos de programación, que se traduce en la No Stop City y el Monumento Continuo. Extraordinarias anti-megaestructuras, colofones petrificados de una modernidad desafinada.

## Mecanismos alegóricos

*Superstudio usó los mecanismos retóricos de la metáfora y la alegoría y las herramientas de la ironía y la imaginación, maniobrando a través de tierra de nadie entre el arte y la arquitectura con incursiones en la política, la sociología y la filosofía.* (Natalini, A. Lang, P. Ibelings, H. Heynen, 2005: 25)

La alegoría ha tenido mala fama. Durante dos siglos ha sido tildada de aberración estética o perversión del arte. Croce (Wallis, 2001: 203) la define como "ciencia o arte que imita a la ciencia" y Borges la calificó de error estético. En su posible defensa se postula Duchamp cuando identifica la "imagen congelada" o la "exposición extra-corta" del Gran Vidrio como "apariencias alegóricas" en una recuperación conceptual que se mantiene hasta nuestro días, especialmente vinculados a la alegoría desde el retorno de Benjamin o Harold Bloom hasta el propio ejercicio de la política actual.

Como es sabido la alegoría toma el dibujo como procedimiento para decir *otras cosas que no están en el dibujo*. La representación gráfica será la intermediaria de una realidad, o mensaje, que no conviene hacer explícito y que queda encriptado en él. Sólo el ojo atento (o entrenado) está cualificado para la lectura escondida o tapada por el dibujo.

En este sentido Gadamer (Gadamer, 1991: 25) reivindica el valor artístico de la alegoría frente a la más común defensa del valor simbólico del arte ya que la alegoría tiene, entre otras, una función moral. Las ciudades alegóricas incluyen la distorsión del sentido real mencionada y los opuestos bueno-malo, saludable-insano, cordura-demencia se repiten en representaciones que confiscan la imaginería urbana.

Las víctimas urbanísticas de este palimpsesto que escenifica la alegoría (no olvidemos que el significado oculto no borra sino que suma, se solapa al real) en la ciudad radical son variadas y están muy matizadas geográficamente.

Para entenderlo volvamos al mismo texto de Banham, que para la escena austríaca nos reserva dos comentarios con sus respectivas imágenes: la primera dedicada a Hans Hollein dentro del capítulo 2: "Antecedentes, analogías y megaestructuras trouvées" y el segundo al proyecto de Domenig y Huth (ya analizada en Megaestructuras). Para la primera apunta:

*Hollein fue mas sutil y persuasivo (...) Había una clara referencia urbana en los más celebrados de estos collages, los que representan portaaviones. Imaginar tales buques encallados en tierras de secano con fines de polémica arquitectónica tenía, naturalmente, un respetable precursor en la obra de Le Corbusier, pero está claro que Hollein apuntaba hacia otros objetivos. La silueta en voladizo de la cubierta de vuelo sugiere protección para lo que se halla debajo, pero el efecto de desequilibrio por un exceso de peso por arriba era la moda del día? Además, la disposición asimétrica de los principales elementos, con la estructura del puente a un costado de la cubierta de vuelo, en lugar de estar tendida axialmente sobre el casco, como en los "galgos oceánicos", de Le Corbusier, parece estar en consonancia con la relación entre edificios públicos y espacios públicos.* (Banham, 1976: 20)

Es llamativa la aceptación instantánea de un Banham que asume que, efectivamente, esta propuesta es arquitectónica y que, por lo tanto, se puede valorar con términos como "protección", "edificio" o "público-privado". Ni siquiera el conocimiento explícito que Banham exhibe de otros "edificios" de Hollein (radiador, armazón de turbina. 21) le induce a sospechar que lo que nos presenta Hollein dista mucho de ser una objetivable y moderna presencia arquitectónica (y mucho menos un edificio) sino una alegoría descreída y rota.

El léxico de Banham es, sencillamente, inaplicable.

Si el inglés hubiera llevado la acertada referencia a la fascinación por los paquebotes corbuserianos al terreno simbólico de la escena austríaca de la época, su lectura habría sido la contraria porque el Transatlántico de Hollein no es un "edificio que protege" (como se desprende del texto)

sino un resto, una arqueología de la modernidad. Es la ruina que emerge para recordarnos un pasado que se ha marchado para no volver... afortunadamente para el afectado Hollein.

Es significativa la comparación con la imagen que utiliza Hollein para el collage (22), en ella vemos una sutil pero importante

21-Hans HOLLEIN. Rejilla del Rolls Royce en Wall street (1966)
22-Hans HOLLEIN. Base para el collage del Portaaviones (1964)

presencia que se elimina en el "proyecto" presentado: un avión que descansa sobre la cubierta del portaaviones. Seguramente su presencia hubiera distraído (por su escala más "humana") las intenciones reales y poco esperanzadas de Hollein.

Pero Banham continúa:

*Esto queda más claro en la segunda versión de Hollein, donde el portaaviones tiene todo el casco sumergido en el paisaje, de modo que la cubierta de vuelo queda a ras de suelo, como si se tratara del pavimento de una Piazza (...) La versión del casco enterrado tiene otras resonancias; la presencia oculta del casco sumergido queda revelada por una sección vertical que corta el suelo y el buque, poniendo de manifiesto sus complejidades internas, así como otra importante analogía: el enorme buque como continente de una comunidad humana completa y autosuficiente.* (Banham, 1976: 22)

Pues todo lo contrario. Incluso de una manera más evidente esta "segunda versión" no genera una *Piazza* (paradigma clásico de los vínculos urbanos públicos) y ni mucho menos es comparable como *continente de una comunidad humana*. Sencillamente porque no queda ni uno solo de esa *comunidad humana* (que era la moderna), todos han perecido en el intento. Este continente está vacío. ¿Verdaderamente Banham imagina a Hollein "construyendo" el Portaaviones?, la carcajada del austríaco seguiría resonando.

Y nos desplazamos ahora a la escena italiana. Las ciudades alegóricas de esta facción radical son literales, son *expresiones agregadas externamente a otra expresión* (Croce en Wallis, 2001: 214), urbes como suplemento semántico perfecto para la agenda social y política en curso.

Por ejemplo la **Supersuperficie** (23), que nos muestra la esceno-

23-SUPERSTUDIO. Supersuperficie (1971)

grafía despojada de una ciudad planeada para la *vida nómada de las generaciones jóvenes* (Gargiani, 2010: 72) en un damero horizontal y reflectante que coincide con el nivel del suelo. Los sectores de este plano artificial miden 1 kilómetro cuadrado y se definen como plataformas, placas o superficies. Su población se calcula, reforzando su carácter urbano, en 200 mil habitantes (que es, por cierto, la densidad de Manhattan).

La propuesta teatraliza una sociedad liberada de la aparatosa arquitectura (más bien cultura) al sustituirla con el sucedáneo urbano de la Supersuperficie que nos proporciona *aire, agua, calor, video, audio, alimento, naturaleza, luz, memoria* (Gargiani, 2010: 73). Una red tecnológica hiperconectada que nos recuerda a la coetánea propuesta de Juan Navarro Baldeweg como alternativa de ciudad. Una posible visualización del *Understanding Media* (McLuhan, 1964) que encubre la desconfianza en el progreso, en el futuro como algo necesariamente mejorado.

Seguramente las imágenes del proyecto ayudan a comprender esta postura; en varias de ellas la pulida Supersuperficie se quiebra, ajusta o modifica al lugar. La perfecta tabula rasa moderna, finalmente verificada en este proyecto, se fractura y descubre un pasado (o un futuro) mucho menos ortogonal, no tan *recto*. La angelical niña barriendo el suelo y apartando la retícula es esclarecedora del carácter alegórico, moral de esta ciudad.

Otro proyecto con mecanismos ocultos en las imágenes lo encontramos en las 12 ciudades ideales, del mismo grupo:

*He aquí las visiones de 12 ciudades ideales, meta suprema de veinte mil años de sangre, sudor y lágrimas de la humanidad* (Gargiani, 2010: 72)

Éstas son visualizaciones alegóricas, son microrrelatos, posibles hogares del hombre unidimensional de Marcuse que invierten el consenso social en torno a la ciudad ya que las doce ciudades son cualquier cosa menos *ideales*.

La imaginaria lista de "ciudades" se compone de: *Ciudad 2000t, Ciudad cóclea temporal, New York of brains, Ciudad astronave, Ciudad de las semiesferas, la ciudad del magnífico y fabuloso Barnum jr, Ciudad cinta de*

*producción continua, Ciudad cono con etapas, La ville machine habitée, La Ciudad del orden, la Ciudad de las casas espléndidas y la Ciudad del libro.* (Gargiani, 2010: 72)

Y vemos como todas prefiguran ciudades extremas, legendarias, desconocidas y perversas. En buena parte de ellas se percibe un aroma cínico o siniestro, no parece que pueda nacer en estas ciudades algo saludable.

Nos centraremos en 3 de ellas; la primera es una región sin límites (Città 2000t, 24), una acotación (literalmente) indiferenciada mediante casetones construidos formando una retícula mural que *aprisiona el paisaje* en barrotes arquitectónicos. Esta ciudad presenta a la naturaleza recluida en sectores controlados, controlables. De hecho toda la ciudad es un gigantesco dispositivo para el control ya que, los individuos (no ciudadanos) subversivos reciben el justo castigo a su insumisión al quedar aplastados por el techo transformado en una prensa de 2000 toneladas de peso. En mi opinión, las seguras analogías entre esta ciudad y el Monumento Continuo se limitan a lo gráfico. Es decir, la nota alegórica o mensaje en la botella que esconde la Ciudad 2000t aplasta también el contenido formal del proyecto, ya vinculado al Land Art (Gargiani, 2010: 87) pero probablemente con objetivos muy diferentes.

24-SUPERSTUDIO. Città 2000t, Doce ciudades ideales (1971)

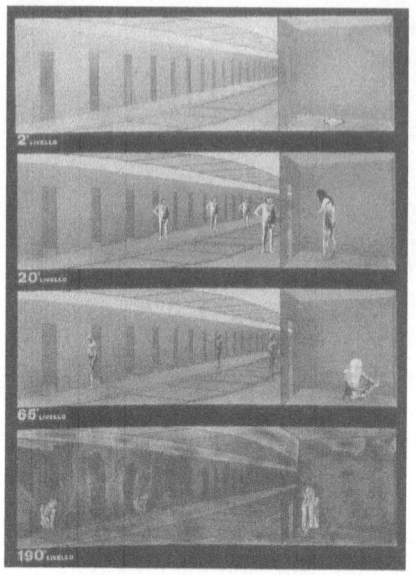

La segunda magnífica urbe es la espiral dantesca de la Ciudad cóclea temporal-que es permanente-(25), ésta se proyecta como una estructura en tornillo de 4,5 kilómetros de diámetro que penetra cada vez más en el interior de la tierra. Dicha penetración imparable esconde el siniestro secreto de que la vida, a medida que descendemos, se va degradando en una serie de niveles donde la decrepitud y la vejez se ven empujadas hacia abajo. A medida que crecemos, nuestra célula vital (nuestra *casa* en esta *ciudad*) de 2,8x2,8 metros se va oscureciendo y destruyendo en paralelo al ciclo vital, también en ruinas.

La sociedad silenciosa que presupone esta ciudad desbloquea los mecanismos de alerta hacia la desnaturalización del ambiente, la ausencia de memoria y la homogeneización del entorno. Nuevamente una visualización alegórica que vela los mensajes cifrados del proyecto. Debemos estar vigilantes por si esta ciudad se llega a pensar *seriamente*.

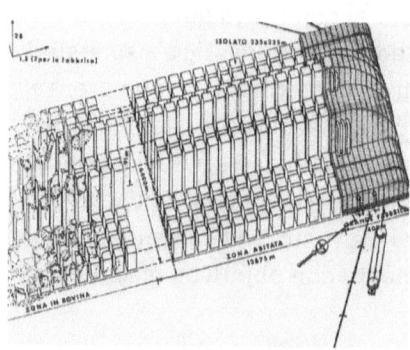

La tercera alegoría es deliciosa. La *Ciudad cinta de producción continua* exhibe una *gran fábrica que avanza devorando la naturaleza* (26) en un ciclo vital-constructivo a cámara rápida. Se puede decir que Superstudio nos enfrenta nuevamente a la decadencia como idea nuclear en esta ciudad literalmente des-

25-SUPERSTUDIO. Ciudad cóclea temporal, Doce ciudades ideales (1971)
26-SUPERSTUDIO. Ciudad cinta de producción continua, Doce ciudades ideales (1971)

enfrenada que consume naturaleza y evacúa ruinas. Voraz mecanismo defecador que trata de responder con eficacia (¿no era éste el problema moderno?) a las demandas del Sistema que lo ha construido. Una ciudad despojada de sus cualidades básicas, otra ciudad sin atributos que obliga a sus habitantes (nunca ciudadanos) a una permanente y frenética carrera hacia la fábrica, hacia lo nuevo. Sólo la huida hacia delante es realista en esta cinta transportadora a gran escala.

Si cupiera alguna duda acerca del mensaje oculto en las 12 Ciudades, que no cabe, bastaría con rescatar el Epílogo, y es que en él descubrimos que todo ha sido un juego (ver escenario Juego), una prueba: *Estamos cerca del momento de revelar el significado real de estas descripciones, se trata de un test* (Gargiani, 2010: 289). Un examen que debemos rellenar para confirmar cuantas de esas ciudades nos resultan deseables; una vez comprobado el porcentaje, ¡horror!, Superstudio nos revela que YA habitamos estas ciudades, aunque quizás no somos conscientes de ello: *Del horror de cada uno de nosotros y de aquello que nos rodea puede nacer la "revelación"* (Gargiani, 2010: 290). Alegoría finalmente revelada.

## Metaurbanismo y conflicto

El Metaurbanismo propone un nuevo uso social del entorno y lo forman propuestas simbólicas que operan en lo físico, en lo corporal. Éstas superan, ya sea por desdén tecnológico o por desconfianza de regusto posmoderno en general, el carácter megaestructural y se ven atravesadas por diferentes categorías (metafóricas, políticas, artísticas...) que dificultan una adscripción puramente alegórica que es necesariamente reductiva o incluso bipolar.

El Metaurbanismo resulta escurridizo y militante, casi siempre en acto, ligero y desequilibrante que opera en territorios experienciales para confirmar su propia presencia. Habitualmente se instala, *okupa* las redes urbanas existentes como dispositivo tridimensional, multidimensional y liberadoramente físico. Queremos pensar que nuestra clasificación la secundan los radicales; y así el metaurbanismo lo percibimos *a través del cuerpo humano, de las acciones, de los dispositivos dedicados a la decodificación de los vínculos físicos y psicológicos que someten al ser humano* (La Pietra, 2014: 61).

Esta categoría está relacionada o en connivencia con ciertas técnicas urbanas ensayadas con anterioridad (Dadá, surrealismo...) y basadas en manipular la experiencia vivida del espacio. En especial con la Internacional Situacionista, con las psicogeografías y las derivas; porque el metaurbanismo también se cuestiona, como estos últimos: *el estudio de los efectos precisos que el ambiente geográfico, conscientemente ordenado o no, ejerce directamente sobre el comportamiento afectivo de los individuos* (Perniola, 2008: 24) y continúa la agenda política de éstos para comprobar sus hipótesis.

De esta manera, el conflicto entre las expectativas urbanísticas tradicionales -dedicadas a la programación rígida de escenarios, los *cementerios de hormigón armado* (Perniola, 2008: 26)- y las *derivas radicales*-que son una forma actualizada de comportamiento experimental ligada a las condiciones de la sociedad urbana- se resuelve con la construcción de ambientes y modos de vida unitarios. La ciudad existente debe transformarse para buscar en ella formas de existencia revolucionarias, intensas y reveladoras.

Como apuntó Ugo La Pietra: *Las condiciones de una sociedad que se ha vuelto totalitaria deberá ser sustituida por la liberación de un instinto de construir actualmente reprimido en todos* (La Pietra, 2014: 107) indicando las motivaciones metaurbanísticas de articular y construir no tanto nuestras casas, sino nuestras vidas, que son absolutamente dependientes de todos los aspectos de la existencia.

De esta manera, frente a la definición situacionista de manipulación de experiencia vivida en el espacio, proponemos una actualización del Metaurbanismo como construcción de experiencia *vívida, consciente* del espacio como mapa social.

Por ejemplo, la Red Line (27) de Pettena que con la "*visualización física*" (website Pettena) del límite municipal de Salt Lake City a lo largo de una línea roja de 40 kilómetros permite la "visualización conceptual" de las contradicciones y paradojas de la ciudad contemporánea, que dibuja límites invisibles, inhabitables e incomprensibles para su mejor gestión pública (económica, productiva...) pero que imposibilitan una respuesta sociocultural. El metaurbanismo de Pettena (en línea con algunas propuestas de Land Art) dibuja un mapa territorial a escala 1:1 que subraya dichas contradicciones y proporciona una imagen que nos recuerda a del Metaimperio de Borges.

El desmedido territorio de Borges y la Red Line de Pettena comparten la celebración de lo físico, del urbanismo incontenible en el dibujo, una especie de urbanismo a tiempo real, en vivo y en directo. Frente al urbanismo *conceptual* tradicional, que trabaja en escalas reducidas de la ciudad posible, nuestra metaciudad se superpone como una pegatina crítica, como un polizón inesperado que mina y desmonta certezas.

Entre los desequilibrios metaurbanos reconocidos destacan las propuestas de Ugo La Pietra, radical de lo cotidiano que maneja un alfabeto muy consistente con esta clasificación gracias a ejercicios como *Habitar es estar siempre en tu casa*, que pretende borrar los límites entre lo público y lo privado, la *Conquista del Espacio* o *Hacia el Centro* (28). Ésta última planteada como gran pantalla situada en la plaza del Duomo de Milán sobre la que se proyectan imágenes tomadas de la periferia. De esta manera, la libertad creativa de lo exterior se *traslada* físicamente al centro, contaminándolo con imágenes de clubs, casas okupas, centros sociales...etc. El mapa de

27-Gianni PETTENA. Red line (1972)
28-UGO LA PIETRA. Hacia el centro (1972)

Milán transformado en acciones inyectadas en el corazón urbano. Metaurbanismo en estado puro. Metadona para el ciudadano aletargado.

Como vimos en el capítulo anterior, el Monumento Continuo y la No Stop City no pueden ser megaestructuras... ¿quizás son ejercicios de Metaurbanismo?

Trazaremos la hipótesis de que ambos son formas distintas, quizás complementarias o especulares de metaurbanismo al prefigurar una superciudad exterior o interior, respectivamente.

La No-Stop City nos enfrenta con la agigantada versión de la ciudad del triunfante capitalismo; en ella el modelo supermercado se utiliza como diagrama de un espacio cuadriculado, isótropo, ilimitado y sin mayores cualidades que su propia desmesura. Cualquiera de las imágenes de proyecto refuerza dicha condición meta (más allá) donde la planta libre corbuseriana o la retícula miesiana se multiplican en espejo (explícitamente. 29) hasta hacer irrelevante cualquier otra consideración compositiva. Se diría que la retícula de pilares entendida como herramienta positiva e instrumental del nuevo espíritu moderno se ha transformado en la peor de las pesadillas de la sociedad a la que presuntamente servía.

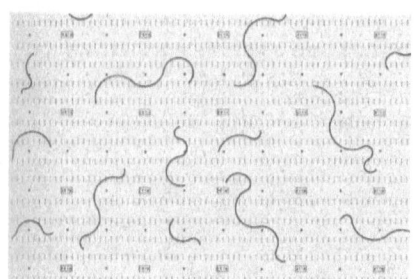

El único documento gráfico que proporciona alguna alternativa será la, literalmente, menos convencional. La perspectiva del proyecto que elabora Archizoom casi un año después deja entrever dos fisuras en el discurso plano de las primeras plantas. La primera es, como vimos anteriormente, la manera de enunciar el armazón estructural que soporta el propio escenario humano al ser totalmente intercambiable la tramoya superior e inferior que soporta la vida del well tempered environment *ad absurdum*.

29- ARCHIZOOM. No stop city (1970)

La segunda fisura la encontramos en el telón de fondo, natural y pintoresco, de la utopía negativa presentada. Nos lo parece porque en una ciudad sin fin como la presentada, paradójicamente encontramos un final. Es más, sin la distinción habitual entre naturaleza

y artificio que representa la No-Stop City al saberse superada por su dimensión esencialmente cuantitativa no parece coherente que un atardecer en un paisaje tan bello sea casual; máxime cuando prácticamente todos los habitantes de la ciudad futura parecen estar contemplándolo. (30)

El Monumento Continuo nos resulta complementario en el planteamiento urbanístico al representar una realidad principalmente volumétrica y no espacial. La única muestra exterior será epidérmica y cuadriculada. Resulta curioso que la indisciplina urbana manejada por Superstudio también utilice la malla isótropa y sin escala como posible manifestación de anti- composición o anti-arquitectura.

Otro ejemplo similar sería el metaurbanismo de la Arquitectura Interplanetaria (31), que nos ofrece la fascinante posibilidad de utilizar el "orden" paradójico de la malla cuadriculada para colonizar otros planetas.

30- ARCHIZOOM. No stop city (1970)
31- SUPERSTUDIO. Arquitectura interplanetaria (1970)

# ESCALA M: CIUDADES-AMBIENTE

*Nuestros esfuerzos se centran en el ambiente en su totalidad y en los medios que lo determinan. Eso incluye la TV y el aire acondicionado, el transporte y la ropa, el teléfono y la vivienda.* (Hollein en Steiner, 2012: 41)

Como introducción a esta escala, una pequeña historia:

Marcel Duchamp pasó las Navidades de 1919 junto a su familia en Ruán. Antes de partir a Nueva York buscó una farmacia en la calle Blomet donde convenció al farmacéutico para que le suministrara una ampolla de tamaño mediano de un estante, le abriera su sello, lo vaciara para después volver a sellar el recipiente. Duchamp hizo entrega de la ampolla vacía a una pareja de coleccionistas de Nueva York, Walter y Louise Arensberg como regalo. De esta manera los 50 cm3 de aire de *París*- aunque era aire de la Haya- ingresaron en el inventario de los primeros ready mades. Este comentario duchampiano nos introduce involuntariamente en la agenda sensitiva radical: *"El arte fue un sueño que ha pasado a convertirse en innecesario (...). El tiempo pasa sin más, pero no sabría explicarle lo que hago (...). Soy un respirador"* (Duchamp en Sloterdijk, 2008: 156).

Y respiradores también son los arquitectos radicales. Veremos como la configuración del *ambiente fisiológico* o el más complejo concepto de *atmósfera* como material de proyecto en convivencia con la artificialización creciente de la naturaleza forman parte de la cultura fenomenológica de la época. El espacio (o siendo más precisos, el aire compartido) era una preocupación muy real afectada por la emergente consideración (Green awareness) del deterioro de las condiciones de supervivencia y habitabilidad del planeta o la posibilidad de colonizar otros mundos. En un contexto, el de ahora, ya no orientado a concienciar sino a llevar a cabo la agenda programática heredada de los años 70 resulta interesante profundizar en esos embrionarios acercamientos, vacilantes en lo técnico y seguramente ingenuos en lo metodológico centrados en la configuración del ambiente del hombre.

Parece apropiado repasar el inventario de prácticas, léxicos, obras y proyectos destinados a esclarecer el papel de aquello que nos rodea como objeto de reflexión sistemática y que superan el precedente periodo moderno de la racionalización y la preponderancia de lo material. Este capítulo se ocupará, por tanto, del rescate de lo inmaterial como material de proyecto.

Desde esta redescripción interesada, los protocolos arquitectónicos o urbanos de construcción tradicional se desplazan para responder a la solicitud de construcción del ambiente, de acotación sensible del aire como nueva prioridad. De lo matérico a lo intangible.

Así, a los creadores de la ciudad ambiente (ya no arquitectos) les corresponde la urgente tarea de relacionarnos con lo que está ahí fuera de un modo, parafraseando a Cristina Díaz Moreno y Efrén García Grinda, *menos traumático, más fluido y natural* (Breathable, 2008: 21). Ciudad sin edificios donde a la arquitectura le toca el trabajo de mediación técnica entre nuestro cuerpo (necesariamente frágil) y lo de inmediatamente afuera (probablemente hostil).

No debemos olvidar que la Arquitectura Radical pertenece a una generación afectada por la posibilidad de imaginar una segunda naturaleza (la famosa *burbuja ambiental*, en Banham, 1965: 56-60) como sustituto de lo real en un teatro cargado de utopías de ciencia ficción e ilusiones hippies de retorno a un sistema pre-industrial; donde el propio concepto de *autenticidad* (Benjamin, 2003: 42) está en crisis. Los materiales que conformarán esa naturaleza-otra serán necesariamente sintéticos, emergiendo una nueva estética centrada en el efecto de las cosas y no tanto en una presunta esencia verdadera; con propuestas infraestructurales y conscientes en ambientes físicos, emocionales, simbólicos, conceptuales o políticos... los agentes radicales se enfocan con atención prioritaria en el entorno más próximo, en las distancias cortas coherentes con un discurso decididamente anti-heroico. Y así, con esta mutación de sistemas de trabajo y herramientas, nos ofrecen un estimulante marco para un entendimiento alternativo de la ciudad (es decir, de la naturaleza) que podría transformarse en laboratorio experimental a escala ambiental 1:1.

# Urbanismo para los sentidos

*Se supone que la arquitectura debe ser algo más que un departamento de efectos especiales.* (en Breathe. Wigley, 2008: 93)

Estas *ciudades sensoriales* nos remiten, de forma general, a los environments; aquellos experimentos artísticos que desarrollan la inclusión perceptiva y apropiación creativa de las dimensiones físicas del espacio circundante en un, como apunta Simón Marchán, *espacio que envuelve al hombre y a través del cual éste puede trasladarse y desenvolverse* (Marchán, 1986: 173). De esta manera se acota una realidad espacial fundamentalmente cualificada por su actividad sensorial, o lo que es lo mismo, por su implicación perceptiva.

Veremos como la ciudad sensorial se despliega en una sucesión de episodios o ficciones (lúdicos, creativos como en el situacionismo) construyendo un urbanismo parcial, una ciudad fragmentada en oposición al urbanismo total, unitario de la modernidad.

Las conocidas Merzbilder de Kurt Schwitters que desembocan en la Merzbau, el *espacio dormitorio* de Finsterlin o los Prounen de El Lissitzsky prefiguran una sensibilidad hacia la apropiación del espacio que se desarrollará de manera sistemática en los ambientes neodadaistas y pop de los environments y happenings desde finales de los años 50 (ver episodio Arte). De esos planteamientos interesa especialmente la tendencia psicodélica que se desarrolló en los *environments* artísticos con Segal o Kienholz que renunciaban a los medios gráficos tradicionales y aceptaban todos los medios posibles (lo kitsch, la politización, materiales pobres...) como posible germen de las ciudades sensoriales radicales, siempre preocupadas en extender la conciencia y en lo polisensorial utilizando herramientas plásticas, cinematográficas, sonoras, olfativas, lumínicas...etc

Las *ciudades sensoriales* reproducen los efectos de una experiencia verdaderamente activa, incluso psicodélica o alucinada e inducen en el ciudadano un estado anímico similar. En algunos caso serán ciudades de conciencia transformada o *expandida* (como el minimal en relación a la escultura para Krauss). Entre sus desarrollos podemos destacar dos focos, el primero ocupado en despertar *constructivamente* los sentidos (la vista, el oído y el olfato fundamentalmente) y el segundo, muy presente en la agenda radical, en ampliar la conciencia con experiencias *psicodélicas o alucinadas*.

Al primer grupo pertenecen proyectos como la Villa Rosa (32), que programa eventos perceptivos sonoros, cromáticos y olfativos o los más conceptuales de Saint Florian para la creación de una arquitectura imaginaria e inmaterial (en relación con el contemporáneo arte conceptual, contrario al tradicional arte objetual).  Éste último experimentó con habitaciones creadas mediante luz y láser en clara referencia a Dan Flavin centrando su investigación en la capacidad del espectro lumínico de configurar ambientes, primando el sentido de la vista. Saint Florian opera en un laboratorio más reductivo haciendo hermético y más controlado el ensayo.

Su obra más paradigmática de esta recepción ampliada de la ciudad como ambiente sensorial es la *architettura imaginaria* (1970):

*Ya ha aparecido una arquitectura que se puede percibir sin las dificultades asociadas a la construcción actual (...) usando un sistema informático, nos podemos desplazar de una estancia a la siguiente sin tener que caminar.* (Steiner, 2012: 79).

O anteriormente en su propuesta de *Imaginary space installation* (1969) donde reproduce construcciones "virtuales" mediante la luz y el sonido. Ciudades temporales que se solapan a la ciudad conocida y a la que reemplazan en su aislamiento, su encierro o

32- COOP HIMMELBLAU. Villa rosa (1968)
33- COOP HIMMELBLAU. Heart space (1969)

autonomía ambiental. Pequeñas probetas urbanas que anticipan la realidad virtual y la posibilidad de encerrar muchas y variadas vidas dentro del ordenador.

De carácter híbrido por su vinculación corporal (ver ciudades-cuerpo) podemos analizar el Heart space (33), proyecto que configura un ambiente lumínico de inspiración psicodélica (nos recuerda a los primeros ejemplos de discoteca neoyorkina como el Electric Circus de Reiback) y que *construye* un ambiente *controlado* con el latido del corazón. El efímero y transparente cubo plástico de 2x2 metros se ve animado, alterado y cualificado por los tubos luminosos de color que atraviesan el espacio. Un ambiente revolucionariamente antidisciplinar que fractura los modos rutinarios de ver, oír, sentir... vivir.

Como ejemplo del segundo grupo, el de la ciudad ampliada o alucinada, tan presente en al época del Flower Power, destacamos el *spray de entornos* (34), que proyectaba olores y colores para alterar el ambiente inmediato del usuario. O más aún la famosa *píldora arquitectónica,* también de Hans Hollein (35), proyecto de 1967 que verifica sus hipótesis de *arquitecturizar la vida* (Hollein en Steiner, 2012: 41) al

imaginar y *construir* una píldora verde que necesariamente modifica la realidad proponiendo una *ciudad sensorial* alternativa. Seguramente deseable.

34-Hans HOLLEIN. Spray arquitectura (1967)
35-Hans HOLLEIN. Píldora de la arquitectura (1967)

# Ciudad-Parásito

*Si la Tierra, en cuanto parásito del sol, es el lugar de nacimiento de la vida (...), lo es porque el vapor de agua y los gases invernaderos retienen en la atmósfera terrestre (...), la reverberación de la energía registrada por el sol en ondas cortas.* (Breathe, Sloterdijk, 2008: 153)

La ciudad-parásito la componen artefactos que, producto de la desconfianza en las herramientas tradicionales del arquitecto-urbanista y del desencuentro con su capacidad redentora o su omnipotencia gestual, *okupan* la ciudad encontrada. La ciudad-parásito critica las infraestructuras sociales existentes (en muchas ocasiones Nueva York, epítome de la ciudad moderna, que aloja varios de ellos) con ligeros y *débiles* (Vattimo, 1983) dispositivos destructores de certezas, inercias disciplinares, contratos sociales, herencias políticas...

La ciudad parásito se solapa, se hinca a las urbes existentes, a las metrópolis de hormigón armado y hierro que, perplejas pero inmóviles, la reciben a desgana.

Estas ciudades parásito son multiformes, poliédricas y cambiantes. En ocasiones toman la apariencia de inofensivas pompas de jabón como el Pneumacosm, Oasis, Balloon for Two (36), House with flying roof, Soft space (37).... de reuniones de amigos como la Hora 11 (38), el Happening en Ponte Vecchio, los Urboefímeros.... de pabellones de descanso del tipo Pabellón para la meditación, Gazebos (39), Villa Rosa... o de carteles publicitarios como Arnolfo (40).

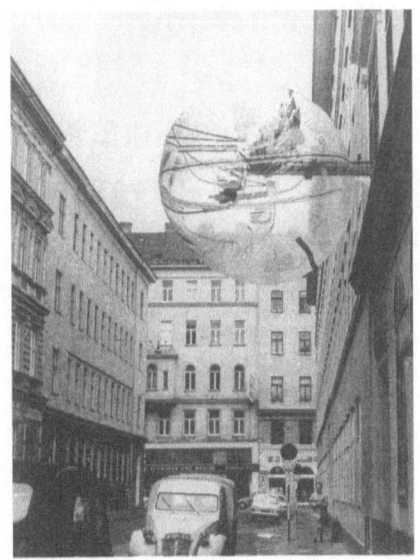

36-HAUS RUCKER CO. Balloon for two (1967)

Al grupo de las pompas de jabón pertenecen la serie de hinchables. Estos dispositivos son soportes vitales de mínima inversión/invasión que se crearon originariamente para habitar al instante entornos hostiles con medios mínimos. Son artefactos que replantean el muy moderno Existenzminimum desde presupuestos de emergencia, valorando especialmente conceptos como lo efímero o la ligereza.

Los hinchables estaban muy de moda al formar parte de la agenda, tanto cultural como estética (suponiendo que son dos cosas distintas), de la época. Influidos por la carrera espacial y la posibilidad real de habitar otros planetas objetivamente hostiles, en los que la falta de oxígeno exigía el control del ambiente inmediato. Veremos como la ciudad parásito hinchable desplaza el optimista destino de estas burbujas históricas (ver la cúpula sobre Nueva York de Fuller o el famoso Pabellón USA para Montreal de 1967) y los inyecta en otra ciudad subjetivamente hostil, como es la ciudad heredada.

**Heute Freitag den 15. Oktober 1971 wird um 11.00 Uhr für 1 Minute jede Tätigkeit unterbrochen. Jeder wird gebeten schweigend auf die Mitteilung zu warten.**

El Balloon for two y el Pneumacosm ejemplifican esta actitud, se enchufan a la ciudad existente... y la observan:

37-COOP HIMMELBLAU. Soft space (1969)
38-Remo BUTI. Hora 11 (1971)

*Nuestros hinchables protegen el amor. Creamos dispositivos que median e intensifican el contacto entre dos personas (...) y ayudan a descubrir un nuevo sentido de paz, seguridad y relax como nunca antes habías conocido.* (Steiner, 2012: 22)

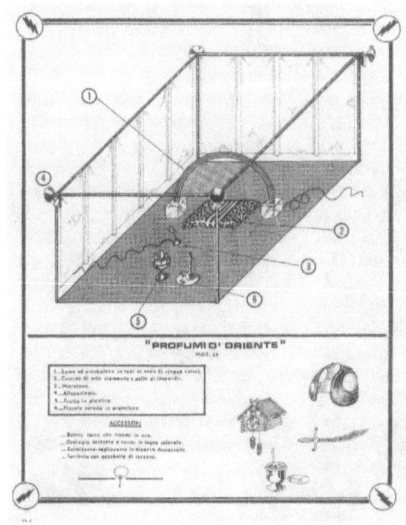

Y se percibe el aroma del cambio de paradigma ambiental; vemos que Haus Rucker Co no está preocupado por habitar otros mundos...bastante tienen con habitar este. En lugar de proponer cápsulas eficientes para *poder* vivir (climáticamente, se entiende), crean dispositivos que *protegen el amor*, que propician el *contacto* ... crean dispositivos para *querer* vivir (en el pleno sentido del término, se entiende también). Para que merezca la pena.

El Pneumacosm dibuja un póster fascinante de burbujas-bombillas (41) enchufadas a la infraestructura social llamada Nueva York. Los módulos se conectan al tejido urbano existente y lo parasitan al nutrirse de su energía, succionando metafórica electricidad. Vemos como estos dispositivos, que son irónicos al desplazar la lógica optimista de la ciudad moderna (ver Juego), están conectados al contexto cultural de la aldea global, la abundancia de información y a la invasión social de la televisión. Son herederos descreídos de la carrera

39-ARCHIZOOM. Gazebo (1967)
40-Gianni PETTENA. Arnolfo (1968)

espacial que tantean la posibilidad de habitar nuestro planeta:

*El Pneumacosm (...) se entrega listo para instalar y se enchufa en la unidad de sujeción especial de una estructura urbana vertical (...) Desde el momento en el que el PNEUMACOSM (sic) está conectado, la luz funciona, puedes abrir el grifo o hacer una llamada de teléfono.* (Steiner, 2012: 21)

En el segundo grupo -el de los parásitos que parecen reuniones de amigos- lo miembros son variados. Los Urboefímeros son ciudades que se conectan orgánicamente a las dinámicas urbanas en marcha como lo demuestran los propios autores: *Son objetos alternativos para desencadenar de comportamientos alternativos al ciego "sentido común", se caen en la ciudad en concomitancia con eventos concretos (inauguraciones, manifestaciones políticas y culturales) según un programa del que nosotros mismos desconocemos el resultado, esperando una reacción.* (Pettena, 1996: 218)

Observamos como esta ciudad parásito se nutre *literalmente* de la existente para despertar algún tipo de respuesta, puntualmente *cae* encima de ella (como los caballos de Troya de Archizoom) para explotar y que algo suceda... porque era necesario que sucediera algo en la ciudad conocida.

De la misma manera, la Tienda-Templo de Franco Raggi parasita la ciudad existente superponiendo los conceptos asociados a una tienda de campaña -inestable, ligera, efímera e incluso cutre- con la carga simbólica de la arquitectura clásica. El resultado de este palimpsesto conceptual pone en crisis modelos formales y de comportamiento para reemplazarlos por una

41-HAUS RUCKER CO. Pneumacosm (1967)

forma de conciencia alternativa. Raggi construye una ciudad ambiente nueva parasitando la actual, naturalmente incompetente.

Dentro de la tercera categoría -los pabellones- el ejercicio supremo de *ciudad-ambiente-parásito* son los Gazebos que se inyectan en el sistema (el capitalista, el del buen design...) para su oportuna destrucción mediante dispositivos irónicos que fingen ambientes exóticos y deseables pero están plagados de referencias críticas y perversas. (ver escena Juego para más detalles)

O bien Arnolfo de Pettena como *ciudad-cartel*, que construye un parásito visual y semántico enfrentado a la ciudad existente en un diálogo de opuestos, forzando la convivencia de lo permanente con lo temporal, lo monocromo con un cromatismo agudo, la consistencia del Palazzo con la fragilidad de los tableros, la estabilidad vertical de las columnas con la inestable, casi precaria y de obras, línea oblicua...). Arnolfo es un valioso parásito que finge invadir los espacios de las galerías clásicas para reordenarlas críticamente

## Activadores instantáneos

*El súbito cambio de ambiente en una calle en el espacio de unos pocos metros; la evidente división de cualquier ciudad en zonas de distintas atmósferas psíquicas.* (Debord en Breathe, 2008: 89)

Una vez consolidada la arquitectura moderna en precisos, avanzados y autónomos ejercicios disciplinares a lo largo de los 50 y los primeros años 60 la tarea aplazada seguía siendo el tejido entre el que los artefactos modernos convivían.

Esto se explica por diferentes motivos, seguramente el primero es que la ciudad no era un asunto que afectara *realmente* a la modernidad; las ciudades en las que los agentes modernos operaban estaban, en la gran mayoría de los casos, ya hechas. Como dice Antón Capitel: *las ciudades se habían consolidado mucho en el siglo XIX, y, así, la ciudad moderna fue sobre todo una cuestión periférica.* (Capitel, 2010: 41-42).
Y es que efectivamente la ciudad del Estilo Internacional era residual,

marginal en la práctica ya que se vio forzada a habitar el exterior, los bordes del tejido urbano existente (salvo notables excepciones como Brasilia y Chandigarh) por lo que cualquier práctica verdaderamente urbana se limitaba a la inserción de preciosistas piezas modernas en los cascos urbanos decimonónicos.

No volveremos a incidir en la crisis estructural que sufre la arquitectura moderna a partir de las críticas internas y las corrientes revisionistas a partir de los años 60 (organicismo, italianos, Team X) pero si conviene apuntar el desplazamiento de intereses que resulta de dicha crisis. Frente a las diversas dudas y la desconfianza que la arquitectura planteaba como disciplina casi únicamente comprometida con valores formales -incluso estéticos- los intereses generacionales se reorientarían hacia el urbanismo. La ciudad se transformará en el objeto de deseo, incluso de culto, de la vanguardia experimental de los 60 y 70 con Archigram o los Metabolistas inicialmente hasta los agentes radicales analizados. Podemos afirmar que su campo de juego predilecto es la ciudad.

La ciudad-ambiente *activadora* reúne multitud de compromisos presentes en la agenda social radical, especialmente sensible y capaz de procesar el mundo que les rodea -su realidad- mediante propuestas que se enfrentan, violentamente en ocasiones, con éste. Si existe un encargo social, una especie de mandato colectivo que los autores presentes en esta investigación acometen, éste será precisamente el de leer, traducir y criticar la ciudad presente para *activar* otras ciudades posibles (no la ciudad futura).

Las revistas parecen un formato documental apropiado para este trabajo activador. Frente a la labor concienzuda y permanente de los libros como testimonio del presente en su proyección hacia el futuro, las revistas ofrecen una historia de huellas menos profundas. Su económico legado no está programado para perdurar más allá de cada número, incluso cada edición transforma la anterior en algo obsoleto en una voraz persecución de lo nuevo, lo *no visto* (conviene revisar el trabajo presentado en Clip, Stamp, Fold. Colomina, 2010).

La ciudad de los pequeños relatos que nos ocupa utilizó las revistas como medio de difusión de sus ansiosas y dubitativas propuestas con la diversidad de enfoques de Casabella (global tools), Domus, ... y las más personales (sic, La Pietra), Brera Flash, Fascicolo, IN e Inpiù.

La última, con subtítulo, *Para un comportamiento creativo en los procesos de reapropiación del ambiente*, no deja indiferente por su militancia y voluntad de acometer investigaciones sociológicas *dentro* de la ciudad conocida.

En su monográfico: *La guía alternativa a la ciudad de Milán* se ofrecen dispositivos para redescubrir y activar el ambiente urbano como el proyecto de

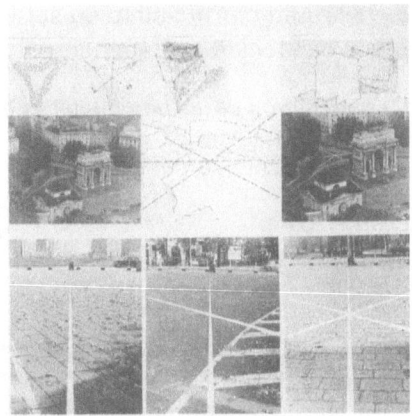

Ugo La Pietra: *La Conquista del espacio* (42) que *traza trayectorias para la búsqueda de recursos humanos aún disponibles* (La Pietra, 2014: 109) mediante el dibujo a escala real de vectores que desvelan las circulaciones existentes en la cara Noreste del Arco della Pace para sugerir tres trayectorias alternativas. Posibles pero jamás ejecutadas por la propia lógica (?) urbana en un giro inesperado, activador de ese impropio microambiente urbano.

Pero la ciudad activadora también se compone de dispositivos extrovertidos y móviles que circulan libremente por la ciudad adormecida (de claro precedente en la Instant city de Archigram) con el paradójicamente firme propósito de modificarla y activarla. En la Restless Sphere (43) o el proyecto Football se verifica dicho movimiento semántico don-

42-UGO LA PIETRA. La conquista del espacio (1971)
43-COOP HIMMELBLAU. Restless sphere (1971)

de la arquitectura/ciudad no será tan importante por su "forma" sino por la capacidad de hacer cosas. Por su performatividad:

*Demostración de las posibilidades que abren las construcciones neumáticas.*

*Cabina-esfera neumática*

*Diámetro 4m*

(Steiner, 2012: 17)

La acción muestra la incansable trayectoria de los 3 miembros de la Coop por las calles de Basilea sometiendo a sus tradicionales calles (y habitantes) al estímulo extrañado de la burbuja gigante que los envuelve. Es precisamente esta condición *activadora* desde la extrañeza y el juego colectivo al interferir con la cotidianeidad urbana la que explica la actuación. Durante y después del paso de la Restless Sphere, algo habrá cambiado; la ciudad ya no será la misma.

Esta arquitectura construida prácticamente con nada (o algo muy similar, como es el aire) exacerba su adscripción lúdica en el City Football, donde la decadente Viena contempla la procesión de dos pelotas de futbol escala XL:

*Símbolo de la nueva movilidad en la ciudad*

*Inauguración de la zona peatonal de Viena*

(Steiner, 2012: 17)

La celebración urbana como pretexto para ingerir otra píldora crítica contra los procedimientos de ordenación y representación tradicionales y, por tanto, obsoletos. Los agentes austríacos desarrollan sus ficticias ciudades activadoras inyectándolas en el flujo circulatorio realista en espera de que algo verdaderamente relevante –aunque inesperado o violento- suceda. Alejados de los mundos perfectamente acotados de la arquitectura o el arte. Así lo explica Coop Himmelblau:

*Empezamos a desplazar nuestras intervenciones a la calle, para evitar ser marginados al mundo del museo. Las inicialmente amigables intervenciones en Basilea y Viena desencadenaron -para nuestra sorpresa- reacciones violentas y agresivas en el público, así que nuestras intervenciones se volvieron más agresivas también.* (Steiner, 2012: 17)

Diferentes son las propuestas de los italianos, en la órbita de las derivas situacionistas (como La Pietra, ya visto) o las performances (habría que referirse a Allan Kaprow, al movimiento Fluxus...) consecuencia de los environments ya discutidos.

Podemos destacar la Hombrehuevoesfera (44) de Ugo La Pietra dentro de su investigación de las Inmersiones que nos *invitaban a sustraernos a nosotros mismos del contexto que nos rodea para después replicarlo*

*hasta el punto de la claustrofobia* (La Pietra, 2014: 72). El proyecto plantea la instalación de unas esferas de metacrilato translúcido capaces de alojar individualmente al ciudadano para lograr una *descompresión y aislamiento* crítico del ambiente urbano y, al mismo tiempo, hacer visible la presencia del habitante en el espacio físico. Se podría decir que las esferas opalinas trabajan como grietas en la ciudad existente, algo así como los cortes de Lucio Fontana, para denunciar, como plantea el propio autor, *la lógica del sistema e invitarnos a reflexionar sobre nuestra percepción y uso de la realidad* (La Pietra, 2014: 71). De lamentable actualidad en su resonancia con el COVID-19.

Otros dispositivos urbanos, como *Laundry* (45) obra de Gianni Pettena, cuestionan, desestabilizan y activan capas sociales de negociación y contrato con la ciudad rutinariamente percibida. Pettena cuelga ropa frente al Duomo de Como para:

44-UGO LA PIETRA. Hombrehuevoesfera (1968)
45-Gianni PETTENA. Laundry (1969)

*Subrayar la diferencia entre la apariencia de la ciudad y la experiencia de vivirla. Así la instalación pretende hacer reflexionar a la gente sobre aspectos del espacio urbano más allá de los visuales, violando su imagen oficial al insertar un elemento plebeyo, manifiestamente ajeno al contexto.* (Pettena, en entrevistas)

La burla acerca del carácter estático de la plaza, de su representatividad intemporal y cruda frente a la frescura y la espontaneidad de la vida real, aquella identificada por gestos cotidianos, domésticos que se enfrentan a la lectura establecida y al dictado del poder representado por los lugares oficiales de la ciudad. El proyecto de Pettena revela la ciudad como *lugar de la inequidad y la exclusión* (website de Pettena) y activa capas y lugares mentales no habituales, extraños a un uso (nuevamente) apático de la ciudad, *activando* un sentido renovado de equidad e integración. Bella estrategia cercana a la fusión vida-arte planteada por Dadá, el Surrealismo o los situacionistas como dispositivo activador.

## ESCALA S: CIUDADES-CUERPO

*La performance de Dalí en 1936 terminó con sus ayudantes arrancándole la escafandra de buzo y posibilitándole la vuelta a la atmósfera común de la galería londinense.* (Sloterdijk en Breathe, 2008: 150)

La escala más pequeña de la ciudad radical son esclarecedoras de los intereses compartidos por estos agentes, que se enfrentan a los mecanismos propios de los grandes relatos modernos con los pasajes controlables de lo inmediato, de lo corporal. Un salto hacia la interioridad, lo táctil, sensitivo y lo presente. La construcción de atmósferas cercanas incita a la incorporación de protocolos ensayados durante los conflictos bélicos, cuando se produce la identificación y expansión del individuo en el ambiente circundante como algo potencialmente nocivo. Como dicen Fermina Garrido y Uriel Fogué: *Evolucionan (...) las técnicas dedicadas a datar un medio ambiente que nunca más será transparente, que dejará de ser el simple escenario de las acciones humanas* (Breathe, 2008: 226).

En efecto, un medio *no transparente, más denso* que cambia nuestra relación con el ambiente al operar en un marco que incluye el contorno como algo explícito y valioso. Un cambio de paradigma que trabaja programáticamente con el vacío y sus *componentes*: las condiciones de temperatura, humedad, iluminación, presión, oxígeno...etc. como material o cultura de proyecto.

El legendario Modulor y la preocupación moderna por diseñar espacios útiles para el hombre estandarizado y objetivable que vive en un entorno pasivo, o la composición del *espacio*; frente al White Suit y la preocupación radical por configurar entornos inmediatos para un hombre escéptico que sobrevive en un entorno activo, la búsqueda del *ambiente*.

Estas *ciudades-cuerpo* cuentan con ilustres precedentes en su lucha contra un entorno hostil en artefactos protectores como el primer traje de buceo de Augustus Siebe, comercializado en 1819 o el aparato protector frente al humo de los hermanos Deame en 1823 (Breathe, 2008: 226) aunque su explosión se producirá en el siglo XX cuando estos dispositivos se conviertan en imprescindibles por la demanda bélica en sistemas de filtrado, manipulación o autonomía del ambiente.

Sin embargo, la agenda política de la ciudad-cuerpo radical es bien diferente a la de los periodos de guerra oficial. Si entonces la consideración del ambiente estaba centrado en la supervivencia *literal* frente a un entorno potencialmente letal, en la década de los 60 y 70 la supervivencia era de otro tipo. El entorno hostil se identificaba con la sobreexposición a los medios de comunicación de masas, a la homogeneización que el consumo ejercía en el individuo, a la neutralización que la aldea global perfeccionaba en los sentidos, al desplazamiento de la conciencia del cuerpo frente a la información mediada o a la pérdida de confianza en la tecnología redentora.

Es decir, estas ciudades también se protegen de un entorno hostil pero su enemigo es una contaminación mucho más sutil y compleja. Sin los artefactos mediadores que veremos a continuación podemos sobrevivir... pero quizás no merezca la pena.

## Lo cercano: Exoambientes

Esta categoría se articula en torno al cuerpo humano y la mediación próxima con dispositivos físicos que se *enchufan* a él. Un traje, un casco... En estas ciudades la medida del cuerpo determinará su propio alcance y la eficacia de los dispositivos para lograr tan subliminales propósitos verificará la validez de sus propuestas -siempre críticas- ya sean éstas sensitivas, alucinadas o metafóricas.

Entre los radicales austríacos encontramos numerosos periféricos "tecnológicos", donde parece que la fascinación en la ciencia producto de la modernidad se recibe con entusiasmo acrítico. Nada más lejos, el *White Suit* aparenta compromiso tecnológico en un contexto absolutamente local y artesanal (la deprimida Viena de la época) mostrando un artefacto que recuerda a un traje espacial –aunque algo delirante- que no garantiza la supervivencia fuera de la atmósfera terrestre sino *dentro*. No se protege de la inhabitable atmósfera de la Luna sino, probablemente, de la irrupción social de la Aldea Global mcluhaniana (1968):

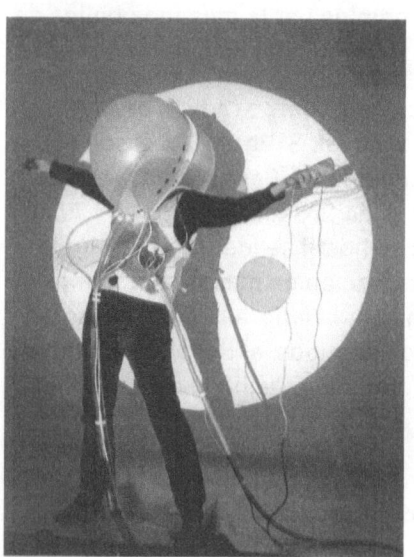

*El frio medio de la televisión se está calentando, la información audiovisual que aparece en y dentro del casco se potencia con olores e información háptica del chaleco neumático.* (Steiner, 2012: 16)

Vemos como la ciudad-casco planteada es un dispositivo que encierra al usuario en la trampa de la televisión. El mundo interior reducido a la sobreexposición mediática. Incluso la conocida pose del prisionero, embriagado por este cachivache, refuerza está interpretación (46).

46-COOP HIMMELBLAU. The white suit (1969)

O en la misma escala del casco con voluntad irónica podemos analizar el Face Space (47) como mecanismo crítico de la percepción colectiva de las emociones en su proyección urbana. Las imágenes del proyecto y la memoria lo explican: *Las expresiones faciales se objetifican en la columna de sonido, p.e. sonreír se transpone en colores alegres.* (Steiner, 2012: 16)

*Vemos* como los gestos son "eficazmente" traducidos en luces de diferentes colores que se proyectan en el tejido urbano y social al colocar un receptor en la ventana. De esta manera, la *asamblea entre humanos* (Latour, 1993) produce perversas manifestaciones de los estados de ánimo al precisar de estos dispositivos de traducción. Estamos tan dentro de un sistema que desatiende las necesidades de afecto o atención entre humanos que fabricamos no-humanos para analizarlo y denunciarlo.

Es sugerente plantear los paralelismos entre este extravagante dispositivo visualizador de emociones con la poética visión de París en Baudelaire:

*No hay objeto más profundo, más misterioso, más fecundo, más tenebroso, más deslumbrador, que una ventana alumbrada por una vela. Lo que se puede ver al sol es siempre menos interesante que lo que sucede detrás de un vidrio. En ese agujero negro o luminoso vive la vida, sueña la vida, sufre la vida. Más allá de las olas de los tejados advierto a una mujer madura y ya arrugada; una mujer pobre siempre inclinada sobre algo y que no sale jamás. Con su rostro, con su vestimenta, con su gesto, con su casi nada, rehago la historia de esta mujer, o más bien su leyenda y a veces me la relato a mi mismo, llorando.* (Baudelaire, 2010: 76)

47-COOP HIMMELBLAU. Face space-Soul flipper (1969)

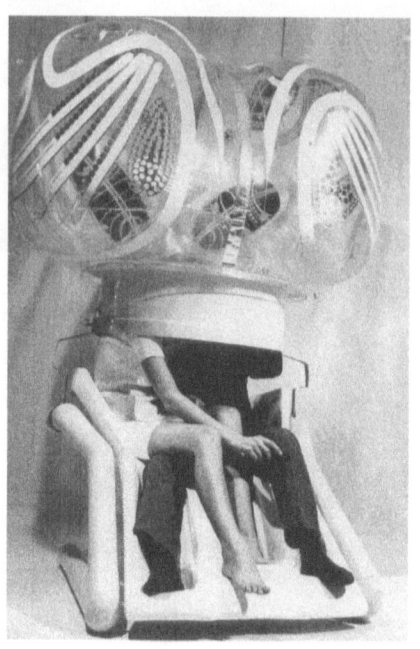

La misma ventana, pero con luces diferentes.

Algo similar, aunque centrado en las necesidades de amar, representan la serie de los Mind Expanders (48) que construyen escenarios donde solo pueden jugar dos. Componen parejas obligadas para recuperar el pulso sensible en una realidad autista.

Con diferente agenda crítica y simbólica se presentan las ciudades-cuerpo italianas; sin atisbos tecnológicos y saturadas de ironía. Entre ellas destacan las propuestas de Ugo La Pietra: En el agua, el Conmutador (49) y La nueva perspectiva nos muestran artilugios que activan nuestros sentidos y rescatan la atención perdida en los componentes básicos de la naturaleza (el agua) o la ciudad (la fotografía). Son ciudades que nos sumergen (literalmente) en refugios y nos hacen salir momentáneamente de la realidad quebrando los códigos aceptados y obligando a cuestionarnos nuestra realidad.

¿Sin el Conmutador percibimos la ciudad existente de la misma manera?, o bien ¿existe *legítimamente* la ciudad sin el Conmutador?

48-HAUS RUCKER CO. Mind expander I (1967)
49-UGO LA PIETRA. Conmutador (1970)

También es esclarecedor el
proyecto del Golpe de viento
(50) que denuncia cualquier uso
convencional del ambiente con
un resorte que se acopla orgánicamente al cuerpo para propor-
cionarnos un chute de oxígeno.
Elocuencia irónica, ¿de qué
debemos protegernos?

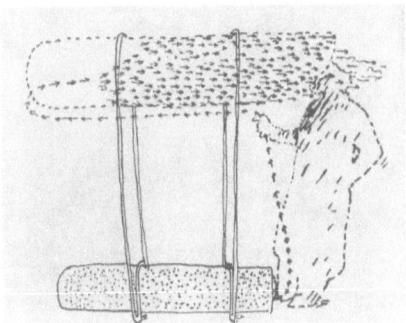

Otro agente italiano extremadamente lúcido lo encontramos en
Gianni Pettena con, por ejemplo, las Sillas "ponibles" que son trajes
que se ajustan a la espalda del usuario para su eventual activación. Son
ropas que precisan de una ciudad-cuerpo para su compleción. O bien
las máscaras de Terzic con una componente simbólica, ficticia y lúdica
sin contaminaciones tecnológicas. Una representación del juego o la
exterioridad del gesto en esta versión artesanal del Face-Space donde
la proyección de los sentimientos se concede a grotescas máscaras que
hacen el trabajo por uno.

## Lo interior: Endoambientes

Los endoambientes se plantean en torno al cuerpo humano y la afec-
ción -próxima o no- del entorno mediante la invasión en sus funciones
biológicas o fisiológicas. Es decir, el cuerpo es la maquinaria que reac-
cionará al proyecto urbano y manipulará el ambiente -tanto físico como
social- que le rodea.

Se pueden clasificar los endoambientes en dos tipos: aquellos que
proyectan alguna respuesta fisiológica en el entorno (para su activación o comprensión) y los que utilizan alguna sustancia para manipular la propia percepción del entorno (ver también los ambientes
alucinados).

50-UGO LA PIETRA. Bocanada de oxígeno (1970)

En el primer grupo son de particular interés las propuestas urbanas del grupo Coop Himmelblau, por ejemplo El Hard Space (51) en el que *tres personas hacen estallar cada una 60 explosiones con el latido del corazón* (Steiner, 2012: 17). Las cargas explosivas se disponen en 3 líneas de 2 km de largo en el paisaje y se *construye* un "espacio" que dura 20 latidos en una operación literalmente expansiva. El Hard Space es un proyecto que expande nuestro entorno inmediato *tradicional* –medido por la extensión de los brazos- hacia el paisaje al reconocer una potencialidad *latente* en nuestro organismo; hay cierta celebración de la vida en su expresión fisiológica como posibilidad arquitectónica.

O lo que es lo mismo, la misma idea de ciudad ambiental con diferentes herramientas. El foco de la actuación está en lo automático y biológico del cuerpo humano, en el latido del corazón; en la propia conciencia de vida, de actividad, de movimiento y su proyección efectista mediante una explosión relacional y vinculante en el paisaje. Un Land Art de la vida frente a la infértil crítica estética. Coop Himmelblau finge una ciudad ambiente. Como ya había planteado Hans Hollein: *Un edificio, por tanto, se puede simular* (Steiner, 1976: 42).

Con coordenadas similares podemos analizar el Heart space de los mismos autores; proyecto híbrido con categorías anteriores como la psicodelia o los ambientes lumínicos y que también explora la ciudad *biológicamente* controlable al plantear:

*La carcasa transparente-justo como una cavidad torácica aumentada-el latido del corazón se hace visible y audible, transformado en luz palpitante* (Steiner, 2012: 17)

Será éste otro dispositivo que utiliza la energía corporal (los latidos del corazón) para la verificación de la vida. Con una agenda tecnológica diferente al precisar de un marco físico más "arquitectónico", este

51-COOP HIMMELBLAU. Hard space (1969)

aparato construye una estancia ficticia; parodiando la tecnología inútil de una arquitectura -un urbanismo- que cuestiona su propia validez.

Ambos proyectos muestran un salto cualitativo hacia la introspección, hacia el reconocimiento del cuerpo como motor de la vida, como primer ambiente a investigar, cualificar y mostrar. Los endoambientes pretenden reconquistar territorios excluidos del discurso urbano existente, y centrarse en la biología, en lo emocional o irracional, donde el objeto tecnológico- anteriormente útil para resolver los problemas sociales- se utiliza únicamente como metáfora de aquello que emancipa al hombre.

## Ciudades-objeto

*La gente iba a Poltronova no solamente para mirar, comprar o fabricar muebles. Cammilli ofrecía hospitalidad, era sensible a la onda cálida de producción creativa, crítica y visionaria de los años 60. Y así en Poltronova había eventos como lecturas de poesía de Ginsberg por otros autores, yo (Pettena) organicé un ciclo de películas producidas por artistas, las primeras proyecciones de películas de Warhol, Kuchar, Deren, Brackage, Burkhardt.* (Pettena, 2004: 18)

Si existe un referente claro y compartido por los agentes radicales italianos (ver anexo entrevistas) es el de Ettore Sottsass Jr. Su influencia abarca el carácter insólito que como arquitecto, diseñador, ceramista e intelectual imprime a una actividad experimental heterogénea, pre-radical. Sottsass proyecta sobre los grupos de vanguardia italianos (florentinos inicialmente) una frescura y abundancia creativa de valor incalculable para su propia formación y desarrollo (que no será tan sistemática como la de Tange para los metabolistas...pero casi) al reconocer unos límites y metodologías disciplinarias forzadas y conseguir su ruptura mediante la libertad del color, la forma, los materiales, la producción, la significación social o las referencias simbólicas dentro de la sociedad de consumo.

Precisamente debido a la transformación de los modelos culturales y la inadecuación de la arquitectura para responder a las nuevas solicitaciones, Sottsass identifica en el diseño y sus herramientas el territorio ideal para constatar la complejidad del cambio. Como indica Branzi:

*Se proyectan (no diseñan) objetos con lo cuales el consumidor puede establecer relaciones "complejas", no únicamente técnicas y funcionales, sino también de naturaleza afectiva, simbólica, poética (...) los objetos deben ser capaces de seleccionar a sus usuarios, de capturarlo en el gran caos de la metrópolis* (Pettena, 1996: 254).

Dentro de la crítica al Sistema desarrollada puntualmente por los operadores radicales italianos veremos que, como apunta Branzi, la *Civilización Objetual* se desarrolla sin referencias territoriales o urbanas. Es una *realidad nómada, exportable que no respeta ningún vínculo disciplinario, ningún perímetro y ningún destino* (Branzi, 2014: 110). El superconsumo capitalista denunciado por los italianos hizo estallar las nociones tradicionales y la pretendida coherencia natural entre la escala urbana, arquitectónica y objetual. A partir de ese momento, la *desterritorialización* del proyecto construirá ciudad –con toda su carga semántica- en cualquiera de esas escalas. Parece que la agenda política italiana también verifica la máxima de Hans Hollein de que *todo es arquitectura.*

Además, el controlable formato del diseño y la inmediatez propositiva derivada de una menor inversión y una ejecución más rápida acaba resultando el terreno ideal de una generación ansiosa por verificar sus hipótesis proyectuales. La rapidez con la que la ciudad-objeto es capaz de interpretar metafóricamente lo *cotidiano* contenía el atractivo de un laboratorio instantáneo en el que investigar, experimentar y modificar modelos culturales ya codificados.

Será con Alchimia a partir de 1976 y con la colección Memphis, al inicio de los años 80 con Sottsass y Branzi, donde se ensayen nuevas relaciones entre el objeto y el ambiente, es decir la ciudad-objeto, sin cargas nostálgicas en una *mutación genética espontánea de los cromosomas del diseño internacional* (Pettena, 2004: 25, 28). Uno de los productos de esta multiplicación del alcance del diseño con soluciones heterogéneas resultará en la muestra *Italy. New Domestic Landscape* del Moma (1972), donde se exhibe la investigación en curso, atenta a lo irracional, la industrialización, las contradicciones y la discontinuidad presente en el mundo físico y social.

Este tramo documenta brevemente (no es un inventario) ese proceso de redescripción conceptual de la ciudad entendida como objeto mediador en la centralidad cuerpo-ambiente. Objetos impropios, probablemente incapaces de ofrecer soluciones. Objetos-ciudad que dudan, que cuestionan el entorno proponiendo nuevos interrogantes.

# ESCALA XS: MICROCIUDADES

Pequeños rituales

*En el orden de cosas, primero viene el fondo. Las figuras llegan después*
(Mc Luhan, 1993: 23)

Los objetos eran para la modernidad una escala pequeña pero muy *eficaz* a la hora de exhibir confianza en el progreso. Como hemos comentado, el diseño de objetos resulta especialmente atractivo a los operadores urbanos radicales por su inmediatez, por la casi coincidencia entre teoría y práctica en prototipos urbanos que son casi simultáneos al proyecto. El mueble también se convierte en el lugar de experimentación perfecto al ejemplificar el nomadismo propio de los productos de consumo; al carecer de vínculos urbanos específicos permite cierta autonomía de protocolos que lo acercan a la emancipación total. Dentro de lo pequeño podemos diferenciar dos actitudes. Una primera vinculada con lo místico y otra más complaciente emparentada con el mundo del *design* (diseño a la italiana).

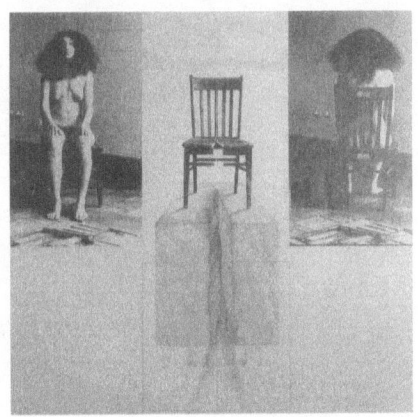

La ciudad ritual la forman proyectos con una agenda simbólica diferente y su crítica urbana incorpora una carga mística particular. Objetos que crean ciudad como las *Gafas de Sol* de Hollein, la *Silla* de Heinz Franz o la *Silla bisagra* de Raymund Abraham (52) operan en territorios alejados del design y escenifican una crítica urbana relacionada, en todos los ejemplos anteriores, con el Accionismo Vienés y la *celebración de las heridas, el dolor y la muerte en un éxtasis metafísico* (Feuerstein en Steiner, 2012: 134).

52-Raimund ABRAHAM. Silla bisagra (1971)

La representación de *tumbas* de Hollein (53) presenta este nuevo territorio donde los objetos conducen a una serie de asociaciones con el misterio jugando un papel principal. No estamos frente a objetos que conforman una ciudad por contraste, sino frente a dolorosas ciudades dentro de la existente. Es explícito el carácter dramático de proyectos como el de Walter Pichler que se paseaba con un altar por la ciudad de Viena o el mismo autor dibujando con su propia sangre el mapa de Latinoamérica sobre una sábana blanca. Estas ciudades rituales parecen decir, como Hollein, *la arquitectura es condicionamiento; un estado psicológico* (Steiner, 2012: 42).

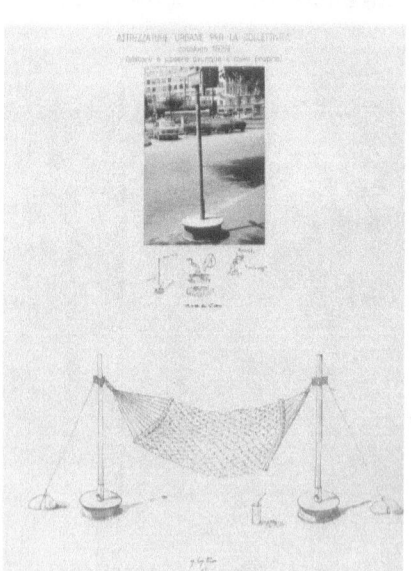

Otro ejemplo de *ciudad-objeto* ritual, entendida como sucesión sistemática de acciones simbólicas, lo encontramos en los bancos urbanos repartidos por Milán por Ugo La Pietra. Observamos una estrategia cercana al surrealismo o los *objects trouvés* duchampianos donde la decodificación de la ciudad real se produce al instalar un artefacto de uso común en puntos determinados del tejido urbano y desear que los ciudadanos A+B lean una ciudad nueva. Dentro de la habitual. (54)

53-Hans HOLLEIN. Tumba (1970)
54-UGO LA PIETRA. Equipamiento urbano (1979)

# El mundo del Design

*La ciudad es cada vez más el escenario de derivas y flujos, de encuentros y fugas producidos en el territorio que articula los sujetos que la recorren, sus formas de vida, sus necesidades y ansiedades.* (Jarauta, 2012: 72)

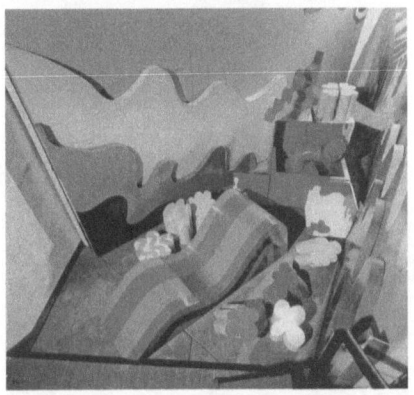

Estas pequeñas ciudades responden a la lógica de los objetos de usar y tirar propia de la época, muebles para consumir y desechar al ser perecederos, intrascendentes. Ciudades *descontextualizadas*, las del design, que exhiben incertidumbre *eficazmente* en el sistema con muebles críticos, metáforas instantáneas que oscilan entre la fascinación pop y los caballos de Troya archizoomianos.

Dentro de los más complacientes con la cultura pop, incluso explícita como iconografía en el caso de Superstudio, encontramos los *productos* derivados de la muestra Superarchitettura (55) como la lámpara Passiflora (de Poltronova) y la poltrona Sofo que, más allá de situarse en el espacio lo configuran. Así lo explica Natalini:

*El Sofo es un asiento para alinear como un tren o para construir montañas y tronos.* (Gargiani, 2010: 7)

Es decir, que el Sofo es un diván ligero que permite, incluso solicita, distintas configuraciones, ambientes personalizables para su uso eminentemente lúdico. Son claras las analogías con la Superonda de Archizoom, otro objeto de consumo hecho de poliuretano y acabado con skai, ambos productos propios de la moda, sintéticos y artificiales que no respiran aún la desconfianza y censura activa a la cultura de masas como las ciudades-mueble siguientes.

Los dos grupos que forman la muestra Superarchitettura en 1966 evolucionan hacia formulaciones más críticas mediante dispositivos con

55-ARCHIZOOM. Superarchitettura (1966)

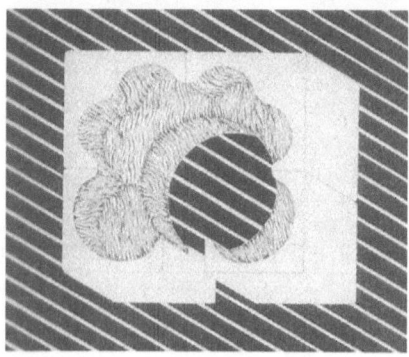

apariencia de inofensivos muebles pero con la secreta tarea de destruir los interiores burgueses (*responden a las exigencias comportamentales de una generación intolerante con las limitaciones heredadas-* Pettena, 1996: 68). Objetos que asombrosamente *valoran la estupidez y la vulgaridad* (Gargiani, 2007: 47) como las Dream Beds (56) o el asombroso diván Safari (57):

*Un pedazo Imperial/en la miseria de vuestras/paredes domésticas. / Un pedazo más bello que vosotros./Un pedazo bellísimo/que no os merecéis./¡Despejad vuestro salón!/Despejad también vuestra vida.* (Gargiani, 2007: 50)

Parece evidente que a la ciudad Safari, de referencias exóticas como las palmeras o la piel falsa, se le ha encomendado una tarea aniquiladora camuflada en un lenguaje (narrativo, formal) seductor y sugerente. El Safari planea/plantea *literalmente* la posibilidad de verificar la ironía de necesitar comprar un objeto que no merecemos para que, una vez adquirido, proceda a la destrucción de nuestro paisaje doméstico. Es ésta una ciudad agresiva, un lobo con piel de cordero (de leopardo, en realidad) que se instala en nuestras casas burguesas para cuestionar la validez de todas nuestras rutinas... una auténtico proyecto urbano hecho de fiberglass, gomaespuma y tejido acrílico.

Algo similar propone el proyecto de Gianni Pettena: *Objetos grandes en un cuarto vacío* con matices dimensionales evidentes. Ya hemos analizado otras propuestas donde el cambio de escala se utiliza como el instrumento crítico de mayor significado. Autores como Oldenburg ya habían investiga-

56-ARCHIZOOM. Dream beds (1967)
57-ARCHIZOOM. Sofá Safari (1967)

do las posibilidades semánticas de agigantar objetos conocidos, haciéndolos irreconocibles y extraños. Los objetos grandes de Pettena invaden los amables interiores burgueses para configurar ambientes contingentes, personales e irrepetibles. Su ciudad se compone de estos pequeños episodios ambientales construidos con grandes objetos coloridos.

Con otra gramática pero con similar carga simbólica se presentan las ciudades superpuestas de Franco Raggi o UFO. La lámpara "La Clásica" (58) o la lámpara "Dólar" (59) muestran respectivamente imágenes de una cultura naturalmente dinámica, cargada de significados que precisan de nuestra decodificación activa y consciente. Los autores utilizan la discontinuidad que produce la lectura de lámparas que utilizan el imaginario clasicista como modelo estable o el símbolo del dólar como nueva forma de iluminación para futuras (presentes, en realidad) lecturas de la ciudad conocida.

Otra forma de micro-urbanismo radical que sirve de preludio e inspiración (seguida de expiración) para la siguiente parada del viaje, el próximo territorio radical que se encuentra en el mundo del arte.

58-Franco RAGGI. La Classica (1975)
59-UFO. Lámpara dólar (1968)

# ARTE

*Duchamp, por encima de todo, pretendía demostrar con sus ready-mades que la categoría de arte es enteramente arbitraria y contingente, una función del discurso y no una revelación.*
(Wallis, 2001: 76)

# TENTANDO AL ARTE

*Art is All Over* (Crow, 2001: 161)

En este capítulo veremos como la producción radical emplea estrategias y procedimientos artísticos y como el arte de los 60 rechaza la distinción entre arte culto y la cultura de masas, fabricando consumidores de arte. Aquí ensayaremos una narración alternativa de la Arquitectura Radical desde la perspectiva del arte.

La relación entre el Movimiento Moderno y las vanguardias plásticas de los años diez y veinte ha sido ampliamente documentada; la relación de la Arquitectura Radical de los años sesenta con el mundo del arte -a pesar de haberse intuido como forma de antidiseño o en sus lazos con el Pop Art o el Minimalismo: *Sin duda, las propuestas de "Arquitectura Radical" se movían en el horizonte de la cultura pop, pero también en el que emergía en el mundo artístico desde los "nuevos realistas" (...) y las posteriores experiencias desde el minimalismo, los environments, los happenings, hasta el land art, el arte povera, el arte de comportamiento y el conceptualismo* (Marchán, 1986: 252)- no ha sido suficientemente probada.

Nos encontramos en un contexto donde las barreras disciplinarias han caído, la frontera/muro entre la arquitectura y el arte es difusa, imprecisa e inconsistente y precisamos de herramientas del mundo del arte (críticas, teóricas...) para analizar la Arquitectura Radical desde la hipótesis de que sus agentes, hiperconscientes de esta situación borrosa, decidieron ampliar el campo operativo y metodológico de la arquitectura para apropiarse sistemáticamente del mundo del arte. La problematización sobre dichos protocolos será otro de los propósitos de este capítulo/territorio.

No plantearé un inventario exhaustivo de obras de arte creadas por los arquitectos radicales, más bien al contrario, nos ocuparemos de apuntar unas notas capaces de redescribir la producción arquitectónica de este periodo por su resonancia artística. Testaremos no únicamente la posibilidad de una arquitectura que mira hacia otros lados (arte, filosofía...) para su información y desarrollo sino que, quizás con más ambición, intentaremos establecer técnicas de reconocimiento artísticos en una transferencia ordenada y consciente para su incorporación a las estrategias proyectuales. El filón del arte para proyectar.

Nuevamente debemos referirnos a la *expansión* (Krauss, 1979) disciplinar y social del arte derivada de los movimientos artísticos de los años 60 (Pop Art. Minimalismo...) junto a la desterritorialización o desplazamiento del mismo (porque sale de los museos a la calle) para comprender el marco en el que operan los agentes radicales, especialmente sensibles a la realidad circundante y explícitamente interesados, muchos de ellos, en el mundo de posibilidades y oportunidades que el arte proporciona. Y es que la búsqueda radical tiene mucho de cuestionamiento y duda, de interpelación personal al mundo colectivo que nos rodea para entenderlo mejor... o quizás entenderlo y basta.

De la lectura de buena parte de los textos/tratados artísticos disponibles se podría intuir que los artistas, frente a los arquitectos, no trabajan intimidados por encontrar soluciones o proponer respuestas consistentes y fiables sino más bien al contrario, se ocupan de susurrar preguntas inestables o dudosas tratando de encontrar el pulso al presente, con sus contradicciones y paradojas. En la Italia del periodo que nos ocupa lo que sucedía era, como ha planteado Angela Vettese que la *poética de entonces se fundaba sobre todo en la conciencia de vivir en una época en la cual el arte era una vía sutil y desesperada, hecha de hipótesis y no de afirmaciones, de signos y no de imágenes solares* (La Pietra, 2014: 39). Parece que el planteamiento de hipótesis se establece como el único territorio admisible.

Para afinar el instrumento problematizador sobre el papel activo del arte en este periodo arquitectónico confirmamos que las pretensiones de este capítulo son sencillas (aunque no necesariamente simples): Trataremos de ilustrar la posibilidad de que la emergencia de disciplinas ajenas sean facilitadoras o suministradoras *sistemáticas* de arquitectura. Para ello me ocuparé de establecer las relaciones que se produjeron entre las segundas vanguardias artísticas y la Arquitectura Radical para verificar un posible desplazamiento del foco disciplinar desde lo estrictamente arquitectónico (como expresión filtrada de lo cultural desde la Academia) a lo estrictamente artístico.

Y es que parece evidente que el arte es un informador frecuente de arquitecturas; se podría incluso objetar que el arte siempre ha sido referencia y material arquitectónico o que históricamente la escultura y la pintura han formado parte del gran lienzo construido haciendo en ocasiones indiferenciable el soporte del contenido artístico (basta pensar en el barroco o rococó). Incluso en la actualidad encontramos una reinterpretación de dicho vínculo en obras que utilizan consciente y explícitamente la valencia artística en convivencia con la arquitectura (basta pensar en la valoración de lo "superficial" o la "piel de la arquitectura" en la obra de Herzog & de Meuron o la extraordinaria capacidad escultórica de Frank Gehry). No será éste el propósito de este capítulo; no trataremos de ilustrar la relación rutinaria entre la obra construida y la obra de arte "instalada" en ella como acreditación heroica y personal asociada al ornamento o la belleza (conceptos antiguos y *suspendidos/ aplazados* en dicho periodo artístico). Lejos de la expectativa estética, iconografía o la imprimación epidérmica, trataremos de entender (y atender) las estructuras profundas del organismo arquitectónico para superar lo figurativo o formalista hacia lo esencial o conceptual.

También encajamos el comentario de que la pintura y la escultura (al igual que otras filtraciones culturales, como el cine o la literatura) sirven de inspiración para el arquitecto al formar parte del horizonte de estímulos visuales, sociales, intelectuales, sensibles...etc. disponible para el profesional atento. La inter-disciplinaridad o lo inter-artístico son categorías evidentes y, por tanto, no trataremos de demostrarlas (basta repasar la fecunda relación entre las vanguardias artísticas de principios del siglo XX con la arquitectura moderna). Lo que no es tan evidente es que se pueda sustituir la idea del arte como inspiración por la de un arte como *estrategia*. Es decir, trataremos de ilustrar que el arte puede no solo *informar* a la arquitectura sino que dicho trasvase puede *estructurarse*.

El objetivo es optimista y parcial, los movimientos de vanguardia y los ejemplos escogidos no pretenden agotar los argumentos sino ofrecer una serie de indicios para una posible convivencia entre la arquitectura y el arte, siempre oscilantes.

# LA FUSIÓN ARTE-VIDA EN LA INTERNACIONAL SITUACIONISTA

La Arquitectura Radical parece muy artística, y seguramente lo sea influida (buena parte de ella) por las vanguardias artísticas y los movimientos sociales que la preceden. Por eso, y para entender el posicionamiento ideológico y cultural de los arquitectos estudiados es necesario esbozar una genealogía de los movimientos de vanguardia que consideran el arte como consustancial a la cultura, recorriendo un camino que conduce hacia cierta estetización de lo doméstico o cotidiano.

La problemática sobre la crítica total del arte y su superación revolucionaria, tal y como fue planteada por Dadá, las vanguardias artísticas soviéticas y el primer surrealismo desaparece en el periodo comprendido entre 1925 y 1960. Y no será hasta el nacimiento de la Internacional Situacionista en julio de 1957 -producto de la fusión del Movimiento por una Bauhaus Imaginista, del Comité Psicogeográfico de Londres y de la Internacional Letrista- cuando confluyan las ideas necesarias que *la conciencia de vivir en un periodo histórico de rapidísima y radical transformación* (Perniola, 2008: 13) demandaban:

*Nosotros representamos el primer esfuerzo sistemático por descubrir, partiendo de las condiciones de la vida moderna, posibilidades, necesidades, juegos superiores. Somos los primeros en conocer algo nuevo y apasionante, ligado a la actualidad y al futuro próximo de la civilización humana.* (Perniola, 2008: 17)

Para los situacionistas había llegado la hora de superar de una vez por todas las premisas surrealistas, que distinguían la *vida real* (aburrida) y la *vida imaginaria* (lugar de la maravilla) ya que la realidad misma es la que debería constituir ese lugar prodigioso. Dicha elevación se consumará de acuerdo al concepto hegeliano de "superación": crítica y realización; con la atención puesta esencialmente en la elaboración de herramientas y procedimientos para su realización. Éstas componen las categorías de control de las nuevas técnicas de condicionamiento: la pintura industrial, la psicogeografía (o deriva), el urbanismo unitario, el juego, la construcción de situaciones, el desvío y el cine.

Para los propósitos de esta investigación nos centraremos en la *psicogeografía* y en la *construcción de situaciones* (el Juego se analizará evidentemente en su territorio homónimo):

La primera consistía en *el estudio de los efectos precisos que el ambiente geográfico, conscientemente ordenado o no, ejerce directamente sobre el comportamiento afectivo de los individuos* (Perniola, 2008: 24) y la herramienta principal consistía en la deriva que la Internacional Situacionista define como *la forma de comportamiento experimental ligada a las condiciones de la sociedad urbana (...) La técnica del tránsito veloz a través de distintos ambientes,* es decir, la activación y el reconocimiento del contexto urbano desde perspectivas psíquicas para la transformación del entorno mediante su uso consciente. En definitiva, la deriva posibilita o nos acerca a la creación de ambientes, eco que resonará como ya vimos anteriormente en la producción de los arquitectos radicales.

El segundo concepto, como el propio nombre del movimiento (IS) indica, que es la construcción de situaciones o el concepto de "situación" será el proyecto de superación del arte más importante. Ésta la definen como *un momento de la vida, concreta y deliberadamente construido por medio de la elaboración colectiva de una ambiente unitario y de un juego de acontecimientos.* (Perniola, 2008: 29). Como se deduce de la sugerente definición, la situación se *construye* conscientemente para su valorización y disfrute social. Un auténtico happening de la vida en potencia de gran repercusión en la escena analizada, centrada en lo inmediato y próximo al cuerpo.

Sin embargo, la agenda social-revolucionaria de la IS (que requiere una transformación total de las condiciones de existencia unida al fin de la economía-capitalista) impedirá el desarrollo posterior de las posibilidades artísticas *tradicionales* al romper con el ala artística, representada por Pinot-Gallizio, Constant, Jorn, los alemanes y los escandinavos en 1962. De hecho la propia realización de la obra de arte era (por el potencial *comercializador* liberado en ésta), en si misma, una contradicción a los presupuestos revolucionarios y anticapitalistas de la IS (no es el objetivo de esta investigación, pero es evidente la resonancia neomarxista de esta expulsión con la crítica de Tafuri a la No Stop City o cualquier otra forma de utopía de ciudad alternativa al capital).

Es paradójico que las posibles afinidades entre la New Babylon de Constant con algunas propuestas radicales (sobre todo en la Austria inicial) sean cristalizaciones formales inaceptables para el ala extremista de militancia ideológica ... Constant de hecho fue expulsado de las filas de la Internacional Situacionista... seguramente por formalista como Melnikov en la URSS.

## EXPANDIENDO FRONTERAS. EL ARTE COMO HORIZONTE

La experiencia fronteriza de las artes representa una tradición afianzada en asociación con los principios clasicistas que operaban desde el Lessing del Laocoonte; éste tomaba como criterio operativo la naturaleza diferenciada de los medios expresivos, es decir: *cada arte es diferente por los procedimientos de los que se vale cada disciplina para organizar y crear sus obras* recreando un nuevo episodio de la *querelle* (Marchán, 1986: 9) entre antiguos y modernos.

La posibilidad de desintegración de dicha autonomía natural cuenta con ilustres narradores como Goethe, que detecta síntomas de esta patología entre los "modernos" de entonces, al rechazar la usual división entre las especialidades artísticas y su forzado aislamiento (garantía de dignidad y ética del auténtico artista). Desde entonces, la schlegeliana *separación de lo desigual* (Marchán, 1986: 9) o la *mezcla* se debaten como los dos extremos posibles para clasificar los sucesivos episodios artísticos (por ejemplo la obra de arte total del romanticismo temprano). ¿De qué incomodidad hablamos? A fin de cuentas, el arte no tiene que ser para todos (Steinberg, 1972).

Pues bien, esta disputa también emerge en los años 60. El conocido ensayo publicado en 1962 por Leo Steinberg *El arte contemporáneo y la incomodidad del público* se sitúa aproximadamente al inicio del periodo que analiza esta investigación y muestra el estado de ánimo del espectador medio y de la recepción que tenía el arte que le rodeaba, que desdeñaba sus expectativas modernas de coherencia y belleza para, en su lugar, toparse con objetos industriales, productos comerciales

banales, performances efímeras, objetos marginales y pobres...etc.
Como veremos en el capítulo Juego, la idea de un arte trascendente se
ve reemplazada entonces por episodios mundanos con reglas del juego
parciales y contingentes... casi una broma.

Además, y como hemos apuntado en la introducción a la Internacional
Situacionista, hay una componente de mucho peso en este periodo que
es la contaminación social del arte hacia cierta *estetización* de la vida.
En el catálogo de la exposición "Arte en la lucha política" en Hannover
W. Vostell declaraba: *Toda forma de vida es una forma artística* (Marchán,
1986: 396) y con ello recuperaba las viejas aspiraciones vanguardistas
de introducir el arte en la vida ante la conciencia de los nuevos tiempos.
Como veremos, resulta impensable tratar de entender la Arquitectura
Radical sin un acercamiento previo al contexto artístico circundante (o
atravesándolo) en un periodo en el que no solo se está discutiendo la
vigencia, incluso la existencia, de fronteras disciplinares sino en una
época que incorpora el arte como componente social, como parte de la
cultura. El arte tiene una papel instrumental en la Arquitectura Radical.

A partir de ahora, en lo operativo y para no definir una secuencia
histórica alternativa o proceder a otra forzada operación de "recorte"
de la realidad artística utilizaré literalmente etiquetas validadas por la
propia historiografía del arte para su posible verificación, por reflejo,
en la Arquitectura Radical que nos ocupa, estas son:

1. Pop Art

2. Minimalismo

3. Happenings

4. Land Art

# HACIA UNA ARQUITECTURA POP

El crítico inglés Herbert Read, en un ataque frontal al pop art señaló que: *"Tomar en serio sus adefesios significa caer en la trampa que nos tienden. Nos obligan a mostrarnos solemnes con tonterías, a pinchar globos de juguete con escalpelos"* (Read, 1967: 207) con lo que prolongaba la impopularidad del Pop Art en los círculos artísticos académicos que ya anunciaban la perdición de un arte que validaba la decadencia de nuestra cultura y la vulgaridad. El Pop Art, para ellos, no era sino un subproducto del capitalismo imperante, el residuo o sobrante de un sistema que igualaba la alta y la baja cultura generando esperpentos inclasificables y ordinarios.

Para ensayar cierta genealogía del Pop en su trasvase al terreno de la arquitectura es preciso referirse a los años 50 en Gran Bretaña. Para la sociedad británica de posguerra, sumida en la austeridad y el racionamiento del consumo impulsado por el propio Estado, la cultura de la pobreza carecía de ningún atractivo. Si lo era, sin embargo, la parafernalia consumista y la imaginería superficial que llegaba en forma de imágenes desde los Estados Unidos.

Fascinado por todo esto, el artista escocés Eduardo Paolozzi (1924) encontraba en los artículos americanos más vulgares cierto glamour subversivo y se convirtió en obsesivo coleccionista de revistas de importación para empezar ya desde los primeros años de la posguerra a crear una serie de collages que rechazaban (por contraste) una cultura artística snob y conservadora.

En un premonitorio *Está demostrado psicológicamente que el placer contribuye a la disposición* (1948) Paolozzi compone una escena con el estereotipo americano de la ama de casa perfectamente dotada con los últimos gadgets tecnológicos (y aspirador en mano) en el interior de una equipadísima cocina. La sensual sonrisa de la protagonista anuncia el triunfo de la optimista idea americana del progreso asociado al consumo de masas. La superficialidad de la escena prefigura la llegada de lo que el artista Richard Hamilton y el crítico Lawrence Alloway denominaron *Arte Pop* (Crow, 1996: 39-40), actitud que podríamos conceptualizar como la valoración del incentivo estético que la cultura industrial de consumo americana tenía en su posible transferencia a Europa. Ésta incluía las imágenes populares provenientes de la publicidad, la televisión, el cine, los comics...etc. es decir, se *nutría* del repertorio icónico de la cultura de masas americana para informar un nuevo arte.

Como ha señalado Simón Marchán Fiz, la muestra *Paralelo entre el arte y la vida* (en el ICA de Londres en 1953) se puede entender como su antecedente autorizado al desarrollarse a medio camino entre *el pop y lo no-pop* con obras que impulsan la evolución arquitectónica hacia lo *moderado* y lo *futurista* (Marchán, 1986: 251). A los efectos de enmarcar el significado del Pop Art para esta investigación tomaremos la propia definición de Hamilton en una carta a los Smithsons (Crow, 1996: 45):

*Pop= "popular (diseñado para un público masivo)/transitorio (solución a corto plazo)/prescindible (fácilmente olvidable)/barato/producido en serie/joven (dirigido a la juventud)/divertido/sexy/tramposo/lleno de glamour/un buen negocio..."*

Era una juvenil, alegre y fascinante partitura de usar y tirar como rechazo al arte limitado y de carácter romántico que provenía de la cultura artística oficial fomentado en las universidades. La definición anterior reunió a un innovador grupo de artistas, arquitectos y críticos llamado el Independent Group dentro del ICA que se oponía al reconocimiento de los límites convencionales de las Bellas Artes.

Creado en 1952 y en el que destacó el artista Richard Hamilton (entre otros), este fue un grupo de vital importancia para el advenimiento Pop en Gran Bretaña y, por vía directa con Archigram, para la primera fase de la AR.

*Today we collect ads* (Smithsons en AU, 2003: 44)

Como hemos indicado, la puerta de entrada del Pop a la arquitectura es precisamente el interdisciplinar Independent Group, que era un grupo comprometido en explorar, desde un ángulo crítico, la "estética de la abundancia" y donde la asociación creativa de artistas como Hamilton o Paolozzi (miembro del grupo 6 en la mítica exposición This is Tomorrow de 1956) con los Smithsons será el vehículo de formulaciones, discusiones y diseminaciones del germen Pop.

Previamente los Smitshons ya habían manifestado su descontento hacia una disciplina con la que no se sentían identificados: *"Los arquitectos jóvenes de hoy están enormemente descontentos al ver los edificios que se levantan a su alrededor (...) Somos miembros de una sociedad que no se manifiesta. Ya no nos reunimos en la fuente, no nos encontramos en la plaza del mercado, no nos movemos para enterarnos de lo que pasa ni viajamos para informarnos. A nuestra casa llegan luz, calor, agua, distracción, noticias, alimento...etc."*. (Vidotto, 2009: 18).

Seguramente la primera aparición reglada y oficial del Pop en la arquitectura británica de la época la podríamos fechar en 1952, con la publicación del proyecto de Golden Lane City de Allison y Peter Smithson. El proyecto, no especialmente festivo, incluía sin embargo un collage con una serie de figuras desarrollando diferentes acciones (mujeres con carritos de bebés, un hombre jugando con un niño...) y, en un premonitorio primer plano, a Joe de Maggio y Marilyn Monroe que vivían un publicitado romance en aquella época.

Ya se ha publicado que la inclusión de la pareja de moda en los Estados Unidos vincula la obra con la actitud fascinada del Pop Art (Crow, 1996: 42) pero además, en mi opinión, atestigua la llegada de un tipo de arquitectura que podemos llamar Pop, es decir de trascender lo formal o representativo e ir más allá de lo visual. Porque las figuras no están destinadas a proporcionar la rutinaria *escala* a la perspectiva sino que suponen la adscripción de los Smithsons *arquitectos* a la conceptualización Pop.

Para verificar dicha hipótesis en la dimensión verdaderamente arquitectónica (y no gráfica, *simulada* del collage) analizaré la cercanía con otros proyectos de los Smithsons que los situará definitivamente junto a los intereses compartidos con otros sectores creativos: Las casas *Electrodomésticos* (1957-1959) forman parte de la investigación abierta en torno a una idea de espacialidad coherente con las exigencias de su tiempo. Los electrodomésticos eran unos dispositivos de uso familiar que no habían sido críticamente analizados en su incorporación a la vivienda, su forzado uso en estructuras (ideas) antiguas y su condición de "apéndices" al espacio doméstico eran explícitamente rechazados en la memoria del proyecto: *"Los electrodomésticos (...) no se manifies-*

tan tal cual son en realidad, es decir, como objetos capaces de modificar e incluso de revolucionar el modo de vida de quienes los poseen (...) el modo de vida electrodoméstico apunta a una clase de casa de nuevo cuño (...) consistente en cubículos con conexiones para electrodomésticos destinados a la elaboración de alimentos, higiene, comunicación, almacenamiento y mantenimiento. Las cáscaras de estos cubículos son las unidades estructurales fijas de la casa que, por tanto, definirían la forma arquitectónica" (Vidotto, 2009: 70).

Otra casa, la *Appliance,* plantea el espacio doméstico *gracias* y *en torno* a estos gadgets tecnológicos, los usos tradicionales (estar, dormir, cocinar...) se obtienen por la situación estratégica y protagonista de los electrodomésticos. Esto es, alrededor de las "cajas-electrodoméstico" se construye el espacio y sus usos de manera teatral, exagerada (es el diagrama funcional de la casa Farnsworth hipertrofiado por el protagonismo de los gadgets, claro anticipo de Archigram). No deja de sorprender la escala y la forma del elemento central de la composición que es el vestidor (separado del hombre y la mujer, 1). Único elemento ("mueble") sombreado y de geometría orgánica, alrededor del cual el espacio se propaga como expansión curva. Parece posible conectar este elemento con la lógica Pop (consumista, frívola...) al contemplar

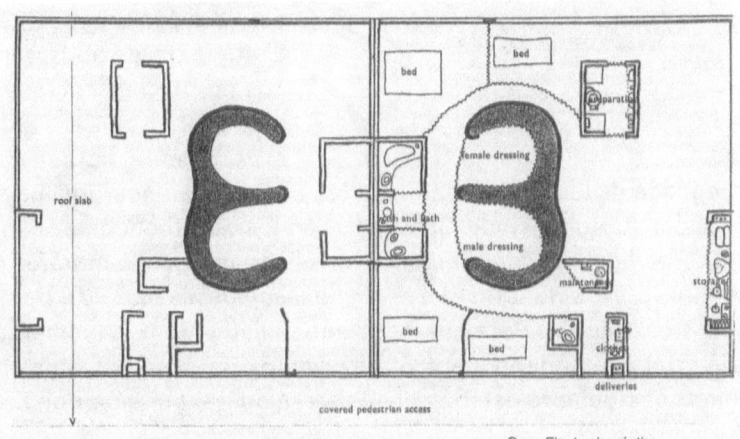

1-Alison y Peter SMITHSON. Casa electrodoméstico (1957)

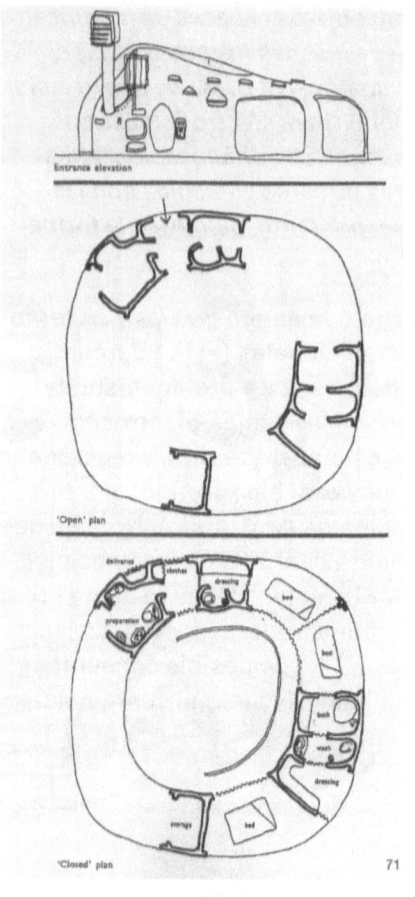

que el protagonismo en esta nueva concepción de casa lo tiene quien acumula la ropa que, imaginamos compulsivamente, comprarán los nuevos propietarios.

Más llamativa aún será la Casa *Bola de Nieve* (2), heredera de la (re)conocida casa del Futuro y que proporciona otra esquematización a la lógica espacial de los electrodomésticos. La planta es similar en cuanto a la compactación de los espacios "sirvientes" en células compactas no siendo en este caso tanto "muebles" como eslabones en una cadena circular en torno a un patio, auténtico centro y protagonista de la composición. La lógica formal derivada de la construcción con materiales plásticos se inicia con este curioso precedente en Gran Bretaña de los pods popularizados por Archigram (analizados más adelante). Pero todo acabó bruscamente, porque superada la década de los 50 llegarán para los Smitshons encargos mayores (The Economist, Robin Hood Gardens...) en los que abandonarán la fascinación Pop hacia consideraciones más "serias", acaso morales (*no ofrecen un estilo, sino una serie de responsabilidades morales*, Banham en Vidotto, 2009: 16). Para nuestra tranquilidad será precisamente en torno a la órbita del Independent Group y de los Smithsons donde encontraremos el siguiente eslabón en la correa de transmisión Pop británica: Archigram.

2- Alison y Peter SMITHSON. Casa bola de nieve (1957)

# Preludios Pop. Archigram

*"Cuando, eventualmente, nuestro propio grupo Archigram empezó a articular un homenaje a su trabajo (los Smithsons) ellos se mostraron francamente avergonzados"*. (Cook en Sadler, 2005: 33)

Los miembros de Archigram no tuvieron relación directa con el Independent Group, sin embargo los vínculos son varios. Por ejemplo, cuando los miembros del primer grupo se incorporaron a la Taylor Woodrow Construction a principios de los 60 el gerente era Theo Crosby que había sido el comisario de la conocida exhibición This is Tomorrow en 1956. Además, Peter Cook (como estudiante directo en la AA) había trabajado con Peter Smithson y Eduardo Paolozzi (entre otros). Paolozzi, de hecho, dio la primera conferencia que recibió Cook como estudiante en la AA (1958) donde se encontró con el filón lúdico e indisciplinado en *"montones de diapositivas con cosas divertidas"* (Sadler, 2005: 33), cajas de embalaje, anuncios, gadgets.

El camino Pop nunca completado por los Smithson y continuado por Archigram tuvo un propagandista imprescindible en Reyner Banham, uno de los críticos de arquitectura más informados y que impartía conferencias en el propio Independent Group sobre car styling y diseño de producto. Banham había sido el primer crítico en admitir abiertamente su interés en el uso pop del diseño industrial americano y su interés por Archigram empezó al entrar en contacto con el n°3, publicado en 1963, y dedicado a la *expendability* (prescindibilidad, usar y tirar) *"Habla bien de Cook y los chicos (...) que estén tratando de lidiar con el problema* (es decir, el de continuar la escena Pop en arquitectura, tras los Smithsons)". (Banham en Sadler, 1976: 33)

La influencia Pop en el trabajo de Archigram es cuantitativamente mayor, favorecidos por un contexto (los 60 frente a los 50) en el que la cultura popular era ya cotidiana y se recibía directamente (y no mediada a través de interpretaciones pioneras como las de Paolozzi). De hecho el arte británico Pop obtuvo un importante espaldarazo en la exposición "Young Contemporaries" de 1961, 3 meses antes de la creación de Archigram.

El hecho de pertenecer a la segunda generación de una sociedad de consumo, de la cultura de masas, los anuncios publicitarios, el cine, los comics, la lógica del usar y tirar, toda la iconografía Pop...etc. deriva en una producción monumental de imágenes (nuevo producto de consumo arquitectónico que atisbamos en el escenario Posmodernidad) consciente y consecuentemente Pop que se desarrolla en dos líneas paralelas:

1. el *formato* Pop (las revistas "archigram" son comics, recortables, imágenes de cápsulas espaciales, submarinos... en un ejercicio de fascinación visual y tecnológica que forma parte de la iconografía Pop y que (como veremos más adelante, tiene seguidores en la Arquitectura Radical austríaca, plagada de hinchables y artefactos tecnomorfos)

2. el *proyecto* Pop genuinamente arquitectónico.

Simón Marchán Fiz apunta que Archigram estimulaba las primeras alianzas *al pie de la letra entre el arte pop y la arquitectura* (Marchán, 1986: 251), a pesar de que la puerta de entrada ya se había abierto anteriormente con el Independent Group como hemos visto. En cualquier caso nos interesa destacar la condición literal, incluso figurativa de Archigram con el fenómeno del Pop Art en ejercicios más empeñados en representar gráficamente el mandato social de la cultura de masas que a su teorización o crítica ideológica.

Se podría decir que Archigram verifica la equivalencia entre imagen y realidad (entre representación y teorización) a través de cierta ambigüedad ideológica porque, como se ha apuntado, no especifica a que *mercado* (Navone y Orlandoni, 1974: 42) dirige sus productos y sigue procedimientos donde sus intenciones técnicas o productivas no quedan suficientemente aclaradas en un nivel intelectual o creativo puro. O lo que es lo mismo, la ideología pop de Archigram se desarrolla exclusivamente en los planos comunicativos o metafóricos.

Esta posible insuficiencia, como veremos, será superada por los agentes italianos y austríacos de auténtico cuño radical.

En la publicación Archigram IV (Amazing Archigram 4 Zoom Issue) el tema monográfico era la importancia de la fantástica ciencia ficción en la "*auténtica arquitectura*" (Banham, 2001: 93) y el mensaje Pop llenaba sus páginas mediante collages con la iconografía de los comics espaciales (3). Recibimos por duplicado la filiación Pop por la suma de otra imagen de Marilyn Monroe que anuncia:

*Un respetuoso saludo en la dirección general de Roy Lichtenstein y salimos* (Archigram en Banham, 2001: 94) – Ejemplo de cómo el vertiginoso género "archigram" entra en la órbita del tebeo espacial y la ciencia ficción. Será esta imbricación Pop lo que hará posible proyectos tan extraordinarios como la Instant City o la Plug in City. Genuinos manifiestos del optimismo consumista de la época.

## Venturi en clave formal

Para una mejor comprensión de la arquitectura pop es preciso detenernos aunque sea muy brevemente en Robert Venturi. Su *Complejidad y Contradicción en Arquitectura* (1966) y, sobre todo, *Aprendiendo de las Vegas* (1972) muestran, con matices, un posicionamiento casi complementario al de Archigram. Donde éstos celebraban la estética pop, creativa e imaginaria en propuestas de aparente solvencia técnica aunque impensable realización

3-ARCHIGRAM 4 (1964)

efectiva (a pesar del Graz de Cook, producto de impensable lógica en este discurso) Venturi se sitúa en un plano de consciencia y constatación de las contradicciones internas a la sociedad pop para, inevitablemente, demostrar la incapacidad de superar el plano teórico y concretar ninguna alternativa formal válida. Es más, sus verificaciones formales de la escena Pop no pueden ser menos concluyentes al tipificar la parodia como recurso complejo totalizador (como hemos apuntado en Posmodernidad). Grandes textos, amplios, generosos y lúcidos que se han visto reducidos (como el alcohol) en sus traducciones formales.

## Radicalmente pop

Para la militancia radical en esta categoría interesa diferenciar dos facetas que pertenecen al mismo cuerpo conceptual. La primera tiene que ver con la expresión formalizada e incluso formalista de operaciones vinculadas con la iconografía o estética del Pop Art, a la que ya hemos llamado *formato Pop* y la segunda será aquella que se desarrolla en el ámbito teórico e ideológico del Pop Art como fenómeno cultural, superando las expectativas gráficas intuitivamente asociadas a este movimiento y que hemos denominado *proyecto Pop*.

Se podría afirmar que la fascinación Pop en la Arquitectura Radical se desarrolla casi exclusivamente al principio, en Italia y Austria, en un periodo entre 1964 y 1967, momento en el que la adopción lingüística es casi total e incluso complaciente con el gusto de la época. Lo Pop fundaba, de hecho, una nueva cultura que proporcionaba una realidad global y unitaria, rica en referencias, colorida y sin *complejo de inferioridad* (Navone y Orlandoni, 1974: 23) frente a la alta cultura y la esterilización estética racionalista con lo que ello suponía de agradable soplo de aire fresco en la disciplina artística (y arquitectónica) de la época.

Entre los primeros en declarar su adhesión a este nuevo credo estético se encuentra el gran Ettore Sottsass Jr. quien, en un artículo premonitoriamente Pop para la revista Domus en 1965 (Navone y Orlandoni, 1974: 23) abraza su credo; entendido éste como un medio de comunicación global basada en la iconografía de masas, con lo que el Pop se postula como la forma alternativa de instalarse en la realidad cultural de la época. (4)

A partir de la imponente presencia de Sottsass, la contaminación del Pop Art en los radicales italianos ha sido ya explicitada (Branzi, 2014: 12), verificando su filtrado en un periodo inicial a través de cuatro canales diferentes: 1) la entrada en escena de Archigram 4 (confirmado por los propios radicales en las entrevistas junto a los viajes de Natalini a Londres), 2) el propiamente artístico (ya sea a través de  Rauschenberg en la Bienal de Venecia de 1964 y de Lichtenstein en 1966 como por las revistas especializadas), 3) aquel de carácter juvenil de la cultura pop (Beatles, Stones... Branzi, 2014: 53) y 4) una vía de entrada desde el arte directamente a la arquitectura por la participación de Adolfo Natalini (posteriormente miembro de Superstudio) en el colectivo artístico de la "escuela de Pistoia" junto a Roberto Barni y Gianni Ruffi, quienes desde 1964 desarrollaban investigaciones autónomas sobre la problemática de la cultura pop. Como apuntaban los futuros Archizoom y Superstudio en 1967:

*"El fenómeno pop es su contexto vital, una profundización mayor sobre la "cultura de las imágenes", la superación de la moralidad inherente en los últimos proyectos, contribuyen a desbloquear la situación proponiendo una arquitectura que tenía el gran mérito de no tener rémoras culturales en presupuestos críticos, sino participación directa en un mundo de imágenes y comportamientos ricos en desenvoltura y gusto por la invención"* (Navone y Orlandoni, 1974: 24).

La llegada de la estética y las posibilidades creativas del Pop a las rígidas estructuras académicas de la escuela florentina supuso todo un acontecimiento en los estudiantes que poco después formarían los dos equipos más relevantes de la escena local: Superstudio y Archizoom. Los grupos se crearon con ocasión de la importante exposición *Supe-*

4-Ettore SOTTSASS. I like sex (1966)

*rarchitettura* celebrada en Pistoia del 4 al 17 de diciembre de 1966. La propia elección del prefijo "Super" anticipa un ideario inmerso en el vocabulario típico de los años 60. En el folleto/manifiesto (5) aparece una onda roja que sale de un podio con gradas y que contiene la descripción de la muestra:

*La Superarchitettura es la arquitectura de la superproducción, del superconsumo, de la superinducción al superconsumo, del supermarket, de superman y de la gasolina súper. Es una exposición de Archizoom y Superstudio (Branzi, Corretti, Deganello, Morozzi y Natalini)* (Gargiani y Lampariello, 2010: 6).

Para esta muestra los arquitectos participantes hicieron prototipos y maquetas de mobiliario y objetos en colores vivos, siguiendo procedimientos explícitos de diseño Pop alejados del estudio de las funciones y los materiales propios de la disciplina funcionalista heredada. Y aún nos cabría la duda de si dicha explosión festiva Pop es literalmente complaciente o si oculta una agenda crítica hacia la sociedad que la demanda. No hay pruebas aún de que sea lo segundo, sobre todo por el desarrollo que veremos de los dos grupos florentinos y su posterior militancia anti consumista. En proyectos posteriores veremos que la estética Pop se utiliza provocativamente como forma de distanciarse de la cultura de masas y el consumo acelerado, desplazando su agenda al intervenir activa y críticamente en la realidad circundante. Estos primeros *productos* son oportunos, incluso oportunistas mediante inyecciones provechosas en el flujo comercial del momento. Su aceptación y, consecuentemente, segura venta en el mercado garantiza su ideación.

5-ARCHIZOOM. Superarchitettura (1966)

La clave para entenderlos está en su posicionamiento ideológico, y aclarar que no por *parecer Pop* estos proyectos iniciáticos son antiarquitectónicos como lo serán más adelante. Es decir, ¿es esta arquitectura Pop complaciente con el Sistema tan atacado más adelante como parece a simple vista?

*De 1965 a 1968 hemos trabajado convencidos de que la arquitectura era un medio para cambiar el mundo* (Superstudio en Navone y Orlandoni, 1974: 24).

Para contestar a lo anterior nos podemos remitir a la evolución histórica del Pop, que muestra cierta ambigüedad ideológica o distancia entre sus operadores iniciales. Para Rauschenberg el problema es positivo y reside en *introducir el pasado en el presente* (...) *Celebrar el presente* (Navone y Orlandoni, 1974: 40) y observamos como en la recuperación de materiales de deshecho del autor se asume la revalorización, incluso económica o productiva, de los restos del mercado para volver a introducirlos en el mercado. Se establece una ideología positiva cercana a la integración duchampiana de los objetos de uso en el mercado del arte, asistido por otros agentes Pop como Jim Dine que rechazaba su componente crítica al replicar que *la gente confunde los hechos sociales con el arte Pop* (Navone y Orlandoni, 1974: 40).

En la escena inglesa nos encontramos con una interpretación cercana a la americana ya anotada. Lawrence Alloway (animador inicial de esta corriente en Londres y miembro del fundamental Independent Group) afirmaba a mitad de los años 50: *De hecho no sentíamos esa sensación de repulsión hacia la cultura comercial que era la regla para la mayor parte de los intelectuales, sino que la aceptábamos como un hecho, discutíamos los detalles y la consumíamos con entusiasmo* (Navone y Orlandoni, 1974: 40).

Con lo que podemos afianzar cierta convivencia de la ideología pop con la cultura arquitectónica de los primeros años 60 en un plano optimista, operativo y programático; ésta operaba fundamentalmente a través de la obsolescencia, la movilidad, el hedonismo y el consumo de los *objetos* arquitectónicos. La arquitectura pop (representada esencialmente en la primera Italia radical, los ejemplos austríacos siguen una nítida línea tecnológica estudiada más adelante) escenificaba y glorificaba el consumo adoptando toda la iconografía de la época. Gustosa y amablemente.

Sin embargo el papel ideológico de los agentes radicales en esta tarea Pop es contradictorio ya que por un lado cumplen con una necesaria labor destructiva (la propia militancia consumista), tanto a nivel disciplinar como social, para sanar procedimientos enfermizos pero por otro lado disfrutan de la fantasía pop como superestructura operativa dentro del sistema capitalista. Es decir, por un lado destruyen y por el otro, al menos aparentemente, construyen. Posmodernos embrionarios y renovados modernos simultáneamente.

En cualquier caso esta ironía aparente debe diferenciarse de los ilustres precedentes británicos (Alloway, Banham, Archigram...) porque, como se ha apuntado, la cultura anglosajona utiliza la ironía como procedimiento de *verificación interna o autocrítica* (Navone y Orlandoni, 1974: 43), y no tanto de crítica externa. Por el contrario, en los agentes radicales esta ironía será literal (en clave crítico-negativa exterior) y se destina a revelar las contradicciones internas al sistema económico de la cultura e ideología burguesa, es decir, será diferente a la complacencia pop americana y británica. Quizás no podamos hablar, en propiedad y como veremos más adelante, de una arquitectura pop al rechazar su carácter propositivo y optimista (salvo en esa fase inicial).

## Escalas pop

Uno de los filones iconográficos del Pop art es el cambio de escala (Oldenburg sirve como visualización rápida) en ejercicios monumentales de celebración de los objetos de consumo cotidianos.

Los primeros ejemplos radicales en la escala Pop los encontramos en 1958, fecha en la que Hans Hollein esboza varios proyectos de rascacielos para Chicago (6). Entre ellos destacan un falo y un brazo con el puño cerrado superpuestos a páginas escritas de un libro y con el probable referente del proyecto de Adolf Loos para el concurso para el Chicago Tribune de 1922 (quizás uno de los primeros *edificios* Pop). En estas dos versiones del *proyecto* apreciamos afinidades que nos podrían indicar su adscripción a la fenomenología pop, sin embargo la descontextualización o resemantización del objeto presentado parece

irrelevante al contrastarla con
la reacción efectiva (auténtica
fenomenología) ante los dos
rascacielos: la reivindicación
explícita en el puño en alto o
la provocación sexual del falo
neutralizan cualquier adscripción
desafectada a los proyectos.

No serán estos, en opinión del
autor (aunque lo afirman Navone
y Orlandoni, 1974: 44), propuestas de *arquitectura absoluta o total* (usando el léxico de Hans Hollein, 1967) sino ironía total
(ver escenario Juego) mediante
ejercicios de negación arquitectónica que utilizan *interesadamente* la disciplina. La elección
del texto al que se superpone el

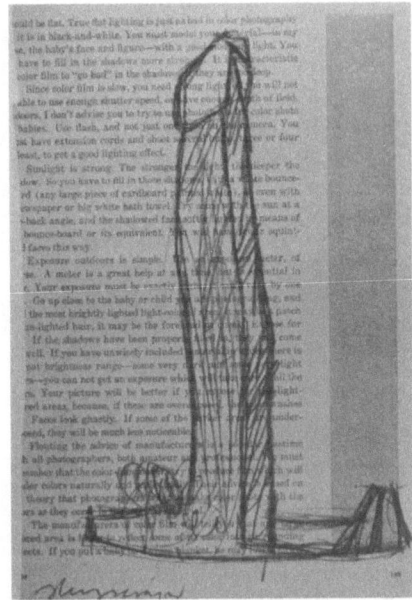

diseño de los rascacielos (*nosotros practicamos el bebé encantador*) no dejan lugar a dudas.

De la misma manera podríamos analizar las imágenes de las turbinas, rejillas de motor o la superestructura sobre Manhattan del mismo autor (7). Éstas son también bombas anti-pop.

6-Hans HOLLEIN. Rascacielos en Chicago (1958)
7-Hans HOLLEIN. Superestructura sobre Manhattan (1962)

En la escena italiana que opera en el cambio de escala como procedimiento pop destacamos la interpretación del clasicismo del grupo UFO, fabricado inicialmente en 1971 para los happenings del festival "Vida muerte y milagros de la arquitectura" en el Space Electronic de Florencia y que posteriormente utilizan para el Stand del Salón del mueble de Milán del mismo año (8). En el proyecto vemos la versión irónica en poliuretano expandido coloreado de amarillo y rojo de unas ruinas dóricas que soportan precariamente un arquitrabe quebrado. Objetos no de consumo (de no-consumo, en realidad) que se instalan en la vida ordinaria para su reevaluación crítica (frente a las cucharas de Oldenburg, que son parte integrante y principal del mercado del arte).

También la serie de Urboefímeros son ejercicios de cambio de escala contrarios a la satisfacción del Pop ya que provocan y activan (ver territorio Ciudad) a las masas adormecidas (9).

## Pop-tech architecture

Otro de los filones de la escena del Pop Art heredados de Archigram (revisar el cushicle, inflatable suit home...) son los artefactos que analizan y experimentan sobre la tecnología, y en especial los hinchables.

8-UFO. Stand al salone (1971)
9-UFO. Urboefímero 6 (1968)

Éstos vienen de una tradición reciente de proyectos de emergencia en la posguerra (a lo largo de los años 50), la Air House fabricada en 1959 según proyecto de Wright (Navone y Orlandoni, 1974: 47) o, en el mundo del arte, los cuerpos de aire de Manzoni (Maderuelo, 2008: 119) también en 1959 o las famosas obras de Warhol y Christo.

Ya dentro del terreno radical los precedentes los encontramos en la primavera de 1966 en la muestra del parque de Kapfenberg donde Hollein y Pichler presentan, respectivamente, la Estructura Neumática y la Habitación Grande (10 y 11). A estos precursores le sucederán los grupos Haus Rucker Co o Coop Himmelblau que desarrollaron una abundante producción neumática. Podemos destacar dos obras para enmarcar (por cronología) y resumir (por su extremismo) las intenciones programáticas de estos grupos: La oficina móvil de Hollein (1969, IMG. 12) y el Pulmón Verde de Haus Rucker Co (1973, IMG. 13).

El primero consiste en un cilindro plástico de unos 2,5 metros de altura y menos de 2 metros de diámetro que cierra un supuesto entorno contro-

10-Hans HOLLEIN. Estructura neumática (1967)
11-Walter PICHLER. Grosser raum (1966)

lado y acondicionado mediante un tubo que infla la estructura neumática. Este "*edificio comercial/de oficinas*" se presenta como alternativa viable a la oficina tradicional, es decir estática, en un espectacular alarde de movilidad y flexibilidad laboral donde las rígidas estructuras convencionales han desaparecido para dejar paso a la total libertad y emancipación del ambiente (revisar Ciudad). Sin embargo, para ser un proyecto Pop, la propuesta no oculta la preocupación de que *exista realmente* esta formulación de oficina transportable, cápsula autónoma que nos permite trabajar en la *escala de un viaje en avión*. Anticipo visionario de la oficina liberada de la arquitectura en una propuesta crítica y necesaria, compleja y estratégica que utiliza dispositivos Pop para negar la mayor: la sociedad de la comunicación. La mera posibilidad de imaginar el trabajo como una mochila que se lleva a cuestas, la ubicuidad de lo productivo como forma de crítica.

El pulmón verde no deja tanto espacio para la duda, al representar una posibilidad crítica de habitar la desnaturalizada atmósfera de la ciudad: *Un órgano respirador artificial para habitantes urbanos. El aire usado*

12- Hans HOLLEIN. Oficina móvil (1969)
13- HAUS RUCKER CO. Green lung (1973)

*que se produce aquí se filtra y limpia, enriquecido con aromas químicos, impregnado con ilusiones de un verde limpio. Lo que inhalas es naturaleza sintética.* (Steiner, 2008: 26).

Parece evidente que nada queda de la confianza y optimismo de Fuller, Archigram (ver cúpula sobre Nueva York o el Suitaloon respectivamente) en estos artefactos tecnológicos de apariencia Pop pero de intenciones contrarias, dispositivos disfrazados con su estética para minarla desde dentro.

## Pop italiano

Los ejercicios creativos de escala pequeña de la muestra Superarchitettura tendrán un correlato mayor ya que, con Natalini como asistente de Savioli en el curso de arquitectura de interiores de 1966-67 (y antes con Savioli en el curso 64-65 en busca de la recualificación formal, la recuperación lingüística de los objetos arquitectónicos y sus relaciones con la nueva iconografía de la cultura de masas) la experimentación se centrará en proyectar un *Lugar de divertimento y espectáculo* (Gargiani, 2007: 26). Para esta asignatura se plantearon proyectos dinámicos instalados en la lógica Pop como la "máquina de diversión" de Poli (14). La propuesta consistirá en dos gigantescas ruedas utilizadas tanto como aparcamiento como para ofrecer vistas panorámicas a la ciudad; una red metálica envuelve una serie de plataformas móviles para bailar; un enorme hinchable con rayas Pop aloja happenings varios mientras un recorrido subterráneo termina en un artefacto mecánico rojo, del tipo Yellow submarine. Como esbozó Natalini:

14-SUPERSTUDIO. Piper Poli (1966)

*"Desorientación, cambio de escala, ensamblaje, montaje, descomposición, repetición e iteración, contaminación son términos que se han usado continuamente, y sobre todo han sido los nuevos estímulos que han proporcionado al proceso de proyecto el clic necesario para pasar de materia de estudio o de rutina profesional a acción creativa y activa (...) Todos estos "métodos de composición" comunes a las artes visuales y al proyecto arquitectónico desarrollado durante el curso, nos pueden hacer hablar de un proceso pop en buena parte de los proyectos presentados.* (Gargiani y Lampariello, 2010: 9)

Se podría decir que ya podemos hacer inventario de las herramientas precisas para articular una arquitectura Pop, es interesante enfrentarnos a un léxico capaz de sistematizar sus procedimientos, como hemos visto basado en el conocimiento profundo del arte coetáneo y transferible ordenadamente a la arquitectura. Natalini nos proporciona estrategias proyectuales (un vocabulario instrumental) conscientes para hacer una arquitectura Pop.

## Perversiones Pop

Como hemos intuido anteriormente dentro de la escena Pop italiana existe un desarrollo anti-Pop en el grupo Archizoom, que pese a iniciarse con los Pipers y la muestra Superarchitettura en formalizaciones literalmente afectadas por el Pop Art (colores, materiales sintéticos y falsos, estampados alegres) desemboca en una explícita negación de sus premisas con objetos que aparentan formar parte del sistema (capitalista) para, una vez dentro, proceder a

15-ARCHIZOOM. Dream beds (1967)

su destrucción. Negando la norma genérica y aceptada de que *La postura pop frente a la sociedad nunca es crítica en sentido estricto* (Marchán, 1986: 48).

Como aclaración, no afirmo que la figuratividad del Pop Art determina el lenguaje o la propia sistematización proyectual en las obras de la Arquitectura Radical analizadas sino que se filtran como contaminaciones culturales afectando a su visualidad. Como veremos en Indisciplina, ejemplos como las Dream Beds (15) o los Gazebos (16) son obras que parecen pop, pero que no lo son.

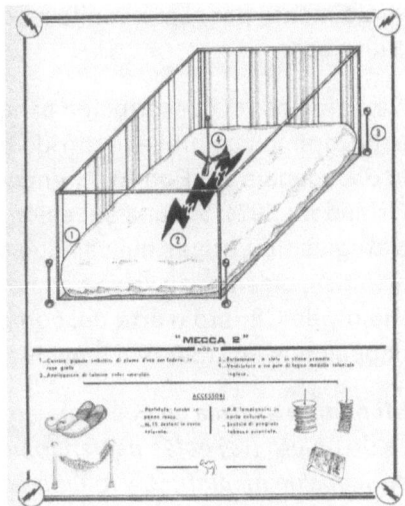

## CONTAMINACIÓN MINIMALISTA

*Tenemos que producir una música que sea como los muebles.* (Cage, 1980)

El interés en una posible transferencia desde el minimalismo artístico no se encuentra tanto en la asociación o fascinación formal por los volúmenes simples y herméticos sino en sus implicaciones más estrictamente arquitectónicas; aquellas dentro de la esfera ambiental o como construcción del espacio social. Esta categoría no se dejará seducir únicamente por la cercanía de algunos proyectos analizados con las formas puras, cartesianas y los sólidos de Filebo platónicos y el rotundo/hermético mensaje que encierran/encriptan. Algunas propuestas radicales no solamente nos recuerdan a la *boite a miracles* corbuseriana sino que representan y responden a una realidad afectada trans-

16-ARCHIZOOM. Gazebo (1967)

versalmente por el minimalismo como disciplina artística compleja y cualificada.

No haremos una descripción exhaustiva de este movimiento, sólo esbozaremos un breve recorrido histórico y conceptual en paralelo a la decadencia del Pop Art, y encontramos entre 1965 y 1968 (Navone y Orlandoni, 1974: 50) una sucesión de manifestaciones artísticas y estrategias figurativas nuevas que serán la base de la nueva vanguardia artística, clasificada ya sea como minimalismo, nuevo realismo de Yves Klein y de Christo o arte del *comportamiento* de Manzoni, Beuys, los happenings en USA o el movimiento Fluxus.

*Mi pintura se basa en que lo único que hay ahí es lo que se ve. Realmente, es un objeto (...) estás haciendo una cosa (...) Yo lo único que quiero que se saque de mi pintura, y lo único que yo saco de ella, es el que se pueda ver la idea entera sin confusión... Lo que se ve es lo que se ve.* (Frank Stella en Marchán, 1986: 377)

La etiqueta minimal se popularizó en 1965 gracias a Richard Wollheim y engloba la mayoría de los términos utilizados para referirse a la obra de los artistas Carl Andre, Dan Flavin, Donald Judd, Sol LeWitt, Robert Morris, Richard Serra y otros, que apuntan a un arte inexpresivo y reductor en el ámbito formal, fenomenológico y semántico.

Su desarrollo artístico, centrado en el mundo anglosajón y especialmente en los Estados Unidos, se concreta en la exposición "Estructuras primarias" celebrado en el Museo Judío de Nueva York en 1966, a partir de la cual se celebran abundantes muestras (Marchán, 1986: 99).

Como ya hemos visto, son múltiples las referencias a las artes plásticas por parte del movimiento radical tanto en su desarrollo académico como al exhibir sus referentes Pop. De dicha fase inicial no quedará rastro (salvo el propio carácter popular, multiplicador y esterilizante también presente en el Minimalismo) después del descubrimiento de éste y del Land Art. Como veremos más adelante, dicho arte quizás deslumbró inicialmente a los miembros de Superstudio a través de la revista de referencia, Casabella, en la que Celant había publicado un artículo sobre De Maria en marzo de 1969 donde figuraba la fotografía aérea de Mile Long Drawing (Casabella 334 y 339-340).

Veremos como obras minimal como las de Robert Morris o Carl Andre presentan algo más que coincidencias formales con el famoso Monumento Continuo (el mencionado de Celant); mucho antes parecen compartir conceptos como la literalidad, la deslocalización, el nomadismo y la condición negativa que la mera descripción geométrica común a ambos.

Por ejemplo, Carl Andre asegura que una obra de arte *nunca se monta de forma duradera, sino de manera fortuita y aleatoria* (Maderuelo, 2008: 117) de manera que el espectador se ve obligado a hacer el esfuerzo de levantar o bajar la mirada en dirección a una escultura y no se limita a mirar indiferentemente hacia delante. Dicha indeterminación geográfica ataca frontalmente una de las bases disciplinares de la arquitectura como es la *firmitas*. Los edificios tienen una localización precisa y se plantean como algo duradero, incluso eterno. Sin una localización precisa, o aún peor, con una localización que se desplaza, lo que tenemos es anti-arquitectura. En el Monumento Continuo el desplazamiento no es únicamente rastreable sino que es consustancial al propio proyecto, lo titula, define y cualifica.

Otras obras minimal como las de Judd potencian la ligazón disciplinar. En Untitled (1966) el autor plantea la escultura sin dimensión fija a la espera de encontrarse con la sala donde se va a exhibir; será en ese instante cuando el resto de relaciones topológicas entrarán en juego ya que de esta manera una sala muy alta requerirá de más piezas para sugerir la infinitud de la obra. Igualmente sucederá con ambos proyectos donde será la extensión del soporte utilizado para mostrarlos el que lo limitará efectivamente. Esto es, a mayor papel soporte, mayor proyecto.

Es interesante que el minimalismo, como cierto entendimiento de la producción radical caracterizado en esta investigación, representa un desplazamiento o *expansión* de las fronteras disciplinares que se percibió por los críticos más importantes (como Greenberg, Wolhein...) como una pérdida para el propio Arte. Por ejemplo la acotación de Greenberg, que no llama *esculturas* a estas obras al buscar "efectos extraños" antes que dedicarse a las cualidades esenciales y propias del Arte. Una situación impropia, *entre* las artes (Crow, 2001: 176) y de características *teatrales* (Crimp en Crow, 2001: 194) que amenazaban la propia lectura de estas obras al incorporar el *tiempo* como parámetro externo, ajeno a la representación tridimensional moderna.

*En la pintura, por ejemplo, las cualidades inherentes del medio-que Greenberg identifica como color, bidimensionalidad, límites y escala-formaban la base para determinar la calidad de una obra. Las características consideradas extrínsecas, en particular las cualidades literarias o teatrales como la narratividad, el realismo, la descripción, el tema o el drama, se despreciaban por ser impurezas nocivas.* (Wallis, 2001: 11)

De esta manera, al incorporar el *tiempo* (muy arquitectónico éste) como parámetro escultórico se transforma en un arte extraño que rompe con el espacio trascendental de la modernidad y que rechaza no únicamente la base antropomórfica de la escultura tradicional sino también la condición cualitativamente superior de la escultura al situarse en relación dialéctica y contingente con el *Lugar* en el que se instala. La

obra minimalista redefine para la escultura la concepción anterior de *Lugar* (Crow, 2001: 139) al abandonar la definición clásica de relación entre partes y buscar la totalidad de la obra. Como dijo Donald Judd: *El problema principal es mantener el sentido del todo* (Marchán, 1986: 100)... idea de posible resonancia en el *Todo es arquitectura* de Hans Hollein.

Como hemos comentado, en esta investigación no nos detendremos sólo en las posibles implicaciones (o *contaminaciones*, tomando la bella metáfora de Marchán Fiz, 1986) del minimalismo en arquitectura atendiendo a parámetros formales o parecidos razonables (preferencia por volúmenes abstractos y la forma pura, por ejemplo) sino en la posibilidad de una arquitectura que, como la escultura minimalista, permanece callada frente al espectador. Una arquitectura *sin sujeto*.

17-SUPERSTUDIO. Histogramas (1970)

Por ejemplo, la puesta en paralelo del Proyecto Social nº1, ABCD de Sol LeWitt (1966) y los Histogramas de arquitectura de Superstudio (1970, 17) demuestran vínculos evidentes que, en opinión del autor, quizás encubren la auténtica intención de esta obra radical: imaginar una arquitectura sin habitantes, arquitectura de la nada como la propia memoria del proyecto anuncia:

*La superficie de los histogramas era homogénea e isótropa, cualquier problema espacial y de sensibilidad se ha eliminado cuidadosamente* (Gargiani y Lampariello, 2010: 43).

Los histogramas no son sino una de tantas elaboraciones sistemáticas que Superstudio produjo acerca de las posibilidades fenomenológicas del minimalismo en arquitectura, entendido éste como planchado o alisado de las rugosidades significativas que, por otro lado, hacen comprensible o empática cualquier voluntad artística. Un arte sin dialéctica que utiliza la repetición, el módulo, la matemática elemental, la economía de la forma o la impersonalidad de las técnicas industriales como forma sintáctica.

Así lo expresó A. Leepa: *El arte mínimo se considera como un esfuerzo por tratar tan directamente como sea posible con la naturaleza de la experiencia y su percepción a través de las reacciones visuales* (Battcock, 1995: 201) confirmando una fenomenología directa, de certezas perceptivas en lo que Merleau-Ponty ha llamado la *evidencia de la cosa* (Merleau-Ponty, 2010).

La obra minimalista convive con el espectador únicamente por su presencia formal y establece vínculos reales entre el cuerpo y el tamaño de ésta. La percepción de escala como elaboración del arte minimalista interesa especialmente a esta investigación.

## Escalas y retículas

*La consciencia de la escala es una función de la comparación hecha entre aquella constante, la dimen-*

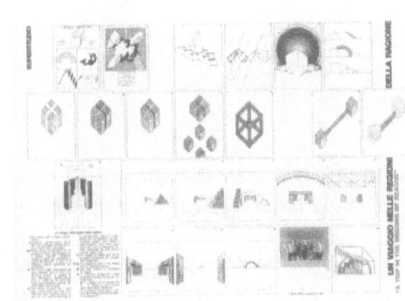

18-SUPERSTUDIO. Viaje a las regiones de la razón (1969)

*sión del propio cuerpo y el objeto está implicado en tal comparación.* (Merleau-Ponty, 1993: 348)

La experiencia directamente corporal tiene resonancias importantes con la arquitectura, entendida ésta como mediadora entre la escala del cuerpo y la medida del mundo.

En la producción de Superstudio se analiza metódicamente esta relación con propuestas que comparten el ideario minimalista mencionado. Por ejemplo en la propuesta del *Viaje a las regiones de la razón* donde aluden a una *necesaria depuración de la arquitectura de cualquier programa tipológico* (Gargiani y Lampariello, 2010: 23) o función contingente al plantear formas puras y abstractas. A pesar de las rémoras iconográficas pop todavía presentes apreciamos un cambio de rumbo hacia un destino que será inevitable en Superstudio: *la creación de un sólido geométrico sin función asociada.*

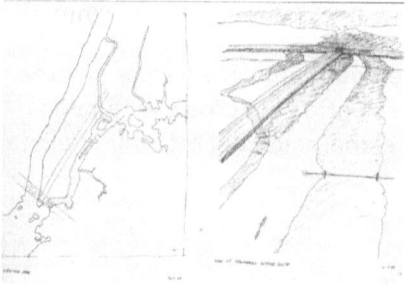

Los ejercicios en esta línea de investigación son variados (Viaducto de la Arquitectura, Modelo Arquitectónico de una Urbanización Total, Grazerzimmer, Ladrillos de medida (19, 20, 21 y 22) etc... y naturalmente el Monumento Continuo, ejercicio supremo de arquitectura sin habitantes en un minimalismo hipertrofiado, un superminimalismo o, como han apuntado otros autores, *nihilismo arquitectónico* (Espuelas, 2012: 3) que supera el minucioso contexto escultórico para desbordarse en la escala planetaria.

19-SUPERSTUDIO. Viaducto de la arquitectura (1969)
20-SUPERSTUDIO. Modelo arquitectónico de urbanización total (1969)

Arquitectura sin cualidades espaciales, sin interior, sin *bienestar*, que supera con creces las expectativas de relación corporal o *evidencia de la cosa* (real) para someternos a la evidencia de la *imagen* (horrorosa) en una atrevida conceptualización gráfica.

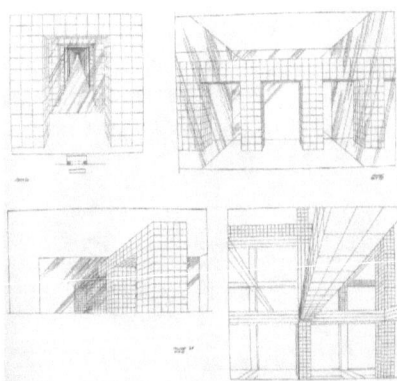

No es sorprendente la ausencia casi total de personajes en estos proyectos, 23 (que lo son, pues *proyectan* efectivamente algo), inútiles anticipadores de una habitación imposible, inaceptable y estéril. El pescador que contempla inexpresivamente y *desde fuera* la llegada del supermonumento a Positano (comparar con los frenéticos habitantes de la arquitectura Pop) puede apoyar esta interpretación de la misma manera que lo puede hacer una carta a Charles Jencks de Natalini, quien define el Modelo Arquitectónico como *"la visualización de nuestras ideas de una arquitectura no física"* (Gargiani y Lampariello, 2010: 68)... claro, porque es una arquitectura inmaterial, inaprensible desde lo corporal y sólo transigible como especulación, puro ejercicio intelectual.

El camino minimalista que recorre Superstudio, al abandonar la festividad Pop como hemos visto, lo podemos analizar como literal y diagramático; tras renunciar a lo disciplinar y negar el oficio de arqui-

21-SUPERSTUDIO. Grazerzimmer (1969)
22-SUPERSTUDIO. Ladrillo a medida (1970)
23-SUPERSTUDIO. Monumento Continuo (1969)

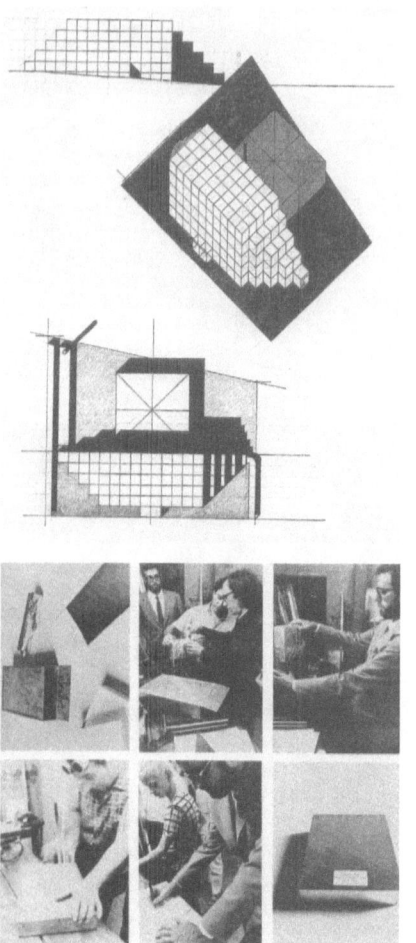

tecto como constructor tomará prestadas las reglas del juego minimal para plantear esta nueva arquitectura. Camino reductivo que inicia en su propuesta para el Pabellón italiano de la Exposición universal de Osaka de 1970 (24) donde inauguran la ya mítica superficie exterior cuadriculada e investigan sobre la forma pura y hermética semánticamente: *más allá de los mitos del consumismo y la técnica hemos propuesto un volumen compacto, un muro cerrado y pulido (...) para dar miles de imágenes reflejadas de la confusión circundante* (Gargiani y Lampariello, 2010: 16). Una arquitectura sin relación dimensional evidente en un gesto (impersonal) *único, grande, eficaz, claro, controlable y mensurable*.

La incompetencia escalar de esta arquitectura minimalista se puede comprobar también en la ciertamente hermética Arquitectura Escondida del mismo grupo (25), propuesta de arquitectura conceptual dentro (o en) una caja de zinc cerrada de la que solo se conservan las fotografías, único testimonio de sus intenciones proyectuales.

24-SUPERSTUDIO. Pabellón para Osaka (1968)
25-SUPERSTUDIO. Arquitectura escondida (1970)

## Materia mínima

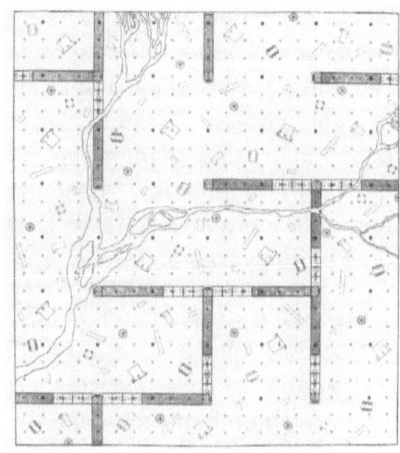

Trataremos de analizar, para concluir esta categoría, la mítica No Stop City (26) como una obra de arte *all over* como las Drip Paintings de Pollock, las Zip Paintings de Barnett Newman y los campos de color suspendidos de Mark Rothko (...) ejemplos de uniformidad y falta de jerarquía del lienzo porque la totalidad de su superficie queda cubierta uniformemente de pintura, el material *natural* de esta disciplina. Como apunta Javier Maderuelo el arte *all over* presenta la novedad de *haber desterrado la idea tradicional de composición* (Maderuelo, 2008: 114), es decir, de establecer determinados vínculos entre elementos o partes que, al no existir, quedan anulados. En ella nos encontramos con todos los ingredientes conceptuales necesarios: bidimensionalidad, isotropía, uniformidad, limpieza, repetición y colmatación. Basta con aplicar una sola idea o material ideológico sobre el lienzo para conseguir con eficacia la respuesta buscada.

El proyecto (al igual que la obra Pinturas Blancas, de Rauschenberg) que nos plantea Archizoom *transcribe sin comentario alguno* (Ábalos, 2013: 15) la Lógica de la Producción como Ciudad del Capital (a pesar de la extensa memoria que "acompaña" a los dibujos). Naturalmente Rauschenberg tampoco emite comentario alguno en el proceso de desaparición del arte mostrado; al enfrentarnos a su serie de tres lienzos pintados de blanco debemos apartar cualquier prefiguración o noción elemental, relacional o compositiva del arte. Si lo buscamos en sus términos tradicionales, ya sean históricos o disciplinares, no lo encontraremos. Siguiendo la gramática minimal: *No es necesario que una obra tenga muchas cosas dignas de verse* (Crow, 2001: 142).

26-ARCHIZOOM. No stop city (1971)

Parece claro que el artista minimalista pierde progresivamente el interés por el aspecto físico de la obra y esto será también evidente en la Arquitectura Radical-minimal. En ambas se produce una desmaterialización del arte/arquitectura como objeto a favor de las fases de su constitución. Los "minimalistas" (sin entrar en discusiones semánticas sobre el minimalismo y los minimalistas) desembocaron desde 1968 en manifestaciones antiarte, tanto del "arte-idea" como del "land art", como puede verse en Morris, Smithson, Andre y otros.

Es reseñable y resuena en el léxico radical analizado (ver la *ciudad sin objetos* de Branzi acerca del trabajo de UFO) que en 1969, Robert Morris titulaba la IV parte de sus notas sobre la escultura "Más allá de los objetos". (Marchán, 1986: 106)

Como conclusión provisional, para validar cierta transferencia del arte minimalista afirmaremos lo siguiente: si la arquitectura (tradicional) se ocupa con atención del espacio construido, la arquitectura (minimalista) niega ese espacio social componiendo artefactos sobreescalados e inhabitables verificando *ad horrendum* la definición del revolucionario (Kaufmann, 1952) y próximo a esta investigación Etienne Louis Boullée: *La arquitectura es poesía (...) producción del espíritu (...) Vitruvio toma el efecto por la causa* (AAVV, 1972: 246-247). E invirtiendo la advertencia de François Blondel: *Dios, para castigar a sus pueblos, los amenazó con privarlos de sus arquitectos* (AAVV, 1972: 246-248).

Es decir, para aventurarnos a establecer ciertos protocolos de reconocimiento del arte minimalista para una transferencia sistemática a la escena arquitectónica creemos podemos *limitarla* a la reducción semiótica (no solo cualitativa sino también cuantitativa) y a la pérdida progresiva de interés por el aspecto físico de la obra. Como hemos visto esto condujo a la desmaterialización del arte como objeto en favor de las fases de su constitución.

Y la desmaterialización de la arquitectura sería aún mas obvia, bastaría con dibujarla como fin último; es suficiente y necesario *no tener intención de construirse.*

# HAPPENINGS. LA ACTIVACIÓN DEL AMBIENTE

*Toda persona presente en un happening participa en él. Es el fin de la noción de actores y público, de exhibicionistas y observadores, de actividad y pasividad. En un happening se puede cambiar de "estado" a voluntad (...) Ya no hay más un sentido único, como en el teatro o en el museo, no más fieras tras las rejas como en el zoo. Es necesario salir de la condición de espectador a la cual la cultura o la política nos han habituado.* (Marchán, 1986: 392)

En 1959, Allan Kaprow, organizó un evento titulado: *18 happenings en seis partes* en un escenario formado por unos bastidores rectangulares. El guion consistía en una serie de acciones autónomas (sin conexión entre si) con interrupciones asombrosas producto del azar (pero cuando el azar quedaba fijado ya era obligado aceptarlo). El espacio del público, que se movía tres veces, también estaba fijado de antemano. Como remate reunió un conjunto de famosos del mundo del arte (Johns y Rauschenberg) para que creasen una *pintura conjunta sobre una pared de plástico transparente.* (Crow, 2001: 34)

De esta manera Kaprow completaba la evolución que desde la creación de ambientes le llevaría a la invención del happening, o lo que es lo mismo, desde la creación pasiva de un lugar donde se produce un efecto a la activación de ese lugar por la acción humana. Consumando otra perversión artística por la condición teatral (temporal) de la misma. Lo espacial, plástico, acústico o visual se verifican por la acción y se aplaza, por desfasado e irrelevante, el juicio estético del producto terminado. De ahí la *imposibilidad* de definir un happening, únicamente podremos transcribir el guion o describir el espacio en el que se produce. Ejercicios de eco posmoderno donde el espectador legitima y completa la obra de arte:

*Los happening devuelven a la actividad artística lo que le había sido quitado: la intensificación de la sensibilidad, el juego instintivo, la festividad, la agitación social. El happening es, ante todo, un medio de comunicación interior, luego, incidentalmente, un espectáculo. Visto desde afuera, lo esencial es ininteligible.* (Marchán, 1986: 394)

Son numerosas las manifestaciones cercanas (o interiores) al happening dentro del fenómeno de la arquitectura a estudio y esto es coherente con los protocolos *radicales*, que sentían la necesidad de verificar *urgentemen-*

*te y de facto* sus proposiciones teóricas sin el impedimento o la mediación de los instrumentos habituales de la arquitectura. Una arquitectura rápida, instantánea, inmediata en un contexto absolutamente *mediatizado*. Pero además, el happening es *espacial*, confiere tridimensionalidad al proyecto arquitectónico tradicionalmente mediado en representaciones horizontales y aplastadas, siempre parciales y menores verificado en los (claramente insuficientes para los radicales) planos como simulacro de edificio.

Podemos afirmar que el happening cumple en estos agentes un papel instrumental en la activación creativa del entorno, y lo utilizan para liberar prejuicios, condicionamientos, o *intencionalidades socializadas* de nuestro comportamiento. Para saborear las afinidades de esta forma de arte con los radicales recordaremos que algunos protagonistas de la performance han subrayado la recuperación y ampliación de la percepción como *problema clave del arte contemporáneo* (Marchán, 1986: 198). Dilema clave también para nuestros agentes, que encuentran en la performance una satisfacción total del deseo proyectual, una vía abierta y directa para desatar los mecanismos creativos.

Si desde Archigram parte de la arquitectura pre-radical se puede interpretar como literalmente conceptual (*Las ideas asumen un papel mas importante que el producto final.* Navone y Orlandoni, 2008: 225) entonces el happening se sitúa en el espectro contrario, y es una espita, una fisura o compuerta por la que esta arquitectura de *campo expandido* se filtra.

Superada la dicotomía arte/vida (genealogía) y amparados por uno de los más importantes manifiestos programáticos de la nueva vanguardia: *Todo es arquitectura* (Hollein, 1967) los agentes radicales se apropiarán conscientemente de estas herramientas en una tautología donde la idea de arquitectura -el anteriormente conocido *proyecto*- será ya arquitectura *de facto*.

Para el análisis de la vertiente italiana del environment o su ampliación performativa (Gianni Pettena, Ugo la Pietra, Ufo) utilizaremos la polarización que, de la Arquitectura Radical italiana, hace en su último libro una de las voces más autorizadas en el discurso teórico contemporáneo y fundador de Archizoom, Andrea Branzi. Con una única advertencia, toda la obra teórica de Branzi milita en la denuncia de las contradicciones del sistema productivo post-industrial en su relación con la arquitectura/vida. Postura que le obliga a juzgarlo todo en términos absolutos de coherencia/incoherencia con dicha contradicción):

*Los arquitectos sin arquitectura (o sin proyecto)-Ugo La Pietra y los situacionistas.* (Branzi, 2014: 93)

Sin valorar aún la etiqueta, seguramente provocativa al no resultar verosímil de *situacionista* a Ugo la Pietra (y otros), del libro de Branzi llaman la atención dos cosas: La primera será la ausencia de Gianni Pettena en el desarrollo del texto, siendo éste uno de los exponentes mas informados y reconocidos de la Arquitectura Radical. El segundo es el subtítulo asignado al grupo: *sin proyecto*, ya que, como se ha apuntado anteriormente su producción es precisamente proyecto *en acto*. Intervenciones que nos muestran no la ficción de un proyecto (como la No Stop City, *sólo* dibujada, por crítico que el ¿proyecto?-con permiso de Tafuri- pueda ser) sino la *construcción* efectiva del mismo. Más adelante precisa: *Que no reconocen ya en la ciudad y en sus formas sólidas el teatro de sus intervenciones, sino que construyen un túnel inmaterial, independiente, situacionista, hecho de experiencias sensoriales, de informaciones, de trazas antropológicas; producidas por la ciudad pero a quien la ciudad no puede dar forma.* (Branzi, 2014: 116)

En este punto si creo conveniente recordar que la Internacional Situacionista (vista anteriormente) entendía que la supervivencia del arte estaba *en el arte de vivir*, esto es, el auténtico arte está comprendido en la experiencia vivida del artista y nunca será, como indica Branzi, independiente porque *"cuando el arte independizado representa su mundo con colores espléndidos, un momento de la vida ha envejecido y no se deja rejuvenecer con colores espléndidos..."* (Perniola, 2008: 43). Afirmamos, por tanto, la imposibilidad de llamar situacionistas a estos "artistas".

## El Happening social. Ugo la Pietra

*La vida no es lo que hemos vivido, sino lo que recordamos y como lo recordamos con el propósito de contarlo.* (García Márquez en La Pietra, 2014: 23)

Como premisa inicial plantearemos que la creación de happenings presupone cierta liberación o superación de la forma. Establecer y modificar el entorno inmediato resuena con una percepción ampliada, háptica de una realidad fabricada ex novo para que el cuerpo responda activamente. Un desinterés por lo físico y su apariencia para el advenimiento de algo de más calado, mas importante o urgente como es el rendimiento (la experiencia) de ese entorno.

El propio La Pietra (que quería ser artista, La Pietra, 2014: 20) lo defiende con su transversal investigación de los *Sistemas Desequilibrantes*: Modelos de ajuste a lo cotidiano alejados de consideraciones compositivas o formalistas; píldoras mediadoras de lo sensible como apunta Branzi en el mismo texto, donde anota que la actividad de Ugo La Pietra se caracteriza por la incorporación del cuerpo humano como *primer instrumento arquitectónico* (Branzi, 2014: 117) y receptor sensible de la realidad circundante. El cuerpo será el terminal de conocimiento directo y verdaderamente real en el mundo emergente de las *informaciones inmateriales* (Branzi, 2014: 117) aplazando o borrando (de ahí la categorización de Branzi) la necesidad de arquitectura al fabricar micro-cápsulas privadas y someterlas a estímulos visuales, auditivos u olfativos según procedimientos reglados... es decir, Ugo La Pietra, por aquel entonces construía ambientes (environments) radicales.

*La ciudad regulada por estructuras de decisión y operativas ya está organizada por una serie de sistemas, dentro de los cuales las relaciones entre los diferentes niveles de decisión de intervención político-económica y el contexto social de base se expresan mediante mecanismos de coartación del deseo y de las aspiraciones reales de los grupos sociales.* (Branzi, 2014: 136)

El trabajo de este arquitecto, muy politizado, se sitúa en una posición abiertamente crítica hacia una ciudad (como *descripción física del poder*. La Pietra, 2014: 134) que, reflejo de la lógica del Sistema, hace imposible un uso libre de la misma. Para La Pietra habitamos una estructura inhabitable y su trabajo se destinará a visualizar dicha contradicción con herramientas y protocolos tomados del mundo del arte, necesario para su verificación.

De La Pietra, Branzi reconoce su situación diagonal a través de todas las artes disponibles (también la performance-happening) y destaca, acertadamente en mi opinión, la valoración del cuerpo como origen de su investigación. El Cuerpo como primer y principal receptor de una búsqueda sensorial, *receptora de flujos de información inmateriales* (Branzi, 2014: 117) por su capacidad inherente de percibir; *un terminal de conocimiento* en palabras de Branzi.

Veremos como la creación de environments audiovisuales o performances radicales tienen en La Pietra un eficaz activista al entender que esa escala inmediata, próxima al cuerpo y su ámbito de influencia era la correcta. Disposición mental que el propio La Pietra define de esta manera:

*La hipótesis fundamental de mi investigación se expresa mediante el estudio y la definición de los grados de libertad disponibles en el interior de las "estructuras organizadas".* (La Pietra, 2014: 59)

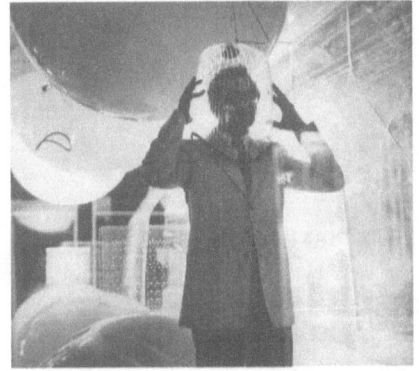

Notamos la correspondencia sintáctica de esta actitud conscientemente crítica respecto al estado de las cosas (el presente) con el caldero de intereses radicales, interesados en invertir sus recursos intelectuales en precisos sabotajes sociales que garanticen su propia supervivencia proyectual.

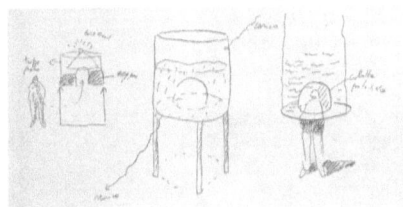

Acciones como el Casco Sonoro (27), Golpe de viento o En el agua (28) ejemplifican este posicionamiento *corporal* donde la imparcialidad del espacio usado se sustituye por un espacio que

27-UGO LA PIETRA. Casco sonoro (1968)
28-UGO LA PIETRA. En el agua (1970)

se habita, que se *entiende, ama, odia o explora* (La Pietra, 2014: 94) en una especie de recuperación disciplinar de acondicionamiento ambiental. Es decir, La Pietra construye ambientes corporales dentro de la realidad alienante para su decodificación social. Poco después de la desestructuración de los símbolos, léxicos, disciplinas o rutinas el único referente es el cuerpo, el individuo. Parece claro que en estos agentes lo prioritario será la elaboración de ambientes significantes (homónimo al concurso de Casabella en 1972) en torno a ese centro recuperado y consciente, desnudo y entusiasta.... nunca los environments habían sido tan tridimensionales, tan arquitectónicos.

En la producción de La Pietra destacamos una primera serie de ejercicios menores (en tamaño) de happenings audiovisuales llamados de *Estructura abierta* (La Pietra, 2014: 44) que se caracterizan por la modulación programática y estática de piezas de metacrilato (29) y componen un tejido tridimensional activado y deformado por la luz. De estos primeros tentativos, La Pietra, pasa a los *Objetos luminosos* (30) donde el efecto, como lo definió Dorfles, *randómico* (La Pietra, 2014: 45) se amplifica por la introducción de diferentes capas luminosas en los objetos/espacios de metacrilato transparente, cualificados por su

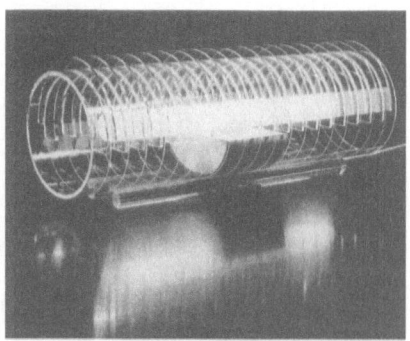

29-UGO LA PIETRA. Estructura abierta (1966)
30-UGO LA PIETRA. Cilindro tejido luminoso (1968)

efectiva texturización en incisiones que secuencian y cualifican el espacio encerrado.

Obras mayores como el *Ambiente visual interactivo* (31) proporcionan una valiosa aportación a la genealogía de environments al plantear dispositivos habitables que actúan como hipótesis de nuevos *modelos de comportamiento*.

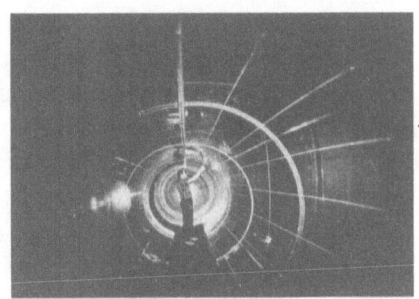

En esta serie de proyectos, el carácter randómico se subraya al introducir la luz y el sonido intermitentes como ruido informacional superpuesto a la estructura perceptiva. La inmersión en estos environments es total, el usuario (*fruitore* en italiano, palabra muy repetida en los agentes italianos para referirse al "habitante". También se puede interpretar como *paciente*) se ve expuesto a una serie de estímulos desequilibrantes que alteran su posición física, emocional, mental, cultural...

Una verificación más *arquitectónica* de estas hipótesis la encontramos en la propuesta al concurso para el Pabellón Italiano para la Expo de Osaka (32), versión agigantada de esta línea de investigación fenomenológica y ambiental que, sin embargo, resulta verosímil.

En el Commutatore el autor nos enfrenta literalmente, cara a cara (fachada, con la misma raíz), a dicha contradicción construyendo un barato (low-tech) dispositivo móvil de mediación con la ciudad. La imagen nos muestra dos bastidores rectangulares de madera unidos en su lado superior y ar-

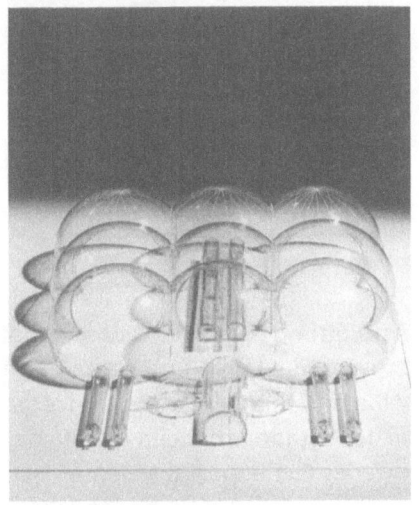

31-UGO LA PIETRA. Ambiente visual interactivo (1969)
32-UGO LA PIETRA. Pabellón para Osaka (1970)

ticulados por una cadena metálica en el punto medio. Es una especie de gran compás-cama que permite, por las diferentes longitudes y posiciones de la cadena, modificar el ángulo de inclinación en relación al suelo y, con ello, la modificación del enfoque hacia la realidad urbana frente al artefacto oportunamente situado. Las imágenes de la visión "desde dentro" del Commutatore nos muestran los diferentes "enfoques" a una fachada urbana convencional que, a partir de la redescripción del propio dispositivo (casi como un revelado fotográfico), ya no volverá a ser la misma. Una versión ambiental (environment) de los caballos de Troya archizoomianos.

## Austria en clave performativa

En los mismos años y dentro de esta misma línea artística de los environments/performances audiovisuales destacamos dos filones, uno formal-constructivo y otro simbólico en el trabajo de los austríacos.

Dentro del primer grupo son numerosos los ambientes hinchables donde la tecnología se erige como dominante para la materialización del ambiente o happening. Proyectos ya vistos como el extraordinario Villa Rosa, el City Football (33) o el Golden Heart, éste último entendido como construcción física de un *environment interior* que la omnipresente pareja debe okupar con actividades libres y lúdicas (hacer el amor, conversar...) para, simultáneamente, convocar al espectador en dicha modificación del entorno en un *environment exterior* tan importante o más que el primero. Como también sucede en los environments no realizados, pero auténticos eventos sociales,

33-COOP HIMMELBLAU. City football (1971)

de las Estructuras Neumáticas que trasladan a la escala de la ciudad las premisas fascinadas y colectivas de la tecnología espectacular.

Quizás esta categoría de happening constructivo llega a su constatación más veraz y lúdica (ver el episodio *Juego*) en la exhibición Live (34) en la que participan Laurids Ortner, Zamp y Pinter (los miembros de Haus Rucker Co) con diferentes artilugios como la Mesa de Billar Gigante o la propia Golden Heart. Aunque el ejemplo seguramente más elaborado y complejo se lo debemos al grupo Zund Up con el Great Vienna Auto Expander (35) en la forma de un Parking elevado sobre la Karlsplatz para, irónicamente, solucionar los problemas de aparcamiento en la ciudad, así lo cuentan:

*El estrecho de miras aparcamiento en varios niveles es la forma más económica para evitar abordar el problema. El coche ha perdido su valor de utilidad-llevarnos de un sitio a otro-y se ha convertido en elemento deportivo, de juego, de ocio* (Steiner, 2008: 84)

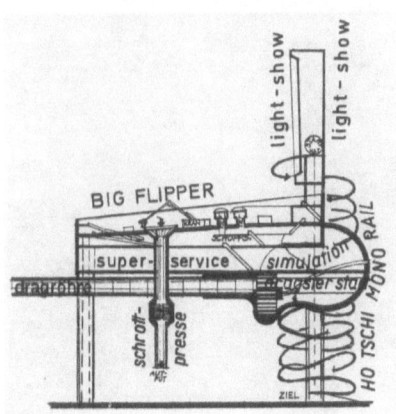

Es notable el sarcasmo de una propuesta extraordinariamente constructiva, definida y veraz en apariencia pero que representa una crítica arquitectónica total al papel del coche y, por extensión, a los mecanismos culturales de la sociedad industrializada. De hecho, el desarrollo del proyec-

34-HAUS RUCKER CO. Live (1970)
35-ZUND UP. Great Vienna autoexpander (1969)

to conduce a la realización de happenings urbanos donde los miembros de Zund Up teatralizaban dicha censura. Un proyecto, en definitiva, a caballo entre lo constructivo y lo simbólico.

Dentro del segundo grupo y como propuestas de happening simbólico podemos destacar el Vanilla Future (36) para el que los autores apuntaban:

*El futuro es aterrador para muchos. Plagado de robots crueles, rayos misteriosos y catástrofes artificiales. Como nosotros vemos el futuro es amarillo claro. Como helado de vainilla.* (Steiner, 2008: 84)

Para fabricar un auténtico happening en el que conviven extraños artefactos tecnológicos con dedos agigantados (los *roomscrapers* o rascahabitaciones) e impulsos audiovisuales con la intención de enfrentarnos a ese presente/futuro amenazante por sobreestimulación. Una especie de estrategia mediática ad absurdum.

También las intenciones del proyecto Go (37) son similares en el ámbito simbólico. El artilugio presentado trata de recuperar la importancia espacial y temporal asociada al hecho de caminar

36-HAUS RUCKER CO. Futuro vainilla (1969)
37-HAUS RUCKER CO. Go (1972)

*precisamente* por el hecho de
construir un recorrido en el que
hay que dar 303 pasos *conscientemente*. Como apuntaban en la
memoria del mismo: *El pie ya no
es un instrumento para moverse
sino un órgano sensorial. Durante
303 pasos* (Steiner, 2008: 25). O
bien la performance pública del
proyecto Juguete Urbano organi-

zado en Central Park (38) entendida como actuación comestible y urbana basada en el concepto de que *la ciudad es un paisaje público y se puede hacer mucho para cultivarlo* (Steiner, 2008: 24). El proyecto, inyectado como parte de la conmemoración del 150 aniversario del nacimiento de Frederick Olmsted (proyectista del parque), recrea en un pastel gigante de 2,5 x 6 metros el parque y los edificios cercanos en cierta tautología (o tartología) comestible.

También en la escena austríaca podemos destacar el trabajo de Haus Rucker Co con la serie de Mind Expanders que *tratan de establecer relaciones para construir paisajes urbanos. Tienen el papel de conectar diferentes posibilidades existenciales* (Steiner, 2008: 61). O Walter Pichler que afirma la fisicidad del mundo real y sostiene el absurdo de cada esquema de comprensión, de cada regla de comportamiento; solo se puede dejar seducir con rituales mínimos, habituales, eternos que siempre se han hecho. También Coop Himmelblau que asocia

38-HAUS RUCKER CO. Urban toy (1972)
39-SALZ DER ERDE. Performance (1970)

la arquitectura como medio de entendimiento y expansión (ver Villa Rosa o Hard Space) de las capacidades sensoriales del propio cuerpo. Y concluimos con el asombroso grupo Salz Der Erde (39), que usan la arquitectura como herramienta para sabotear las estructuras relacionales y afirmar *la destrucción como una acción positiva* (Steiner, 2008: 62) y Raimund Abraham que construye ambientes como la silla (Chair, portada de IN-1971) que, al recibir el corte del asiento, establece una resonancia directa con el cuerpo femenino que la usa, desplazando el comportamiento de cualquier rutina asociada al mobiliario.

## La construcción del ambiente político. UFO

De UFO, grupo fundado en Florencia en 1967, y para el entendimiento de su militancia artística/radical destacamos la definición que hace de su propio actividad su miembro, *profeta y guía espiritual* Lapo Binazzi:

*En nuestro trabajo se entrelazaban los lenguajes de la información y/o de la publicidad representando objetos hinchables que eran signos visibles a gran escala, casi eran arquitecturas a escala 1/1 que venían a sustituir a la arquitectura histórica.* (Branzi, 2014: 110)

La definición evidencia los intereses de sus miembros, también alejados del simulacro representativo heredado de la Academia (el de las plantas, alzados y secciones) para engancharse directamente con la realidad – siempre arquitectónica- a través de *presentaciones* como los Urboefímeros, las Casas Anas (40) o el Giro de Italia.

40-UFO. Casas Anas (1969)

El universo *falso* planteado por UFO es una realidad discontinua, desmenuzada, de la cual emergen nuevos significados, lúcidos juegos de palabras, dentro de una ciudad informal, inexistente, inútil teatro rígido de happenings y de efímeros urbanos (...). Utilizaremos, para su mejor comprensión, una tentativa de clasificación apuntada por otro agente radical, Franco Raggi:

*Los UFO, mientras en el nivel de objetos-ambientes proponen una brutal contaminación pop-historicista (recuperación del lenguaje del comic), donde es clara la ironía en el enfrentamiento de la imagen "ordenada" y placentera de la cultura académica y del Buen Diseño, actúan en el plano del happening con una carga provocativa justamente catalogable como terrorismo cultural.* (Pettena, 1996: 218)

Esto es, podemos dividir su trabajo en estas dos categorías:

- Los happenings irónicos/ lúdicos

- Los happenings terroristas

A pesar de su catalogación Pop, de los primeros nos ocupamos aquí (y no en el capítulo Pop anterior) por su estrecha relación argumental con lo ambiental frente a la *superficialidad* dimensional del Pop. Por ejemplo el Giro de Italia (41) o el Stand al Salone que son ejercicios irónicos y directos mediante el uso de apropiaciones, transposiciones, cambios de escala, empleo del color, la historia o los símbolos que forman la alegre iconografía de la cultura de masas... y sin embargo los UFO construyen un episodio ambiental explosivo con este collage simbólico que critica las estructuras propias del sistema en el que se instala.

Como otra creación ambiental, sin importar la escala, interpretamos la lámpara Dollar que utiliza símbolos Pop para representar la invisibili-

41-UFO. Giro de Italia (1972)

dad o ausencia tangible del enemigo, la falta de objeto directo contra el que reaccionar. El consumismo es demasiado abstracto como para que UFO, en estas instalaciones, pueda contraatacar con herramientas espaciales y compone aquí un environment conceptual, no físico, pero que despierta la misma intensidad espacial que los ejercicios *mayores*.

Como segunda categoría, de gran interés para apoyar las hipótesis transversales de esta investigación será el grupo de los happening terroristas (ver tramo *Indisciplina*), donde los Urboefímeros encarnan una de sus versiones más agudas. Así los explica el propio Lapo Binazzi: *Son objetos alternativos para cargar comportamientos alternativos al sentido común ciego. Se caen en la ciudad en concomitancia con eventos determinados (inauguraciones, manifestaciones políticas y culturales) según un programa del que no prevemos el desarrollo, esperando la reacción.* (Pettena, 1996: 218)

Dispositivos entendidos como *otra forma de arquitectura*; artefactos de reacción y respuesta que se inyectan en acontecimientos sociales reales (por ejemplo en manifestaciones estudiantiles) para activarlos. Entendemos que los UFO usan con fluidez los mecanismos artísticos del happening para su aplicación en la programática agenda radical, de manera cercana a parte de la vanguardia radical austríaca, como la Restless Sphere de Coop Himmelblau que también esperaba (aunque no se esperaba) la reacción del público/espectador/co-actor que recibía sus performances esféricas como veremos más adelante.

## El happening semántico. Gianni Pettena

Trataremos de completar el texto de Branzi ya sumándole una valoración descriptiva y crítica de la obra de Gianni Pettena, probablemente el agente radical que utiliza con mayor soltura las herramientas del arte y quizás, por eso, el peor entendido.

Pettena es un provocador nato, un arquitecto que desconoce los límites disciplinares y que transita, coherentemente, entre las artes debilitando unas fronteras ficticias y limitantes. Su discurso (ver anexo entrevistas) y sus proyectos están impregnados de una vitalidad incondicional y contagiosa que requiere siempre la implicación del usuario, sujeto activo y necesario (ver teatro *Juego*) para la realización de sus obras. De Pettena comenta Franco Raggi:

*Pettena, apretando el acelerador de la disolución de la arquitectura, la busca en el "evento", en la subversión temporal de un contexto físico historizado con espíritu socrático y sensibilidad del zahorí, la descubre ("la siente") en las transformaciones inconscientes del trabajo del hombre en la naturaleza (presas, minas), la crea conceptualmente con intervenciones de Land Art. Pero el mensaje oculta parcialmente el del anti-diseño, el genérico pero decidido rechazo a la realidad alienada y alienante para la búsqueda de espacios de expresión más significantes y creativamente más estimulantes.* (Pettena, 1996: 162).

De la descripción anotamos la *disolución de la arquitectura* como procedimiento proyectual, comentario pertinente tras la publicación del *Anarquitecto* (Pettena, 1973), manifiesto que instala al autor en la órbita conceptual coetánea de Gordon Matta Clark (a quien Pettena conocía, ver entrevistas) y en la posibilidad de una transferencia productiva entre las artes. Arquitectura entendida como reflexión *sobre* la arquitectura, no únicamente cuando adquiere el formato texto, sino en la práctica misma.

De que manera, sino arquitectónicamente, se puede entender la Clay House (42). El proyecto nos muestra el "antes y después" (las fotos, único resto de la obra y preservado celosamente desde el Land Art) de una típica casa suburbana norteamericana en Salt Lake City y su posterior versión tras la aplicación manual y colectiva, la *performance* de extender una capa continua de arcilla en toda su envolvente. La foto prueba, se *siente* aún, como Pettena desestabiliza cualquier convención asociada a la materia de la que está hecha la arquitectura en una performance inesperada.

42-Gianni PETTENA. Clay house (1972)

La arcilla primordial, ancestral y de pasado memorable se convierte en maquillaje, en pura cosmética arquitectónica que no puede por menos que violentar (Pettena lo confirma en el anexo entrevistas, ya que tuvo que pagar él mismo la limpieza de las fachadas por el enfado terrible del propietario) el estado natural de las cosas.

Una operación análoga, aunque en opinión del autor más *disciplinar*, se produce en la Ice II (43) donde el autor enfrenta dialécticamente una casa suburbana con otro material constructivo primario. La diferencia estriba en la estructuración "moderna", cúbica de la máscara pettenia-na. La imposibilidad de *habitar* dicha arquitectura también diferencia la propuesta, menos situada en el terreno de la acción directa y más orientada hacia el choque visual, a la sorpresa que nos provoca una imagen improbable.

Otra operación tan rigurosamente arquitectónica como artística (entre el Land Art y el happening) será la Red Line en la que Pettena dibuja literalmente una línea roja para marcar los limites municipales de Salt Lake City, con una longitud aproximada de 40 kilómetros. Operación que se llevó a cabo inclinándose el autor desde una camioneta y cargado con unos cuantos cubos de pintura, un pegamento en spray y un compresor. Una operación para mostrar: *Una trilogía de interpretaciones metafóricas acerca de las contradicciones de la ciudad contemporánea, sus idioteces y sus bellezas.* (website de Pettena)

La superposición, el palimpsesto en múltiples niveles entre lo administrativo, lo urbano, lo construido, lo natural (la belleza del desierto de Salt Lake) y la *línea roja* muestran un ejercicio que dibuja un mapa a escala 1:1. Finalmente el mapa *ES* el territorio consumando la alegoría de Borges:

*En aquel Imperio, el Arte de la Cartografía logró tal Perfección que el Mapa de una sola Provincia ocupaba toda una Ciudad, y el Mapa del*

43-Gianni PETTENA. Ice II (1971)

*Imperio, toda una Provincia. Con el tiempo, estos Mapas Desmesurados no satisficieron y los Colegios de Cartógrafos levantaron un Mapa del Imperio, que tenía el Tamaño del Imperio y coincidía puntualmente con él. Menos Adictas al Estudio de la Cartografía, las Generaciones Siguientes entendieron que ese dilatado Mapa era Inútil y no sin Impiedad lo entregaron a las Inclemencias del Sol y los Inviernos. En los Desiertos del Oeste perduran despedazadas Ruinas del Mapa, habitadas por Animales y por Mendigos; en todo el País no hay otra reliquia de las Disciplinas Geográficas.* (Borges, 1960)

Algo similar nos mostrará Pettena en Arnolfo. Instalación/happening que utiliza la impermeabilidad semántica, la rigidez abstracta de la línea para oponerse (dialogar, como indica el título) al Palazzo renacentista. Arquitectura de emergencia en tiempos propicios.

Y merece la pena destacar, también dentro de la categoría artística de la performance, obras como Carabinieri (44), Laundry o las Sillas "ponibles", que manejan herramientas más próximas, incluso literales, al arte de acción por requerir la participación directa del público que, extrañado ante lo que se está desarrollando, debe reaccionar y oponer (dialécticamente también) estructuras previas tanto en el ámbito urbano (el reconocimiento de lo que *tradicionalmente* había ahí) como psicológico (su propia respuesta vital, mediada a través de los sentidos). Como explica el propio Pettena:

*"Lo que pretendía era otra cosa, era hacer arquitectura con métodos intuitivos (...) ya no hay razón para hablar sobre las sillas o las casas que fabricamos, sino al revés, las cosas que hacemos las podremos llamar sillas o casas si merece la pena... si nos apetece hablar sobre ellas"* (Pettena, 1996: 165)

44-Gianni PETTENA. Carabinieri (1968)

Naturalmente en referencia al diseño coetáneo, desde el complaciente y bello design italiano al Anti-Diseño de las Dream Beds de los Archizoom o la serie Stanze de Superstudio, las palabras de Pettena se dirigen hacia una arquitectura performativa, que *haga* cosas o despierte reacciones en nosotros más allá de una estética Pop usada irónicamente. Las Whereable Chairs son muy apetecibles para la discusión, jugosas para comentar, y de esta manera estarán legitimadas para poderse hablar sobre ellas, y no al revés.

## El ritual. Tras la estela Fluxus

*De operaciones fortuitas concepto arte antiarte indeterminación improvisación obras sin sentido desastres naturales planes de acción historias diagramas música poesía ensayos danza construcciones matemáticas composiciones* (Maciunas en Crow, 2001: 129)

Por su proximidad a la atmósfera planteada en esta investigación conviene referirse brevemente a George Maciunas, que era uno de los miembros de la escena happening en los USA y que trasladó sus actividades a Alemania Occidental y abrió vías de trabajo colaborativas más amplias para este movimiento. Para ello nos centraremos únicamente en las significativas diferencias en relación a los happenings del otro lado del Atlántico, estas podrían ser:

- Una mayor valoración de lo barato y lo vulgar
- La incorporación de la tensión emocional y física
- La ampliación del campo hacia lo antropológico y escatológico

El primer ejemplo de este desplazamiento semántico entre los happenings americanos y europeos llegó en 1962 en un festival público de Wiesbaden, organizado por Maciunas para celebrar la sensibilidad Fluxus y en el que Nam June Paik, un artista surcoreano se encargó de representar la Composición 1960 #10 para Bob Morris de Young, cuyo guión era una única directriz: *Dibuja una línea recta y síguela*. (Crow, 2001: 129)

La realización consistió en colocar en el escenario un rollo de papel y una gran palangana que contenía tinta y zumo de tomate, sumergió la cabeza, la corbata y las manos en esa mezcla y después usó todo el cuerpo para trazar un sendero con el líquido a lo largo del papel. Las imágenes que se conservan del evento muestran el intenso cuerpo de metáforas que desplegó el grupo Fluxus.

No se ha planteado sistemáticamente la relación directa entre este grupo y los arquitectos radicales, y sin embargo se percibe cierta resonancia entre Fluxus y algunas propuestas austríacas; en particular las propuestas de Hollein (por ejemplo las tumbas) o más intensamente en Walter Pichler, miembro de la escena radical austríaca que muestra dos posicionamientos conceptualmente muy alejados. Una primera fase de creación de *Stadt (Ciudad.* 45) de resultado geométricos, monumentales y de gran escala (o escala indefinida) en la que ensaya piezas rigurosas perfectamente moldeadas o soldadas formando indescifrables y herméticos (a todos los niveles conceptuales) volúmenes. Una arquitectura alejada que define bien Max Peintner:

*En sus dibujos la superficie terrestre se ha liberado de las trazas progresivas de la civilización que avanza...Pichler se apropia de paisajes enteros para su Dios, mediante rampas, andamiajes, terrazas escalonadas, excavadas, secciones cuadradas, trincheras, colinas y solo en sus dibujos: los altares existen, pero tu donde estás?* (Pettena, 1996: 170)

El texto es descriptivo salvo en las imágenes asociadas a la religiosidad (Dios, altares) y muestra un relato fiel de estas arqueologías donde se ha borrado toda huella de una humanidad del que el propio Pichler se mantiene explícitamente al margen. Un camino simbólico y en conexión con la divinidad que explorará también en la segunda fase proyec-

45-Walter PICHLER. Ciudad compacta (1964)

tual, opuesta en escala: la conciencia del propio cuerpo, de su fragilidad e impermanencia cercanos a lo descrito anteriormente en Fluxus.

El Reliquienschrein es un trabajo inaccesible a los sentidos, incómodo por la automutilación del cuerpo que Pichler se infringe. Hemos rescatado dos imágenes del mismo, la primera con el esquema del proyecto: una bastidor ligero en forma de "T" que aloja una especie de túnica blanca. Será la túnica la que recibirá el elemento que completa el proyecto, la sangre del propio Pichler goteando y manchando la superficie blanca, inmaculada (46).

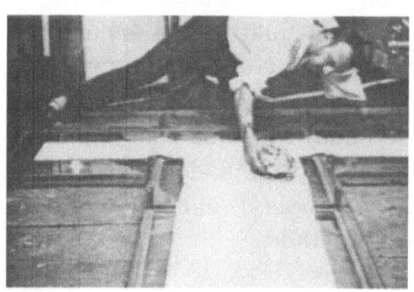

Es difícil no sentir cierta cancelación de las estructuras de recepción de este proyecto, que oscila entre el teatro ritual y el retorno a las características elementales del ser: muerte, dolor, sueños.

Y desde lo anterior nos desplazamos, de nuevo, a la tentativa de establecer una serie de procedimientos de reconocimiento artístico en el happening para una transferencia ordenada y consciente hacia la práctica proyectual. Para ello nos apoyaremos en definiciones autorizadas, por ejemplo Kirby que considera el happening "una forma teatral concebida premeditadamente, en la que los elementos alógicos, inclusive la actuación no subordinada a modelos, se organizan en una estructura dividida en compartimentos" (Marchán, 1986: 195). O Lebel que afirma que es "un arte plástico, pero su naturaleza no es exclusivamente "pictórica", es también cinematográfica, poética, teatral, alucinatoria, social-dramática, musical, política, erótica, psicoquímica". (Marchán, 1986: 195)

Entonces, ¿como se podría estructurar el happening arquitectónico atendiendo no solo a las definiciones anteriores sino también a los ejemplos analizados anteriormente desde lo social, audiovisual, constructivo, simbólico, político, semántico o ritual? Seguramente en la caracterización del happening como *collage instantáneo tridimensional* esté la clave;

46-Walter PICHLER. Altar (1971)

el trasvase de las técnicas del happening a la práctica arquitectónica produce escenas palpables, reales y extremadamente vitales que sirven como verificación directa y rápida de cualquier agenda o investigación en curso. El happening es una especie de *maqueta social habitada*, un mockup de arquitecturas posibles que, por su condición experimental, barata, efímera e intrascendente permite e incluso facilita cometer errores. El happening arquitectónico elabora fallas o grietas ligeras en el sistema como alivio momentáneo o salida creativa excepcional.

Quizás el happening sea el filón artístico más vigente en la arquitectura actual, y es que en un periodo de poca o nula construcción, parece que quedan dos vías, la de la especulación gráfica asociada a la esfera conceptual o la de la experimentación fenomenológica propia del happening. En una situación de quiebra estructural, donde cualquier estrategia proyectual específica debería ser testada en el momento; indolora y rápidamente para desecharla con la misma ligereza en caso de que sea ineficaz. Reivindicamos el happening como constructo crítico.

## AUMENTANDO LA ESCALA. LAND ARCHITECTURE

*Los artistas del Land Art pretendían liberarse totalmente de los estudios y las galerías imponiendo inmensas marcas de formas geométricas, excavaciones y estructuras de tierra sobre desiertos remotos, llanuras y altiplanos.* (Crow, 2001: 172)

Para componer una posible Land Architecture gestada en el periodo radical debemos sentar sus bases en la escena austríaca. Ya en 1964 Hans Hollein (años antes del Land Art, como es sabido) había dirigido su atención hacia el territorio no construido y lo documenta en el proyecto Grunde (47) con

47.-Hans HOLLEIN. Paisaje (1954)

fotografías de caminos y surcos en escenarios naturales absolutamente ordinarios. Las imágenes, desvinculadas de cualquier rastro de la cultura o de la técnica, parecen postularse como alternativa a la fascinación urbana y tecnológica de la época. Seguramente más aún cuando el Transatlántico ya comentado (revisar el escenario *Ciudad*) se proyecta en el mismo periodo.

Será Walter Pichler quien retomará más tarde la agenda natural en su Tumbas en el paisaje (1970) al plantear 8 cubículos recortados en un terreno horizontal a la manera de Heizer (las *Five Depressions*, por ejemplo) o las propuestas en el territorio de Raimund Abraham como la Casa con dos Horizontes (1973, 48). A partir de este momento, una posible y matizada Land Architecture se desarrollará apropiadamente en la Italia radical, en su caso, desde el conocimiento explícito del Land Art.

Para contextualizar este movimiento artístico tomaremos prestadas premisas ajenas y autorizadas. Thomas Crow lo identifica con los planteamientos y la actitud compartida por artistas como Robert Smithson, Richard Long, Michael Heizer, Dennis Oppenheim. Entre ellos Smithson, uno de los más afines a los propósitos de esta investigación, que trasladó a partir de 1966 la mayor parte de su actividad a *lugares remotos* para mostrarlos posteriormente, como si de restos ordenados de una excavación o de una construcción arqueológica se tratara. Paradigmático de esa actitud será la *Pieza en ocho partes* (1969) una composición extraña por la adición de unos montículos de tierra que sostienen 8 espejos perfectamente alineados. Una rara combinación de la fascinación repetitiva de los minimalistas compensada por un material natural, irregular y pobre (preludio del posterior arte povera).

48-Raimund ABRAHAM. Casa con dos horizontes (1973)

Nota: Será precisamente la
mirada ordenada hacia la naturaleza la que ofrece paralelos
en la escena radical y lo que
diferenciará el jugoso Land Art
del Arte Povera, menos necesario para la investigación porque
éste *invoca un mundo natural
fuera del tiempo, del que ema-
naría la pureza de la percepción*
(Crow, 2001: 172) y nos aproxima
a ejercicios raramente transferi-
bles a nuestra disciplina. Como
la famosa *cabaña primitiva* de los
Smithsons *Patio and Pavillion*
(1956) - frente a la revelación
directa (y no metafórica) de lo
natural y su decadencia en los
artistas del Land Art. Es posible,
en cualquier caso, establecer

paralelismos en esta crítica o *dotación de objetos que simbolizan lo que
necesitamos* (Smithsons en Vidotto, 2009: 91) ruinosas y chabolísticas,
alejadas de la celebrativa euforia consumista anterior/coetánea/poste-
rior (por ejemplo la House of the Future de los mismos arquitectos en
el mismo año 1956) con cierta escuela del arte povera en Italia (desde
Dalisi a Germano Celant). El solape imaginario lo reducimos al proyecto de Ugo La Pietra *Grados de Libertad* de 1975 (49).

Recuperando el argumento, y sin entrar en profundidad en la *Pieza en
ocho partes*, es difícil no relacionar esa primera fase de utilización de
espejos de Smithson o los conocidos ejercicios de Dan Graham con
los proyectos de Superstudio y Archizoom; encontramos analogías no
solo en la epidermis formal sino en la profundidad conceptual a través
de la *mirada natural*. El reflejo en proyectos como La New York City of
Brains o la Arquitectura Interplanetaria tienen su precedente en Las

49-UGO LA PIETRA. Grados de libertad (1975)

Estelas de Espejo (50), que son los primeros ejercicios en los que Superstudio trabajan con los efectos ilusorios generados por los espejos:

*Se puede usar el espejo para hacer secciones en la naturaleza (...) Si miramos dentro del espejo se puede ver el sutil espesor de la tierra y la posibilidad del sueño de perforar el mundo y las cosas.* (Gargiani y Lampariello, 2010: 46)

Vemos como el grupo italiano utiliza las posibilidades repetitivas del espejo para dos cosas: desvelar por multiplicación la naturaleza y construir metáforas para su apropiación. Frente al Land Art puramente artístico los espejos de Superstudio son un valioso y abundante material arquitectónico, un filón físico y conceptual que rechaza (al reflejarlas) las diferencias entre natural y artificial a favor de un camuflaje exaltado que culmina con los fotomontajes de la Arquitectura Reflejada (51): *La trama geométrica de los cultivos se refleja, aislada, en el cielo. De esta manera la naturaleza se convierte definitivamente en artificial.* (Gargiani y Lampariello, 2010: 17) 52

Una disolución figurativa iniciada en el Monumento Continuo que, como veremos, es una planetaria obra de Land Art respaldada por asociación con Heizer, y que culmina en estos formidables objetos reflectantes para verificar una agenda compartida por muchos radicales, la de otra posible muerte de la arquitectura y su distanciamiento de cualquier definición que suene a *fisicidad de la construcción* (Superstudio en Gargiani y Lampariello, 2010: 63). Los no-edificios espejados de

50-SUPERSTUDIO. Espejos (1971)
51-SUPERSTUDIO. Arquitectura reflejada (1970)

este grupo, junto a sus fotomontajes Sustracciones/Sustituciones de edificios míticos como la torre de Pisa o el Duomo de Milán, seguramente tienen relación con artistas coetáneos, como la obra Erased de Kooning de Rauschenberg que identifica la eliminación de la trazas, o el borrado, como estrategia proyectual.

Pero como ejercicio extremo de Land Architecture debemos apuntar a la Supersuperficie (53), poético ejemplo de arquitectura reflejada, proyecto de suelo-espejo reticulado que duplica el cielo y las nubes como última forma de comunidad. No está claro cómo este gran espejo horizontal puede proporcionar *aire, agua, calor*...etc. (Gargiani y Lampariello, 2010: 73) a sus habitantes, lo que si manifiesta el proyecto es la huida de la arquitectura desde su particular museo (la ciudad) a la naturaleza, las imágenes pobladas de hippies desprovistos de las ataduras del sistema dominante subrayan este retorno, esta forma expandida de Land Art.

No es difícil encontrar paralelismos entre estas imágenes de arquitectura reflejada con propuestas contemporáneas, que se vinculan y resuenan en la actualidad. Periodo el nuestro que también trata de

52-SUPERSTUDIO. Arquitectura reflejada (1970)
53-SUPERSTUDIO. Supersuperficie (1971)

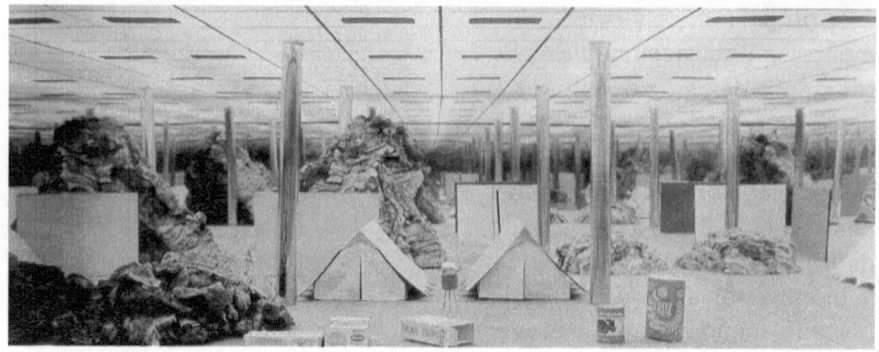

interpretar la relación entre el hombre y la naturaleza con proyectos inmateriales y ligeros como el Louvre en Lens de SANAA, probable y consistente ejercicio de Land Architecture.

Nota: Habría que diferenciar la aplicación profunda de las superficies espejadas de Superstudio con el uso instrumental de las mismas en Archizoom, por ejemplo en las representaciones de la No Stop City (54) donde se utilizan espejos no tanto para hacer desaparecer la arquitectura de la ecuación sino como herramienta para la visualización espacial efectiva y efectista deseada (no Land Art).

## Matériels trouvé

Posteriormente los artistas que compartían el espíritu del Land Art se alejaron aún más de los museos (literales, en su caso), no ya para encontrar los materiales a exponer en ellos, sino para modificar las estructuras naturales *encontradas* en una escultura de campo expandido (El mismo que condena Fried, como hemos visto). Por ejemplo la famosa Spiral Jetty, ejercicio paradigmático de esta actitud al rebasar las expectativas del lugar encontrado como algo ajeno a la historia, como orden inmutable en la naturaleza. Como apunta Crow, para Smithson *no existe ningún terreno que no estuviese marcado por las contingencias concretas de las exigencias humanas* (Crow, 2001: 172) y al

54-ARCHIZOOM. No stop city (1971)

plantear el concepto de *no-lugar* (como indicio de intervenciones en un paisaje verdadero, el *lugar*) ofrece una alternativa a la mítica pareja de opuestos razón tecnológica *versus* naturaleza.

El no-lugar de la Spiral Jetty constituye un espacio ambiguo, inestable y ficticio representado en las reconocibles fotografías que representan el lugar.

En esta línea de investigación, la de la naturaleza interpretada como constructo del hombre al asimilarla y someterla a estrategias de transformación semántica y física, podemos destacar obras radicales como los Fotomontajes Urbanos de Archizoom, notablemente influidos por el estudio sistemático de los Earth Works en el curso académico de 1969 y el Discurso por Imágenes de Celant (Gargiani, 2007: 151).

En ellas se ofrecen representaciones diversas (al igual que en los coetáneos ejercicios de Superstudio) como la Aerodynamic city que se instalan sobre la, tan utilizada por los artistas del Land Art, Monument Valley. Entre ellos el Roof Garden, Los barrios paralelos para Berlín o el Salvamento de los centros históricos, como el de Florencia (55), ejemplos críticos desmesurados sobre la capacidad de la arquitectura de ser realmente útil. Arquitectura que sale de sus "museos" urbanos para su descontextualización (no-lugar) o que los invade para su desacralización o denuncia (en Berlín, Bolonia o Moscú). Arquitecturas que trabajan utilizando sus propias herramientas para erosionar las posibilidades reales de actuar en un escenario que no reconoce como propio. Una arquitectura que ya no puede más.

Y con similar condición impropia opera Gianni Pettena, otro agente sometido y seducido por diferentes corrientes artísticas, especialmente valiosa en su relación con el Land Art. Recientemente se ha publicado el libro *Beyond Environment* (Piccardo y Wolf, 2015) que trata precisamente los vínculos entre este radical y artistas como Allan Kaprow,

55-SUPERSTUDIO. Salvamento de los centros históricos (1972)

Robert Smithson y Gordon Matta-Clark para la creación de una nueva sensibilidad ambiental en la que Pettena es extraordinariamente activo.

Su incorporación a una posible Land Architecture es inevitable por varias razones, la primera el empleo de materiales *directamente* naturales en sus obras, sin la mediación de la técnica para su transformación (es decir, no construye con ladrillos sino con arcilla) en una metáfora de la primacía de la naturaleza frente al artificio; el enfrentamiento de lo intuitivo, exterior, marginal o periférico contra la inteligencia; razón estratificada y sedimentada en *galerías teatros museos libros revistas* (Pettena, 2004: 42).

Lo comprobamos en proyectos vistos como la Ice House o la Clay House que ilustran esta actitud naturalista y directa, el paradójico empleo de elementos naturales en actuaciones que, como dice el propio autor y nos suena de otros escenarios, *no fueron muy apreciadas por la gente* (Pettena, 2004: 46) seguramente al subvertir las expectativas al uso por crear estructuras inhabitables, inexplicables y hostiles. Un Land Art anti-arquitectónico (entendida como funcionalismo, y basta) o como evasión disciplinar alejado de estándares y rutinas. Su Tumbleweeds Catcher (56) es un ejemplo de esta actitud hacia el paisaje y su definición al plantear una estructura vertical o falso *rascacielos* que teóricamente sirve para atrapar plantas rodadoras. Artefacto formalmente extraño y funcionalmente inútil que, sin embargo, opera con-

56-Gianni PETTENA. Tumbleweeds (1972)

ceptualmente como receptáculo imaginario de las películas de cowboys y las plantas rodantes como un símbolo de *operar* en el territorio. Proyecto que se instala para recordarnos que, a pesar del hombre, la naturaleza tiene derechos que le son propios.

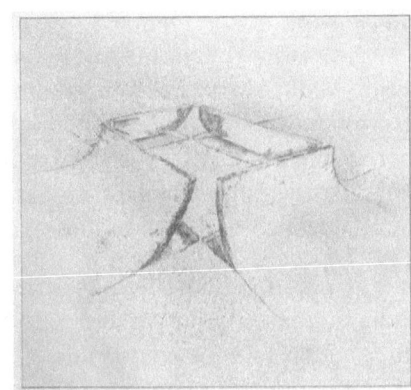

La segunda razón tiene que ver con un posicionamiento activo en el paisaje. Pettena en proyectos como la Grass Architecture (57) invierte físicamente las expectativas culturalmente sedimentadas de una naturaleza intocable y virginal al modificar sus estructuras sintácticas. Después del paso del arquitecto, la naturaleza ya no se recibe de forma neutral, sino interesada.

Como última verificación de la resonancia del Land Art hemos dejado una de las obras más representativas, y representadas, de la vanguardia radical italiana: El Monumento Continuo.

En las imágenes del proyecto vemos como la relación de Superstudio con el filón artístico se hace explícita el utilizar una de las obras de Robert De Maria (Mile Long Drawing, 1968) como base de uno de los collages del proyecto (Todavía llamado *Modelo Arquitectónico de*

57-Gianni PETTENA. Grass architecture (1971)
58-SUPERSTUDIO. Modelo arquitectónico de urbanización total (1969)

*una Urbanización Total.* 58). Resulta significativo que las referencias usadas para explicar las intenciones de algunos artistas del Land Art como Michael Heizer se repitan para la narración del proyecto en el story board publicado en Casabella en 1971. Creemos que el uso de la perspectiva para subrayar la escala paisajística, desmesurada y colosal del mismo no hace sino refrendar la conexión con el Land Art. Un arte tan ilimitado como el propio paisaje.

Incluso la representación del proyecto parece revelar otra muestra de indisciplina artística, ya que si se había destruido el espacio perspectivo renacentista y su ilusión de tridimensionalidad a partir del Cubismo, en este proyecto (y en la No Stop City, como hemos visto) apreciamos la recuperación de dicha "ilusión" de realidad que premia la correspondencia entre percepción y representación simbólica. Quizás la diferencia frente al uso renacentista será que ahora en el centro no estará el hombre, sino la maquinaria capitalista.

¿Podemos establecer, como resumen, estrategias eficaces para el proyecto arquitectónico desde la lectura de los protocolos del Land Art? Si esto fuera posible debería tomar como material la naturaleza y corresponderse con un acercamiento de gran escala, consciente, interesado, periférico y real en el paisaje. El *Radical Land Architect* debería fabricarse una mirada que transforme física y culturalmente la naturaleza para componer una nueva ecología intervencionista y performativa.

Una disciplina no ilusionista que, como hemos visto en la Arquitectura Radical, se superponga experimentalmente al lugar y renuncie a la industrialización o cualquier forma de heroísmo tecnológico. Una arquitectura, en definitiva, consciente y certera que desplace la mirada del hombre a la naturaleza para pactar una nueva relación con el entorno.

# HACIA LA INDISCIPLINA DESDE EL (TERRITORIO) ARTE

*La casa debe agradar a todos, a diferencia de la obra de arte que no tiene por qué gustar a nadie. La obra de arte se sitúa en el mundo sin que existiera exigencia alguna que la obligase a nacer* (Loos, 1972: 229)

En el mismo texto Adolf Loos decía que la arquitectura (como arte) solo existía en el monumento funerario y el conmemorativo, de esa manera, la puerta de una arquitectura genuinamente artística a cualquier habitante real (entiéndase vivo). Hemos comprobado como este capítulo no ha planteado un trasvase formal, directo o acrítico del mundo del arte y sus herramientas al mundo de la arquitectura sino la posibilidad de una transferencia *crítica* de conocimientos y protocolos para su transformación en estrategia proyectual. Ha traducido el arte como posible filón arquitectónico.

Las etiquetas planteadas en este capítulo: Pop Architecture, Minimal Architecture, Happening Arquitectónico o Land Architecture pretenden documentar y analizar ciertos ejercicios y propuestas radicales cercanas a las vertientes estrictamente artísticas homónimas no únicamente en el plano de la caracterización formal sino en el de la teorización e ideología. No se han fotografiado parecidos razonables ante la sospecha de asociación entre disciplinas sino que se han cribado sus características profundas para verificar una transferencia ordenada y consciente de sus protocolos.

Este capítulo, con suerte, presiente estructuras sistemáticas en el arte útiles para fabricar herramientas proyectuales que nos acerquen al siguiente territorio en este trayecto radical, la indisciplina arquitectónica.

# INDISCIPLINA

*La arquitectura está en el exilio ahora*
*En la luna*
*O en el polo norte*
*Mientras la gente construye*
*Casas*
*Casas*
*Casas......* (Hollein en Steiner, 2008: 30)

## Convocando a la indisciplina

*Los arquitectos no tenemos nada que ver con los grandes edificios de nuestra época. La arquitectura de hoy no existe.* (Steiner, 2008: 6)

La Arquitectura Radical es indisciplinada. En este escenario textual se validará que la tradición dominante, que lo de "antes" (revisar capítulo Posmodernidad) es la modernidad y se trazará un camino contextual y retroactivo para verificar dicha hipótesis. Se deducirá una disciplina radical y se cotejará local o globalmente, según interese, con la disciplina coetánea. Por poner un ejemplo, si la Arquitectura Radical es tecnológica en Austria se verifica el contexto tecnológico de la Austria de la época (deprimida, en el exilio...) y se anotará que dicha arquitectura es indisciplinada al enfocar esa categoría.

La justificación de este capítulo como parte de la investigación es *literal* e incluso estadística: La palabra indisciplina (o la referencia a la disciplina como carga insoportable o enemigo común) aparece en la literatura -radical- 617 veces según mi registro.

No lo haremos pero podríamos completar muchas páginas únicamente con citas sobre la necesidad de una ruptura, de cambio, de reglas, de academia, de pasado, de tradición ... proclamadas por todas las facciones de la Arquitectura Radical. Las referencias ya mencionadas a la indisciplina presumen un papel dominante como motor de la vanguardia de los años 60 y 70.

Otro síntoma detectado de la necesidad de convocar a la indisciplina es la falta de arquitecturas *reconocibles* como tales en este periodo, muy fértil en propuestas de diferente cuño pero que sistemáticamente rechaza la creación de *casas*. Esto se verifica tanto en la investigación *per se* (basta echar un vistazo a los proyectos radicales) como en la ausencia de estas obras en la Historia de la arquitectura oficial, que las olvida invariablemente. Esto quizás se deba, como trataremos de validar más adelante, a que los radicales sustituyen el contrato disciplinar académicamente regulado y se dedicaron a hacer otras cosas, en los márgenes de lo aceptado; incluso dispuestos a cometer la imprudencia de pertenecer a la *camarilla de la antiarquitectura* acuñada por Curtis (Curtis, 1976: 555). Su producción, a efectos de Academia, es desatinada.

La Historia deja fuera la práctica totalidad de la producción verdaderamente radical a favor de Archigram o Cedric Price, seguramente porque, como veremos, éstos no son tan antiarquitectónicos como aparentan.

Por último, ya lo vimos en el escenario Ciudad, recuperamos lo significativa y esclarecedora que es la ausencia de la escala L (Large, en inglés, siendo la tradicionalmente más "arquitectónica", minuciosa y amable de la "casa") en esta investigación como prueba de indisciplina. Se podría afirmar que estos agentes se ven forzados a repudiar su territorio más acostumbrado, confortable y seguro. La Arquitectura Radical impugna su propia especialidad.

## ESTRATEGIA E INTERPRETACIÓN (IN)DISCIPLINADA

*Superados los cánones del academicismo, la arquitectura contemporánea se ha caracterizado por la búsqueda constante de distintas alternativas.* (Montaner, 2008: 15)

Esta no es una investigación sobre historia de la arquitectura, y este capítulo tampoco lo es. Pretender lo contrario, además de sumar incoherencia al texto, excedería con creces las aspiraciones de esta investigación.

La estructura de este texto, que pretende verificar cierta condición indisciplinada en la Arquitectura Radical se organiza de forma *contextual* y *retroactiva* (como filmar una precuela). No osaré reinterpretar una (mi) teoría de la disciplina arquitectónica desde sus orígenes (Mesopotamia, Vitruvio...), pasando por sus diferentes períodos premodernos (Palladio, Roma hasta XVI), por el periodo moderno con todos sus tratadistas (Perrault...) hasta atravesar el heroico umbral de la modernidad (con Le Corbusier) y sus posteriores codas histórico/críticas (Kaufmann) para, finalmente (aleluya!) llegar a la década de los 60 y tratar de descifrar cuantos jirones de cada una de los periodos mencionados pervive en los agentes radicales. Sería, en el mejor de los casos, una temeridad y en el peor un sinsentido historicista.

Por el contrario, parece posible ensayar una interpretación desde el *contexto arquitectónico y teórico local* de cada uno de los dos filones radicales más importantes: Italia y Austria (Gran Bretaña es el ilustre precedente como ya hemos visto) y *mirar hacia atrás* tanto como sea oportuno en cada caso. De este modo estructuraré este inexcusable capítulo.

A partir de este ejercicio *geográfica y temporalmente acotado* trataré de encontrar (o revelar) ciertas pautas o patrones compartidos, al principio intuitivos y probablemente contingentes (como no puede ser de otra manera) pero que se afirmarán como esenciales e imprescindibles para su discernimiento. Esas pautas articularán un marco conceptual y operativo a analizar que determinará las reglas del juego radical. Esta será la posible *disciplina retroactiva* a verificar.

Es decir, en cada uno de los 2 focos radicales fundamentales partiré del análisis de obras específicas tratando de detectar *características comunes* (las normas compartidas) que tomaré como definitorias de la disciplina arquitectónica (radical). Con estos *diagramas normativos* trataré de verificar su proyección hacia atrás en la producción precedente. La ya apuntada metodología contextual y retroactiva.

La detección de dichos diagramas de orden orgánicamente mantenidos se traducirá (como no) en un número de conceptos o Ideas estructurantes. Una aproximación cercana a los modelos discretos de probabilidad.

## ¿QUIÉN TEME A LA MODERNIDAD?

La generación radical rechaza la doctrina moderna recibida y no es de extrañar. Sabemos que los textos pioneros, en el ámbito de la historiografía, lograron aquello que más temían los propios arquitectos modernos: la historización del Movimiento Moderno y su eventual desplazamiento desde el mundo de las ideas al de las formas, del método hacia el *estilo* (Vidler, 2011: 24). De esta manera hacia 1940 la arquitectura moderna se había filtrado completamente como un canon estático (y estético) de historia del arte y había ocupado su puesto en la cadena de los *estilos*.

Resulta paradójico como, si en su momento Le Corbusier había declarado el fin de los estilos (y que *son un mentira*. Le Corbusier, 1977:

30) y Mies había rechazado la historia del arte académica a favor del Baukunst o arte de construir, Hitchcock reescribía toda la historia de los protocolos, motivaciones y renovación moderna para definir lo que él llamó un "estilo internacional que tomaba como modelo la propagación del gótico en el siglo XII" (Vidler, 2011: 24), Pevsner trazaba una línea temporal alrededor de algo identificable llamado "movimiento moderno" y Giedion articulaba las relaciones y los desarrollos históricos que vinculaban una visión moderna con los estilos pasados.

No es el objetivo de este capítulo pero creemos conveniente aclarar y posicionarnos en que aceptar homogeneidad, integración o cualquier noción de "estilo" en la modernidad es algo cercano a una ficción, un *constructo* humano resumido y desbrozado en torno a los *proyectos* (ya sean textos programáticos, dibujos, edificios ) que se desarrollan progresivamente desde Loos, Wright y que alcanzan su culminación en el periodo heroico de la *modernidad* entre finales de la primera y la tercera década del siglo XX. Cualquier análisis riguroso (y seguramente no coetáneo) del periodo moderno es capaz de señalar tantas sincronías como diferencias entre sus principales promotores y agentes.

Como ha señalado Frederic Jameson (revisar el terreno *Posmodernidad*), la misma caracterización del *"movimiento moderno"* como concepto e ideología fue en gran parte producto de aquellos años de posguerra, en la que críticos e historiadores como Clement Greenberg estaban construyendo una versión completa y ordenada del mismo basado en su propia interpretación del arte, *desde Manet hasta Pollock*. (Vidler, 2011: 22)

Como es sabido la canonización de dicha modernidad, seguramente irregular y sin bordes precisos, se celebra en 1932 en la exposición del Moma titulada *El estilo internacional, arquitectura moderna desde 1922* (Curtis, 1986: 257).

No acometeré la labor, por alejarse de los objetivos de esta investigación, y por prudencia, de otorgar *profundidad* histórica (ya lo han hecho Kaufmann, Wittkower, Rowe ) al movimiento moderno y lo observaremos con la *superficialidad* que proporciona la mirada distraída de quien está en otro lugar, esto es, la escena radical.

# El paradigma moderno como corsé

*Los arquitectos tienden a trabajar dentro de una tradición adoptando solamente ciertos valores y excluyendo otros, debido a que el aprendizaje de conocimiento y de determinadas habilidades está estrechamente relacionado.* (Jencks, 2000: 76)

Como hemos dicho, desde sus inicios gloriosos la modernidad ha sido repetidamente interpretada y se han publicado un número importante de interpretaciones (históricas, teóricas, críticas ) de obras que tratan de arrojar luz al esquivo concepto de la *modernidad arquitectónica*.

Y lo hacen, pero la luz arrojada es personal y está tan ideológicamente cargada en algunos casos que, por criterios de eficacia, trataré de utilizar dichas caracterizaciones de forma radicalmente sintética y procederé a resumir en una frase + comentario crítico las aportaciones de estos historiadores/teóricos/críticos :

- 1º generación: Este grupo de arquitectos (Hitchcock, Giedion, Pevsner) nos proporcionan mecanismos de evaluación crítica que están invariablemente escorados hacia aspectos formales.

    • Pevsner: Integración de las artes aplicadas a la era industrial. Relaciones entre Gran Bretaña y Alemania, por considerar que los orígenes del funcionalismo racional de Gropius se encontraban en el Arts&Crafts (a la vez que ignoraba convenientemente la aportación francesa)

    • Henry Russell Hitchcock: Las conocidas ligereza, asimetría y desornamentación (Hitchcock y Johnson, 1932: 64, 69 y 81). Buscaba las raíces de su querida "nueva tradición" a finales del siglo XVIII y se sentía molesto y entusiasmado a partes iguales con la obra de los "nuevos pioneros", a quienes consideraba que, simultáneamente, iban más allá de y perturbaban el racionalismo de Wright, Wagner, Behrens y Perret.

- Giedion: Conversión de los *principios plásticos de la pintura a la arquitectura* (García Germán, 2012: 27) para habitar de acuerdo a las posibilidades técnicas del hombre. Sólo mencionó una vez a Mies (en Espacio y Tiempo en Arquitectura) prefiriendo en lugar de ello saltar desde el movimiento barroco a aquel identificado en las villas de Le Corbusier de la década de los 20.

De esta manera se fabricaba un Movimiento Moderno a medida que, aproximadamente a mediados de la década de los 50, ponía en duda el estatus de la historia y su uso instrumental se criticaba por la propia *historia* del movimiento que habían codificado los historiadores micro-analizados entre otros. Es decir, una vez *trasladada* a la categoría de "historia", la propia arquitectura moderna era susceptible de convertirse en una nueva academia, incluso en su estado más denostado: el *revival*.

Y fue precisamente el revival del movimiento como paradigma formal establecido (o sea estilo) durante los 50 y los 60 "considerado después por algunos críticos como las primeras versiones de "posmodernismo" -lo que incomodó a los historiadores y los críticos que, como Pevsner y Giedion en los 30 y 40, habían intentado escribir la historia del Movimiento Moderno desde una perspectiva parcial, cuando no *propagandista* (Vidler, 2008: 22). Será esa versión parcial, codificada y repetible del nuevo estilo académico y rutinario lo que la Arquitectura Radical rechaza de plano.

A partir de este momento nos embarcamos en una travesía hermenéutica que utiliza determinados textos considerados clave, maestro. Dicha selección es obviamente parcial y, desde ahora, confesamente personal. Me tranquiliza, no obstante, la intuición de que cualquier otra elección desembocaría en una interpretación equivalente o acaso exacta. Una especie de *dejá vu* a la Pierre Menard.

## EL PARADIGMA COMO CORSÉ NORMATIVO

*Lo que distingue la arquitectura moderna es con seguridad un nuevo sentido del espacio y la estética de la máquina.* (Colquhoun en Banham, 1977: 9)

Empezaremos con una base firme y una hipótesis contrastada: la modernidad era la disciplina previa a la década a estudio y será ésta la rechazada por la vanguardia radical. Por ello, a pesar de las múltiples tentativas para redefinirla que se suceden aceleradamente desde los años 60 (como se viene subrayando tras las revisiones historiográficas recientes, el llamado *nuevo estilo* no es unitario u homogéneo ni siquiera en el propio funcionalismo de la Werkbund alemana. Porque aunque todos asumen la Sachlichkeit como nuevo principio fundante, las interpretaciones de lo que se entienda por "funcionalidad" en arquitectura varían mucho, estimulando propuestas tan diversas como las del clasicismo no estilístico y vernáculo de Tessenov, el funcionalismo tecnicista de Gropius, la lectura en clave de arquitectura inglesa de Muthesius o el clasicismo tectónico o historicista de Behrens –Vidler, 2008: 172) el movimiento moderno se entiende mejor como agrupación heterogénea y el autor no entrará al trapo de su evolución, etimología, origen, importancia relativa o sus carencias. Estratégicamente sería un error, sobre todo cuando la evolución de la arquitectura moderna se ha interpretado tradicionalmente (como se ha visto) en términos puramente formales, de la mano de las categorías canónicas dictadas por los críticos de los años 30 que valoraban esencialmente parámetros "estilísticos".

Si es conveniente, sin embargo, posicionarme en relación al significado y características de la posmodernidad sucesora (ver el primer escenario representado para más profundidad), ensayada anteriormente en la presente investigación con el objetivo de identificarla y espejarla con su antecesora. Para ello usaremos el siguiente (y pequeño) inventario conceptual de la predecesora modernidad:

## Tabula rasa y novedad

Según Ellman y Feidelson (1965): *"una de las características de las obras que llamamos modernas es que insisten positivamente en un marco de referencia general para ellas mismas y más allá de ellas mismas. Proclaman su modernidad; hacen profesión de lo moderno"*. No resulta difícil identificar esta

*fascinación (¡haz lo nuevo!* – Pound en Cortés, 2003a: 43*)* moderna en las vanguardias del siglo XX –origen del arte moderno- o en cualquiera de los Maestros Modernos reconocidos (Gropius, LC, Mies...). Además,

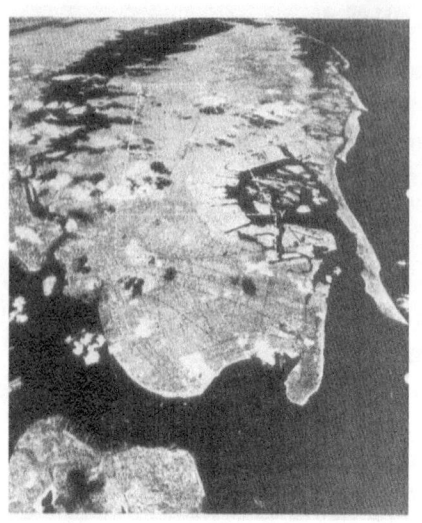
como apunta Cortés, la oposición será fundamental en este desplazamiento y será la identificación de lo viejo con aquello a lo que oponerse: *"Se entiende generalmente el arte moderno en cuanto que opuesto al arte tradicional (...) su oposición al orden establecido, un orden social e histórico tanto como artístico y cultural"* (Cortés, 2003a: 16). El énfasis por el *cambio* es una de las características fundamentales de la modernidad y parece oportuno para esta investigación al postular la necesidad de lo nuevo como origen de cualquier agenda programática frente a la desconfianza radical en la novedad como *producto posible*. Es sencillo comparar el plan Voisin de Le Corbusier, por ejemplo, como idea paradigmática de una modernidad literal y total donde lo bueno (lo moderno) reemplazará a lo malo (lo antiguo) independientemente de que lo antiguo sea el centro histórico de París, unido con el Gazebo a escala paisajística de Archizoom (1), que no deja de ser su opuesto conceptual. Su alter ego teórico configurando un proyecto imposible, impensable y sin embargo real.

## Parejas conceptuales: Sujeto-Objeto

*Los modernos entendieron de forma reductiva la diferencia entre sujeto y objeto afirmada por la cultura contemporánea como uno de los aspectos fundamentales de la ruptura con la tradición humanista. Así negaron lo que pertenecía presuntamente a uno de los dos términos – lo subjetivo, lo figurativo, lo representativo, el elemento simbólico dotado de un*

1-ARCHIZOOM. Gazebo escala paisajística (1972)

*significado- y aceptaron exclusivamente lo que consideraban opuesto –lo objetivo, lo objetual, lo abstracto, la forma desprovista de todo significado o relación con la realidad exterior.* (Cortés, 2003a: 62)

El par conceptual apuntado ilustra la ruptura con la tradición humanista propia de la época moderna y que se refleja en el arte de las vanguardias en diversos movimientos artísticos. En arquitectura se identifica con el rechazo de las formas tradicionales y la consecuente experimentación destinada a la búsqueda de "formas nuevas". Como es sabido esto se tradujo en la formulación de un lenguaje formal simplificado y abstracto, muy influido por el cubismo (Sancho, 2000: 8) u otros movimientos como el futurismo, expresionismo, de Stijl… (Banham, 1977: 109, 176 y 187) y que converge en la condena al ornamento tipificada por Hitchcock y Johnson en la exposición del Moma de 1932. Formas que primaban el carácter abstracto y se alejaban de la tradición humanista, encaminados hacia territorios despojados de la componente simbólica en una carrera frenética por la *nueva objetividad*. Esto también será relevante en la agenda radical analizada, que no debe rechazar únicamente las características formales tipificadas en el Estilo Internacional sino que también debe recomponer los fragmentos representativos de una disciplina hermética al público, autista a los efectos de transmitir un mensaje codificado reconocible. La recuperación simbólica se tratará con más detalle en nuestro *Deus ex machina* particular, Robert Venturi.

## Tecnología y mecanicismo

*"El maquinismo, hecho nuevo en la historia humana, ha suscitado un espíritu nuevo (…) para expulsar el pasado y buscar a tientas el espíritu de la arquitectura"* (Le Corbusier, 1977: 69-70)

Se podría pensar, si ojeáramos distraídamente las imágenes contenidas en esta investigación, que la vanguardia radical prolonga o incluso desarrolla los vínculos entre la disciplina y la tecnología. Veremos, sin embargo, que buena parte de estos proyectos utilizan explícitamente la tecnología pero siempre con distancia, irónicamente. Los agentes analizados desconfían de su papel emancipador y reciben con desdén las expresiones anteriores (las modernas) que la celebran como instrumento necesario para el cambio. Dicha seducción moderna la indica Juan Antonio Cortés cuando afirma que la nueva arquitectura se siente empujada por el mundo moderno a crear un nuevo orden al que: *las máquinas conducirán y que significará la superación de la inestabilidad de la sociedad* (...). Es decir la identificación de la tecnología del Movimiento Moderno y el mito de la nueva sociedad como algo necesario e inevitable: *Los productos de la técnica moderna son presentados, de hecho, como ejemplos de un progreso alcanzado por la sociedad contemporánea y están considerados como modelos para las creaciones del arquitecto.* (Cortés, 2003a: 51)

Así se confirma que la renovación, ejemplificada en L'Esprit Nouveau y testimonio clave para referirse a la modernidad en arquitectura y a las vanguardias más programáticas del siglo XX, es el resultado de la nueva mentalidad que se puede resumir en los siguientes puntos, importantes para esta investigación al convertirse en anti-modelos de comportamiento:

1-El énfasis de la novedad y el anti tradicionalismo que corresponden a la convicción de que los artistas han de crear un arte nuevo y en continuo cambio para reflejar una sociedad nueva y en continuo progreso.

2-La idea de que el arte y la sociedad tienden hacia una ineludible consecución futura, según la analogía del universo con un organismo vivo y el entendimiento de la historia como un devenir.

3-La creencia de que el experimentalismo científico es el medio adecuado para el arte, y la adoración de la máquina como símbolo del progreso alcanzado por esta época y, por tanto, como el modelo para un arte que ha de expresar la nueva era de la máquina. (Cortés, 2003a: 49)

No desarrollaremos los puntos anteriores, únicamente animamos a leerlos desde la constelación radical para su total derogación normativa.

# (IN)DISCIPLINAS PREVIAS

Robert Venturi

*Doy la bienvenida a los problemas y exploto las incertidumbres.* (Venturi, 1974: 25)

Durante los años 60, marco y caldo de cultivo de la producción estudiada, la indisciplinada aceptación del pasado fue apoyada por dos obras teóricas decisivas, *Complejidad y contradicción en la arquitectura*, de Robert Venturi, y *La arquitectura de la ciudad*, de Aldo Rossi, publicadas ambas en 1966.

Por proximidad cronológica y afinidad conceptual es impensable analizar la Arquitectura Radical desde la indisciplina sin adentrarse en Robert Venturi. Al texto antes mencionado debemos sumar *Aprendiendo de las Vegas* (1972) ya que ambos se instalan en el ámbito académico mundial liberando grilletes y dogmas académicos *establecidos* hacía décadas. Además su influencia en la producción de los años 70 ha sido explícitamente reconocida por sus agentes fundamentales (Branzi, Natalini...) y, sin embargo, no se ha ensayado un estudio teórico que verifique dicha relación por comparación o contraste.

Es bien sabido que la publicación de su primer libro le sirve a Venturi para criticar la mayor, al rechazar el movimiento moderno como disciplina única de *noble purismo* (Venturi, 1974: 10), enfrentarse y aceptar las contradicciones y complejidades de una experiencia urbana parcial, fragmentada y contingente. De la reconocida indisciplina moderna venturiana nos interesan el transversal simbolismo de sus textos y dos de los conceptos clave desarrollados en el libro por formar parte de la órbita radical: Su carácter *humanístico* y la defensa de la *complejidad*.

1-El humanismo militante de Venturi le aproxima a la obra más importante de Geoffrey Scott, La Arquitectura del Humanismo (1914) donde el autor confía en la experiencia vital basándose en la integración emocional y espiritual de los valores humanos; es decir, una arquitectura en la que componente vital y humana *prima* sobre agendas abstractas.

Lo ha apuntado Vincent Scully: *El punto esencial es que la filosofía y el diseño de Venturi son humanísticos* (Venturi, 1974: 13) y es probablemente cierto porque su defensa de la complejidad y la contradicción se sustenta en la denuncia de la arquitectura moderna como gran discriminadora de problemas a resolver *versus* problemas a obviar. De esta manera el moderno decide arbitrariamente qué consideraciones son importantes y cuales no, sin medir el riesgo inherente a separar la arquitectura de la experiencia *completa* de la vida y las necesidades *reales* de la sociedad en un giro reductivo y simplificado que, para Venturi, convoca el famoso *Menos, es el aburrimiento* (Venturi, 1974: 29).

El libro nos enfrenta discursivamente con los efectos psíquicos, la tensión, la experiencia, la paradoja, el desconcierto o el conflicto que Venturi interpreta como inherentes a una concepción humanista de la arquitectura; el momento argumental cumbre lo encontramos cuando afirma que el medio de la arquitectura debe ser reevaluado (...) así como la *complejidad de sus objetivos* (Venturi, 1974: 32). Es una lástima que, a partir de ese momento, Venturi se enreda en la disciplina arquitectónica *formal* y se aleja, inevitablemente, del carácter informal e incluso amorfo de la producción radical, siempre más atenta a la complejidad de sus objetivos que a la impronta visual como verificación disciplinar.

Es decir, Scully seguramente acertaba al añadir la palabra *diseño* pues, si existe una diferencia esencial entre Venturi y los agentes radicales a estudio es que Venturi somete a la arquitectura a una dura y necesaria crítica, pero siempre desde *dentro* de la disciplina. Su indisciplina es intrínseca y propia, frente a la periférica e impropia indisciplina de buena parte de la Arquitectura Radical. *Intento hablar sobre la arquitectura y no de lo que rodea la arquitectura.* (Venturi, 1974: 22)

Los agentes radicales militan en una dialéctica humanista con proyectos solo comprensibles

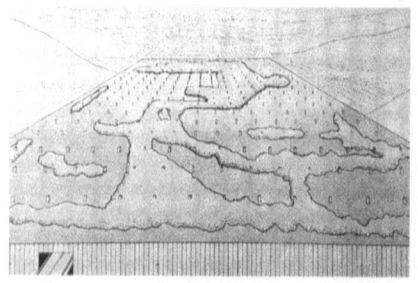

2-ARCHIZOOM. No stop city (1970)

*desde y por el hombre*, recuperado *centro* en el debate disciplinar. De que manera, sino, se puede entender el retroceso de la explosión cubista y la recuperación de la perspectiva cónica (la ficción del ojo que otea) en la representación de la No Stop City (2), la participación del público en acciones como las de Coop Himmelblau, 9999 (3) o Pettena (4) o las intervenciones públicas en Milán de La Pietra (5).

Los matices a la hipótesis anterior podrían existen, entre otros proyectos, en el nihilismo aparente de la Supersuperficie, no quedando excluido el carácter humanista en opinión del autor al ser ejercicios donde la ausencia de arquitectura verifica este argumento llevándolo al límite. Humanismo *ad absurdum* (Gargiani, 2010: 52).

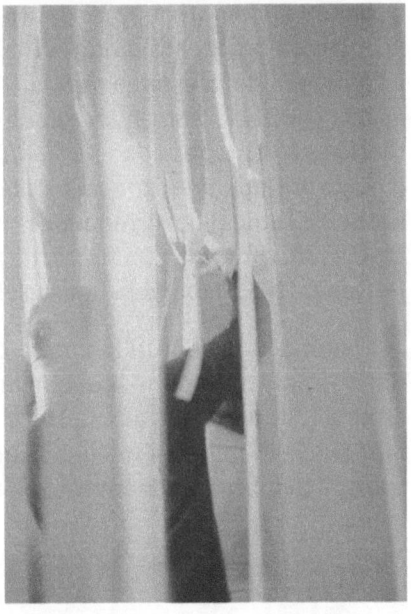

Los radicales fabrican una (in)disciplina cercana al hombre y alejada de la simplificación del mundo moderno que condena el caos para recibir con los brazos abiertos (y los ojos, y los oídos...) la aparición de la complejidad, analizada brevemente a continuación.

*2- ¿Qué significa el descubrimiento de la complejidad? Significa que hasta hoy la cultura moderna había visto el "gran caos" que existe dentro de la sociedad civil, las contradicciones, las discontinuidades y la irra-*

3-9999. Happening Ponte Vecchio (1968)
4-Gianni PETTENA. Arquitectura de papel (1971)

*cionalidad del mundo físico, como una realidad provisional, destinada a desaparecer en el gran orden industrial del mundo. El Caos se veía como el resultado de un retraso en el desarrollo de la modernidad industrial.* (Branzi en Pettena, 1996: 254)

En su texto, Venturi anota que los arquitectos modernos han admitido *insuficiente o inconsistentemente* (Venturi, 1974: 27) la complejidad en una ingenua o infantil pretensión de limitar o neutralizar la ambigüedad para favorecer la simplicidad y el orden. Labor titánica pues debe explicitar y sistematizar unos procedimientos reductores que garanticen la correcta respuesta arquitectónica. Incluso uno de los teóricos más informados de la escena radical, Andrea Branzi, se apoya en el *Complejidad y contradicción en arquitectura* para señalar ese importante error táctico de la modernidad, *la identificación del Caos como algo temporal cuando era algo permanente y cotidiano*. La complejidad será para la generación radical una preocupación central que desplazará la optimista lógica industrial con un *futuro de robots y productos seriados* (Branzi en Pettena, 1996: 255) hacia la diversificación y el contraste.

A continuación Venturi lo ilustra con ejemplos construidos que, como dijimos anteriormente, reducen la complicidad con los radicales al limitarse a lo formal, a la geometría y el orden compositivo. Se podría afirmar que la amplitud e incluso la ambigüedad de los análisis de Venturi (de sus palabras y conceptos) es mucho mayor que la acotada expresión formal de sus edificios (los suyos o los ejemplos que utiliza). La escena radical toma el testigo conceptual (y no el formal) con ligereza y vigor renovados.

5-UGO LA PIETRA. Intervenciones en Milán (1979)

Naturalmente la Arquitectura Radical incluye numerosos proyectos que podríamos analizar en el ámbito compositivo. Podríamos señalar la altura y la profundidad del Viaducto de la Arquitectura (50x20 metros, 06) o las dimensiones del Armario Habitable de Archizoom (4,5x7,5 metros, IMG. 07) pero, a favor de la lógica del discurso, obviaremos o rechazaremos tales descripciones gráficas o sencillamente formales por ser contrarias a su propia constitución o código genético experimental. Ambos ejercicios se incluyen en la categoría *forma* sólo como verificación posible y parcial de agendas mayores, más complejas como son, respectivamente, la desaparición de la humanidad o la creación de una forma de hábitat completa e integral dentro de la *ciudad homogénea* (Branzi, 2014: 188). La agenda radical incorpora *formas* sugerentes, algunas excepcio-

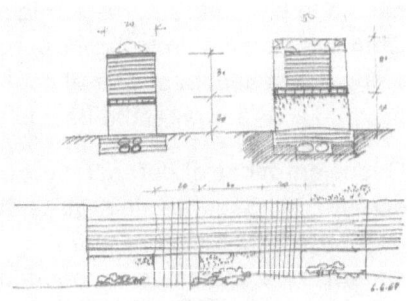

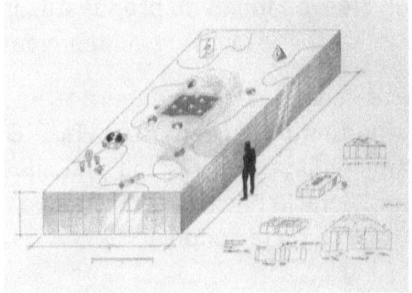

nalmente perturbadoras y bellas, sublimes en definitiva. Sin embargo su propósito es mucho más ambicioso o penetrante: el de cambiar la sociedad a través, si se tercia, de la arquitectura.

Venturi y sus comparaciones formales será, a los efectos de esta investigación, un ilustre e *ilustrado* precedente (in)disciplinado.

La indisciplina de Archigram

*"Cuando busques una solución para aquello que te han dicho es un problema arquitectónico, recuerda, la solución quizás no sea un edificio"* (Cook, 1999: 3)

La revista Archigram utilizó lo extraño a su antojo. Banalizó las convenciones, los ritos y los cosméticos adquiridos tras siglos de autoplagio arquitectónico. Rechazó sus normas sobre lo compositivo, lo proporcio-

6-SUPERSTUDIO. Viaducto de la arquitectura (1969)
7-ARCHIZOOM. Armario habitable (1970)

nado o lo bello para perseguir la aventura de lo inesperado y lo nuevo. Como ya sucedió en la Arquitectura del Hierro, empleó lo ajeno a la disciplina para hacer estallar el confortable espacio académico asumido y produjo artefactos recibidos con disgusto y malestar.

Desde entonces el potencial evocador de los recortables, collages y el resto de imágenes de arquitectura "incorrecta" –o incorregible- de **ARCHIGRAM** han contaminado y ensanchado el ideario *Vers Une Architecture* acerca de las bondades de automóviles, aviones o silos industriales en la Primera Era de la Máquina para la conformación de un **Nuevo Mundo** de propuestas instantáneas, consumibles e irreconocibles desde la óptica académica.

Pre-radicales que inauguran una arquitectura que no tiene forma de arquitectura. Abren otras vías...De su experimentación formal indisciplinada se nutrirán los radicales para desarrollar este filón canalla y proyectarlo hacia territorios que superen el ámbito de la arquitectura (tal y como la conocíamos).

## EL FENÓMENO AUSTRÍACO

*Todo es arquitectura.* (Steiner, 2008: 41)

Seguramente esta conocida sentencia de Hans Hollein, extraída del artículo publicado en 1967 sea capaz de resumir mejor, gracias a la inapelable potencia del aforismo, el caudal energético que circulaba en la escena austríaca radical objeto de estudio, listo para la rebelión contra la arquitectura funcionalista rutinaria de posguerra.

Podemos afirmar que, cronológicamente, dicha rebelión surgió en Viena a principios de los años 50 con origen literario, en la forma de 3 manifiestos programáticos publicados en 1958: Hundertwasser con su *Mould Manifesto*, Rainer y Prachensky con la *Arquitectura hecha a mano* y Feuerstein con la *Arquitectura incidental*. (Steiner, 2008: 132)

Poco después, Hans Hollein, en su ya célebre conferencia: *"Regreso a la Arquitectura"* pronunciada en 1962 en la galería Saint Stephan reivin-

dicaba "la necesidad del hombre
de crear objetos materiales con
(...) significado trascendental"
(Steiner, 2008: 32) y criticaba la
filosofía arquitectónica anterior,

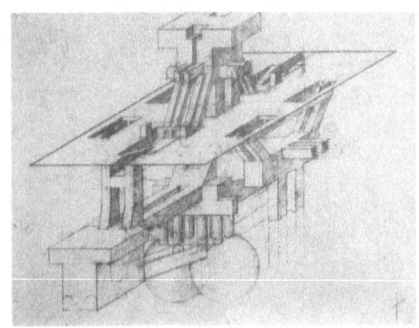

es decir el Movimiento Moderno
ya esbozado, por su esterilidad
y superficialidad para proponer
otra disciplina amparada por
lo irracional, sensual, mágico,
sagrado y espiritual. Para *ilustrar*
estos conceptos en la misma galería en 1963 Hollein y Pichler plantearon esos iniciáticos argumentos arquitectónicos con una serie de bocetos visionarios, a caballo entre la arquitectura y la escultura (08). En 1965, Dimitriou, Feurstein, Hollein, Peichl y Pichler fundaron la revista Bau (construir) que propagaría las nuevas ideas y planteamientos poniendo en cuestión las fronteras disciplinares entre la arquitectura, el arte y la sociedad.

Escultura o funcionalismo:

*¿Qué distingue la arquitectura de la escultura? En mi opinión, las distinciones clásicas entre las artes ya no son válidas, ya que las artes se han unido.* (Hollein en Steiner, 2008: 33)

La escena arquitectónica precedente marca el inicio de este vínculo al producir obras de gran trascendencia y vigor formal. El escultor Fritz Wotruba construyó la iglesia de Georgenberg de gran impacto en la generación radical por la expresividad, la potencia formal de la propuesta y, sobre todo, por anunciar *una-otra* arquitectura hibridada con la escultura.

Otro impacto estético muy notable en Austria se produjo tras la construcción de Ronchamp en 1954 por Le Corbusier que simbolizaba cierto divorcio del maestro moderno con el paradigma que él mismo había establecido 3 décadas antes. También Kiesler es de gran importancia

8-Walter PICHLER. Núcleo de ciudad subterránea (1963)

en este periodo formal, ya que en los años 30 el vienés había emigrado a USA para iniciar una investigación arquitectónico-escultórica en la conocida *Endless architecture*. El impacto ejercido por estos tres hechos es difícilmente (o un sinsentido) cuantificable objetivamente aunque la resonancia en las primeras obras de Hollein, Pichler y otros es notable y evidente.

El cambio se estaba produciendo y los seminarios de Feuerstein en la Universidad Técnica de Viena (UTV) crearon el caldo de cultivo de una arquitectura poco convencional: Ortner, Kelp (posteriormente Haus Rucker Co) y Prix, Swiczinsky (más tarde Coop Himmelblau) todavía mostraban la afinidad con este primer filón escultórico que, posteriormente en los 70, continuaron Granz y Domenig (09).

## Los hinchables

A partir de cierto momento la agenda monumental cambió y la metáfora formal de arquitecturas pesadas, matéricas y pregnantes evolucionó hacia la ligereza, flexibilidad, portabilidad, provisionalidad y la valoración de lo efímero. Naturalmente estos proyectos encontrarían sus correlatos sociales en la nueva flexibilidad y movilidad contemporánea.

Los medios tecnológicos disponibles se destinaron críticamente al desarrollo de artefactos hinchables, neumáticos, algo de lo que Hollein y Pichler habían dado ejemplos tempranos (visto en Ciudad). Simultáneamente Haus Rucker Co y Coop Himmelblau desarrollaban sus espectaculares burbujas en la forma de hinchables en proyectos

9-DOMENIG HUTH. Ragnitz (1965)

transparentes que contaban con sofisticados sistemas de información sensorial e influidos por la carrera espacial y el confinamiento solitario (o en pareja incluso mejor). Esto motivó a estos agentes a experimentar con la cápsula autosuficiente, con el traje como extensión tecnificada y mediadora con el entorno (humedad, temperatura, aire ) en una explícita y elaborada valoración del cuerpo y su extensión espacial inmediata. Los radicales enfocaron su tiempo (claramente experimental) y su agenda (supuestamente arquitectónica) hacia el cuerpo y la relación mediada entre éste y el entorno próximo de los fenómenos ambientales recibidos a través de los sentidos.

Como vimos en el territorio *Ciudad* el siguiente acercamiento indisciplinado, el siguiente salto de escala introspectivo se produjo hacia una arquitectura inmaterial, imaginario, ficticia y ocasionalmente hecha de luz. St. Florian experimentó con habitaciones construidas con haces luminosos y dispositivos láser. Hollein presentó espacios no-físicos en los que la extensión del mundo era una TV, un espray de entornos hecho de fragancias (háptico, militante sensorialmente) y la píldora arquitectónica. La capacidad de prefigurar la realidad virtual, el entorno electrónico y el ciberespacio son el resultado de una agenda antidisciplinar explícita.

## Contexto cultural

Para entender el contexto radical vienés es importante remitirse al Wiener Aktionismus; movimiento genuinamente local que contrastaba con los fenómenos coetáneos del panorama internacional y que se nutría de un rico patrimonio cultural. Herman Nitsch (que sigue formando parte de proyectos afines) lo describe como un *teatro de misterio orgiástico evocando una cadena desatada de asociaciones* (Steiner, 2008: 45). Sus fuentes van desde las obras de misterio medieval que celebraban la herida, el sufrimiento y la muerte; hasta el éxtasis metafísico de los espectáculos barrocos. Además de Nitsch encontramos a Muhl ambos como sumos sacerdotes de un provocativo escenario.

Este movimiento cultural no representa toda la producción radical austríaca, pero sin ella sería imposible comprender las propuestas más orgiásticas y dramáticas de Raymund Abraham (10), de Walter Pichler

(11), Missing Link (12), Max Peintner (13) o Frantisek Lesak.

Pero conviene aclarar que la indisciplina austríaca se distinguió claramente de las tendencias internacionales coetáneas por su orientación hacia la *acción* y la producción de ambientes, sin deleitarse en la creación de dibujos como sucedáneo de arquitecturas instantáneas, conceptuales. Los *proyectos* arquitectónicos organizados en ese periodo tuvieron un carácter activista, cada uno con su guión o protocolo de actuación asociado. Entre ellos destacan Zund Up (14) y Salz der Erde (15) que se distanciaron del resto por un sentido crítico, provocador y de compromiso social, que convirtieron en acción y en películas para la TV o Missing link con edificios encabalgados en otros edificios, acciones, esculturas y dibujos ejemplifican buena parte del campo experimental radical.

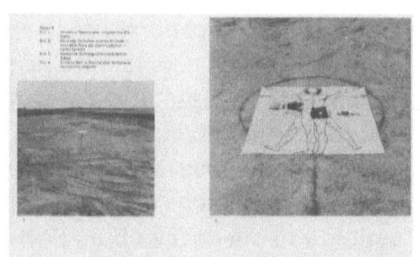

*The austrian phenomenon*:

Existe un capítulo del conocido libro de Peter Cook: *Experimental Architecture* publicado en 1970 que etiqueta toda la facción radical de Viena y Graz como: "The Austrian Phenomenon". En él encontramos

10-Raimund ABRAHAM. Aseo con Empire State (1971)
11-Walter PICHLER. Tumbas en el paisaje (1970)
12-MISSING LINK. Acción (1972)

una de las primeras voluntades teóricas de redescribir el conjunto de proyectos en forma de dibujos, textos, edificios... sucedidos en Austria en la década de los 60.

En este caso, desde una evidente admiración y respeto, el texto muestra la simpatía de un Cook, como vimos anteriormente en Archigram, declaradamente experimental en su entendimiento disciplinar, por un movimiento del que declaraba: *En los últimos 10 años han aparecido unos arquitectos jóvenes austríacos probablemente más interesantes que los de cualquier otro país.* (Cook, 1970: 71)

Del texto se deduce que las claves argumentales para el entendimiento de ese *fenómeno austríaco* son dos: El primero es la *larga tradición de brillante diseño y retórica formal* (Wagner, Olbrich, Loos...) a través del Vienna Werkbund y que emerge con fuerza en el expresionismo tanto del arte gráfico como del diseño industrial. La segunda clave es la propia decadencia austríaca —o, más concretamente, el sentimiento entre los jóvenes austríacos de que su país representa un residuo cultural totalmente desproporcionado en relación a su rol dinámico-.

13-Max PEINTNER. Autopista y tumba (1970)
14-ZUND UP. Information circus (1970)

Enseguida el texto desvela uno de los términos recurrentes en los análisis disciplinares de la vanguardia radical austríaca cuando Cook plantea que a pesar de que pertenecen a uno de los rincones educativamente más retrasados esto no les disuade de *imaginar y desarrollar avanzadas ideas ambientales*. Otra vez el ambiente como nuevo dominio arquitectónico en *fascinantes discursos sobre los hinchables, las estructuras de plástico o flexibles* (Cook, 1970: 71) y que es objeto de análisis independiente en el capítulo Ciudad. Aquí solo subrayaremos el desplazamiento disciplinar de la modernidad *espacial* a la radicalidad *ambiental*.

A continuación el miembro de Archigram traza una tentativa de desarrollo genealógico para esta nueva corriente y se centra en el, para Cook, más respetado de todos: Hans Hollein, de quien destaca su talento formal (demostrado en la Retti Candle Shop) y sus tempranos ensayos en una retórica deliberadamente utópica. Apunta, en esta taxonomía personal, la condición pionera de un Hollein que, junto a su amigo Walter Pichler, expone *estructuras ficticias que sugerían formas urbanas y un conglomerado de tubos que podían contener carreteras o sistemas de circulación, escaleras mecánicas y quizás edificios de vivienda.* (Cook, 1970: 74).

Para Cook, estos juguetes monumentales representan algo así como una primera etapa que evoluciona, en el caso de Pichler, hacia otros tipos de ambientes (*environments*) como el casco audiovisual, proyectos de estructuras neumáticas enchufadas a edificios existentes y la construcción efectiva de estructuras neumáticas. Finalmente, Cook apunta un posible eco generacional en la obra de estudiantes que después serán reconocidos agentes radicales como Coop Himmelblau o Haus Rucker Co gracias a la influencia del propio Hollein o Walter Pichler.

15-SALZ DER ERDE. Performance (1970)

Nos interesa la voluntad clasificatoria, casi taxonómica de Cook y en el mismo libro perfila una hipotética *genealogía experimental* donde apunta que los matices conceptuales de los agentes austríacos son identificables y han sido también frecuentes en los grupos Archigram (del que Cook es miembro) en Inglaterra y los Metabolistas en Japón para destacar inmediatamente una cualidad, si no diferenciadora, al menos si particularmente notable: Su *formalismo* (formality en inglés) imprescindible para entender la posición de Cook y que podemos definir para los propósitos presentes como valoración prioritaria de la forma.

Dicho formalismo se expresa, para Cook, en términos geométricos con la inclusión de *semi-círculos, tubos cilíndricos que suelen asociarse en cruces complejos...etc.* (Cook, 1970: 75). La predilección por lo circular también se manifiesta para componer agrupaciones axiales y estructuras verticales; también destaca la complejidad (que le sugiere puntos de transporte o intercambio) y el uso *consistente* de la geometría. O lo que es lo mismo, a pesar de que las descripciones anteriores parecen sacadas únicamente de los proyectos iniciales de Hollein y Pichler, para Cook las producciones austríacas (sean neumáticas, electrónicas o la estrategia de infiltración en ciudades existentes) se identifican por ese *formalismo* que inevitablemente comporta un juicio de valor geométrico y estético, incluso estilístico que se acerca a los criterios disciplinares que este capítulo trata de confrontar.

Para apoyar su hipótesis formalista (sin matices peyorativos) en el trabajo de Abraham y St. Florian (dos agentes coetáneos a Hollein y Pichler) utiliza una

16-Raimund ABRAHAM. Air ocean city (1966)

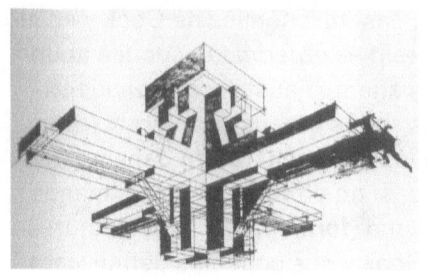 serie de dibujos y collages sobre el *ambiente utópico,* ya sea como una agrupación de largos tubos urbanos o como ciudades-globo (16) con elementos estructurales transportados por astronautas o en cohetes espaciales o, incluso, como piezas de una maquinaria agigantada, de escala colosal (17). Este carácter maquinístico también lo encuentra el inglés en los proyectos (o sea dibujos) austríacos, por lo que el inglés deduce que esto puede deberse a los requisitos académicos vigentes en Austria y a la necesidad de que el estudiante proyecte con la mirilla orientada a la viabilidad constructiva del objeto proyectado. Vemos como Cook, al igual que Banham (ver *Ciudad*), acerca también el ascua a su sardina. La de la edificación frente a la conceptualización, si la arquitectura no tiene vocación de construirse es menos arquitectura.

A continuación se centra en la generación más joven, con Haus Rucker Co que produce *elegantes estructuras neumáticas* (Cook, 1970: 75) donde se evidencia la preocupación por dispositivos imprescindibles para el soporte vital (la atmósfera). Otro grupo más joven aún, sigue Cook, son los Zund Up a los que asocia un compromiso político mayor que el de aquellos complacidos en el formalismo (algo paradójico viniendo de Cook).

El texto finalmente se desvía hacia el flujo continuo de austríacos camino de Gran Bretaña o los Estados Unidos por su particularmente aguda contribución en responder a las preguntas que la arquitectura de entonces planteaba: ya sean las orientadas hacia la pareja *arquitectura-tecnología*, como la pregunta de si se puede evolucionar mediante organizaciones urbanas conocidas sin necesariamente destruirlas sino por desarrollarse en su interior. Es decir la fabricación de Cápsulas o *Parásitos*.

Cook concluye que quizás, una vez que la calidad y elegancia de sus dibujos desaparezca (o pase de moda) se les entenderá mejor a los austríacos como parte de un grupo más amplio (¿será el radical?) y concluye que lo que define y diferencia este grupo del resto es la *combinación*

17-Friedrich SAINT-FLORIAN. Ciudad en el espacio (1963)

*tan elevada de comentario e invención* (Cook, 1970: 76). De esta manera tan lúcida caracteriza la vanguardia radical austríaca, vinculada no solamente a la experimentación formal sino militante en la crítica. Vanguardia para la que el inglés anticipa su desarrollo posterior al afirmar que:

*Es posible que las ficciones urbanas y tecnológicas de Viene progresen en algún lugar, quizás en un grupo distinto de agentes.* (Cook, 1970: 76).

Interesante augurio de la importancia del filón indisciplinado como recurso disponible y valioso.

## Radicalmente tecnológico

La Arquitectura Radical austríaca sólo se puede entender correctamente si consideramos la tecnología como prioritaria. Estos agentes recibieron con gusto la oferta disponible en una época extra fascinada con las posibilidades ofrecidas por los últimos descubrimientos técnicos y por las teorías aplicadas del mundo de la ciencia (por ejemplo la carrera espacial, nuevos materiales, nueva sensibilidad ambiental ) para su aplicación *práctica* en el proyecto arquitectónico en sentido expandido, no sólo formal.

*Está fuera de duda que "los hombres han vivido siempre en tiempos "modernos", pero que no siempre han estado impresionados por este hecho en la misma medida.* (Crane, 1953: 19).

Si estudiamos lo anterior podemos concluir que también (la cita la podríamos falsear sustituyendo "tiempos modernos" por "tecnología") está fuera de duda que la tecnología (RAE: aplicación práctica de la ciencia) es inherente a una idea de arquitectura como aplicación directa de ciencias (investigación de materiales, combinación entre éstos, dispositivos −gadgets, telecomunicaciones ) que la *construyen*. Bien, no es menos evidente que no todos los períodos en arquitectura (signifique lo que signifique, por ejemplo el gótico frente al románico) han probado esta convivencia con el mismo entusiasmo. Es decir, la arquitectura que *necesita* de la construcción (que no son todas, ver *Juego*) tiene vínculos orgánicos con la tecnología porque la transforma en algo posible; pero eso no significa que todas esas arquitecturas *construibles* prioricen la agenda tecnológica y la sitúan por encima de otros ingredientes disciplinares (por ejemplo: la forma, ver Torre de Einstein de Mendelsohn, construida en ladrillo aunque aparenta utilizar el hormigón).

En el caso de la disciplina arquitectónica radical austríaca la fascinación por la tecnología es evidente. El reconocimiento y la utilización de "lo último de lo último" guía buena parte de la agenda de unos agentes que sienten la urgencia de expresar e interpretar su rol social militando en la vanguardia (entendida como primera línea, no como alternativa) tecnológica. Existen numerosas muestras de dicha excitación: *Los avances técnicos de nuestra era están muy por delante de nuestro desarrollo físico en intelectual* (Haus Rucker Co en Steiner, 2008: 23).

E incluso se ensaya la superación de la tecnología disponible y la emancipación de la pesada disciplina heredada para alcanzar cotas vislumbradas por vanguardias anteriores (Constructivismo Ruso o Futurismo Italiano) como la superación de la ley de la gravedad:

*No son los montantes ni las vigas los que dominan la escena arquitectónica actual, tampoco la construcción. Desde que el primer tótem se colocó, la meta es la desmaterialización. Suspender la gravedad, este es el sueño.* (Coop Himmelblau en Steiner, 2008: 16)

Como es natural, la traducción de esta fascinación en lo formal será igualmente palpable y se verifica en obras de muy diferente conceptualización, envergadura (que no entiende de escalas) e intencionalidad. Para mayor claridad y rigor expositivo hemos estructurado la agenda tecnológica según las siguientes categorías: Tecnología escultórica (esculturas tecnológicas) y tecnología fenomenológica.

Tecnología escultórica :

*¿Como debe ser la arquitectura contemporánea?*

> *Tridimensional*
>
> *Construida*
>
> *En bruto*
>
> *Plástica*
>
> *Sensual*(...) (Hollein en Steiner, 2008: 34)

Los antecedentes de una (in)disciplina escultórica son evidentes en la propia escena austríaca de la mano de Kiesler y Hundertwasser quienes, ya fuera desde la producción de textos de vanguardia mencionados anteriormente como por su actividad profesional construida con la Endless House o los proyectos blandos y coloridos en Viena respectivamente, identifican las motivaciones de raíz formal y estetizante que analizaremos a continuación.

A esta categoría pertenecen una serie de Ciudades que militan en la valoración del objeto arquitectónico, como las Ciudades de Hollein (18) o las Stadtvision (19) o los ejercicios urbanos de Pichler, las Ciudades de Abraham 20), Gartler con su Ciudad Vertical, Laurids Ortner (futuro HRC) con su Aeropuerto, St Florian con otra Ciudad Vertical, o Günther Zamp Kelp (futuro Haus Rucker Co) con el Entrenador de Arquitectura. En todos ellos apreciaremos un interés evidente en las formas modeladas, talladas o vaciadas procedentes del campo de la escultura. Puro formalismo en el mejor sentido (el de Peter Cook). Éstas son arquitecturas donde el hecho formal último motivará buena parte de las decisiones proyectuales; consideraciones funcionales o espaciales se verán aplazadas o rechazadas a favor de una perso-

18-Hans HOLLEIN. Ciudad (1959)
19-Hans HOLLEIN. Visión de ciudad (1962)
20-Raimund ABRAHAM. Ciudad compacta (1961)

nal búsqueda de la belleza al identificar la arquitectura, esencialmente, con el volumen exterior (en objetos sin interior). Agendas contextuales sobre integración donde cualquier ajuste escalar o urbano serán secundarios para subrayar la lectura del objeto aislado, excepcional y único como sofisticado producto del arquitecto/escultor. Las referencias manejadas por Hundterwasser explicitan la adscripción hacia lo modelado frente al rigor heredado procedente de la pareja forma-función para liberar pulsiones negadas durante 30 años por la modernidad.

El propio Abraham lo explica:

*La sensibilidad por los materiales y la estructura se repite en la construcción y en la forma de conformarse. Construida dentro de las dinámicas formales naturales y paisajísticas, los edificios parecen haber nacido conjuntamente con el lugar del que toman su materia bruta mientras se erigen.* (Steiner, 2008: 13)

Se hace patente que la arquitectura del propio Abraham o de Hollein procederá a su verificación disciplinar desde preceptos esencialmente exteriores que incluyen el desapego hacia parámetros tradicionalmente arquitectónicos como la función o la gravedad. Arquitectura de factura impecable en su composición y modelado. Formas bellas en definitiva.

En Walter Pichler se manifiesta igualmente este voluntarismo formal, pero con matices importantes y tendiendo hacia un mayor grado de abstracción en una serie de objetos/edificios cercanos al engranaje industrial. Sus edificios son casi el resultado de individualizar una pieza colosal extraída de una maquinaria aun mayor que provoca la fascinación de la ambigüedad escalar y la materialidad del propio objeto.

*Para dar una idea de algunos edificios contemporáneos ejemplares, sanos, esta lista es desafortunada, vergonzosamente corta:*

1. *Los edificios de Gaudí en Barcelona*

2. *Algunos edificios del Art Nouveau* (...) (Hundterwasser en Steiner, 2008: 48)

La seducción de la respuesta visual en proyectos de Abraham, dentro del mismo paradigma escultórico, que ofrecen una visión más congestionada y más urbana. Sus *Cities* son ejercicios trazados a tinta que desprenden una atmósfera boulleniana o piranesiana con el círculo como patrón geométrico compartido. O Gartler que ofrece connotaciones importantes, porque a una visión igualmente escultórica en su forma última suma un nivel de precisión técnica, de rigor espacial, funcional y constructivo mucho mayor. Su *Ciudad Vertical* 21 resulta un ejercicio arquitectónico tan emotivo y escultórico como convincente y plausible.

Otros ejemplos de la larga lista de esculturas tecnológicas (sobre todo en una primera fase) los encontramos en Laurids Ortner que imagina una Ciudad (Stadt) colosal y cercana a la idea de Megaestructura (ver Ciudad), desarrollada en sección de forma competente y resultado formal claramente escultórico; o el acercamiento de St Florian que es, podríamos decir, más técnico que otros ejercicios coetáneos y su Ciudad Vertical es un ejemplo de ello.

Por último Zamp nos presenta un artefacto vertical de escala indeterminada.

Tecnología fenomenológica

Es obvio que los agentes radicales se vieron condicionados por la carrera espacial y las coetáneas investigaciones para la creación de condiciones artificiales de vida en el espacio, donde no podemos contar con un exterior habitable sino letal, además de participar del entusiasmo *comunicativo* (el de Mc Luhan) de la época.

De ahí la producción ininterrumpida a partir de principios de los años 70 de artefactos donde lo prioritario será el control y domesticación de lo

21-Klaus GARTLER. Ciudad vertical (1964)

próximo (o lo ambiental, como se ha visto en Ciudad) mediante dispositivos que oscilarán progresivamente entre lo mecánico, lo electrónico (sensores, láser ) y lo sensorial como aplicación de las últimas investigaciones técnicas y sociológicas para la elaboración de fenomenologías directas y conscientes.

Obras pioneras como la Oficina Móvil de Hollein anuncian un agenda comprometida con un aislamiento del exterior que sólo se desarrollaría adecuadamente algunos años después.

Si analizamos el proyecto de Hollein frente a cualquiera de las posteriores realizaciones de Haus Rucker Co (auténticos gigantes en este equipo fenomenológico) o de Coop Himmelblau veremos como se produce un desplazamiento importante a nivel conceptual; si la Oficina Móvil es un entorno artificial que *sobrevive* precariamente con su enganche-tubo (plug) de oxígeno, el resto de obras incorporarán gradualmente toda la sofisticación de perfumes, sonidos que caracterizarán otra fase en la creación de fenómenos significantes e interactivos, no únicamente habitables. Paradigmático de este segundo grupo donde el mundo interior resuena en el mundo exterior encontramos la Villa Rosa, fusión de tecnología para el control y activación de los sentidos.

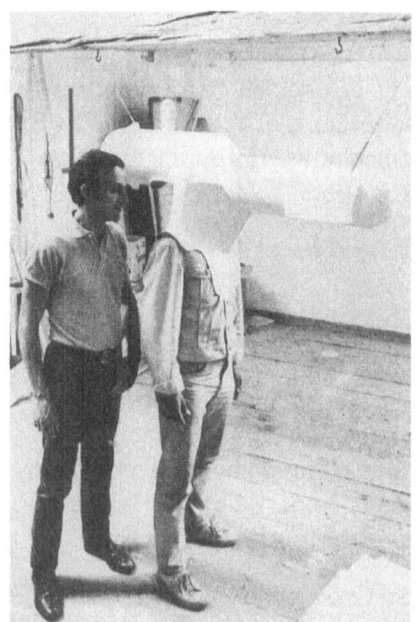

22-Walter PICHLER. Tv helmet (1967)

La envergadura de estas intervenciones fenomenológicas es variable ya que oscila entre la idea casco, el traje y la cápsula en verificaciones sin escala de las posibilidades de los nuevos ambientes. Así lo comprobamos en el Kleiner Room o el TV Helm de Pichler (22), elaborados proyectos del conocimiento empírico que anticipan la realidad virtual, rutinaria hoy pero casi inimaginable en los años 60. Visiones de un futuro sensible de mirada estrábica, ampliada.

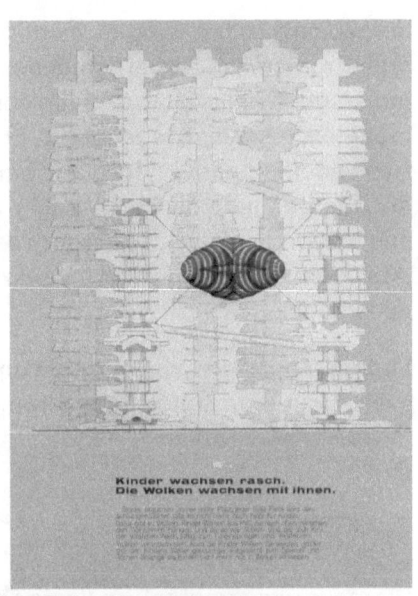

La creación fenomenológica también aplica al traje espacial en proyectos como los vistos en el capítulo Ciudad, paradigmático de la investigación en torno a la supervivencia en un medio hostil y complementaria de los *cascos*. O la cápsula espacial, tema recurrente en el contexto de los 60 (Los Estados Unidos, Archigram ), y que tendrá diferentes interpretaciones en la disciplina radical austríaca. Podemos destacar el proyecto Nube para niños (23) o la Future House (24) donde Hareiter (después miembro de Missing Link) desarrolla la creación de un fenómeno controlado con un colorido dispositivo anclado de un elemento vertical. La nave imaginada proporcionará

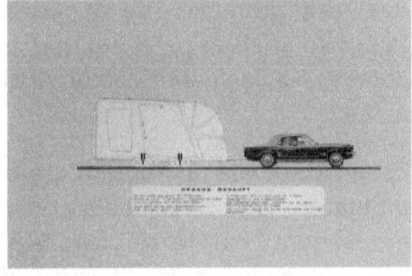

todos los servicios necesarios, recibidos a través del vástago central.

Haus Rucker Co lo explican así: *(en el Balloon for two) te dispones a emprender un viaje. Junto a alguien a quien amas. Hacia el espacio interior. Como astronautas. Pero en esta ocasión el viaje es hacia dentro.* (Steiner, 1976: 22)

Por último, y tratando de sintetizar la hipótesis anterior, podemos resumir que el filón tecnológico no puede ser el desarrollo natural de

23-Angela HAREITER. Nube para niños (1968)
24-Angela HAREITER. Future house (1966)

la fascinación tecnológica moderna por su carácter distante y anti-arquitectónico, sin embargo puede ser considerado demostración de indisciplina al instalarse en un contexto local absolutamente impermeable a los avances técnicos. En un país donde el asombro productivo sencillamente no formaba parte de una realidad deprimida; la decadente Viena de los años 60 y 70 que había expulsado hace tiempo a sus mayores exponentes creativos (Neutra, Schindler, Kiesler, incluso Abraham) era una ciudad incapaz de soportar el empuje tecnológico de la época.

La tecnología formaba parte de una agenda sencillamente improbable, exclusivamente conceptual o irónica.

## Ligero, más ligero

Plantear una arquitectura *ligera* es toda una declaración de intereses al desplazar gran parte de las rutinas mentales asociadas a la disciplina. Poner en crisis la paleta matérica (como vimos en Archigram) puede no dejar títere con cabeza en un oficio asociado a la construcción de las ideas.

Es evidente que la arquitectura ha sido tradicionalmente pesada al dibujarse *con ligereza* pero construirse con materiales *consistentes*, inicialmente naturales como la piedra, el ladrillo o la madera y sus recambios modernos, ya artificiales, como el hormigón, el acero o el vidrio.

La radicalidad austríaca en busca de ligereza no es novedosa; movimientos de vanguardia como el futurismo, el constructivismo o el Estilo Internacional (que como ya vimos reemplazaba literalmente el *peso por el volumen*) ya habían indagado en la extrañeza propia de una arquitectura sin ley de la gravedad de por medio con proyectos como el Apoyanubes o la Villa Saboya hacia una meta solo lograda parcialmente (visualmente, diría yo) por ceñirse respectivamente al terreno de la teoría (en la forma de dibujos) o del ilusionismo (en ejercicios cercanos al trompe l'oleil, como la pintura verde en la planta baja de la villa en Poissy. Seguramente condicionados por una paleta de materiales constructivos *nuevos* pero todavía pesados, tradicionales e insuficientes para la superación del peso.

Esto no sucederá en la práctica radical austríaca, que experimentará una ligereza *literal* y *física* como eco conceptual. Los austríacos a estudio construirán mucho, ciertamente serán artefactos extraños pero precisan de la formalización de sus ideas, no contentándose con la ficción del proyecto en papel, la representación dramatizada en planta, alzado y sección como placebo arquitectónico no será, de lejos, suficiente.

La RAE la define como *levedad o poco peso de algo* tanto como *inconstancia, volubilidad, inestabilidad* o bien *hecho o dicho de alguna importancia, pero irreflexivo o poco meditado*.

De lo anterior podemos anticipar al menos dos protocolos de ligereza: uno material y otro inmaterial. El primero cuantificable, físico, perceptible por los sentidos (en definitiva cuantitativo, donde el material es la medida de las cosas- formal, plásticos...) y el otro filón más abstracto vinculado con aspectos psíquicos, conceptuales o espirituales (es decir cualitativa, atenta a funciones extendidas como el Aalto autoconsiderado *funcionalista* por atender a los deseos).

Al rescatar obras como estas de Coop, Haus Rucker Co, Hollein o Nalbach resulta evidente que dicha arquitectura ligera es blanda, plegable y con capacidad de adaptación o crecimiento en función de las circunstancias. De su lectura se deducen facultades innatas para la negociación con el entorno al ser una instalación contingente, casi de emergencia donde el principal material arquitectónico será el aire en este conjunto de hinchables y construcciones neumáticas. Una especie de pulmones individuales (literalmente, como el Green lung o en pareja, como los Mind Expanders, mejor aún) para una supervivencia social. Móvil y transitoria en cualquier caso pudiendo enchufarse a edificios existentes para su reinterpretación. Fabricación de lugares transportables como prueba de indisciplina.

El estado *en-tránsito* de estas arquitecturas augura un posicionamiento leve y poco trascendente que proyecta una espacialidad similar, consciente de su transitoriedad al abrigo de una piel muy fina, casi preca-

ria. Una débil membrana nos protege de un exterior no necesariamente amigable Incluso arquitecturas modernas insignes (Como el proyecto *Cover*, 25) son protegidas por estas pieles translúcidas, cubriendo o quizás preservando su *modernidad*, su pureza.... o todo lo contrario (ver territorio Juego). *Levitecturas* en constante lucha por mantener su escasa consistencia, su propia estabilidad depende del aporte energético y vital que construye su atmósfera cada segundo para su preservación gracias al bello aire confinado. La desmaterialización de la arquitectura como metáfora última como ensayaran los proyectos más avanzados de Superstudio.

El proyecto de la Oficina Móvil de Hollein es paradigmática de una disciplina de medios mínimos con resultados máximos, la auto preservación mediante una extensión controlada (y climatizada ) de la propia piel vinculada con los proyectos coetáneos de Archigram o, como epítome, la fascinante propuesta para el curso de verano de 1973 en la Architectural Association de Coop Himmelblau (26), que instala globos aerostáticos en las cubiertas de unas viviendas a punto de ser demolidas para su flotación por encima de Londres. Arquitecturas tan ligeras como

DAS HAUS MIT FLIEGENDEM DACH
THE HOUSE WITH FLYING ROOF

25-HAUS RUCKER CO. Cover (1971)
26-COOP HIMMELBLAU. House with flying roof (1973)

el helio en una bella metáfora que recuerda la procesión de la Instant City también sobre las adormecidas ciudades inglesas.

Los autores lo explican así: *Diseño de arquitectura que cambia como las nubes. Las construcciones neumáticas hacen posible alterar los volúmenes con el nuevo "material constructivo", el aire.* (Steiner, 2008: 16)

Como vimos en el capítulo Ciudad, el ambiente confinado además es potencialmente activador de los sentidos. En un giro sensual y psicológico el aire se adorna, se impregna de estímulos que alteraran la percepción habitual del espacio, el mismo grupo lo describe así: *Y las nuevas formas-con la ayuda de proyectores de color, sonidos y fragancias-influye en la calidad de la experiencia vivida en las estancias.* (Steiner, 2008: 16)

A veces la arquitectura (es decir nosotros) es tan liviana que sirve de proyección de nuestros reflejos vitales más básicos. Reflejo háptico de que estamos vivos como el Heart-Space (27), que es precisamente esto: *En la carcasa transparente-precisamente como una cavidad torácica expandida-el latido del corazón se hace visible y audible, convertido en luz palpitante.* (Steiner, 2008: 16)

Si la arquitectura neumática reduce al mínimo el envoltorio, todavía encontramos una versión más ligera, literalmente inmaterial en su apropiación de ambientes existentes. Es el caso de la instalación Espacio Imaginario de St. Florian (28) que consiste en una sala provista de proyecto-

27-COOP HIMMELBLAU. Heart space-Astroballoon (1969)

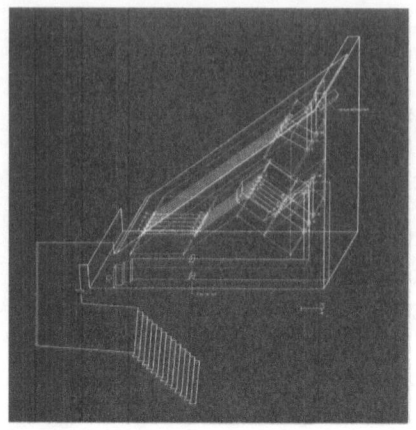

res lumínicos y láser que, mediante espejos y medios mínimos consiguen construir un espacio de luz por reflexión. Grado supremo de *levitectura* elaborada con estímulos audiovisuales.

Y aún existe un proyecto que construye con menos, caso extremo y paradigmático de esta actitud reductiva y desprejuiciada. La píldora de la arquitectura de Hans Hollein consigue la creación de un ambiente artificial (creado por el hombre) instantáneo: *El uso de químicos y drogas, ya sea para controlar la temperatura u otras funciones corporales o para crear un ambiente artificial.* (Steiner, 2008: 42)

Arquitectura en 5 gramos.

Material

El grupo de la ligereza material o física nos remite a una valoración objetiva, mensurable y precisa. Asume una caracterización estadística y exacta de los medios disponibles para lograr la evanescencia deseada. Buckminster Fuller se preguntaba cuanto pesaba la arquitectura y los radicales austríacos también lo hacen, desplegando una (in)disciplina atenta a la *conveniencia* (como Diego de Villanueva) de sus planteamientos, una arquitectura del menos es más *radical*. Veremos que está asociada a filones variados, desde la ligereza de la modernidad (con la sustitución de la masa por el volumen ) y en oposición a la consistencia o la solidez como cualidad intrínseca a la arquitectura al menos a la seria.

La ligereza física tendrá una representación amplia y mayoritaria en el *plástico* como nuevo material constructivo, arquitecturas neumáticas y cosidas que subrayan el poco peso de la envolvente y la ligereza de su instalación, que se verifica por hinchado en arquitecturas tan ligeras

28- Friedrich ST FLORIAN. Instalación de espacio imaginario (1969)

como el aire con el que se construyen.

A este grupo de arquitecturas *blandas* (en múltiples sentidos) pertenecen obras como la Nube de Coop (29), el pabellón de Domenig+Huth para la exposición Trigon del 67 (30) o los dispositivos Klima de Haus Rucker Co (31) que organizan entornos precariamente controlados y con voluntad móvil y nómada. La ligereza como nueva conquista disciplinar en proyectos que incorporan aspectos extraños a la disciplina clásica: la movilidad, el crecimiento, lo efímero, la dependencia de organismos mayores o el nomadismo florecen en dispositivos que la arquitectura contemporánea ha versionado con placer.

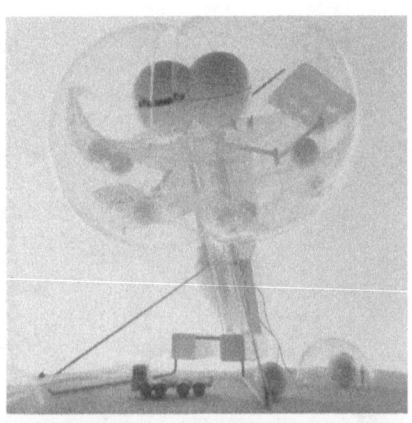

Se ha estudiado previamente (recordar escenario *Ciudad*) pero es intrigante recordar el contraste, la *nueva consistencia* (Cortés, 2003b) de la burbuja *Oasis* (32) al enfrentarse a la imponente masa de todo un peso pesado en varios niveles conceptuales, el edificio neoclásico que lo aloja.

Inmaterial:

*Los arquitectos debemos dejar de pensar meramente en términos materiales.* (Steiner, 2008: 42)

29-COOP HIMMELBLAU. Cloud (1970)
30-DOMENIG HUTH. Trigon (1967)

En la frase anterior de Hollein percibimos un desplazamiento de intereses doblemente *radical* (RAE) al desligar arquitectura y construcción. La arquitectura "tradicionalmente" se ha pensado en términos constructivos (desde la propia definición de Vitruvio) y los materiales han sido su instrumento de verificación, es decir, su *medida*. Véanse las mediciones y presupuesto como ficción proyectual perversa.

Los radicales austríacos, al romper dicha simetría, reabren la puerta de una arquitectura no-material, un renovado interés por lo teórico como materia arquitectónica.

La ligereza (o contingencia) del segundo grupo se confunde con intrascendencia, avalada por la desconfianza en una arquitectura redentora que solucione todos los problemas (el conflicto de posmodernidad vs modernidad ya apuntado) y *late* en propuestas como el Soft y Hard space de Coop Himmelblau, dos *arquitecturas* que no abrigan y que se muestran sin otra pretensión que la de disfrutar o la de visualizar determinados síntomas.

No debemos confundir esto con la simpleza y presuponer una arquitectura ligera conceptualmente, pero si podemos esperar una producción descreída de las herramientas del arquitecto como héroe de su tiempo. En ocasiones esta ligereza inmaterial se situará cercana a la arquitectura del juego que veremos en el siguiente territorio . Arquitectu-

31-HAUS RUCKER CO. Klima (1971)
32-HAUS RUCKER CO. Oasis (1972)

ras-cómic que utilizan la superficialidad de su representación como propaganda de un nuevo entendimiento programático; testimonios indisciplinados en proyectos como el Instant Pneumatic Interior (33) o los sprays de arquitectura. También extremo en su consideración ligera será la mencionada píldora, seductor dispositivo verde como simulacro (sustituto de emergencia) de arquitecturas construidas.

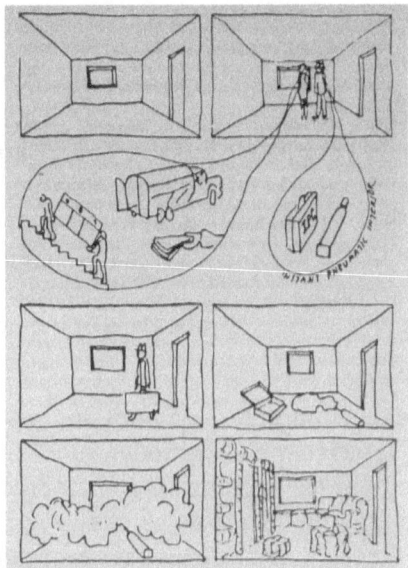

La ligereza de las palabras en la forma de manifiestos y escritos programáticos también aplicaría en esta clasificación, los textos de Hollein, Pichler, Haus Rucker Co... plantean arquitecturas livianas, no construibles sino legibles.

## Simbolismos renovados

*No hay manera de separar forma de significado; una no puede existir sin el otro.* (Scully, 1974: 16)

La relación entre la arquitectura y el símbolo es delicada, podríamos afirmar que, al pertenecer al ámbito de la cultura, es imposible desconectar la capacidad simbólica de nuestra disciplina incluso pretendiéndolo. Si consultamos la RAE encontramos que el símbolo consiste en *utilizar la asociación o asociaciones subliminales de las palabras o signos para producir emociones conscientes;* también hemos visto como Robert Venturi subraya que los arquitectos modernos rechazaban el simbolismo de la forma como declaración o apoyo del contenido porque

33-Hans HOLLEIN. Instant pneumatic interior (1965)

*el significado tenía que comunicarse no mediante la alusión a formas previamente conocidas sino mediante las características fisionómicas inherentes a la forma* (Venturi, 1974: 28). Otros autores han apuntado que en dicha *formulación* moderna el símbolo es algo autónomo en relación a la experiencia pasada y sólo está determinado por el *programa y la estructura* (con la ayuda ocasional de la *intuición*, Colquhoun en Venturi, 1974: 28). Sin embargo este debate ya ha sido rebasado porque incluso la pretendida objetividad y emancipación simbólica de la modernidad respondía a agendas estéticas declaradas y explícitas desde el inicio y por sus propios maestros como Le Corbusier (Sancho, 2000: 133).

Parece evidente que la arquitectura se expone al público que precisa de su interpretación para un funcionamiento completo. El espectador (ver escenario Posmodernidad) es necesario para su compleción. Sin embargo, no todas las arquitecturas han utilizada la capacidad de despertar pulsiones emocionales igualmente. La persuasión empática de ciertas arquitecturas es mayor que otras (basta pensar en el Movimiento Moderno comparado con el Neoclasicismo) y, con permiso de Rowe y Colquhoun, se podría pensar que la agenda simbólica heredada del funcionalismo anterior había sido agotada en las décadas precedentes; la capacidad de la Arquitectura Moderna de impresionar, la forma sutil de revolución que pretendían Le Corbusier, Mies o Gropius se había diluido poco a poco y su componente simbólica había cedido terreno al simplificado carácter formal o *estilístico* del Movimiento Moderno.

La recuperación de una agenda simbólica realista y contemporánea se entiende como necesaria en los agentes radicales, lúcidos representantes de una sociedad que no reacciona emocionalmente (o sea que no reacciona y punto) ante sus edificios objetos grandes que quizás dicen cosas pero que no interesan a nadie. La capacidad de la arquitectura para provocar emociones conscientes de forma sistemática está muy presente en el filón austríaco que, inmerso en un contexto disciplinar estancado, opta por desarrollar una agenda creativa instalada en la sugerencia, la interdisciplinaridad o la contaminación semántica y niega atender a la construcción como objetivo último como meta o conclusión disciplinar.

Una arquitectura de representación; teatral y extrovertida que utiliza, cuando lo hace, la construcción para señalar direcciones simbóli-

cas alejadas de lo inmediato o
intuitivo.

Pensamos en el Golden Heart
que nos recuerda a la *simbólica*
Villa Savoie (de agenda tecnológica transformada en expresión simbólica) al camuflar las
consideraciones estructurales o
tectónicas (las patitas de acero)
hasta disimularlas en el entorno

(34), como si lo que sostiene físicamente el edificio no fuera arquitectónicamente relevante poco más que un molesto tributo a la gravedad.
De la misma manera que la planta baja de Villa Savoie desaparece tras
retranquearla y pintarla de verde oscuro para que la caja blanca y pura
levite; las patitas esbeltas y oscuras no tienen presencia real, arquitectónica, en la bombilla amarilla de Haus Rucker Co.

Lo mismo se podría decir del Oasis, ya analizado, que precisa de un
armazón constructivo notable que, sin embargo, no forma parte de la
idea (parece evidente que, en caso de poder construir la burbuja sin esa
estructura auxiliar, lo hubieran hecho).

Diferentes proyectos de Abraham también ilustran este sustrato simbólico, como la Air Ocean City (35) que consiste en la fabricación de
colosales esferas transparentes que alojan la escala menor de cápsulas también esféricas y opacas que esconden, amnióticamente, la nueva
habitación del hombre; hermética, estéril y desprovista de vínculos
con el exterior en un simbólico trayecto cósmico. Parecen proyectos
sin visos de realidad pero tampoco utópicos, más bien expresiones
arquitectónicas que suspenden momentáneamente el contrato social
adquirido de solidez, funcionalidad y belleza para interpretar la realidad
circundante y esto no parece poca cosa.

O bien el proyecto de las Zonas-Cero (36) anticipatorio del Monumento
al holocausto de Eisenman, para *analizar las fuerzas presentes como
las dimensiones y la geometría* (Abraham en Steiner, 2008: 14) en una

34-HAUS RUCKER CO. Golden heart (1967)

construcción sensible de espacios como vaciado (o como negativo) de la masa originaria y su diálogo con un sistema electrónico audiovisual. Arquitectura-escultura donde lo que se dice difiere de lo que se espera de un edificio.

Muchas otras obras reproducen la misma actitud, si recuperamos obras ya vistas de Haus Rucker Co, Hollein, Peintner, Pichler, Terzic, o Zund Up observamos un posicionamiento simbólico evidente en objetos o instalaciones que nos remiten y desplazan, por asociación, al ámbito de lo emocional a veces alterando o pervirtiendo el orden habitual de las cosas.

Para finalizar podemos volver al origen con proyectos como los de Hollein o Pichler que desestabilizan las convenciones y metáforas ordinarias y añaden una componente mítica, escatológica o trágica. ¿La píldora ya vista es simbólica o es háptica? Las dos cosas.

Abraham confirma la importancia de esta categoría cuando enumera los elementos de la casa:

*La casa es el lugar de los sueños (...) de la muerte (...) de los rituales (...) de la destrucción.* (Abraham en Steiner, 2008: 15)

Y Hollein continua con su conocido artículo Arquitectura (1963):

*La arquitectura es elemental, sensual, primitiva, brutal, pavorosa, violenta, dominante* (Hollein en Steiner, 2008: 35)

En resumen, arquitecturas que inciden en la capacidad de la arquitectura de comunicar, de perte-

35-Raimund ABRAHAM. Air ocean city (1966)

necer al ámbito de lo performativo desterrando contratos estéticos derogados y mudos. Ya lo decía Hollein en su conocido manifiesto Todo es Arquitectura: *La arquitectura es un medio de comunicación* (Hollein en Steiner, 2008: 41) pues bien, ¿queremos comunicar?

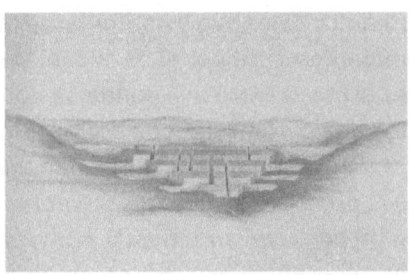

## EL RING ITALIANO

*En realidad no se proyecta únicamente para construir sino también para destruir, no se dibuja solamente para prefigurar sino también para desestructurar las imágenes habituales, se hace una maqueta no sólo para construir objetos sino para restituir la condición de crisis del "objeto" a la conciencia.* (Dalisi en Pettena, 1996: 87)

Probablemente por las coincidencias y afinidades políticas, económicas .entre nuestra época y el periodo objeto de investigación en esta investigación los grupos radicales italianos han experimentado un alegre despertar en oportunas exhumaciones. Una especie de renacimiento o interés morboso por la producción de factura radical quizás con voluntad energética, esclarecedora, premonitoria o quizás estratégica. Los paralelismos son, o pueden ser suficientes para embarcarse en la recuperación de agendas y proyectos radicales con fines operativos.

## Arquitectura (radical) o revolución

El movimiento radical italiano nace en Florencia (Branzi, 2014: 32) y la Indisciplina como categoría parece que forma parte del ADN del florentino. De ello podemos encontrar numerosas evidencias culturales (en arquitectura, arte, literatura ) en una ciudad que ha promovido la innovación y la creatividad por encima de la costumbre.

36-Raimund ABRAHAM. Zonas cero (1969)

Resulta llamativo y estimulante la lectura de un artículo publicado recientemente por el ex asesor de cultura del ayuntamiento: *Florencia es la nueva Florencia* donde se convoca a la indisciplina como una de las dos características definitorias de su carácter: *La cultura florentina es, desde siempre, una cultura indisciplinada. En el sentido que la fatiga que produce respetar las fronteras entre las diferentes disciplinas del arte y del conocimiento tiende a producir innovaciones que hace añicos las barreras sin demasiada ceremonia.* (Cardini, 2013: 4)

Parece cierto, pues los vínculos entre las disciplinas han caracterizado la cultura florentina, articulando una nueva tradición interdisciplinaria y anti académica.

*Archizoom se hace retratar vestidos de negro y pose seria, en una fotografía tomada en el jardín de villa Strozzi y publicada en "Panorama": Los TERRORISTAS (...) El grupo predica la revolución en arquitectura.* (Gargiani, 2007: 58)

Una figura esencial en la revolución disciplinar italiana es Andrea Branzi, ideólogo del grupo Archizoom y prolífico teórico en publicaciones constantes para Casabella (radical notes). De su argumentación principal llama la atención, por contradictorio, la voluntad de no distinguir la figura del creador y del receptor, en sintonía con movimientos artísticos precedentes (ver escenario Arte) y en concreto en sintonía con el situacionismo. En su análisis de los radicales más experimentales y menos arquitectónicos (La Pietra, Pettena ) notamos un Branzi molesto por la distinción de clases dentro de la cultura para, paradójicamente, reducir cualitativamente a los operadores activistas y prácticos contra la lucha de clases en arquitectos sin proyecto. Un giro ideológicamente clasista que en su último libro: *Una generación exagerada* deja mucho espacio para la duda.

*Engels aclaraba, en El tema del alojamiento?, que el problema de crear una ciudad diferente no era relevante para los planteamientos proletarios, lo era el problema de poseer la ciudad actual. (...) La ciudad el es teatro de una lucha política, pero de esa lucha no nace un modelo alternativo de ciudad, sino su fracaso funcional (barricadas). No existe la metrópolis del proletariado.* (Branzi, 2014: 9-11)

La Arquitectura Radical italiana era, esencialmente, una reacción *explícita y consciente* a la realidad de inquietante crisis social, cultural, académica, política, urbanística circundante y pretendía, utilizando todos los medios disponibles, tanto *desvelar* las contradicciones del sistema como (eventualmente) su *destrucción* (Branzi, 2014: 17). Esa era su ideología y consigna política principal.

Lo que inicialmente reúne a los diversos grupos de vanguardia italianos es el rechazo de la enseñanza socialdemocrática, del reformismo y de la mediocridad intimista, que ya en 1963-1964 les empujaba a tomar posiciones radicales también desde la arquitectura hacia la utopía cultural y política como primer grado de implicación en una tarea global mucho más urgente y relevante.

Atendiendo al significado tentativo que la RAE asigna a las ideas (y esperando respuesta de ellas) nos encontramos con que una revolución puede interpretarse como la *acción y efecto de revolver o revolverse* o bien un *cambio violento en las instituciones* además de *inquietud, alboroto, sedición*.

Las coincidencias o la simetría emocional que despiertan estas descripciones resulta sorprendentemente cercana a la órbita radical a estudio. Incluso en un contexto más amplio (político, social .) parecen replicar la inquietud, el descontento y la rabia de toda una generación patente en numerosas citas:

*La aceleración del consumo cultural, la entropía de todos los modelos urbanos crea, de hecho, una crisis permanente entre la arquitectura y la sociedad.* (Branzi, 2014: 10)

El contexto arquitectónico reinante en Italia no restaba intensidad a la batalla (ésta no tan latente, basta recordar las revueltas estudiantiles coetáneas- Branzi, 1976: 17) y la percepción de punto de no retorno o la sensación de tocar fondo era compartida por los diferentes arquitectos radicales. Para respaldar esta hipótesis revolucionaria nos podemos remitir al mundo de las palabras porque ellos mismos se definen como "agentes", es decir, como miembros de alguna organización con la voluntad de provocar efectos concretos en la realidad.

Parece que la revolución que no había sucedido en Italia en lo social (Branzi, 2014: 12) si tuvo lugar en lo arquitectónico. Revuelta organizada definitoria de

la disciplina arquitectónica radical que podemos analizar, al menos, desde dos *trincheras* conceptuales: La del Activista y el Ideólogo.

El activista

*Este kilo de arroz blanco, en cualquier caso, para mi, será sagrado: porque existe.* (en Pettena, 1996: 186)

Este primer grupo lo forma una figura clave para la agitación política al ser ejecutor de las consignas partidistas de forma activa. La acción directa inscribe su participación en la lucha, la transmisión propagandística es parte importante de su agenda; lo componen obras directas, inmediatas y explícitas en su poder destructivo. Desde el proyecto Street Farmer 2 (37), a los cocktails explosivos de UFO como la Lámpa-

ra Paramount (38), los proyectos desestabilizadores para el Sistema de Sottsass (39) o las intervenciones de Pettena que utilizan la paradoja, la metáfora, la superposición o la ambigüedad para lograr sus fines destructivos.

El activista es un agente muy valioso para la resolución del conflicto social presente en la Italia de la época y puede operar en varios medios, por eso para la articulación de esta categoría plantearemos que los revolucionarios activistas trabajaban erosionando el Sistema desde dos posiciones o trincheras: Una Exterior y otra Interior al mismo.

37-STREET FARMER. Street farmer 2 (1972)

Desde fuera:

*Bajo la acera está la playa.* (Anónimo, Mayo 68)

La vanguardia radical italiana está plagada de activistas que operan desde fuera del Sistema con proyectos que no tienen voluntad de ser consumidos ni procesados por la maquinaria capitalista y que veremos estratégicamente colocadas como bombas-lapa bajo el coche del Poder. Esta categoría la integran dispositivos extraños e impropios que no esconden su distancia crítica frente a la doctrina imperante, entendida tanto como la economía del tardo capitalismo como el coetáneo establishment arquitectónico italiano.

Como la elaboración de estos artefactos tiene una factura muy personal, manufacturada por cada activista político, hemos optado por dividirlo por grupos de intereses, aka: *estudios de arquitectura*:

El primero son los agentes de *UFO: Los Urboefímeros eran intervenciones en la realidad de situaciones urbanas en las que los objetos producidos (generalmente estructuras hinchables) se utilizaban a veces como instrumentos de lucha, como medios de desorden del tráfico, como estímulos del comportamiento.* (Navone y Orlandoni, 1974: 32)

38-UFO. Lámpara Paramount (1970)
39-Ettore SOTTSASS. Muebles grises (1970)

O incluso antes con el pabellón Trienal como instalación reveladora en clave irónica de consumismo, publicidad donde observamos como se desplaza el papel tradicional del arquitecto, que pasa de ser el creador de organismos completos y bellos a ser *competente y útil* por su capacidad técnica para imaginar y mantener estos instrumentos (en este caso hinchables) de lucha.

Otro activista fundamental es Gianni Pettena, quien en la manifestación de su tablero de dibujo *conspira o planea* para el 24 de junio de 1968 (el 6º premio Masaccio en S.Giovanni Valdarno) un diálogo con Arnolfo di Cambio en una serie de recorridos interiores con tubos de plástico transparente y sobre todo con la instalación de unos paneles de rayas oblicuas rojas y blancas bloqueando la logia principal del edificio. Una dialéctica que pretende redescribir (y revelar) el propio palacio y sus contradicciones. Un cartel anunciador ajeno y provisional como destructor de rutinas culturales y arquitectónicas.

Ambos grupos militan diferentemente en la lucha ya que los Urboefímeros eran proyectos a escala 1/1 que desataban y canalizaban el potencial latente en las agitaciones estudiantiles donde se instalaban, transfiriendo al *espectador/manifestante* (obviamente ya predispuesto) el protagonismo en su gestión y desarrollo. Es decir, UFO proporcionaba herramientas de lucha obrera y podía desaparecer después; por otro lado las palabras-objeto de Pettena son, literalmente, formas creativas de canalizar inquietudes semánticas: ¿Que significan las palabras hoy? Mediante el cambio de escala (estas palabras estaban a escala 100/1), la literalidad (o redundancia del signo) o la ironía publicitaria, estos proyectos desataban reacciones distintas a las habituales. Solapándose con estructuras culturales o físicas existentes Pettena procede a su verificación, denuncia o desmantelamiento.

Al mismo tipo de usuario militante e informado y siempre en Florencia se dirigen los proyectos o intervenciones del grupo 9999. A partir de proyectos estudiantiles y tras un viaje a los Estados Unidos, los 9999 se orientan hacia la problematización del *objeto* y su potencial en la realidad urbana. Se puede decir que su trabajo consistirá en la *verificación urbana del objeto*. Cercano a las posturas de los ambientalistas americanos, el trabajo de este grupo desplaza el interés del objeto como *producto* para redirigirlo a su potencialidad activa en el usuario o espectador. La recuperación del espacio en ambientes *extremadamente vitales, cargados de implicaciones, aparatos electrónicos y televisivos (...) artistas-arquitectos* (Navone y Orlandoni, 1974: 33)

Como testimonio de su activismo nos proporcionan las imágenes del happening proyectual (40) organizado en el Ponte Vecchio de Florencia en 1968, donde subraya esta actitud comportamentística como asunto central en un proyecto explícitamente exterior al sistema, representado en el Ponte Vecchio, al que superpone en un palimpsesto crítico y festivo lo siguiente:

*Un astronauta flotando en el espacio,*

*Un nudo de autopistas de Los Ángeles*

*Rayas, círculos concéntricos, patrones cuadriculados* (Pettena, 1996: 233)

Otro agente (especial) esencial es Ugo la Pietra desde su piso franco milanés con sus Modelos espaciales de comportamiento y el Sistema Desequilibrante.

Su activismo es extremo y poliédrico, siempre vinculado al uso social de la arquitectura como expresión cultural en proyectos periféricos al Sistema como la serie Equipamiento Urbano para la colectividad (41) o los Grados de Libertad (42); el primero destinado a despertar o instigar una revolución urbana con instrucciones para reconvertir y utilizar creativamente artefactos encon-

40-9999. Happening en el Ponte Vecchio (1968)

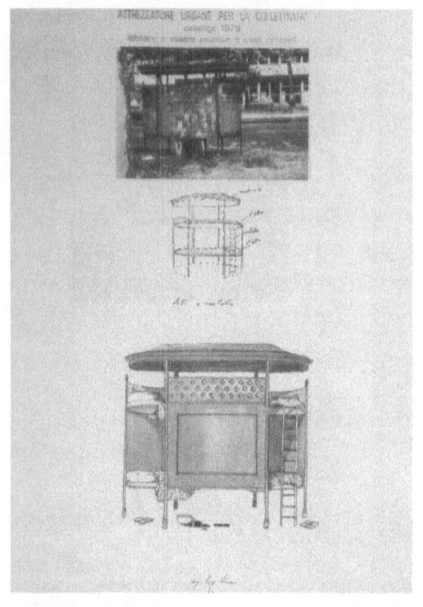
trados en Milán como *las Literas, la Mesita o la Hamaca* y el segundo proyecto para revelar las paradojas de una organización social que destierra a algunos de sus miembros a localizaciones ilegales y chabolistas, en los márgenes de lo social.

Pero hay otra categoría monumental, que ya hemos apuntado brevemente en este mismo capítulo, la de los textos programáticos y manifiestos de la Arquitectura Radical. Éstos componen una tesis paralela a la investigación, porque estimulan dialécticamente e ilustran paradójicamente los proyectos analizados en una especie de refrendo literario de los argumentos teorizados. El texto los utiliza estratégicamente y sin embargo ésta no es una investigación *centrada* en los numerosos escritos producidos por lo que no añadiré ruido interpretando uno de los mejores textos disponibles, un auténtico manifiesto de la escena radical: *El Anarchitetto* (Pettena, 1973). Sólo apuntaré que el libro es literalmente otra forma de denunciar y desvelar la crisis del sistema (en este caso camuflado como disciplina) formalizando el proyecto como texto, es decir, no es una obra teórica, sino una práctica completa en una forma de *activismo literario*, pero sin renunciar a la acción.

41-UGO LA PIETRA. Equipamiento urbano (1979)
42-UGO LA PIETRA. Grados de libertad (1969)

Desde dentro (caballos de Troya):

*El terrorismo fue también la reacción a esta frustración, una atajo para simular algo que no estaba sucediendo realmente.* (Branzi, 2014: 62)

Y sin embargo este terrorismo se instaló en la realidad sus propuestas *son* arquitectura.

El revolucionario práctico y activista tiene otra variante *perversa* en la lógica del Sistema, pues si todo lo anterior, también las palabras de Pettena, se destapaba instantáneamente como subversivo o antisistema al consistir en objetos/instalaciones/ideas imposibles de ser procesados por la *cadena de montaje de la realidad* (parafraseando a Archizoom en la No Stop City, 1976), por situarse en otro *plano*; los productos que podemos agrupar como *Anti-Design* eran más ambiguos.

Éstos se instalaban en un plano de absoluta realidad comercial (se vendían, de hecho) y se apropiaban de la estética de la abundancia (pop, colores, iconografía, Dylan Ver Arte) que venía desde los Estados Unidos; filtrada arquitectónicamente por Archigram y culturalmente a través de los medios de comunicación de masas.

Los radicales italianos ¿producen? seductores objetos de diseño dentro del sistema capitalista orientado a un consumo *instantáneo* y pretenden, por el contrario, su destrucción.

Para hablar de activistas interiores al Sistema debemos remitirnos a Sottsass Jr. No hemos fabricado una categoría ex profeso para él al ser un claro precedente, un facilitador, aunque para entender el desarrollo de la Arquitectura Radical italiana es imprescindible su figura como "padre" de este movimiento por su carácter experimental, rebelde e indisciplinado.

En este punto hay que señalarlo como culpable de parte del activismo revolucionario y protector del *Mal*-Diseño. Obras como el Armario para Abet Print (después versionado por Superstudio) o los Muebles Grises representan una fascinación crítica por las imágenes producidas a borbotones del Pop Art y su irrupción descarada en la escena del design italiano. Sottsass personifica la irreverencia que posteriormente desarrollarán los agentes radicales. Las imágenes del *Planeta como*

*Festival* (43) o el proyecto *I like sex* son también esclarecedoras del tono irrespetuoso, indisciplinado en definitiva, del maestro de radicales, como demuestra la siguiente presentación de las Dream Beds:

*Estoy muy contento de que me toque a mi hacer el discurso de estos señores Archizoom y sus productos porque sus productos me parecen muy eficaces para provocar el pánico entre los interesados.* (Sottsass en Pettena, 1996: 66)

Para acabar esta categoría se requiere una precisión: A este grupo de objetos de *Diseño Radical* (ver Pettena, 2004) no pertenecerán, por complacientes y optimistas, los objetos producidos en la primera etapa de fascinación Pop (toda la Superarchitettura) ni tampoco el Design D⊠evasione de Superstudio al carecer del carácter revolucionario analizado: "*Son objetos útiles y llenos de sorpresas para habitarlos (por su tamaño enorme) y jugar con ellos*" (Gargiani y Lampariello, 2010: 21). Observamos como estos productos no se oponen a la producción existente (al sistema) sino que se ofrecen, a través de la ironía como forma de juego o alternativa lúdica a los productos existentes/racionalistas por su *potencial narrativo*. Y Natalini lo aclara por si hubiera dudas: *No nos interesa nada hacernos los revolucionarios [en relación a Archizoom] (...) Somos los primeros peregrinos de la alegría de vivir.* (Gargiani y Lampariello, 2010:: 21)

A pesar de sus semejanzas formales (insuficientes) con Superstudio, si formarán parte de este grupo *integrado* en el Sistema los ejercicios irónicos (ver terreno *Juego*) de Archizoom, auténticos dispositivos revolucionarios camuflados en la parafernalia ya aceptada y procesada culturalmente. Por ejemplo la serie de las Dream Beds que representan otro fascinante episodio descarado para la destrucción del sistema:

43-SOTTSASS. New domestic landscape (1972)

*En las Dream Beds crece la idea de una objetualidad agresiva, cerrada, de oposición, que se impone por la potencia de su lenguaje. Voluntariamente redundante, kitsch, en el uso del plástico laminado como imitación de mármol o en la superposición de símbolos y signos tomados directamente de la vanguardia figurativa.* (Gargiani, 2007: 67)

O el Pabellón de Meditación (44) y el Centro de Conspiración Ecléctica, instalado en el Pabellón del parque de la Trienal de Milán en 1968, que representa un ejercicio de síntesis entre indisciplina política y arte en la forma de un recinto cuadrado limitado por paños de tela negra y suelo de linóleo imitación de mármol. Lo kitsch como territorio simbólico *dentro* de las expectativas estéticas y culturales de la Italia coetánea.

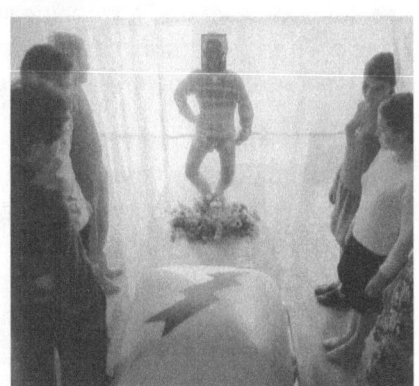

El ideólogo

Pero existe otro estrato revolucionario en la escena italiana que trabaja desde la distancia estratégica que le proporciona el lugar apartado de la teoría y que observa o comenta la realidad desde el pensamiento. Aquí podríamos remitirnos a los políticos neomarxistas que trabajan en esa línea y a los Cuadernos Rojos, Cuadernos Piacentinos o Clase Obrera; gimnasio en el que se entrenaron la nueva generación de intelectuales/arquitectos. De la mano de filósofos de la política como Raniero Panzieri, Mario Tronti, Massimo Cacciari, Antonio Negri o Alberto Asor Rosa que sentaron las bases para la nueva interpretación de la sociedad contemporánea a los radicales.

Según Pier Vittorio Aureli (Branzi, 2014: 66) el pensamiento obrero italiano era una de las raíces fundamentales de los movimientos de vanguardia de finales de los 60, en particular de Aldo Rossi y Archizoom; la base política de la revolución arquitectónica iniciada por los radicales

44·ARCHIZOOM. Pabellón de meditación (1967)

parece tener sustento crítico también en Manfredo Tafuri, que personifica el grado teórico total como ideólogo puro (quizás el único "puro"):

*Del mismo modo que no es posible establecer una economía política basada en las clases, sino solo una crítica de clases de economía política, no es posible "anticipar" una arquitectura de clases (una arquitectura "para una sociedad liberada"), sino que sólo es posible introducir una crítica de clase de la arquitectura. No hay nada más allá de esto desde el punto de vista-sectario y parcial-de un marxismo riguroso.* (Vidler, 2011: 189)

Según la visión tafuriana, la vara de medir la *utilidad* (sublime inutilidad) de la arquitectura será precisamente el *rigor o coherencia* que pueda mantener en la visión ideológica de la lucha de clases. La arquitectura despojada de su máscara formal dará paso a la ideología de la arquitectura que será lo que la diferencie de su práctica material, constructiva. O lo que es lo mismo, la identificación de la *arquitectura como una instrumento político, dialéctico, crítico y distanciado del diseño* es la única posibilidad para Tafuri. La construcción definitiva de una *ideología* (Vidler, 2011: 191).

Una disciplina arquitectónica revolucionaria de base ideológica y paradójica verificación pues, si atenemos a la descripción de Tafuri (desde Marx) ésta debería mantenerse *al margen* de su formalización, independiente de cualquier visualización pues serían premoniciones de una realidad *alternativa* y no apropiaciones críticas de lo real. Es decir, las herramientas tradicionales del arquitecto (dibujos, maquetas, edificios ) estarán *vetadas* en un discurso ideológico coherente que condene la banal, ingenua o naif (eso en el mejor de los casos; si no reaccionaria) ilustración. El discurso crítico (literal) debe permanecer dentro de su ámbito de acción, el de la palabra (el texto). Esto produce importantes desequilibrios en la práctica arquitectónica, tradicionalmente *empeñada* (y entrenada) en dibujar. Se diría que la forma de solucionar semejante dislocación solo puede salvarse desde la metáfora o la alegoría (porque la ironía es poco seria, ver territorio *Juego*).

A pesar de lo anterior mantendremos que la No Stop City y el Monumento Continuo son teorías (es un proyecto estructurado como texto) revolucionarias. Los agentes ideológicamente coherentes y fieles a la lucha, a pesar de ser represaliados internamente (Tafuri y posteriormente el propio Branzi), nos ofrecieron visualizaciones de la misma con proyectos que dibujan lo que *nunca* debería suceder (ya que prefiguran lo que pasaría si efectivamente se desarrollara la lógica capitalista) estratégicamente llevados al absurdo. Contraejemplos válidos y seguramente valiosos para la revolución...a pesar de los revolucionarios.

Por ello podemos concluir que el trabajo de Branzi se ha mantenido coherentemente instalado en esta posición *por encima y por debajo* de la construcción de objetos, edificios porque lo contrario significaría *pretender* la construcción de una arquitectura *alternativa* al Sistema, un simulacro insoportable que, invirtiendo parte de sus tesis (Branzi, 2014), si estaría cerca del arquitecto sin *proyecto* (entendido en el sentido académico, disciplinar). Parece que al final si que podemos completar esa categoría propuesta por Branzi con su propia producción.

Para finalizar, entre esta categoría y la siguiente se encuentran las contradicciones presentes en el seno de los agentes radicales italianos. Su nivel de exigencia con la revolución (los que participan) y las supuestas diferencias ideológicas de los dos grupos mayores de la vanguardia radical (ver Branzi, 2014 y la entrevista a Adolfo Natalini) los dividen, en mi opinión, en revolucionarios y utópicos. Para *ilustrar* y validar lo anterior nos debemos remitir al ámbito proyectual (si esto existe diferenciadamente del texto) de la Arquitectura Radical italiana en sus dos proyectos más populares: El Monumento Continuo y la No Stop City, que se han interpretado en numerosas ocasiones (por ejemplo en Frampton, 1993: 292) desde el filtro utópico. La desmesura de sus planteamientos (dibujos, textos...) resultaba demasiado jugosa como para no asociarla con un filón de precedentes ilustres como Boullee, Ledoux, Le Corbusier en la Ciudad Contemporánea para tres millones de habitantes ), y sin embargo mantendremos que ambos ejercicios son versiones diferentes, complementarias en opinión del autor, de la distopía revolucionaria y la utopía propositiva explicadas en el punto siguiente.

La No Stop City representa fielmente esta militancia ideológica visualizadora de patologías sociales. El proyecto se desarrolla oportunamente en la No Work City (45) que forma parte de la investigación para la Kunstsctichting de Rotterdam (Gargiani, 2007: 235) centrada en la destrucción del objeto y que ellos versionan como la *abolición del trabajo* (*más dinero menos trabajo*-Tronti) en una ciudad como prefiguración de un *estado de*

*naturaleza totalmente liberada del trabajo* (Gargiani, 2007: 232) como se anuncia en la editorial de la revista IN y que invariablemente sufrirá la censura de Tafuri, que denuncia el *alto nivel formal y folklorístico* del proyecto de Archizoom en un ejercicio a caballo entre *el juego y la utopía tecnológica-* y sin embargo no es capaz de escapar del pantano de la ideología pura (Gargiani, 2007: 235). Pues bien, salvo la componente utópica totalmente ausente en estos proyectos, suscribo el resto de comentarios.

La componente utópica que denuncia Tafuri la veremos a continuación.

## Utopías y herramientas

*El hombre moderno nace en una clínica y muere en un hospital: ¿debe vivir también como en una clínica?* (Musil en Montaner, 1993: 152)

En un artículo de 1969: The Continous Monument: An Architectural Model for Total Urbanization los autores declaran: *"Para aquellos que estén convencidos de que la Arquitectura es una de las pocas maneras con las que se realiza el orden cósmico sobre la Tierra, el ordenar las cosas y, sobre todo, afirmar la capacidad humana para actuar de acuerdo a la razón, es una moderada utopía imaginar un futuro cercano en el que toda la arquitectura se puede crear en un solo acto, desde un proyecto único capaz de clarificar de una vez por todas los motivos que han inducido al hombre a construir dólmenes, menhires, pirámides y, como última huella, una línea blanca en el desierto".* (Gargiani y Lampariello, 2010: 34)

Pues bien, como ya hemos visto en *Ciudad*, los arquitectos radicales operaban en el territorio sin atender a criterios escalares y prefiguraban lo que hoy llamamos la *globalización* (Branzi, 2014: 94); provocando un desajuste disciplinar en lo que filósofos de la política actuales como

45-ARCHIZOOM. Abolition of work (1971)

Paolo Virno o Antonio Negri han interpretado como el enfrentamiento de dos modelos opuestos. El primero de Thomas Hobbes basado en los límites idiomáticos e institucionales y el de Baruch Spinoza que teorizaba el ajuste social más allá de confines estatales en una multitud fluctuante capaz de elaborar alianzas desterritorializadas.

La Utopía radical italiana resuena en la oposición anterior al programar acciones internacionales, incluso interplanetarias al margen de la realidad encontrada, seguramente un *desierto físico y político* (Branzi, 2014: 103) que explora la creación de una arquitectura nueva, emancipada y pura.

Actitud moderna en la prefiguración de un futuro necesariamente mejor teatralizada en acciones/arquitecturas chamánicas y misteriosas cuya presencia redime a una sociedad que, como en el Monumento Continuo (el proyecto más elaborado de la utopía italiana) ha desaparecido apocalípticamente para su total y mística regeneración. Una ciudad resumida en la épica línea blanca que recorre imperturbable y sin habitantes un paralelo terrestre, relacionada con el Constructor del Mundo de Bruno Taut (Taut, 1919).

Aunque quizás el ejercicio extremo de utopía nos llega con la Supersuperficie (46) como construcción efectiva de utopía, de modelo alternativo de habitar, con el nomadismo (al no existir límites) como meta radicalmente antidisciplinar.

Hay numerosas citas que apoyarían esta interpretación, el propio Natalini escribe: *Nuestro razonamiento quizás ad absurdum pero basado en una utopía positiva: en pocas palabras ¡me gustaría construir algo así!* (Branzi, 2014: 104) y se apuntala con imágenes del proyecto o con los videos de los Actos Fundamentales centrados en la *Vida, Educación, Ceremonia, Amor y Muerte* donde se inventa una sociedad redimida y pura representada por hippies relajados enfundados en túnicas blan-

46-SUPERSTUDIO. Supersuperficie (1971)

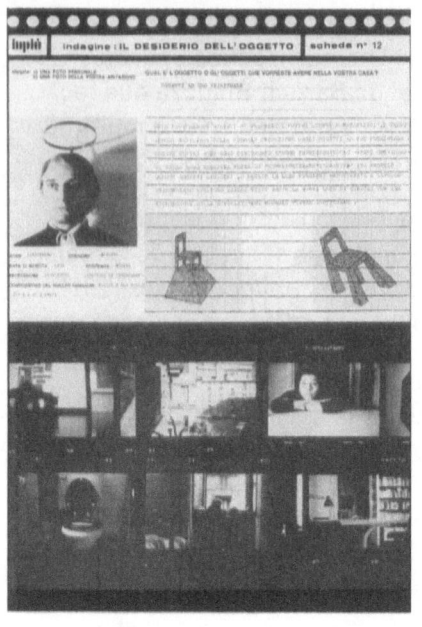

cas. Una arquitectura opuesta conceptualmente a la revolución de Archizoom porque, como ha apuntado Branzi: *Superstudio querría construir una parte del Monumento Continuo en el futuro y para Archizoom la No Stop City ya existe y es la ciudad actual* (Branzi, 2014: 105).

Se justifica, pues, la hipótesis de que existe dicha componente utópica, diferente a la revolucionaria, en los radicales italianos no es irrelevante que el significado de la palabra utopía sea el *plan, proyecto, doctrina o sistema optimista que aparece como irrealizable en el momento de su formulación* (RAE).

Utopía también presente en la producción de Ugo La Pietra en proyectos de lectura urbanos alternativos al estratificado y rígido Sistema. El *Deseo del Objeto* (47) se identifica con un talante crítico pero propositivo, casi optimista, de un arquitecto que rellena los vacíos sociales con las aspiraciones y anhelos tanto objetuales como simbólicos de los milaneses. Cómo responderíamos hoy a la pregunta formulada: *¿Cual es el objeto o los objetos que te gustaría tener en tu casa?* (La Pietra, 2014: 17)

Y para acabar rescataremos otra forma acotada de utopía, la presente en el laboratorio de *Global Tools*, constituido para estimular el desarrollo libre de la creatividad individual que, coherentemente y siguiendo la lógica impensable de sus planteamientos, desapareció sin resultados realistas en una contradicción.

47-UGO LA PIETRA. El deseo del objeto (1973)

## Profundidad simbólica

*Venturi es, probablemente, el primer arquitecto que capta la utilidad y el significado de sus formas.* (Scully, 1974: 13)

Ya hemos visto que la componente simbólica es clave y entendemos que se comparte con la disciplina austríaca radical siendo, quizás, el único punto realmente común en las agendas de ambos. Seguramente la *profundidad* conceptual de este término es esclarecedora o sintomática de pulsiones o intereses colectivos en una disciplina que habitualmente deja poco espacio para la experimentación o la duda.

Para empezar, un posicionamiento ideológico: toda fracción de la realidad (incluida la arquitectura) es, al remitir forzosamente a otras cosas, simbólica. Cualquier cosa es susceptible de (ver territorio *Arte*) reinterpretación, apropiación, copia, etc de hecho, esta investigación me debería inscribir en una defensa militante de lo anterior por su condición explícitamente hermenéutica. Sin embargo, de la misma manera que la pareja arquitectura-tecnología incluye diferentes grados de implicación, el dúo arquitectura-simbolismo no se ha desarrollado con la misma intensidad en todos los periodos históricos. Veremos como los agentes radicales italianos manejan con soltura la componente simbólica en un momento en el que la caída del mito moderno había liberado un espacio que antes llenaban pilotis, plantas libres, ventanas corridas o casas prismáticas. O lo que es lo mismo, la huida del cautiverio disciplinar centrado en la *forma* de la arquitectura hacia llanuras más amplias con el, usando palabras de independencia, *máximo de libertad*. Un contexto radical (es decir de refundación, desmaterialización o incluso disolución disciplinar) de rescate consciente de herramientas críticas propias de la arquitectura y de su papel en el mundo más allá de sus fronteras materiales; una disciplina que utiliza la simbología como herramienta básica para *comunicar* dicho despertar.

A este respecto ya hemos caracterizado la disciplina austríaca, enfocada en los símbolos asociados a la carrera espacial (con los extravagantes y bellos *electric skins*, 48), los medios de comunicación de masas (*soul flipper*, 49), la degradación y la conciencia ambiental (*house with flying roof*, *Pneumatic Skin* o *cover*), la creación de fenómenos senso-

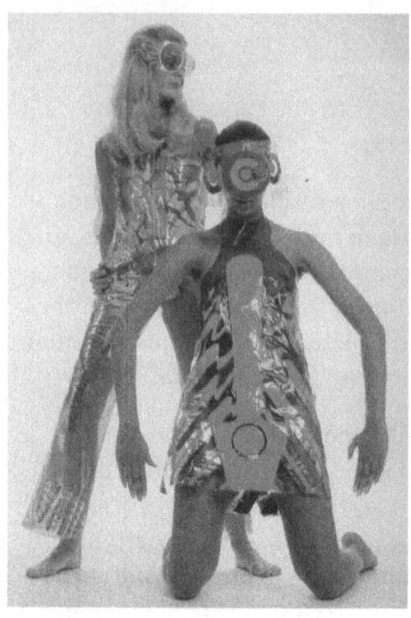

riales. Sin embargo en la agenda simbólica de los radicales italianos apreciaremos intereses y vectores diversos como son el papel social de la arquitectura, el desafío del sistema capitalista dominante y, sobre todo, la importancia relativa de la misma en la sociedad . Nos centraremos, por lo tanto, en estas expresiones simbólicas sintomáticas de la producción italiana.

En su vertiente más ligera, poéticamente simbólica, podemos destacar a Remo

Buti en proyectos como las Cuatro Casas (50) donde, en clave simbólica (mediante la asocia-

ción de ideas) nos enfrenta a buena parte de la parafernalia e iconografía latente (clasicismo, decoro, figuración, ornamento ). O sus trabajos más conceptuales como la Fontana (51).

También como parte del desafío capitalista, la agenda italiana está repleta de réplicas y testimonios antidisciplinares en proyectos atentos a las contradicciones del sistema en la que podemos destacar uno de los desarrollos de la No Stop City o la secuencia de disolución de

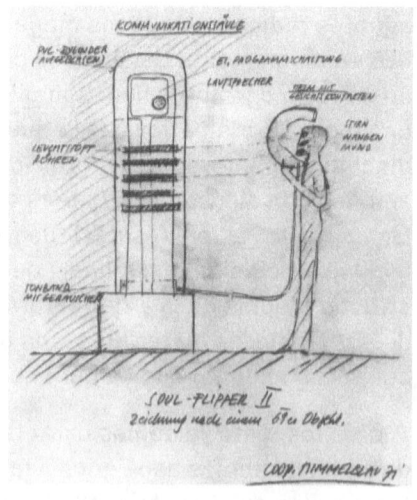

48-HAUS RUCKER CO. Electric skins (1967)
49-COOP HIMMELBLAU. Soul flipper II (1971)

los objetos geométricos (52) que representan otra verificación plástica de dicha paradoja a la que nos enfrente el sistema capitalista posindustrial.

Pero si hay una empresa colectiva importante será la propia destrucción de la arquitectura, que ocupa un lugar central en la elaboración simbólica italiana, de talante catártico. Encontramos numerosas expresiones que apuntan en esa dirección contra-disciplinaria, crítica no solo con la capacidad (ver estado *Posmodernidad*) de la misma para modificar la realidad circundante sino también con su propia necesidad de existir, de ser competente en su contexto social.

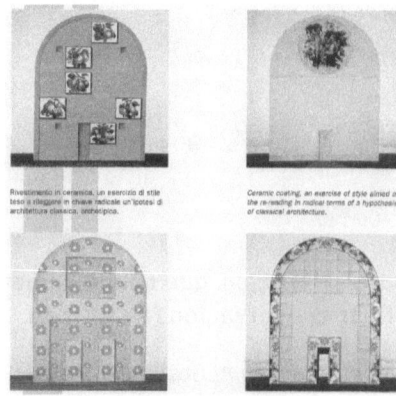

La *posición menos ortodoxa* (Gargiani y Lampariello, 2010: 105) de esa incompetencia disciplinar en el ámbito urbano (central en la agenda radical, como hemos comprobado en *Ciudad*) seguramente la encontramos en los montajes que prepara Superstudio para el Salvamento de los centros históricos italianos y que publicará la revista IN dedicada a la "*Destrucción de la ciudad*". En los collages se muestra una crítica explícita a las políticas de conservación y veneración de los centros históricos mediante estrategias amnióticas para mantener lo viejo. Superstudio sostiene lo contrario: *Salvar para destruir, destruir para salvarse* (Gargiani y Lampariello, 2010: 105) como argumento redentor que libere al hombre de la prisión en la que se ha convertido su casa; ya sea visualizando Milán como receptor de niebla artificial, Pisa transformada en homogénea

50-Remo BUTI. Cuatro casas (1975)
51-Remo BUTI. Fuente (1966)

al inclinar todos los monumentos alrededor de la torre o sustrayendo a Venecia sus signos característicos al pavimentar los canales (53, 54).

El grado extremo de salvamento urbano se produce en su ciudad natal, Florencia, que queda sumergida en un colosal aluvión para su eficaz conservación (en formol).

*La celebración al grado de la exasperación de la arquitectura, al menos para nosotros, estaba destinado a llevarla a un punto crítico.* (Gargiani y Lampariello, 2010: 109)

Otro ejercicio destacable que anima la agenda simbólica italiana centrada en la disolución disciplinar será el *fallido* laboratorio de la Global Tools (55), integrada por Superstudio, Archizoom, 9999, UFO, Zzigurat, Remo Buti, Riccardo Dalisi, Ugo La Pietra, Gaetano Pesce, Gianni Pettena, Sottsass jr, Alessandro Mendini y Adalberto Dal Lago y que se reúnen el 12 de enero de 1973 en la redacción de Casabella. El grupo se centraba en la recuperación de ciertas actividades creativas con el fondo compartido de la *destrucción, metamorfosis y reconstrucción de los objetos* (Gargiani y Lampariello, 2010: 110) en una terapia de grupo sistemática donde el descubrimiento del delirio de la ciudad contemporánea con sus sofisticadas tecnologías invisibles, represoras y alienan-

52-ARCHIZOOM. Disolución de objetos geométricos (1971)
53-SUPERSTUDIO. Salvamento de los centros históricos (1972)
54- SUPERSTUDIO. Salvamento de los centros históricos (1972)

tes daría paso a la refundación antropológica de la arquitectura. Destruir para construir.

Lo podríamos resumir utilizando al alma mater de Superstudio, cuando en 1971 hace la siguiente proclama: *"Si diseñar es una inducción al consumo, entonces debemos rechazar el diseño; si la arquitectura no es sino la codificación de los modelos burgueses de propiedad y de la sociedad que representan, entonces debemos rechazar la arquitectura; si la arquitectura y el urbanismo son simplemente la formalización de la actual división injusta de la sociedad, entonces debemos rechazar la planificación y las ciudades que produce hasta que el conjunto de las actividades proyectuales estén dirigidas a satisfacer las necesidades verdaderas, hasta entonces, el diseño debe desaparecer: podemos vivir sin arquitectura"* (Lang y Menking, 2003: 20).

## INDISCIPLINAS LÚDICAS. HACIA EL JUEGO

*Descubrir que una cosa tan estúpida y ridícula como copiar una postal puede conducir a una pintura (...) Sin tener que volver a inventar nada, nunca más, olvidando todo lo que antes creías que era pintura-color, composición, espacio- y todas las cosas que sabías y pensabas previamente. De repente ninguna de estas cosas era necesaria para el arte.* (Richter en Crow, 2001: 98)

Ya hemos visto que el 12 de junio de 1924 Le Corbusier pronunciaba en la Sorbona su conocida conferencia donde resumía la Nueva Arquitectura en 8 fascinantes imágenes (página 21) como modelos alternativos a la costumbre y la Academia. Pues bien, recuperando la misma imagen para

55-UGO LA PIETRA. Global Tools (1973)

situarla entre la indisciplina y el siguiente territorio del juego podríamos concluir este tramo; porque los radicales dieron buena cuenta de sus referentes indisciplinados, ya sea en la forma de texto como en la más cercana al ejemplo anterior de la imagen propagandística y lúdica.

Con el mismo valor iniciático, de sentar las bases de lo que está por venir, interpretamos la primera exposición de Hans Hollein y Walter Pichler: *Arquitectura*, celebrada en la Galería Sant Stephan en 1963 donde los autores exhibieron no solamente sus proyectos (utópicos, novedosos) sino sus referentes en una poderosa selección de imágenes entre las que contamos dos plataformas petroleras, varias estructuras para el lanzamiento de cohetes espaciales, vagones de ferrocarril, ruinas aztecas (página 21), un edificio industrial en Viena, el reconocible portaaviones o la explosión atómica de Hiroshima. En total 16 fotografías que duplican una alternativa plausible a las 8 imágenes corbuserianas que representan el poder de la tecnología, la capacidad seductora del pasado o la capacidad simbólica de la arquitectura. En la agenda posterior de ambos, aunque enriquecida con conceptos no explorados aquí, estos referentes ocuparán un lugar prioritario.

De una importancia similar podemos rescatar otros ejemplos en la escena italiana, quizás el más ilustrativo sea el Storyboard del Monumento Continuo (57) que elabora Superstudio en 1971 para su publicación en Casabella (1976). En él encontramos otro testimonio de indisciplina y carácter lúdico al hacer explícitas las referencias del proyecto; entre otras, las teorías de Kepler, el mandala, los dólmenes, las pirámides, la Kaaba, un acueducto romano, Boullee o el Vertical Assembly Building en un fascinante cómic que trata de legitimar la superficie inmaculada del Monumento Continuo. Otro retrato personal de una arquitectura que está por venir... pero siempre desde otros lados. Es interesante la manera en que ambos posters (el austríaco y el italiano) convocan a la historia, al pasado e incluso a la ruina como forma extrema de indisciplina moderna en un adelanto monumental y simbólico a la, como se ha analizado, mal llamada arquitectura posmoderna; que buscará nostálgicamente su camino en las formas del pasado, en el reconocimiento explícito de estilos anteriores.

De alguna manera salimos de un escenario que ha tratado de sustituir un análisis convencional y estático de proyectos arquitectónicos hacia el territorio inestable del filón radical, atento a estructuras veloces,

 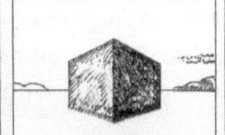 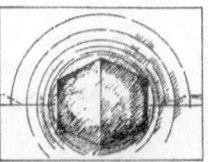 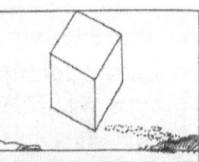

21. Così appare la geometria e il primo personaggio della nostra parabola. Il blocco squadrato è il primo atto e l'ultimo nella...
Thus geometry appears, the first character in our parable. The square block is the first and last act in the...

22. storia delle idee d'architettura, come nodo di relazioni tecnologia/sacralità/utilitarismo tra uomo macchine strutture razionali e storia.
history of architectural ideas, as the intersection of the relationships between technology/sacredness/utilitarianism, between man machine rational structures and history.

23. L'architettura è un oggetto chiuso e immobile che non rimanda che a se stesso e all'uso della ragione,...
architecture is a closed, immobile object, referring only to itself and to the use of reason,...

24. un oggetto inconoscibile che irradia luce aurore e arcobaleni, fino ad alzarsi in volo nello spazio isometrico.
an unknowable object irradiating light dawn rainbows, until it takes off in flight into isometric space.

 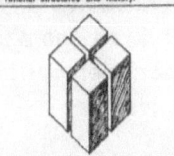  

25. Il blocco viene costretto da due unghiature ad esser un cubo perfetto.
The block is forced into a perfect cube by two straps...

26. e appena liberato si divide in pezzi seguendo leggi precise, mostrando volta per volta i principi generatori.
and as soon as it is freed, it divides up into pieces, following precise laws and showing each time its governing principles...

27. fino a diventare una serie di cubi più piccoli, e più piccoli ancora...
until it becomes a series of smaller cubes, and yet smaller...

28. e le parti si disperdono ma l'ordine non genera il disordine e ogni parte ha con sé il messaggio genetico della sua razza ordinata.
and the parts disperse, but order does not generate disorder and each part has with it the genetic message of its ordered race.

   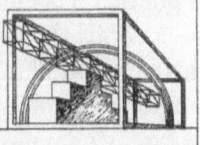

29. UN VIAGGIO IN AUTO IN UN MUSEO DRIVE-IN DELL'ARCHITETTURA. Souvenir di viaggio di un viaggio nelle regioni della ragione.
A CAR JOURNEY TO A DRIVE-IN MUSEUM OF ARCHITECTURE. Souvenirs from a journey into the realms of reason.

30. Dall'architettura dei monumenti attraverso l'architettura delle immagini e l'architettura tecnomorfa all'architettura della ragione.
From the architecture of monuments through the architecture of images and technomorphous architecture to reach the architecture of reason.

31. (durante il viaggio ci sono apparizioni di monumenti antichi, arcobaleni e nuvole al neon, macchine italiche e statue).
throughout the journey there are apparitions of ancient monuments, rainbows, neon clouds, machines steel framework and statues).

32. L'arrivo trionfale al tempio della Ragion Pura (scritta: « nella prospettiva storica, la Ragione domina tutto »).
The triumphant arrival at the temple of Pure Reason (banner: « in historical perspective, Reason dominates all »).

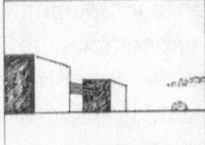   

33. COME ILLUMINARE IL DESERTO. Due prismi neri di marmo o cristallo collegati da un arcobaleno al neon per illuminare la mente, posti...
HOW TO ILLUMINATE THE DESERT. Two black prisms of marble or crystal joined by a neon rainbow to illuminate the mind, placed...

34. nei deserti artificiali o interiori. Quando il sole tramonta i tubi cominciano a brillare a intermittenza, e nei lampi delle...
In artificial or interior deserts. When the sun goes down, the tubes begin to glow intermittently, and in the flashes of...

35. accensioni appaiono immagini di architetture di sogno, radiosi orizzonti con un filo di fumo, tempo libero, maisons pour le...
light images of dream architecture appear, radiant horizons with a wisp of smoke, free time, maisons pour le...

36. week-end, immagini di felicità per mezzo dell'architettura, costruzioni ariose, città ordinate, spazi verdi...
week-end, images of happiness through architecture, airy buildings, ordered cities, green spaces...

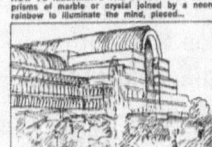   

37. Nella luce che aumenta si vedono i nuovi monumenti della scienza e della tecnica (Crystal Palace) e le utopie (Falanstery...
In the growing light, one can see the monuments of science and technology (the Crystal Palace) and utopias (Falanstery,...

38. New Harmony, Philadelphia) e le costruzioni eroiche del razionalismo (Weissenhof, Bauhaus, Ville Radieuse); i cataloghi delle illusioni...
New Harmony, Philadelphia) and the heroic buildings of the age of rationalism (Weissenhof, Bauhaus, Ville Radieuse); the catalogues of illusions...

39. e delle utopie - il mondo delle idee, delle credenze, delle fantasie e dei progetti è altrettanto reale della realtà (L. Mumford).
and utopias. « The world of ideas, of beliefs, of fantasies and projects is just as real as reality » (L. Mumford).

40. I tubi luminosi divengono un arco trionfale e sotto ci passano carovane di nomadi, impiegati in gita, processioni di pace.
The glowing tubes become an arch of triumph under which processions of nomads, while-collar workers on holiday, peace demonstrations, pass.

57-SUPERSTUDIO. Storyboard del Monumento Continuo (1971)

provisionales y contingentes. Una vez realizada esta rápida incursión en esta vanguardia y, tratando de sintetizar, podríamos preguntarnos que queda del filón indisciplinado, o bien si ha superado la barrera de lo temporal o la ficción de lo instantáneo hacia un territorio más consciente o sistemático en la actualidad.

Se podría apuntar que la indisciplina está vigente e incluso de moda. Ante la indudable crisis argumental de la sociedad posindustrial en la que estamos inmersos parece que la duda es una posibilidad realista, una vía despejada y transitada previamente en periodos tan convulsos (o más) como el de la Arquitectura Radical.

Hemos visto como la emergencia de posibilidades procedentes de otros ámbitos de la cultura (la televisión, los cómics, los nuevos materiales, la política o la nueva conciencia social y ambiental) se hizo permeable en los años 60 - 70 y desarrolló agendas creativas nuevas, fascinantes y ya emblemáticas. Ya fuera desde una confianza irónica en la utopía de la máquina, la persuasión de sensibilidades sociales descreídas o las indagaciones semánticas desplegadas, los radicales nos legaron un bagaje proyectual demasiado fértil como para dejarlo de lado.

La probable actualidad y vigencia de una metodología de la indisciplina precisaría la enumeración de armazones conceptuales específicos, de constantes y pautas pertenecientes a la academia (suponiendo que exista) para un alejamiento consciente y voluntario de la misma. Quizás la actual no sea una indisciplina tecnológica, ligera, revolucionaria, utópica o simbólica... o quizás si.

Y nos alejamos de este fértil territorio para embarcarnos en la última escena representativa de este movimiento de vanguardia, la que identifica el juego y sus dinámicas como genuino filón proyectual. Algo similar a esta mirada estrábica ha sugerido este territorio, que ha utilizado la producción radical para *ilustrar* la posibilidad de una arquitectura indisciplinada desarrollando la riqueza y profundidad de miras de una generación que sistemáticamente se salta las reglas del juego convenido para inventarse otros, que permitan *otras* arquitecturas. Nuevas palabras en esta disciplina/texto no contenidas en un uso rutinario de la disciplina; porque jugando de la misma forma no es posible conseguir resultados diferentes.

# JUEGO

*El sha de Persia, con ocasión de una visita a Inglaterra, rechazó cortésmente asistir a las carreras de caballos por la razón de que "ya sabía que un caballo corre más que otro".* (Huizinga, 1972: 67)

# JUGANDO A LA ARQUITECTURA

*Es la hora de la construcción, no del juego* (Le Corbusier, 1977: 79)

Y sin embargo de existir una definición recordada, incluso mítica, de la *arquitectura* probablemente sea la de Le Corbusier, quien la entiende (en su versión reducida) como *el juego, sabio, correcto y magnífico de los volúmenes bajo la luz* (Le Corbusier, 1977: 17). Ya apuntamos en la Introducción lo interesante de la selección de palabras al incorporar "juego", contaminando inevitablemente (quizás innecesariamente, porque: *conjunto, composición, agrupación, reunión...* podrían haber servido al mismo propósito) la recepción del mensaje para situarnos en la esfera de lo lúdico. ¿Por qué la arquitectura puede incorporar el juego en sus dinámicas?, ¿será que nuestra disciplina no es tan seria como parece?, ¿se puede *jugar* a la arquitectura de la misma manera que se *juega* a las cartas o se *juega* al baloncesto? (del inglés to play o del francés jouer).

Sin embargo, no todas la épocas han producido una arquitectura igualmente lúdica (al menos intuitivamente, indagaremos el significado teórico más adelante). Recordemos la severidad o trascendencia de periodos, grupos o arquitectos como el Neoclasicismo, los New York Five o Giuseppe Terragni. Se podría afirmar inicialmente que hay momentos en los que el juego está más cercano a la sociedad y que la arquitectura, como una de sus manifestaciones culturales y, por tanto, permeable a sus dinámicas, canaliza y traduce dicha componente lúdica en ejercicios presuntamente coherentes y disciplinares.

Asociadas a factores diversos ya estudiados, las décadas de los 60 y los 70 del siglo XX representan un periodo especialmente juguetón en arquitectura. Desde el Movimiento Moderno, piedra fundacional de la contemporaneidad, es difícil encontrar una fase tan activa, militante y aplicada en la incorporación del juego y sus estrategias como la Arquitectura Radical a estudio. Para los *etiquetados* en este grupo la arquitectura será juego, distanciándose de la formalidad y sensatez de los movimientos precedentes que, como veremos, calculaban y limitaban la disciplina en ejercicios reconocibles (la rutina banhamiana).

## Aproximación táctica al concepto

*En la esfera del juego las leyes y los usos de la vida ordinaria no tienen validez alguna. Nosotros "somos" otra cosa y "hacemos otras cosas" (...) ese ser otra cosa y ese misterio del juego encuentran su expresión más patente en el disfraz. La "extravagancia" del juego es aquí completa, completo su carácter "extraordinario". El disfrazado juega a ser otro, representa, "es" otro ser.* (Huizinga, 1972: 225 y 26)

El juego es *JUGAR* (RAE), es decir, el juego se *hace*, es verbo, acción, movimiento; es dinámico, activo, ágil, alegre. Retoza en acto, se contonea, es efervescente, se agita y está de paso. No es posible detenerlo, congelarlo y se escapa de cualquier intento de fotografiarlo. El juego es difícilmente retratable porque, como un texto de Bataille o una película de Godard, se desliza entre los dedos al tratar de contener su desarrollo. Como dice Gadamer, *todo jugar es un ser jugado* (Gadamer, 1991: 149).

El juego es caprichoso, es irreverente y ambicioso. Proselitista y engreído narciso que pretende que todos participemos de su locura, que apartemos la utilidad de la producción para abandonarnos al descrédito de su superficialidad y locura. Naturalmente muy pocos, casi ningún agente social responsable ha caído en su infantil trampa... afortunadamente los arquitectos radicales si sucumbieron a sus cantos de sirena.

*Me gustaría que fuéramos todos artistas, o ninguno, como éramos cuando hacíamos dibujitos, barcos, naves, molinos, teleféricos y telescopios. Me gustaría pensar que el antiguo estado feliz que he conocido se pudiera, de alguna manera, recuperar: aquel estado feliz en el cual el "design", o el arte- el llamado arte-era la vida, en el cual la vida era el arte, quiero decir era la creatividad, quiero decir era la conciencia de la propia pertenencia al planeta y a la historia pulsante de la gente que está con nosotros.* (Sottsass en Pettena, 1996: 284)

Se juega porque cuesta olvidar que fuimos niños. O lo que es lo mismo, jugamos porque aún recordamos la importancia de apartar la vida, aunque sea momentáneamente, de significados y representaciones trascendentes, relevantes o serias. Jugamos porque intuitivamente sabemos que eso es lo opuesto al trabajo... y la insustancialidad (para algunos merceológica, se entiende) es liberadora en ocasiones.

Pero no es sólo que el juego sea *liberador y recreativo* (Schiller), la espita de *energías excedentes* (Spencer), que sirva a *propósitos sociales* (Vygotsky) o *psicoanalíticos* (Freud); jugamos porque el juego es para *distraerse* (Aristóteles) o porque es *placentero saltar, gritar, danzar y jugar unos con otros* (Platón).

O lo que es lo mismo: jugamos porque *nos gusta*, nos proporciona un placer intenso e inconfundible, la sensación de estar haciendo algo benéfico, profundamente vital y apasionado. El juego es tan hedonista que no se puede jugar y no *saber* que se está jugando; porque implica un compromiso activo, nos obligamos a entrar *dentro* del espacio del juego.

*Los juegos (también en el diseño) están todos por hacerse.* (Branzi en Pettena, 1996: 257)

Se diría que, en la esfera social y con mayor o menor frecuencia, todos jugamos al someternos voluntariamente a la perdición de la improductividad del mercado en aplazamientos temporales. Ya sea en un partido de baloncesto (como jugadores o espectadores, lo veremos más adelante), un baile, los videojuegos, *hacer el amor* (Navone y Orlandoni, 1974: 12), la lotería o una partida de cartas; el juego está presente en la vida y sus dinámicas se aplican descuidada e instintivamente al formar parte de la mera cotidianeidad. Actualmente, de existir un acuerdo colectivo, un posible *contrato social* (a la Rousseau) en torno al juego y su utilización reside en el límite de *cuando* jugamos: jugamos cuando *no* trabajamos (tras la revisión del concepto productividad en revolución industrial) y en su caracterización como lo opuesto a la producción útil (al Sistema) reside su debilidad, su infantilización y mala prensa.

Se diría que en la sociedad postcapitalista la nítida división urbanística estructurada en la Carta de Atenas (*trabajar, recrear, circular y habitar*- Le Corbusier, 1959: 50) ha conseguido apropiarse del todo y permear en la psique colectiva produciendo estados de ánimo como metáforas de dicha división categórica y excluyente. O se juega o se trabaja (quizás entre medias habitamos y circulamos).

Pero la arquitectura es algo serio, cabal, duradero, metódico, respetable y literalmente productivo, por lo que el juego no debería considerarse ni tan siquiera como posibilidad arquitectónica... ¿o sí?

*Tras cada expresión de algo abstracto hay una metáfora y tras ella un juego de palabras. Así, la humanidad se crea constantemente su expresión de la existencia, un segundo mundo inventado, junto al mundo de la naturaleza.* (Huizinga, 1972: 16)

Es poco útil aproximarse al concepto juego de forma *neutral* o *desinteresada* al representar un fenómeno presente, variable y matizado socioculturalmente. Desde la consideración de su *composición* (si puede hablarse de ésta) implica frecuentemente la necesidad de libertad y gratuidad, la acotación reglada, el consenso y la incertidumbre frente al resultado (RAE). Sin embargo, todas son categorías con múltiples desvíos que complican detallar un significado *operativo* del juego. Además, un conocimiento intuitivo del mismo se puede confundir con el juego del niño o estados cognitivos previos con el consiguiente desprestigio o descrédito (sólo juegan los niños) del mismo. Un conocimiento empírico nos puede llevar a asimilarlo con lo no serio, con una pura broma. Nosotros nos posicionamos, junto a Schiller, en una descripción ampliada de la importancia del juego.

Las investigaciones sistemáticas del juego demuestran su adscripción prioritaria (no contingente) a la esfera humana, el juego es *coherente* con la vida porque al jugar (nos) conocemos, (nos) descubrimos, (nos) comprendemos, consensuamos, nos relacionamos y sus correspondientes formas reflexivas. Considerar el juego como algo relevante y dotado de mucho sentido (distinto de lo irrelevante o ridículo, lo innecesario o superfluo) es imprescindible para la perfecta comprensión de este capítulo/territorio.

A partir de aquí es preciso (y más emotivo) un acercamiento *táctico* al juego que además incorpore el *arte* como variable para asumir coordenadas comprometidas en la presente investigación. Este capítulo analiza precisamente las posibilidades de un *arte jugado* que contribuya a la expansión de una *nueva ideología (artística) lúdica*.

*Nosotros (Superstudio) somos los primeros peregrinos de la alegría de vivir.* (Gargiani y Lampariello, 2010: 21)

Para empezar dicha contextualización nos remitiremos a la bibliografía esencial que conecta la actividad artística con el juego, desde la perspectiva lúdica anti-innovación de Platón a la ironía de Rorty pasando por la relación juego-belleza de Schiller, la actividad artística como forma superior de la vida lúdica de Karl Groos (Groos, 1899), Gadamer, E. Grosse y la instrumentalización lúdica del psicoanálisis para situarnos en un plano de realidad (nota: *Acaso sea lícito afirmar que todo niño que juega se conduce como un poeta, creándose un mundo propio, o, más exactamente, situando las cosas de su mundo en un orden nuevo, grato para él. Sería injusto en este caso pensar que no toma en serio ese mundo: por el contrario, toma muy en serio su juego y dedica en él grandes afectos. La antítesis del juego no es gravedad, sino la realidad- Freud*) y para vincularlo con el arte de los años 60 y 70 (performances, environments, arte povera, ambientes psicodélicos...) y la Arquitectura Radical a estudio.

Pero, ¿qué papel ocupa el arte (y el juego) en la vida? Ya apuntamos que Dadá y el surrealismo se ocuparon de la brecha entre trabajo-creación y que desde 1958 la *Internacional Situacionista* (Perniola, 2008) se apropia del lado más avanzado de éste en la no distinción entre arte y vida, superando el juego la esfera de lo *estético* para situarse en lo *socio-cultural*; en disposición de gobernar la propia existencia. Un salto jerárquico difícilmente alcanzable en la práctica como ha demostrado la limitada repercusión de las propuestas "situacionistas" que, sin embargo, siguen disfrutando de una posición crítica privilegiada como referencia para experiencias posteriores y como pauta de comportamiento de lo lúdico como contexto fundamental para verificar la superación del arte.

En la relación arte-juego encontramos dos escalas críticas opuestas: una concibe el juego como aspecto para la expresión del arte y el segundo interpreta el arte como parte de la actividad lúdica del hombre. En el segundo grupo será Herbert Marcuse quien, reivindicando ciertas ideas de Freud y tomando la estética del juego de Schiller, actualiza la *ideología lúdica* al ponerla al servicio de lo político, estrato donde el juego puede contribuir a la emancipación del hombre y enfatiza su importancia señalando "*la dimensión estética como una especie de patrón para una sociedad libre*" (Marcuse en Marchán, 1986: 186). Idea fundamental para esta investigación por introducir en la discusión cierta condición *mediadora* del juego, a caballo entre la realidad (cotidiana) y la ficción (extraordinaria).

*En el juego, por ejemplo, la conciencia y su actividad están unidas sin fisuras ni titubeos. El sujeto vive en la acción, vigila y registra puntualmente el desarrollo de los acontecimientos y, por último, subordina al juego todos sus recursos mentales (...) no es de extrañar que el hombre haya vivido este estado de concentración como una experiencia de máxima plenitud.* (Marina, 2012)

Pues bien, será dicha capacidad *mediadora* del juego entre la realidad y lo estético lo que nos interesa analizar y destacar por su carácter performativo. De esta manera el juego se separa del terreno limitado/utópico (autónomo, ideal, no realista...) de lo estético y se transforma en herramienta que permite operar en la vida de forma *realista* para modificar sus estructuras (consistentes, establecidas, aburridas...) desde dentro... o casi. Lo fascinante de las pautas *operativas* del juego como *estrategia* es que se compromete y negocia con la vida en un equilibrio constante entre lo habitual y lo insólito, entre lo serio y lo exagerado, desplazando su posición crítica al centro mismo de la cultura. De esta manera, asistimos secuencialmente al desplazamiento del juego desde lo inocuo e irrelevante a la magnífica posición *intervencionista* de transformar el mundo.

Presenciaremos, o mejor, construiremos la instrumentalización del juego.

Y es que el arte de todos los tiempos, y en especial el del siglo XX, incluye cierta idea de lo lúdico por ejemplo en Macke, Chagall, Mattise, Klee, Picasso, Miró, Calder, Ferrant ...etc en obras que la asumen en sus planteamientos artísticos. Frente a la concepción de la obra de arte como algo grave, sólido, trascendente, en conexión con verdades o pautas esenciales, estos artistas reivindican una práctica que incorpora el gozo, lo ingenuo o ligero, la intensidad del puro placer creador, el humor o incluso el chiste. Como es sabido las estrategias son diversas, desde lenguajes que se acercan al dibujo infantil (Miró, Klee), la ejecución material "chapucera" que se propone como acertijo visual al espectador (los collages de Picasso), el universo onírico que recupera los imaginarios infantiles donde animales, plantas y seres humanos se comunican, vuelan y metamorfosean (Chagall). Se configura un escenario donde el arte es un juego que sirve de revulsivo frente a la concepción trascendente del Arte (con mayúsculas). Más tarde el grupo CoBRA, al que pertenece Constant, recuperará muchas de estas estrategias, reivindicando la creación artística como algo similar al puro deseo creativo del niño (placer, comunicación, gozo, libertad).

Y no será hasta la llegada del surrealismo, dadaísmo, la Internacional Situacionista y posteriormente del pop art y la precipitación artística de las segundas vanguardias de los años 60 (minimalismo, povera, performances, land art...) cuando se desarrolle lo lúdico como estrategia *conscientemente* política, a caballo entre el arte y la vida. Al sacar el arte de los museos y entregárselo a la calle, la dimensión pública de lo estético se expandió. Como resumen apuntaremos únicamente propuestas lúdicas como en la Bienal de Nurenberg en 1968 (arte como juego-juego como arte), la Bienal de Venecia de 1970 (Espacios lúdicos y de relax) o la Documenta de Kassel de 1972 (Juego y realidad) .

## JUEGOS PRELIMINARES EN ARTE Y ARQUITECTURA

*No importan las canicas, lo que importa es el juego.* (Huizinga, 1972: 67)

La Arquitectura Radical a estudio cuenta con precedentes ilustres que exploran la condición lúdica como Cedric Price, Archigram o los Metabolistas con la casi anecdótica construcción de algunos edificios lúdicos relevantes (señalaremos al Centro Pompidou como el único de importancia internacional). Estos predecesores plantean edificios destinados a un despliegue lúdico como la *celebración pública* de nuevos habitantes en las Marine Cities de Kikutake o el *explícito* Fun Palace para mostrarnos claras expresiones del potencial del juego como estrategia proyectual

Como apunta Koolhaas la habilidad de Price *consiste en usar el ridículo y el humor para desmantelar una a una las ambiciones más sagradas de una profesión incuestionada (Obrist, 2003: 6).* El Fun Palace se reconocía precisamente por su *no parecido con absolutamente nada sobre la tierra (Banham en Obrist, 2003: 29)* gracias a su siempre incompleto armazón lúdico donde cualquier representación tiene cabida (ya fuera como laboratorio de la diversión o universidad de la calle). Dicha estructura para el placer activo nunca se completaba del todo, sino que devenía un proceso de posibilidades ilimitadas en una universidad de la calle que verificaba una de las premisas de esta investigación; y es que la obra de arquitectura, aquella producto del juego, deja siempre un espacio que hay que *rellenar*. (Gadamer, 1991: 34)

Precedentes lúdicos en arquitectura:

*El individuo unidimensional se caracteriza por su delirio persecutorio, su paranoia interiorizada por medio de los sistemas de comunicación masivos. Es indiscutible hasta la misma noción de alienación porque este hombre unidimensional carece de una dimensión capaz de exigir y de gozar cualquier progreso de su espíritu. Para él, la autonomía y la espontaneidad no tienen sentido en su mundo prefabricado de prejuicios y de opiniones preconcebidas* (Marcuse, 1965)

La arquitectura no es cosa seria. Resguardándonos en las palabras de Alejandro de la Sota cuando apostaba por *la seriedad de la vida frente a una arquitectura que da risa* (Sota, 1989: 15) trataremos de encontrar una genealogía del juego como filón arquitectónico; para ello una mirada atenta se topará enseguida con las estructuras "ligeras" (de peso y contenido) de las exposiciones universales. La Total-Expo de Kenzo Tange en Osaka de 1970 o la exposición universal de Estocolmo en 1930 de un Asplund gigante (iniciadora de la modernidad en Escandinavia) los cuales, gracias a su carácter festivo, la disciplina tolera. El paternalismo oficial olvidará rápidamente cualquier travesura infantil, básicamente porque durará poco.

Apuntaremos la hipótesis de que, históricamente, las arquitecturas lúdicas han compartido la negación de alguna de las verdades (metarrelatos) disciplinares. La Utilitas, Firmitas o Venustas no podían verse plenamente satisfechas y simultáneamente hablar con fluidez el idioma del juego, de esta manera los "edificios" sin *uso* realista (una follie-capricho o una arquitectura inhabitable-escultura), sin *consistencia* (las arquitecturas temporales, los pabellones-gazebos) o *feos* (las boutades, lo kitsch) generaban la distancia necesaria frente a la academia para no ser incluida en sus inventarios.

Es decir, el desplazamiento de alguna (o las tres) de las expectativas disciplinares/disciplinarias era necesario para poder salir de la esfera real (lo serio, la vida) y adentrarse en el territorio incierto de la ficción (lo no serio, el juego). Para la primera, el subjetivismo imperante en el romanticismo del siglo XVIII inició una serie de artefactos degradados al nivel de *capricho* arquitectónico precisamente por su desdén funcional ya que primaba la expresión artística (el gusto) frente a la función. La construcción de ruinas representa el grado más elevado de disfuncionalidad al combinar varias de las negaciones mencionadas.

La falta de consistencia o solidez se verifica fácilmente con los pabellones temporales o construcciones conmemorativas, así comprobamos la originalidad y extravagancia de propuestas como las de las Exposiciones Universales, plácidamente subversivas por su limitada duración (*imaginar* el pabellón Philips de Le Corbusier de 1958).

El tercer grupo perverso comparte el desinterés con la estética (la idea de la belleza) dominante en su época. Ideas como lo kitsch o lo vulgar se oponen al arte culto y los materiales nobles en forma de objetos desposeídos de cualquier aura elegante y equilibrada a favor de su contrario. El Pop Art, Arte Povera, Las Vegas o la idea *comúnmente aceptada* de la arquitectura Posmoderna están vinculados a esta desviación.

Se diría que la academia permite estos ejercicios traviesos con el paternalismo propio de quien se sabe poseedor de la verdad en un delirio consentido únicamente por su talante lúdico, por pertenecer a la esfera del juego (y estar, por ello, apartados de la vida real).

Como comprobaremos, la Arquitectura Radical a estudio está *siempre* dentro de la esfera del juego en obras divertidas, críticas, simbólicas, mutantes, ácidas...etc.

Nota: Conviene apuntar que las fantasías tecnológicas de los ilustres precedentes Archigram y los Metabolistas en el juego no suceden como mediadores sino como forma de Utopía (no está en medio -como el *teatro* de Friedman- sino totalmente fuera del Sistema. Extrañas al sistema/vida.

# INTRODUCCIÓN (LÚDICA) A LAS TEORÍAS DEL JUEGO

Introducción lúdica

*La humanidad del juego humano reside en que, en ese juego de movimientos, ordena y disciplina sus propios movimientos de juego como si tuvieran fines.* (Gadamer, 1991: 31)

Cualquier análisis riguroso sobre el juego debe estructurarse desde el trabajo de 3 autores nucleares: Huizinga, Gadamer y Rorty. La discusión se apropia de conceptos y categorías del texto seminal del juego y se actualiza, completa o matiza con el resto de los textos mencionados. Con el análisis de los conocidos libros: *Homo ludens, La actualidad de lo bello* y *Contingencia, ironía y solidaridad* respectivamente inicio la articulación de este capítulo, esencial para entender las dinámicas, planteamientos, las actitudes (y en definitiva: proyectos) de la Arquitectura Radical. Creemos que la *redescripción metafórica* de la realidad/ naturaleza que realizan los agentes radicales es incomprensible sin apoyarnos en el juego.

## *HOMO LUDENS RADICALIS.* JOHAN HUIZINGA

*John Ruskin ve a los hombres, desde un principio, divididos en "dos razas: una la del trabajador y la otra la del jugador".* (Huizinga, 1972: 125)

El autor sostiene que la designación de *homo faber* (el que hace, o fabrica. Nota: ¿el arquitecto?) es inadecuada y opone la del *homo ludens* (el que juega). El libro se ocupará de la pormenorización cultural del hombre a partir del concepto del juego: *El juego traspasa los límites de la ocupación puramente biológica o física. Es una función llena de sentido (...) Todo juego SIGNIFICA algo.* (Huizinga, 1972: 125)

Para acotar el significado del juego en el *plan de la vida*, Huizinga toma como punto de partida de su investigación la importancia (*considerable*) del mismo y desarrollará que el juego cumple una *finalidad, si no necesaria, por lo menos útil.* (Huizinga, 1972: 12) analizando ficciones, impulsos y fenómenos en torno a esta idea (¿por qué se entrega el jugador a su pasión?). El texto desarrolla una hábil estructura dialéctica entre el juego y su propia naturaleza libre para apuntar que: *Considerado desde el punto de vista de un mundo determinado por puras acciones de fuerza es, en pleno sentido de la palabra, algo superabundans, algo superfluo* (Huizinga, 1972: 125). Concepto esencial al establecer una primera pauta para su reconocimiento: el juego es algo redundante, el juego es un *exceso*.

Y prosigue en su conceptualización introduciendo otra variable esencial: su necesidad se verifica por el propio placer que experimentamos y además podemos suspender su actividad o cesar por completo el juego en cualquier momento. O sea, que es una actividad *libre* que no se realiza por una necesidad física (entiéndase fisiológica/biológica) ni un mandato moral.

A continuación sorprende la función escalar, o arquitectónica, que Huizinga le otorga al juego cuando establece que: *El juego se aparta de la vida corriente por su lugar y su duración. (Está) "encerrado en sí mismo".* Es decir que se juega en tiempo de ocio. Concepto fundamental este; el juego tiene asignado un lugar, se acuerda un espacio y un tiempo determinado. Más adelante lo subraya: *Se juega dentro de determinados límites de tiempo y de espacio. Agota su curso y su sentido dentro de sí mismo* (Huizinga, 1972: 22). Es decir, el juego está *acotado*.

Más adelante afirma la condición consciente, negociada entre las partes del juego porque *nosotros jugamos y sabemos que jugamos; somos, por tanto, algo más que meros seres de razón, puesto que el juego es irracional.* (Huizinga, 1972: 125)

Si continuamos la lectura del texto encontramos argumentos útiles para la discusión al incorporar el sentido del orden implícito en la idea Juego y afirma: *Dentro del campo de juego existe un orden propio y absoluto (...) el Juego crea orden, es orden. Lleva al mundo imperfecto y a la vida confusa una perfección provisional y limitada. El juego exige un orden absoluto* (Huizinga, 1972: 125). Es decir, el mismo concepto Juego precisa de unas *reglas*, un marco de entendimiento rígido porque *la desviación más pequeña estropea todo el juego, le hace perder su carácter y lo anula.* (Huizinga, 1972: 23). Frente a las reglas del juego no cabe ningún escepticismo. Con lo que Huizinga nos proporciona otro concepto esencial a considerar: el juego *tiene reglas*.

Y prosigue en su descripción de dichas reglas para argumentar, con razón, que la propia invención de las reglas implica un alejamiento del sentido corriente de la vida. El propio hecho de establecer las reglas del juego construye un escenario fuera del mundo real. La cancelación de lo exterior-real para el advenimiento de lo interior-*juego*. Los jugadores son conscientes de "ser de otro modo". En sus propias palabras:

*En la esfera del juego las leyes y los usos de la vida ordinaria no tienen validez alguna. Nosotros somos otra cosa y hacemos otras cosas.* (Huizinga, 1972: 125)

Fascinante proposición que implica la excepcionalidad del juego, su demarcación y abstracción respecto a la acción corriente. Lo anterior subraya el desplazamiento del sentido ordinario (o racional) asignado a la vida (productiva?). Su consciencia de ficción (como la mítica fiesta celebrada en NuevaYork en 1931 con Van Allen disfrazado de *su* edificio Chrysler).

Paradójicamente, a pesar del epílogo anti-juego de las Artes del final del capítulo y quizás no siendo dominante en esta investigación (pero no por ello menos curioso) subrayaré las afinidades retóricas (programáticas) del texto de Huizinga con el mundo del arte, la arquitectura y en particular con la Arquitectura Radical a estudio. Por ejemplo cuando afirma:

*Las palabras con que solemos designar los elementos del juego corresponden, en su mayor parte, al dominio estético. Son palabras con las que también tratamos de designar los efectos de la belleza: tensión, equilibrio, oscilación, contraste, variación, traba y liberación, desenlace. El juego oprime y libera, arrebata, electriza, hechiza* (Huizinga, 1972: 23). Casi parece un manifiesto de activismo artístico y social, un programa de necesidades radicales en la órbita situacionista.

Si avanzamos en la lectura, y ya dentro del capítulo titulado: *Juego y competición, función creadora de la cultura*, Huizinga nos introduce en el elemento lúdico de la cultura y la capacidad de ésta última de conformarse en forma de juego. Para ello establece una primera caracterización estructurada en torno a los conceptos de tensión, incertidumbre y, por encima de las anteriores, al carácter antitético del juego (lo agonal), estableciendo la necesidad de que en el juego *confluyan dos bandos*. Sólo apuntaremos, al desviarse de los objetivos prioritarios de esta investigación, las afinidades de estos protocolos con la Arquitectura Radical, que seguramente se podría definir no tanto por sus afirmaciones, por sus rasgos comunes sino por su condición antitética frente a otro jugador. Lo que agrupaba a la Arquitectura Radical como *equipo* (*el lugar cultural o corriente energética* de Branzi, en Navone y Orlandoni, 1974: 13) era la certeza de que existía *otro bando* al que había que desafiar, contra el que había que jugar (numerosas declaraciones ya vistas junto a la formación de la GlobalTools apoyan esta hipótesis). Es posible que la Arquitectura Radical perdiera muchas batallas pero ganó algunas y además la partida sigue en juego en Rem Koolhaas, Zaha Hadid, Peter Eisenman

Encontramos otra característica transversal del juego según la teoría de Huizinga que interesa resaltar, seguramente subliminal en lo ya expuesto y por ello no evidente. La idea la encontramos salpicada en buena parte del texto en la forma de: arrebato, entusiasmo, consagración, regocijo, frenesí y que podríamos resumir como el *placer* implícito a toda forma de juego. El juego no es simplemente una construcción social acotada como vía de escape de energía excedente falta algo esencial en esa descripción. El juego es diversión, excitación y goce vital.

Nota: En este punto resulta conveniente trazar otro paralelismo con el situacionismo, movimiento casi omnipresente en este texto y que valora especialmente el concepto de juego, llevándolo hasta el límite como expresión vital y social al abolir cualquier *separación entre juego y vida corriente, entre broma y compromiso*. (Perniola, 1972: 28)

Detengámonos un instante en los cinco argumentos anteriores por su importancia para verificar la hipótesis de que la arquitectura (radical) se *juega* (Huizinga enumera infinidad de etimologías y vocablos en diferentes idiomas como argumento de sus tesis. Para esta investigación interesa su forma inglesa: to play architecture-como se toca un instrumento, se juega al baloncesto ).

La *arquitectura jugada*:

1. Es *redundante* (un exceso, que resuena en la *Generación exagerada*-Branzi, 2014)

2. Está *acotada*

3. Implica un *desplazamiento del sentido ordinario* asignado (es una ficción)

4. Tiene *reglas*

5. Es *placentero*

Y a partir de ellos ensayaremos una categorización de la Arquitectura Radical como juego. Las escalas oscilarán entre la puramente conceptual/teórica a la más reducida de proyectos específicos de este periodo. Valga una matización inicial, las obras analizadas -con el único propósito de *ilustrar* las hipótesis apuntadas- no pertenecen (¿acaso algo pertenece?) en exclusiva (como los *lujosos Alojamientos* de Exodus-Koolhaas, 1995: 19) a los conceptos mencionados. Son perfectamente intercambiables, navegan, juegan entre las categorías. Animamos a hacer la prueba.

## Redundancia y exageración

*Empezaré con un hecho básico: un organismo vivo normalmente recibe mas energía de la que necesita para su mantenimiento vital. Si este exceso no puede ser completamente absorbido en su crecimiento, debe ser gastado, voluntariamente o no, gloriosamente o catastróficamente.* (Bataille, 1991: 10)

Si analizamos el concepto *redundante* vemos que puede ser (al menos por ahora) *sobreabundancia, repetición o uso excesivo de una palabra o concepto* (RAE). ¿Por qué la Arquitectura Radical es sobreabundante, un exceso

1-ARCHIZOOM. Superarchitettura (1966)

del sistema?, ¿cualitativa o cuantitativamente sobrante?

Con carácter previo podríamos afirmar que *toda* la Arquitectura Radical es conceptualmente redundante porque es el *sobrante*, el volcado propositivo, teórico, crítico, proyectual, objetual absolutamente desmedido (sin escala, ver territorio Ciudad) que se produce como *excedente* del sistema (económico, arquitectónico, artístico, design...) tanto a nivel cualitativo como cuantitativo. Sólo desde esta hipótesis se pueden entender la propia posibilidad (a la Borges) de obras como Superarchittetura (abundancia Pop. 01), El Edificio Residencial para el Centro Histórico (02), las Dream Beds (exceso del sistema del Design), la Non Stop City (hipérbole del concepto "espacio acondicionado") o la Tenda Tempio (una superposición/palimpsesto o tautología, se repite la casa en la casa).

## Acotando el terreno de juego

La Arquitectura Radical, como juego compartido por diferentes agentes, ha sido oportunamente acotada por la historiografía tanto geográfica (Gran Bretaña, Italia, Austria, Estados Unidos, Francia ) como cronológicamente (los años 60 y 70). De la lectura de la propia investigación se desprende que el autor de esta investigación se desmarca de estas categorizaciones al ser, necesariamente, intelecciones o invenciones forzadas. Tuercen y deforman la realidad para su mejor digestión colectiva. Por ello no desarrollaremos esta escala de acotación. Según la RAE "acotar" significa *delimitar el ámbito o espacio de algo* además de *elegir, aceptar, tomar por suyo*. En términos generales, la arquitectura *tradicionalmente* acota el espacio. Se podría decir que es su *especialidad*. No será éste, por evidente, el tipo de acotación que analizaremos a continuación.

No debemos olvidar que estamos tratando de verificar la condición lúdica de la Arquitectura Radical por lo que desarrollaremos una teoría

2-ARCHIZOOM. Fotomontajes urbanos (1969)

de acotación *lúdica*. Necesariamente ésta sería la que verifica todas las condiciones generales apuntadas anteriormente. Una acotación *redundante, ficticia, con reglas y placentera*.

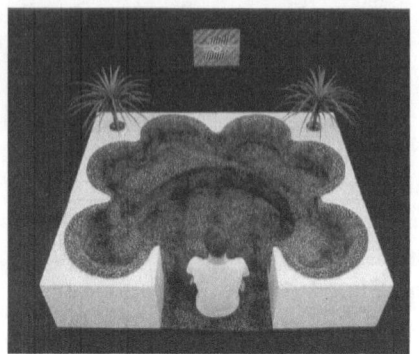

Breve y respectivamente podemos caracterizar esta categoría con obras como *Oasis* (se monta sobre un superpalacio, es una ficción espacial, casi ciencia ficción, con reglas escritas, muestra el placer del oasis con su palmera, *Clay House* (se añade físicamente, es pura ficción de proteger, existen instrucciones de aplicación, es altamente placentera -menos para el propietario), *5 Storias/Supersuperficie* (Se multiplica, con la ficción de otro habitar en films teatrales como prueba, evidentes reglas escritas, junto al placer implícito del nuevo habitar en imágenes sugerentes), *Divano Safari* (como excedente del Buen Design, literal ficción con la piel de leopardo falsa y la jungla representada, con reglas implícitas y explícitas, y *un caballo de Troya* muy placentero- Gargiani, 2007: 48. 03), *Inflato Cook Book* (que acota un puro juego, al margen de lo ordinario, con reglas escritas en forma de guión y muy placentera. 4), *La No Stop City* (la repetición de los espejos, junto a la ficción política/social del capitalismo, las reglas presentes en la propia estructu-

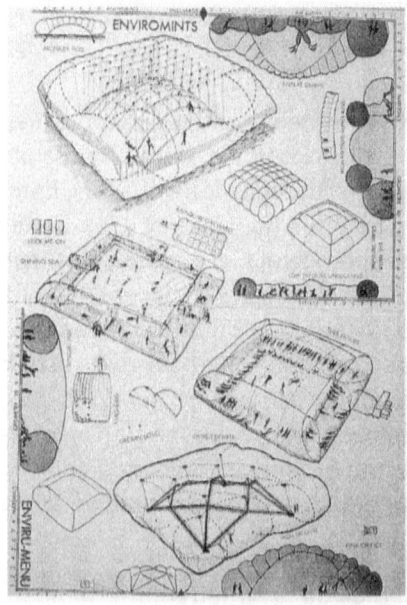

3-ARCHIZOOM. Sofá Safari (1967)
4-ANT FARM. Inflato cook book (1970)

ra proyectual, placentera según para quien), *Piatti* (que excede al plato- redefine el concepto *decoro* como un extra/pegatina, la ficción del uso ordinario de comer, el límite interior circular, el placer derivado de la belleza. 5), *Villa Rosa* (redundante porque ya está a cubierto, además es efímera-irreal, hay reglas escritas en el propio programa para provocar la explosión y el placer de los sentidos. 6) o la Oficina Móvil (que redunda al protegernos de un ambiente perfectamente habitable, finge ser una oficina realista, con reglas derivadas de su propio envoltorio y con el placer de la extrañeza como síntoma).

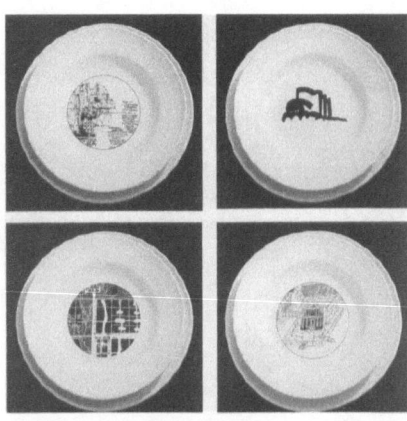

## Ficciones radicales

La *ficción* (no confundir con Utopía, que se recorre en Indisciplina y es otra cosa) se define por la RAE como la *acción y efecto de fingir* o bien *invención, cosa fingida* o bien *clase de obras literarias o cinematográficas, generalmente narrativas, que tratan de sucesos y personajes imaginarios.*

Concepto de segura convivencia con el Simulacro (Baudrillard, 1972) de realidad, sucedáneo de lo real que hemos visto en Posmodernidad y apropiado para entender la Arquitectura Radical. Se nos antoja impensable desvincular estos proyectos de la ficción al ser pura imaginación, auténtico fingir (fake) arquitectónico. Las claves las encontramos en las propias estructuras programáticas, simbólicas y operativas de la

5-Remo BUTI. Platos (1975)
6-COOP HIMMELBLAU. Villa rosa (1968)

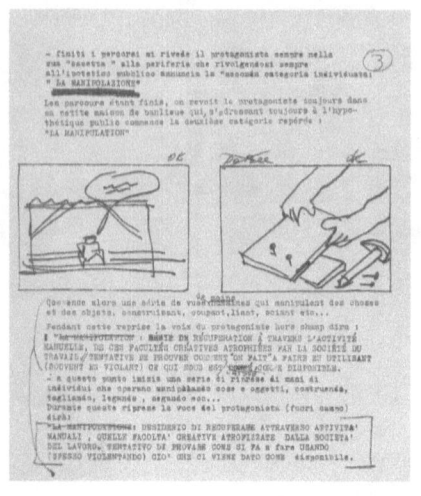

Arquitectura Radical que se mantienen explícitamente (*No es posible no pensar en un mundo organizado de otra manera; en el que la gente sea más feliz y consecuentemente todas las disfunciones actuales se eliminen* – Grupo Strum en Pettena, 1996: 203) al margen de la realidad (que aborrece, por cierto), para imaginar una realidad alternativa (según actitudes variadas, con matices o incluso apocalíptica). La Arquitectura Radical escribe una *realidad-otra* (Augé, 1993).

Obras como *Imprisonment*, *Il pianeta come festival*, *Máscaras*, *Mis alas*, Los *happening* del grupo 9999, la *Reapropiación de la ciudad* (7) o el *Mindexpander* informan acerca de ficciones exactas que desbrozaremos en las siguientes subcategorías:

A) Ficciones gráficas, construcciones o estados imposibles:

En Imprisonment (8) o Grass Architecture, Gianni Pettena relata, en las imágenes que ilustran la ficción narrativa, escenarios improbables u oníricos donde las estelas de unos aviones se entrelazan asombrosamente o donde el paisaje altera su naturaleza y se recorta, alza o pliega artificialmente. 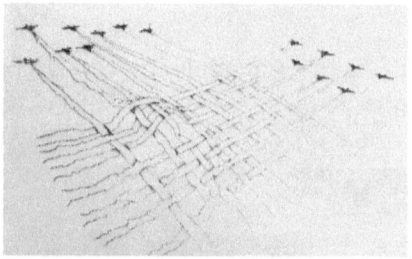 Algo diferentes son las Máscaras o Mis Alas (9) de Mario Terzic, quien nos muestra una praxis conceptual de *acciones reales en un contexto fantástico* (Pettena, 1996: 215) que, una vez planteadas, nos impiden la contemplación

7-UGO LA PIETRA. Reapropiación del ambiente (1977)
8-Gianni PETTENA. Imprisonment (1971)

habitual del hombre como animal que *asombrosamente* no puede volar o del rostro como expresión fiel de los estados de ánimo. Similar es el planteamiento del Face-Space (10) que *objetifica* las expresiones faciales como reflejo del estado de ánimo del usuario. Se construye un soporte distanciado y ficticio para la sonrisa que se transpone en *colores alegres* o la tristeza que se traduce en *iluminación de color azul*.

B) Mundos alternativos/ciencia ficción:

Ficciones también narradas por un precedente/iniciador de lo radical:

*He proyectado imaginando que alguien se ha separado con el pensamiento y la acción de la moral del hombre "trabajador-productivo" y ha comenzado a pensar que los hombres pueden vivir (si quieren) para vivir y pueden trabajar, si quieren -si acaso-para darse cuenta con el cuerpo, con la psique y con el sexo, que están vivos.* (Sottsass en Pettena, 1996: 191)

El manifiesto construye un escenario alternativo, simulado y ficticio donde el hombre no vive únicamente para *trabajar, producir y consumir* con el consiguiente desplazamiento de la

9-Mario TERZIC. Mis alas (1970)
10-COOP HIMMELBLAU. Face space-Soul flipper (1969)

 realidad, necesario para imaginar *Il Pianeta Come Festival* o los Mobili Grigi.

Artefactos destinados a satisfacer las necesidades de los habitantes *vivantes* y hedonistas del universo sottsassiano.

Coherente en la crítica a la realidad aunque operando con herramientas diferentes, la serie de proyectos "urbanos" de Superstudio como el Monumento Continuo, la Supersuperficie, la Arquitectura Interplanetaria o las 12 Ciudades Ideales se pueden analizar también como visualizaciones de mundos alternativos. Éste último representa un catálogo de 12 patologías existentes (la soledad, la decadencia ) inscritas casi directamente en la ciencia-ficción por ejemplo en la hermética visualización de la New York of Brains (11), claro guiño a la película 2001: Una odisea en el espacio de Kubrick (estrenada en 1968).

Algo similar, aunque con una agenda política menor y una mayor implicación tecnológica y ambiental, encontramos en la serie de los Mindexpander: *Tus ojos vagan al ritmo de la respiración. Sobre líneas rojas y azules. Las líneas se convierten en el ritmo, el ritmo empieza a cerrarse. Eso te hace feliz. El viaje ha comenzado.* (Steiner, 2008: 22). Se percibe la derivación hacia una ficción esencialmente sensorial, casi una anticipación de la realidad virtual en la que se valida la emancipación de la mente del resto de los sentidos. Es decir, los autores no necesitan imaginar una realidad (política, en el caso de Sottsass y los italianos) alternativa para crear sus cascos sensoriales porque dichos cascos *fabrican* dicha realidad alternativa.

A este grupo de mundos sensoriales alternativos podemos añadir buena parte de los hinchables de realidad ampliada e incluso la micro arquitectura de la pastilla verde de Hollein, que esencialmente crea una ficción psicodélica dentro de la serie de Proyectos de control ambiental no físico.

11-SUPERSTUDIO. Doce ciudades ideales (1971)

## Respetando las reglas del juego

Una *regla* es para el diccionario: *aquello que ha de cumplirse por estar así convenido por una colectividad.* Es preciso matizar el concepto para no asignarle el ingrediente riguroso, severo o moral que evidentemente aquí no tiene. Dicho talante lo podemos reservar a la dogmática modernidad. Añadamos, por tanto, el carácter lúdico transversal al significado para encontrar importantes matices: en la agenda radical hay reglas *blandas* (pero que no niegan el concepto de juego, para no ser los aguafiestas retratados por Huizinga), instrucciones de uso divertidas. Reglas hedonistas podríamos concluir.

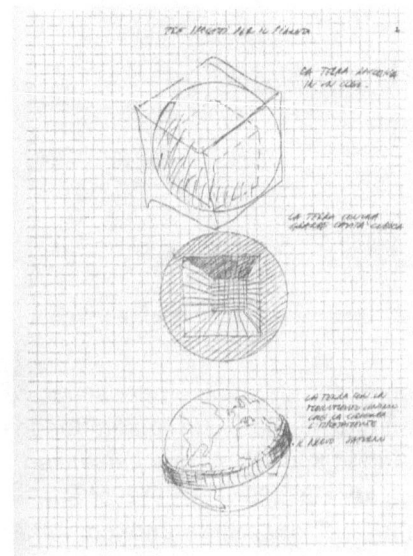

A partir de aquí encontramos numerosos ejercicios radicales donde la presencia de reglas es evidente. Entre ellas, naturalmente, las vinculadas con el formato artístico del *happening*, estructurado con reglas explícitas y escritas, pero también Laundry o Carabinieri, los Urboefímeros, 3 acciones para el planeta (12) o el Commutatore.

Entre las *intervenciones sociales* (casi performances, ver escenario *Arte*) destacamos la *Mesa de Billar Gigante* (13), entendida

12-SUPERSTUDIO. 3 acciones para el planeta (1970)
13-HAUS RUCKER CO. Billar gigante (1970)

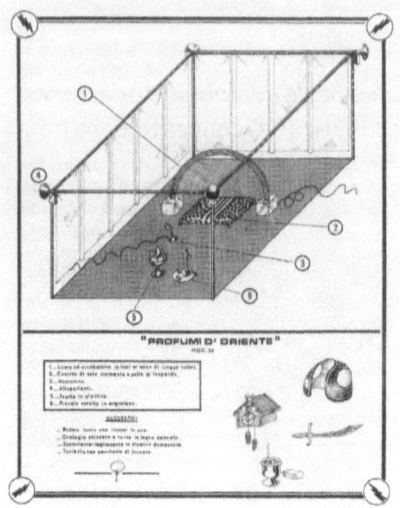 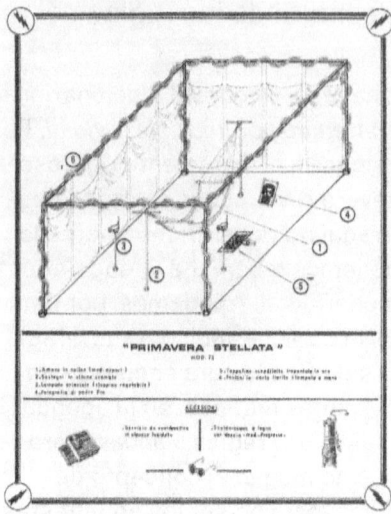

como tablero lúdico para *saltar, redoblar, flotar, caerse* (Steiner, 2008: 23) en una continua confusión donde el jugador es parte de la *obra de arte*, siendo a la vez *actor y juguete* en un dispositivo reglado por su aumento de escala (100 veces mayor que en cualquier cafetería) y su esponjosa materialidad. Sugerente combinación que invita al visitante a *participar* del juego estructurado según las *reglas blandas* que emanan del propio proyecto, esto es, súbete a esta *mesa* y libérate de las ataduras de la vida real, conoce gente, chócate con ellos y, sobre todo, diviértete mucho.

Otro ejemplo de mucho belleza, los Gazebos (14), son llamativos por la acotación explícita de las reglas en el propio formato "venta por correo"; la consiguiente especificidad y claridad de sus elementos e incluso en los accesorios que son susceptibles de ser utilizados para el mejor disfrute de sus cualidades (lúdicas). Éstos son episodios ficticios construidos con la ironía que precisan la participación del usuario/jugador para su consecución. Solo respetando las reglas acordadas, únicamente *desde dentro* del espacio reglado se puede disfrutar de los Gazebos, que representan auténticas máquinas lúdicas en genuinos

14-ARCHIZOOM. Gazebo (1967)
14-ARCHIZOOM. Gazebo (1967)

campos de juego plagados de *mitologías individuales* (tomando prestado el término de Simón Marchán, 1986: 181) de Archizoom como el rayo, la piel falsa de leopardo, los materiales sintéticos

## HEDONISMO Y ARQUITECTURA

Lo *placentero*, como hemos visto, se establece simétricamente y en paralelo al propio concepto de juego. Parece evidente que jugar tiene que ser placentero y una arquitectura placentera es literalmente (RAE) *gustosa, satisfactoria, gozosa*. Habrá que verificar que la Arquitectura Radical se instala en una poética del placer. En una palabra, hay que comprobar que es *hedonista* (y se abandona al placer). Nuevamente debemos referirnos a estrategias de apropiación y fusión de la vida y el arte (entendido como goce) y al filón situacionista. Al ser un concepto que impregna y define la práctica totalidad de estas obras no abundaremos en ella. Sólo animamos, para rastrear una metodología y puesta en práctica sistemática del *disfrute* en la Arquitectura Radical y a modo de ejemplo, a interpretar los proyectos Superonda (15), Vestirsi e facile, Soft Space, Restless sphere, sunglasses (16), las performances de Pettena o la Máscara global tools .

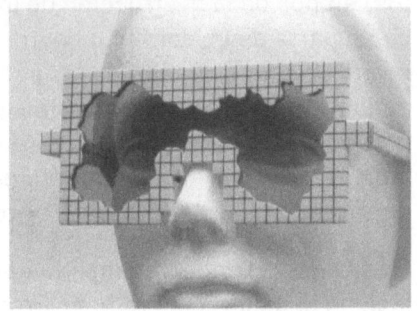

15-ARCHIZOOM. Superonda (1967)
16-Hans HOLLEIN. Gafas de sol (1973)

## El Potlach y las marmitas radicales

Mas adelante, Huizinga establece una subcategoría de lo agonal que también será interesante para los objetivos de esta investigación:

*El potlach es una gran fiesta en la que uno de los dos grupos, con toda clase de ceremonias y con gran despilfarro, hace regalos al otro, exclusivamente con la intención de demostrar su superioridad (...) en el potlach no se demuestra la superioridad tan sólo con el regalo de los bienes, sino, en forma más decisiva, con la destrucción del patrimonio propio, para poner fanfarronamente de manifiesto que se puede prescindir de él.* (Huizinga, 1972: 77)

Que un *cabecilla destroce una marmita de cobre* es una demostración de fuerza, un desafío. Lo que está haciendo ese jugador es retar al cabecilla contrario a que haga algo superior como, por ejemplo, *destrozar una canoa* (...) *El potlach es una juego serio, un juego fatal, a veces sangriento [como Pichler], un juego sagrado.* (Huizinga, 1972: 80, 77)

Es decir, la destrucción como forma de política. El establecimiento de un *lugar* de juego en el que ganar o perder depende de la capacidad objetiva de sacrificar lo propio, del desprendimiento de certezas (materia) propias.

La compleja negociación entre el concepto *potlach* y la Arquitectura Radical prueba la cercanía de este movimiento a las premisas lúdicas analizadas por Huizinga. Y es que, intuitivamente, el potlach parece la idea más alejada a las estructuras convencionales del juego y el disfrute. Sin embargo encontramos numerosas manifestaciones (y manifiestos) en pos de la destrucción de lo propio (la arquitectura, se entiende) como parte de un conflicto contra alguien. Conflicto aparentemente irresoluble en el ámbito de las estructuras de poder (culturales) heredadas con Branzi como extremo ideológico; la destrucción de las mismas será tarea prioritaria, urgente en la agenda (entendida en sentido inglés) radical. Del descontento pasivo a la militancia explosiva. Casi parafraseando a Le Corbusier: Arquitectura Radical = revolución.

Desde estas trincheras resulta natural la emergencia del concepto potlach en la generación radical. Programáticamente podríamos diferenciar dos caminos diversos, el primero asociado a la negación de las estructuras de poder, a la destrucción del status quo, a la desintegración del sistema en proyectos aparentemente "constructivos". A este grupo de destructores conceptuales en el interior del sistema los denominaremos también *caballos de troya* (Archizoom en Gargiani, 2007: 48).

Los *proyectos* que incluyen esta categoría, como no puede ser de otra manera, serán tan variados como textos programáticos (manifiestos ), performances, objetos de diseño industrial, arquitectura interior o edificios (obvio de cara al lector la molesta presencia de "comillas" en las categorías anteriores, ya que precisarían de su oportuna redescripción previa para su comprensión. Aplazaremos momentáneamente esta discusión a favor de la lógica del discurso aunque se sugiere su consulta en el diccionario radical).

Proyectos como el *Manifiesto molde* (Hundterwasser, 1976), las numerosas performances, el *Anarquitecto*, (Pettena, 1973), el *Mobiliario incendiario*, las Muestras de Superstudio o la *No Stop City* también subrayan esta condición *rompedora*.

Una categoría, en opinión del autor, mas restrictiva de destructores como parte de la fiesta *potlach-radical* la encontramos en aquellos agentes que participan *física u objetualmente* de la destrucción, de la explosión o la fractura. Obviamente, el hecho físico implica un posicionamiento conceptual previo pero, por su grado de inmediatez, o quizás su figuratividad, hemos optado por separar ambas manifestaciones como dos caras de una misma moneda.

Un activismo podríamos entender más directo, una militancia menos sutil en el grupo radical organizado, la kale borroka de la Arquitectura Radical.

17-ANT FARM. Cadillac ranch (1974)

Proyectos incluidos en esta guerrilla podrían ser: Hard Space, Chair, Cadillac Ranch (17), Fontana, Portaaviones, la Grass architecture, el Altar, el Stand de UFO o los explícitos y canallas de Street farmer (18).

## El concurso. Fracasos gloriosos

Por su interés en la investigación, y por su cercanía o familiaridad con la arquitectura, destacaremos otra subcategoría (o forma específica) del concepto transversal de lo agonal implícito en el juego: El *concurso*. De éste Huizinga dice: *El certamen por quién realizará la más bella obra de arte, que pervive todavía en los Prix de Roma, no es mas que una especialización de la arcaica competición por la que se decide el triunfo y la supremacía mediante una sorprendente capacidad en no importa que terreno (...) con el impulso de exceder a los demás y de obtener la victoria.* (Huizinga, 1972: 200). Es notable la elección de las palabras (ideas); lo que quiere el participante en un concurso es *exceder* a sus competidores, se diría que el propio impulso del concurso (su esencial condición de energía excedente) es un juego. Una suerte de tautología evidente también en el propio excedente de ideas/proyectos que se presentarán al concurso para un único ganador.

En cualquier caso, Huizinga va más allá en su defensa tácita y anticipatoria de la Arquitectura Radical como juego ya que más adelante afirma:

*Quien desconozca la larga historia de la competición en todo el mundo, pudiera considerar los concursos artísticos tales como existen todavía, como condicionados por meros motivos de utilidad. Se instituye un concurso para una casa ayuntamiento (...) para así estimular las dotes inventivas o descubrir a los mejor dotados y obtener los mejores resultados. Pero el motivo original de tales concursos no ha sido nunca tal propósito práctico. En el fondo se halla siempre la viejísima función lúdica de la competición.* (Huizinga, 1972: 17).

18-STREET FARMER. Street farmer 2 (1972)

Resulta evidente como el concurso, al ser un espacio de juego socialmente construido, se mantiene necesariamente ajeno a la realidad. Y sus objetivos no son prácticos, no están motivados por *meros motivos de utilidad*, son un excedente de energía creativa fuera del mundo real. Son deseable ficción. El concurso será el espacio natural del arquitecto radical y su coto de caza predilecto. Son numerosos los concursos *célebres* en el periodo estudiado, por su extensión y alcance nos limitaremos (ay, los límites...) a su mención y breve comentario. Destacamos:

1972 Concurso para la universidad de Florencia. Con propuestas como la de Archizoom que contravino las reglas (del juego) al firmar su propuesta (desmedida) porque: *los proyectos se firm*an (Gargiani, 2007: 199)

1972 Casabella. *La ciudad como ambiente significante*. Mítico concurso en el que participan buena parte de los radicales aquí retratados, Juan Navarro Baldeweg con una propuesta afín a la omnipresencia de la comunicación macluhaniana o Rem Koolhaas con un proyecto que analizaremos en conclusiones/recapitulación.

1972 Italy, *New domestic landscape* en el MOMA de Nueva York. Concurso y exhibición que ubica la radicalidad italiana (y otras cosas) en la escena internacional.

Las reglas de la competición los precisa Huizinga inmediatamente después*: Nadie podría sopesar en qué medida, en determinados casos históricos, se sobrepuso la pasión agonal al sentido utilitario, por ejemplo cuando la ciudad de Florencia, en 1418, instituyó un concurso para la cúpula de la catedral, que ganó Brunelleschi contra trece rivales. En todo caso, la atrevida idea de la cúpula no estaba dominada por la pura idea de utilidad (...) la ciudad medieval ofrecía ancho campo para espléndidas ideas lúdicas.* (Huizinga, 1972: 204)

Florencia como tablero de juego compartido entre Brunelleschi y origen de los radicales italianos, acaso Brunelleschi como primer arquitecto radical...

Proyectando la investigación momentáneamente hacia detrás y hacia delante con Nueva York y Koolhaas, resaltaremos un concurso excepcional que sucedió en el 12º baile de disfraces organizado por los arquitectos de Manhattan el 23 de Enero de 1931, con título: *"Fête Moderne: Una fantasía de fuego y plata"* cuando se preguntaron:

*"¿Que es el espíritu moderno en el arte? Nadie lo sabe. Es algo hacia lo que mucha gente camina a tientas, y a lo largo de ese camino deberían producirse cosas interesantes y divertidas".* (Koolhaas, 2004: 126)

Vemos como el concurso será el campo de batalla predilecto para jugar a la arquitectura en propuestas especulativas que, por su brillante libertad, compiten con el propio mainstream arquitectónico que los juzgará. Como Koolhaas cuando se pregunta: *¿Queremos ganar este concurso, o no?* (Koolhaas, 1995: 604) es notable y paradójica la trascendencia de estos juegos; los concursos realizados por OMA para la Biblioteca de Francia y las 2 Bibliotecas en Jussieu son excepcionales por su influencia en el curso de la historia de la arquitectura contemporánea a pesar de no estar construidos.

El primero se explica desde la propia memoria del concurso donde se declara que la ambición del proyecto es *liberar a la arquitectura de responsabilidades que ya no tiene y explorar violentamente esta nueva libertad* (Koolhaas, 1995: 604) y se formaliza como cualquier juego de mesa, desde lo casual y poco importante del podio sobre el que *tiramos 5 formas diferentes ups, bibliotecas: algunas redondas, otras cuadradas, algunas con patas, otras metiéndose en el podio, otras .etc. (*Koolhaas, 1995: 614).

Y las 2 Bibliotecas en Jussieu no son mucho más serias en su planteamiento inicial, se trata de hacer un edificio sin levantar el lápiz del papel a pesar del descrédito de este juego casi inconsciente para el autor del Homo Ludens, para el que es una *forma menor de lo lúdico* (Huizinga, 1972: 195); mediante este dispositivo flexible se logra un boulevard alabeado y continuo (la mejorada promenade architecturale del despistado flaneur contemporáneo) proyectando desde el juego una de las obras de mayor influencia en la arquitectura contemporánea.

Apéndice 01 : Uno de los objetivos adyacentes de la presente investigación será actualizar, dentro de sus limitaciones, la categorización que Huizinga hace de las artes en general, y en particular de la arquitectura, en relación al juego; concepto nuclear del *Homo Ludens.*

En el capítulo dedicado a las formas lúdicas del arte leemos:

*También el efecto de las artes plásticas es muy diferente al de las artes "músicas". El arquitecto, el escultor, el pintor o dibujante, el alfarero y, en general, el artista decorador, decanta su impulso estético en la materia con una trabajo aplicado y lento. Su creación dura y es permanentemente visible* (Huizinga, 1972: 196). Es inevitable que la sentencia anterior provoque cierto sonroje retrospectivo, evidentemente la obra se sitúa en un contexto cultural (el que pretende analizar, y al que pretende responder con la urgencia de su estudio, naturalmente valioso) poco favorable a la recepción de las artes plásticas como juego. Sería necesario esperar al derrumbe de las certezas modernas, al colapso de las estructuras de poder y simbólicas de la misma y al advenimiento de la posmodernidad para el consecuente desplazamiento de las metáforas que nos permiten describir el mundo a partir de entonces.

Y sigue: *El efecto de su arte no depende, como el de la música, de una ejecución especial por otros o por el artista mismo. Una vez acabada la obra de arte, inmóvil y muda, ejerce su acción mientras haya hombres que dirijan su mirada sobre ella. A consecuencia de esta ausencia de una ejecución en espectáculo (acción), en la que la obra de arte se hace viva y es disfrutada, parece que no hay lugar alguno para el factor lúdico en el dominio de las artes plásticas (...) y si, por un lado, no encontramos el elemento lúdico en la realización de la obra de arte, tampoco aparece en su contemplación y goce. No existe ninguna acción visible.* (Huizinga, 1972: 197)

El problema surge cuando la arquitectura ya no se *contempla* en una sociedad lúdica poststituacionista/postdadá/postsurrealista/postmoderna. Pues eso, obra de arte ni inmóvil ni muda. Ni espectadores ni obra.

Poco más adelante afirma: *Si en las artes plásticas su carácter de trabajo creador, de laboriosa artesanía, de oficio, se contrapone al factor lúdico, este fenómeno se refuerza todavía por el hecho de que la naturaleza de la obra de arte está determinada, en una gran parte, por su finalidad práctica* [el movimiento moderno encaja bien aquí] *y no por un motivo estético. La tarea del hombre que tiene que realizar algo es seria y llena de responsabilidades, de suerte que le es ajeno todo lo lúdico. Tiene que construir una casa que sea apropiada y digna para el culto, para reuniones o para vivir (...) La producción de las artes plásticas transcurre, por lo tanto, fuera de la esfera del juego y su colaboración sólo secundariamente es acogida en las formas del rito, de la fiesta, de la diversión y de los acontecimientos sociales.* (Huizinga, 1972: 198).

Como se ha argumentado anteriormente, en la agenda radical la *naturaleza de la obra de arte* (arquitectura) no estará determinada por una finalidad utilitaria, el propósito de dichos agentes no es construir *casas apropiadas* (Coop Himmelblau, 1938: 196) sino fabricar, evidenciar y movilizar herramientas críticas (siempre frente al poder, sea este político, artístico, social ). Creemos que la Arquitectura Radical verificará todas las condiciones necesarias para ser considerada dentro de las teorías del juego al responder a los cinco puntos analizados.

Por lo tanto proponemos una actualización del párrafo huizingano de la siguiente manera: La producción de las artes plásticas transcurre, por lo tanto, *dentro* de la esfera del juego y su colaboración *prioritaria además* incluye formas del rito, de la fiesta, de la diversión y de los acontecimientos sociales. Esto es fundamental y se entenderá plenamente *después* del análisis de Gadamer. En posteriores revisiones cabría también acometer la del juego según Huizinga como actividad *realmente libre* frente al convencional encargo de arquitectura, necesariamente imbricado en un contexto económico y condicionado por las reglas (que estás también lo son) del mercado.

## LA ACTUALIDAD DEL JUEGO. HANS-GEORG GADAMER

Nos centraremos en el análisis del texto fundamental para las teorías del juego: *La actualidad de lo bello. El arte como juego, símbolo y fiesta.* (aunque instrumental y puntualmente se utilicen otras obras del mismo autor)

La discusión de Gadamer trata de responder, con la ayuda de la antropología contemporánea a las cuestiones planteadas por la modernidad en el terreno artístico siendo la introducción del *arte* como concepto nuclear la revisión más relevante al "juego" de Huizinga ya analizado. Reconocimiento estético imprescindible para la presente investigación por dos razones: la primera es que ésta pretende caracterizar la arquitectura (radical, como forma de arte) como juego; y la segunda por revisar la tajante negativa de Huizinga en el *Homo Ludens* al incorporar el arte dentro de la esfera del juego por lo que el texto de Gadamer se podría interpretar como una redescripción actualizada del juego en lo relativo al arte.

Para su argumento, el texto se apoya en la muerte del arte: (...) *considerado en su determinación suprema, el arte es y sigue siendo para nosotros (...) algo del pasado* (Hegel, 1989; 14); y sin entrar excesivamente en su reconstrucción, al menos podemos apuntar la caracterización de Hegel de la agonía del arte clásico por el *"exceso de conciencia"* (Hegel, 1989: 196) del arte romántico (moderno) y como éste lleva aparejado la autodisolución del arte según su expresión vital en la Historia. Es decir, como la *consciente* ironía romántica (moderna, en el tiempo de Gadamer) asesta al concepto heredado del arte un golpe mortal al preferir la subjetividad. La *consciencia* como concepto transversal no ya para la construcción del texto sino para la correcta cualificación del estado mental de los radicales, plenamente conscientes.

Una de las primeras anotaciones del texto resulta reveladora de las intenciones programáticas de Gadamer al considerar, junto a Huizinga y Guardini, el juego como una *función elemental de la vida humana* (Gadamer, 1991: 31). De esta manera el carácter lúdico transversal, posteriormente acotado al terreno del arte, no se interpretará negativamente (o lo no serio, ya visto) sino que lo hará como *impulso libre* y *lleno de sentido* (Gadamer, 1991: 15). La renovada distancia o forma de ironía vital entre el juego y lo no serio resulta necesaria para entender cualquier intento posterior de descripción de lo lúdico en el terreno del arte.

## ¿Movimientos inútiles?

Para mi análisis subrayaremos una primera definición de juego como *movimiento de vaivén no vinculado a fin alguno* (Gadamer, 1991: 31) y la analogía o afinidad que traza entre dicho automovimiento como carácter fundamental de lo viviente en general (lo vivo lleva en si mismo el impulso de movimiento, es automovimiento). Para Gadamer el juego se manifiesta genéricamente como automovimiento sin fines, como fenómeno de exceso, como autorrepresentación de lo vivo y su particularización del juego humano reside en la posibilidad de incluir dichos fines conscientemente mediante la creación de *reglas*.

Es decir, el juego es *movimiento por el movimiento*, necesidad dinámica que caracteriza la condición de lo vivo en su versión circunstancial o

redundante. Concepto cercano al *exceso* huizingano ya desarrollado. La creación de las reglas será, además, la *construcción social* primordial para entender el juego humano.

*El juego es, en definitiva, autorrepresentación del movimiento del juego.* (Gadamer, 1991: 32)

Dicha consideración (con bases antropológicas en ambos) del juego como un *exceso*, es lo que utiliza Gadamer para caracterizar el arte como algo innato en el hombre. *Exceso* como concepto importante ya que al definir el juego como "el *automovimiento que no tiende a un final o una meta, sino al movimiento en cuanto movimiento*" (Gadamer, 1991: 31) se aproxima a la autonomía y el desinterés de lo estético apuntado por Kant. La autonomía del arte moderno explicita su vertiente lúdica. El arte como juego representa el ejemplo humano más puro de autonomía del movimiento, de libertad. Obras como las de La Pietra (19) o Pettena (20) ilustran este automovimiento del arte dentro de la esfera del juego.

Además es conocido que la arquitectura, en su acepción más común, no es autónoma sino que depende de intereses ciertos como son lo económico, político, social, cultural y su éxito coincide con la consecución práctica de las expectativas o metas planteadas. Por eso la emancipación real de la arquitectura (común) no se puede alcanzar en circunstancias normales. Éste es

19-UGO LA PIETRA. Inmersiones (1967)
20-Gianni PETTENA. Pig (1971)

un argumento esencial para entender por qué la Arquitectura Radical aplaza o suspende las expectativas habituales (consistencia, utilidad, belleza, espacio...), es decir, la *perversa* creación de una arquitectura *emancipada* le permitirá situarse al margen de los deseos colectivos y, consecuentemente, verificar una visión desinteresada y sin finalidad (económica, productiva, constructiva ) de la disciplina.

Tras fabricarse dicha libertad la Arquitectura Radical se puede analizar, por tanto, como *movimiento por el movimiento* en obras no-oficiales como los Fotomontajes de Archizoom (21) donde se evidencia la ausencia de seriedad o, incluso, competencia de las propuestas:

*La Metrópolis realiza la identidad y la armonía entre los intereses privados y el interés colectivo ( ) Dentro de una única ley objetiva del suelo y del espacio, como realidades necesariamente homogéneas y no discontinuas en la lógica de la Producción y del Consumo, se realiza el Modelo de la Ciudad no discontinua y homogénea.* (Pettena, 1996: 70)

Las imágenes que ilustran el proyecto muestran unos rascacielos ficticios que nacen ajenos a cualquier lógica de una arquitectura realista conectada con armonía a los intereses privados y los públicos (la lógica mercantilista del Sistema, en su caso). Estas *¿Utopías?* no tienen cliente, desatienden la norma compartida en Manhattan (basta recordar a Hugh Ferriss) y carecen de sentido práctico, constructivo o social (un rascacielos en el desierto). Nos muestran, en definitiva, un ejercicio de arquitectura emancipada del sistema, puro automovimiento o autorrepresentación.

21-ARCHIZOOM. Fotomontajes urbanos (1969)

*Figuratividad experimental buscada más en el uso del concepto que del espacio (...) futuro figurativo entendido como reelaboración ecléctica de la arquitectura acerca de ella misma.* (Pettena, 1996: 74)

Obras como la Arquitectura Free de Remo Buti nos plantean la misma libertad frente a las expectativas modernas (productivas) de la arquitectura con una serie de sofisticados proyectos que reflexionan acerca de las herramientas del proyecto arquitectónico y su legibilidad en collages que muestran maquetas, plantas, axonometrías, fotografías etc

Arquitectura como reflexión libre acerca de si misma y no arquitectura como construcción elaborada de espacio. No hay *ficción constructiva* o anticipación de un edificio sino *reflexión crítica.*

*El aparente desorden guiado por energías liberadoras mantiene un rigor* **metodológico y lingüístico de tal calidad como para** *producir algunas de las investigaciones más innovadoras de la producción contemporánea.* (Pettena, 1996: 83)

El Soft Space (22) o la Restless Sphere (23) de Coop Himmelblau son otros ejercicios de vigor lúdico entendido como excedente del sistema arquitectónico establecido. Consisten en performances en las que el automovimiento *es* el propio proyecto con la función de descargar energías sobrantes. Se podría afirmar que estas arquitecturas/performances son directamente movimiento, acción, donde se cancela el

22-COOP HIMMELBLAU. Soft space (1969)
23-COOP HIMMELBLAU. Restless sphere (1971)

valor estático (o gravitatorio) evidente en la arquitectura tradicional para que lo dinámico ocupe su lugar. Si existe una arquitectura lúdica definida como automovimiento, éstas instalaciones espumosas o ambientes rodantes la definen con claridad ya que, una vez acabado el movimiento de los usuarios/espectadores, se acaba la arquitectura.

## Autonomía y consciencia

Como segundo matiz al armazón teórico heredado de Huizinga es significativo el desplazamiento conceptual que provoca Gadamer al introducir (ya dentro del territorio del arte como juego) la cualidad *hiperconsciente* del artista "moderno" en su argumentación: *La fluidez espontánea entre objeto y sujeto queda definitivamente obturada en un artista, el moderno "demasiado consciente" de su obra.* (Gadamer, 1991: 7)

Aún asumiendo la condición temporal, parcial y contextual de Gadamer es significativo el avance que dicha afirmación presupone, es decir, el artista-arquitecto "moderno" se diferencia del artista "clásico" (el de la perspectiva central) en su evidente conciencia de *ser* arte. Como se ha visto en el punto anterior, en su autonomía frente a las antiguas estructuras de poder (religión, burguesía, ceremonial del placer...) refuerza su mismidad al poner *el pensamiento delante de su problema* (Gadamer, 1991: 20). La sospecha de este argumento en la Arquitectura Radical es total, estos agentes (es decir, estos artistas "modernos") se separan (hiper) *conscientemente* de las estructuras coercitivas tradicionales (encargo, cliente, sistema, expectativas...) para acotar cierta *hermeticidad* o *autismo* disciplinar. Será ésta una cualidad relevante al ser transversal en dicha generación, extremadamente consciente de su separación, de su alejamiento *explícito* de lo anterior. Radicalmente lúdicos.

*El artista del siglo XIX no está en una comunidad, sino que se crea su propia comunidad con todo el pluralismo que corresponde a la situación (...) El artista del siglo XIX se siente como una especie de "nuevo redentor" en su proclama a la humanidad: trae un nuevo mensaje de reconciliación, y paga con su marginación social el precio de esta proclama, siendo un artista ya sólo para el arte (para el juego).* (Gadamer, 1991: 17)

La ya anotada Hora 11:00 de Remo Buti asombra por su grado de lucidez y autoconsciencia crítica al enfrentarse arquitectónicamente a la realidad proponiendo la suspensión total de cualquier actividad y el silencio completo el día 15 de Octubre de 1971 a las 11:00 horas en *espera de la Comunicación* (Pettena, 1996: 74). La sociedad contemporánea de los setenta, caracterizada en la Aldea Global, al no disponer de la distancia táctica necesaria para ejercer una crítica *independiente* a la sociedad de la comunicación de masas "encarga" al autor la creación de un escenario reflexivo para visualizar al poner en carga dicha problemática. Es decir, éste *construye* un marco de consciencia social, crea la distancia irónica (veremos el concepto de ironía más adelante, por cómo enfrenta silencio a comunicación) que nos haga ser conscientes de la realidad que nos rodea.

Y también las propuestas de Ugo La Pietra ilustran dicha actitud reveladora-crítica en proyectos como el Conmutador (24), dispositivo

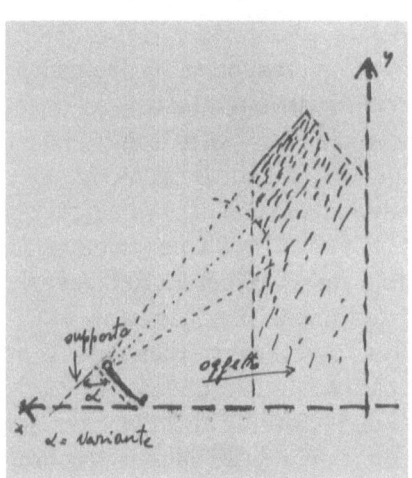

que despierta la consciencia del jugador mediante la relectura de estructuras urbanas presuntamente conocidas. Los diferentes ángulos de visión de edificios existentes desplazan el uso rutinario que se hace de la ciudad y la *conmuta* por otra más *consciente*, acaso más real. Una ciudad siempre presente y, sin embargo, inadvertida que necesita del artefacto conmutador para revelarla para hacerla visible.

*Pettena, empujando el acelerador de la disolución de la arquitectura, la busca en el "evento", en la subversión temporal de un contexto físico historizado, con espíritu mayeútico y sensibilidad de zahorí, la descubre ("la siente") en las transformacio-*

24-UGO LA PIETRA. Conmutador (1970)

*nes inconscientes del hombre en la naturaleza, la crea conceptualmente con intervenciones de Land Art.* (Raggi en Pettena, 1996: 162)

En el trabajo de Pettena encontramos transversalmente esa denuncia de lo que nos circunda en proyectos como la Red Line o el Tumbleweeds Catcher, que no hacen sino dibujar y atrapar respectivamente capas diversas de realidad. Naturalmente dicha activación consciente del entorno conlleva su transformación. Al igual que la intuición de que visitar un museo hace que nosotros cambiemos, las intervenciones de Pettena no serán inocuas: aumentarán paulatinamente el grado de consciencia del espectador/usuario poco a poco, erosionando el sedimentado registro de certezas culturales, políticas y geográficas a lo largo de una carretera hacia la iluminación personal. Una especie de pastilla roja de *Matrix* (hermanos Wachowski, 1999) hacia la cruda realidad.

## Rellenando la obra radical

Otro concepto esencial para nuestra argumentación es el desplazamiento del arte como obra cerrada para componer una visión dinámica en la que la obra se entiende en proceso de construcción y deconstrucción continua. A partir de Gadamer, la idea *Juego* sufre una contaminación interpretativa que destruye la estructura sintáctica y programática de Huizinga, haciendo explotar el muro invisible pero opaco (a todos los niveles) que el holandés había interpuesto entre el jugador y el espectador. Nunca más categorías puras e independientes sino híbridas y en constante modificación, negociación.

Ahora, por fin, todos somos jugadores en potencia: *"La obra de arte nunca ha sido sino que es, en continua transición, tanto para creadores como para receptores. La obra, producto del juego, deja siempre un espacio de juego que hay que rellenar.* (Argullol en Gadamer, 1991: 11)

Del comentario de la perspectiva central como invención renacentista, como ficción pasajera (*por supuesto que la perspectiva central no es un dato obvio dentro de la visión y la creación plástica*- Gadamer, 1991: 18) de la historia de la pintura, Gadamer extrae la base para explicar la extrañeza producida por el arte del siglo XX que no *finge* la *"mirada que otea y se aleja por la ventana"* ejemplificado el cambio en la pintura cubista y su destrucción de la forma conocida. Esto es importante para argumentar la necesidad de *interpretar activamente* dicha obra frente a la recepción pasiva e intuitiva del cuadro figurativo común y también para la presente investigación por la *apertura* del espacio de la obra (del juego) al espectador. Deberá ser éste quien realice la necesaria acción de "relleno" de la misma mediante cierta síntesis personal para después, quizás "ser arrebatado y elevado por la profunda armonía y corrección de la obra". (Gadamer, 1991: 18)

La ruptura de dicho contrato, la renovación del lenguaje en la pintura (y no sólo) supone otro desplazamiento en la expectativa interesada del espectador, que precisará de un grado de implicación y desarrollo del mismo propia del *jugador*, copartícipe necesario para completar la obra. Dicha expansión del campo de juego (ahora convocando al espectador, ya nunca distanciado de la esfera del juego) implica el llamado *"jugar-con"* (Gadamer, 1991: 32), la participación del anteriormente-entendido-pasivo-receptor del juego (del arte) reduce o desconoce la distancia entre el que juega y el que mira ya que participa de él, forma parte del juego. En un juego todos son, finalmente, co-jugadores y conviene recordar, nuevamente, las similitudes que está visión tiene con la Internacional Situacionista y su identificación vida-juego, lugar en el que ya no será válida la distinción sistemática entre creador y receptor al ser *todos* jugadores.

Lo anterior es muy relevante, incluso ajeno al ámbito del arte y la arquitectura, en el contexto histórico de la publicación del texto inmerso en los años 70 (antes Brecht, happenings ) y la cuestión de la obra (Barthes, 1976) desplegado en la voluntad del arte moderno de anular la distancia entre *audiencia, consumidores o público y la obra* (Gadamer, 1991: 33) en resonancia con las críticas de Fried y otros al minimalismo como obra teatral como se ha visto en *Arte.*

Naturalmente tenemos que diferenciar dicha operación conclusiva del espectador en una obra activadora de la presencia pasiva del usuario de arquitectura convencional. El *empleo* de cualquier obra (de arte, de arquitectura...) posibilita un intuitivo proceso subjetivo que nada tiene que ver con la *creación consciente* de obras que requieren de un trabajo activo de compleción. Dicho esto, no es difícil analizar el trabajo de los arquitectos radicales bajo el paraguas conceptual de la obra siempre *en proceso* que necesita del *anteriormente-conocido-como-receptor* para su conclusión. Una obra de arte que *está siendo*, no que *ha sido*.

Relleno material/físico/formal:

*En las artes plásticas ocurre algo semejante. Se trata de un acto sintético. Tenemos que reunir, poner juntas muchas cosas. Como suele decirse, un cuadro se «lee», igual que se lee un texto escrito. Se empieza a «descifrar» un cuadro de la misma manera que un texto.* (Gadamer, 1991: 35)

Ya hemos visto que las performances siempre precisan de la implicación de un espectador no-pasivo e intervenciones de Pettena como *Laundry* (25) comparten dicha participación activa en el proceso colectivo y regulado de colgar y descolgar la ropa tendida en la plaza del Duomo de cómo. Operación de relleno incluso más evidente en las *Sillas Ponibles* (26) que necesitan físicamente que las completemos con nuestro cuerpo para su activación al ser sillas sin uso a no ser que las llevemos puestas. Relleno incluso más evidente en las palabras del autor: *Ya no hay necesidad de hablar sobre sillas o casas porque las hagamos: las cosas que hagamos las podremos llamar sillas o casas si despiertan nuestras ganas de hablar sobre ellas (...) si no, nada.* (Pettena, 1996: 165).

25-Gianni PETTENA. Laundry (1969)
26-Gianni PETTENA. Sillas ponibles (1971)

Táctica compartida a la literalidad de los hinchables radicales (dispositivos recurrentes en la producción austríaca), que no requieren únicamente del jugador principal envuelto en estas segundas pieles sino que precisan un *aire activo* para su propia constitución. Es decir, la Oficina Portátil de Hollein, la Cover de HRC o la Villa Rosa (27) son concebibles solo si existe una operación literal (aunque también metafórica) de relleno, de hinchado. Posteriormente será necesaria la coparticipación del público para cumplir sus propósitos lúdicos en un movimiento de vaivén entre la obra y el espectador *activado*. Algo así como la Instant City de Archigram a escala realista (no utópica).

Relleno inmaterial/conceptual/informal :

*Por su vinculación a la materia -el arte plástico- y a los límites de las posibilidades formales que ella ofrece, no puede "jugarse" tan libremente como la poesía o la música, que se desenvuelven en espacios etéreos-* (Huizinga, 1972: 196)

Algunos agentes radicales, como Raggi o los UFO, operan en cierto sustrato mental/psicológico/simbólico de relleno de la obra por parte del espectador mediante estrategias de apropiación, yuxtaposición o descontextualización en obras como la Tienda Templo, el Templo Roulotte (28) o

27-COOP HIMMELBLAU. Villa rosa (1968)
28-Franco RAGGI. Templo roulotte (1974)

la Lámpara Dólar. Aquí no será preciso habitarlas o *jugarlas* físicamente para que se verifique su corrección sino que será la ambigüedad de las lecturas (estable-inestable, clásico-moderno, serio-lúdico, móvil-inmóvil ) la que activará mecanismos de integración necesarios para su terminación.

De la obra al espectador, ambos copartícipes del juego radical y alejados de la *anteriormente-conocida-como arquitectura* posmoderna que podría confundirse con la manufacturada ambigüedad y multivalencia (de Jameson, Jencks, Venturi ) si no fuera por la ausencia del resto de características lúdicas aquí mencionadas (no está emancipada, por tanto no alcanza el grado de consciencia necesario, no es festiva ).

## Fósiles lúdicos: La fiesta

*Si el lenguaje es una entre tantas convenciones, aplicando la paradoja, al ironía, la superposición y la articulación de elementos convencionales (reconocibles) y cuerpos extraños (barcos aviones trenes roulottes tiendas etc) acentúo el carácter relativo de las normas.* (Raggi en Pettena, 1976: 178)

Dentro del capítulo III: *El arte como fiesta* nos interesa su lectura como *espacio acotado de juego* ya que comparte y despliega la conceptualización del Homo Ludens. *La fiesta es comunidad, es la presentación de la comunidad misma en su forma más completa* (Gadamer, 1991: 46) y la celebración es la forma convenida de desplegarla. La fiesta se celebra precisamente por su desplazamiento del tiempo *normal*, es decir, del tiempo de trabajo que necesariamente nos separa y divide (nos aislamos cuando nos orientamos a los fines de nuestra actividad). Oponiéndose a este tiempo de aislamiento, en la fiesta todo esta congregado.

Ciertamente, la fiesta nos interesa por su carácter netamente lúdico ya que en ésta encontramos reunidas las características apuntadas anteriormente; exhibición, evidencia o fósil en la que verificar las hipótesis de que la Arquitectura Radical (si nos atenemos a la problematización de Gadamer) es *juego*.

Y no es difícil encontrar obras explícitamente festivas o conmemorativas en los agentes radicales, desde el Billar Gigante, los Urboefímeros o el Happening proyectual en el Ponte Vecchio donde lo que se celebra oscila respectivamente entre las relaciones sociales, la posibilidad de políticas reactivas y la creatividad humana. En las tres se está físicamente celebrando una fiesta con toda su carga poética, lúdica y cualificación teórica de sentido comunitario, de acotación, desplazamiento del tiempo ordinario etc. Jugadores de facto de muchas partidas simultáneas.

Acaso algo más sutiles o metafóricas en su adscripción festiva son las instalaciones austríacas como el Heart Space (29) donde apreciamos una idea de comunidad más amplia conectada por los medios de comunicación de masas (especialmente la televisión, como retrata McLuhan) mediante dispositivos que visualizan los latidos del corazón con sofisticados sensores aplicados sobre el cuerpo de quien concentra y resume las aspiraciones colectivas de conectividad y tecnología. Una especie de fiesta telemática también presente en el Hard Space y el Pabellón de la OIF, éste último no exclusivamente destinado a los asistentes (30) sino perfectamente fotografiado y televisado para su celebración expandida en los medios  idea de mucha vigencia en la actualidad

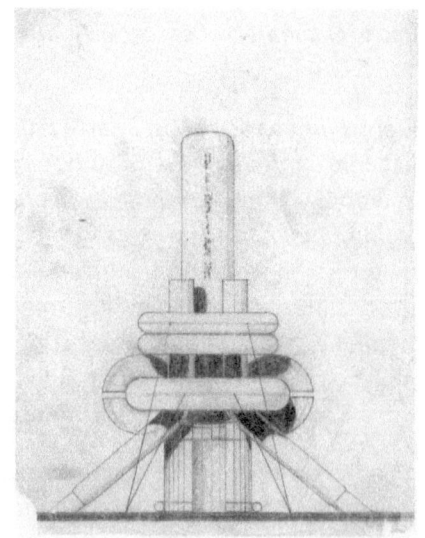

29-COOP HIMMELBLAU. Heart space (1969)
30-HAUS RUCKER CO. Oif pavillion (1969)

# CONTINGENCIA E IRONÍAS DEL JUEGO.
# RICHARD RORTY

*La ironía, presente en muchos de nuestro trabajos, se ha malentendido con frecuencia. En realidad es conciencia crítica, no limitativa o prudencial, sino racional. Esta no tiene un simple papel contestatario o desmitificador, sino que es también la confección extrema del producto acabado, distanciado de nosotros, objeto entre los objetos que sonríe y, por tanto, destruye. Esta ironía de hecho, si se sabe ver, está presente en tantísimos maestros del movimiento moderno (LC...). Ésta es de particular importancia para entender como, en la denuncia de los límites del juego, el autor trata de arrebatar los objetos de su componente "positiva"; tratan por tanto de quitar a su operación, que es siempre fundamentalmente destructiva, su añadido "constructivo"*.(Archizoom en Gargiani, 2007: 217).

Veremos en Contingencia, Ironía y Solidaridad (Rorty, 1991) como el autor traza una guión o plan de acción eficaz para la detección del ironista. Caracterizado como aquel que reúne estas tres condiciones:

*1-tenga dudas radicales y permanentes acerca del léxico último que utiliza habitualmente, debido a que han incidido en ella otros léxicos, léxicos que consideran últimos las personas o libros que han conocido;*

*2-advierte que un argumento formulado con su léxico actual no puede ni consolidar ni eliminar estas dudas;*

*3- en la medida en que filosofa acerca de su situación, no piensa que su léxico se halle mas cerca de la realidad que los otros, o que esté en contacto con un poder distinto de ella misma ( ) Los ironistas ( ) conciben la elección entre léxicos ( ) como un modo de enfrentar lo nuevo con lo viejo.* (Rorty, 1991: 178)

Al margen de la filiación *radical* (no anecdótica, por otra parte, como se verá más adelante) del ironista, punto por punto interesa interpretar que:

1- *Duda* del léxico (las metáforas) que *utiliza (activo, activista)* para interpretar (entender, describir) la realidad por la llegada de otros léxicos (metáforas) diferentes.

2- Es consciente de que sus dudas no pueden resolverse *dentro* de su léxico .

3- Militan en el conflicto abierto de lo *nuevo con lo viejo*. Libran una batalla en acto. La continua redescripción iniciada conlleva el enfrentamiento con lo viejo, que quiere ser descrito en sus propios términos.

*Lo opuesto a la ironía es el sentido común ( ) el ironista pasa su tiempo preocupado por la posibilidad de haber sido iniciado en la tribu errónea, de haber aprendido el juego de lenguaje equivocado.* (Rorty, 1991: 92)

Otro desarrollo fundamental será la voluntad del ironista de que el juego se comparta y que aumenten los participantes en el ámbito acotado de las sucesivas redescripciones del mundo (¿qué es el juego sino una redescripción del mundo?, con su espacio, sus reglas, neologismos ). De esta manera los ironistas:

*Se especializan en redescribir grupos de objetos o de acontecimientos en una jerga formada en parte por neologismos, con la esperanza de incitar a la gente a que adopte y extienda esa jerga.* (Rorty, 1991: 96). Existe, por tanto, cierto proselitismo en el jugador-ironista que entiende que el éxito del juego propuesto (la redescripción, mediante estrategias dialécticas) depende del número de jugadores. La implicación del espectador activo ya precisada en Gadamer será fundamental para completar y dotar de sentido (de triunfo) al ironista rortyano. También nos tenemos que apropiar literalmente de dos ideas:

a) la *contingencia del lenguaje*; es decir, su formulación de la imposibilidad de salirse del lenguaje para definir el mundo. De ahí la diferenciación entre el ironista que es quien siente la necesidad de redescribir el mundo y el no ironista, sin esa pulsión escenificando un conflicto abierto entre la ironía y el sentido común (afín conceptualmente a llevar la contraria).

b) por la incorporación del concepto estrella ya mencionado y que resultará fundamental para la dialéctica con el juego. La *ironía*.

*La tradición filosófica occidental concibe la vida humana como un triunfo en la medida en que transmuta el mundo del tiempo, de la apariencia y de la opinión individual en otro mundo: el mundo de la verdad perdurable. Nietzsche, en cambio, cree que el límite que es importante atravesar no es el que separa el tiempo de lo intemporal, sino el que divide lo viejo de lo nuevo. Piensa que la vida humana triunfa en la medida en que escapa de las descripciones heredadas de la contingencia de la existencia y halla nuevas descripciones.* (Rorty, 1991: 49)

a) Antes de la caracterización de lo lúdico planteada por Rorty interesa destacar el universo contingente y parcial en el que nos instala el propio texto. Observamos como el interés programático se desvía hacia la intelección del mundo mediante su descripción, es decir, el mundo es tal como lo conocemos precisamente *porque* lo describimos. Las sucesivas capas "descriptivas" negocian el entendimiento del mismo.

El primero de los desplazamientos, la redescripción, resulta especialmente atractiva por su carácter performativo, casi arquitectónico; es decir: por su facultad para operar activamente en capas de la realidad (no en las de la verdad) y *sustituirlas por otras* mediante la creación de nuevas metáforas:

*Los románticos expresaban al afirmar que la imaginación, y no la razón, es la facultad humana fundamental era el descubrimiento de que el principal instrumento de cambio cultural es el talento de hablar de forma diferente más que el talento de argumentar bien.* (Rorty, 1991: 27)

Idea de gran atractivo para los agentes a estudio debido a la casi literal verificación de dicho estado mental redescriptivo, una re-arquitecturización o *raditectura* cuyo método dialéctico copia el del ironista. Calcaremos la hipótesis de que los radicales también: *Se especializan en redescribir grupos de objetos o de acontecimientos en una jerga formada en parte por neologismos* (Rorty, 1991: 96), ya que será la duda instalada en estos arquitectos de que la herencia (el lenguaje) recibida sea la correcta la que les fuerce a inventar lenguajes nuevos. Los neologismos (las *neotecturas*) serán inevitables y ejemplos como *En el Agua* (31) o *Carabinieri* lo ilustran.

b) *Empleo el término ironista para designar a esas personas que reconocen la contingencia de sus creencias y de sus deseos más fundamentales: personas lo bastante historicistas y nominalistas para haber abandonado la idea de que esas creencias y esos deseos fundamentales remiten a algo que está más allá del tiempo y del azar.* (Rorty, 1991: 17)

En lo operativo, para su análisis, nos apropiaremos de un concepto lúdico clave y familiar para todos como es el de la *ironía* (aquí hay que diferenciar el concepto rutinario y general de ironía, el perteneciente a la

esfera del juego desde Schiller, el papel de la ironía en el arte en general y en particular en el moderno/posmoderno, y el concepto de distancia "crítica" como clave para el análisis de las obras). La ironía resulta fundamental para entender el papel de Rorty en la descripción del juego planteada y, en un ámbito más general, para acotar cierta relación entre el arte y la propia ironía.

Nuevamente, es complicada una acotación *general y no estratégica* del término *ironía* porque nos remite a escalas y procesos interpretativos muy diversos: el humor, la doble significación o el juego parecen comunes a casi cualquier expresión irónica mientras que su intencionalidad o instrumentalización resulta mucho menos evidente. Sin embargo, teorizar una *ironía artística* es más interesante y operativo para los propósitos de esta investigación ya que (con el apoyo teórico/filosófico de Schiller, Kant o Gadamer) nos permite enfocar la mirada a expresiones verificables y próximas a la metodología de la Arquitectura Radical.

*El auténtico artista ayuda al mundo porque revela verdades místicas.* (Nauman, 1967)

No incidiremos superficialmente sobre cual es el lugar apropiado al concepto de ironía y su función en la creación artística al no coincidir con el objeto de esta investigación pero podemos, al menos, apuntar la posibilidad de que exista un vínculo entre ambas que permita la lectura de la obra de Duchamp, Piero Manzoni, Brodthaers, Bruce Nauman, Warhol, Oldenburg o Koons y su eventual versionado en la Arquitectura Radical en obras naturalmente irónicas como las Cuatro Casas o el Portaaviones varado (32). Para trazar una mínima genealogía del concepto de ironía en el arte incluiremos la caracterización románti-

31-UGO LA PIETRA. En el agua (1970)

ca de principios del siglo XIX
con Friedrich Schlegel como el
primer autor en desarrollar una
teorización consistente de la
ironía en el arte. Éste, animado
por el estudio de la literatura y la
mitología, llegó a la descripción
de la ironía como *belleza lógica* y
*bufonada trascendental*. (Schlegel en Arce, 2000: 95)

Si interesa, a pesar de la transversalidad histórica de la ironía, subrayar su uso a partir de la posmodernidad. Como ya vimos, en los años 70-80 el mundo se despierta del letargo de los grandes relatos y del fracaso de las ideologías por lo que la ironía se muestra como una herramienta esencial para poder interpretar el mundo heredado.

Naturalmente la ironía posmoderna implica duda, descreimiento y crítica operativa. Es más, casi podríamos afirmar que la ironía representa la propia *capacidad de criticar*. Y será el uso de esta crítica táctica a partir de la ironía artística lo que nos interesa analizar.

Para la codificación de la ironía como *categoría arquitectónica radical* nos ayudaremos de un concepto asociado y aceptado en como es el de la *distancia*, entendida ésta como *dispositivo* para alejarse de lo conocido, de lo aceptado, lo razonable o acordado. La ironía despliega estrategias de *alejamiento* que permiten la relectura de lo conocido. La *distancia* más evidente (y común) la encontramos en cualquier definición genérica de ironía como desplazamiento del sentido literal frente al sentido real. Será necesaria la creación de dicho espacio intermedio (entre lo que se dice y lo que se quiere decir) para hacer posible la ironía.

La distancia se desarrolla programáticamente en direcciones diversas, como distancia *productiva* (por ejemplo, que la arquitectura ya no produce, ya no edifica dentro de los rígidos y sabidos esquemas consumistas-burgueses), distancia *conceptual/ideológica* en paralelo a la nueva

32-Hans HOLLEIN. Portaaviones (1964)

sociedad que demanda un cambio general de valores, distancia *reflexiva* en sentido lingüístico o de comportamiento, distancia *técnica*...etc

Como veremos más adelante será el ironista rortiano el sujeto idóneo para desarrollar una crítica operativa a la realidad establecida desde una distancia reflexiva propia a la ironía. Para ello abordaremos el análisis de obras irónicas tratando de medir precisamente esa distancia.

## Distancias radicales: Mass media y tecnología

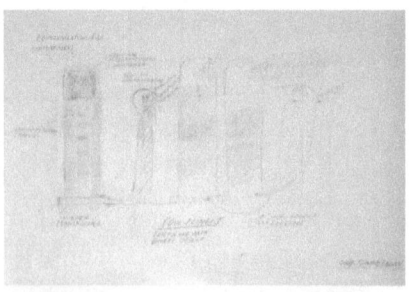

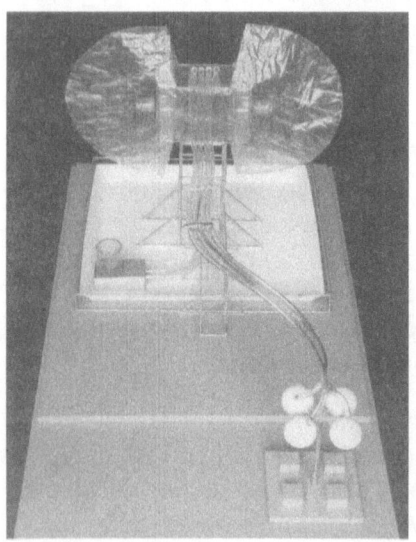

Ilustrado por ejemplo en el Soul Flipper (ironía tecnológica, comunicativa. 33), Green Lung (34), White Suit o Flyhead (35).

*Las expresiones faciales, la fachada del estado de ánimo de una persona, se "objetifican" en la columna de sonido, p.e. sonreír se convierte en colores alegres; la columna se vuelve azul si alguien tiene una expresión triste. El programa de sonido proyecta estos cambios.* (Coop Himmelblau en Steiner, 2008: 16)

Estos artefactos hacen visible/ audible los estados de ánimo al proyectarse en los dispositivos receptores de dichas emociones teletransportadas. La distancia como instrumento crítico en una sutil ironía que fabrica herramientas expresivas para evidenciar la neutralización sensorial de

33-COOP HIMMELBLAU. Soul flipper II (1971)
34-HAUS RUCKER CO. Green lung (1973)

los medios de comunicación de
masas, que nos vuelve inertes; en
especial de la televisión "*el frio
medio televisivo se está calentando. La información audiovisual que
aparece en y dentro del casco de
proyección se apuntala con olores
e información háptica del chaleco
neumático*". (Steiner, 2008: 16)

Es llamativa la relación de lo
anterior con la toma de los medios
de comunicación que se produjo
durante Mayo del 68, momento en
el que se pudo verificar efectivamente la revolución teatralizada
en las calles porque hasta que los
medios de comunicación no se vieron secuestrados por la revolución, la
revolución no existía *realmente* para ellos.

## Ironía escalar y descontextualización

Representado por el Kids-kit (36),
Restless Sphere, City Football,
Pneumacosm (37), el Poste indicador (38) o Fresh Air Preservation en su escala urbana. 39.

*Una intervención de 10 minutos
en la Universidad de Viena. Cada
minuto se crea un espacio de 1200
m3 en forma de espuma.* (Coop
Himmelblau en Steiner, 2008: 17)

35-HAUS RUCKER CO. Environment transformer-Flyhead (1968)
36-COOP HIMMELBLAU. Kids kit (1970)

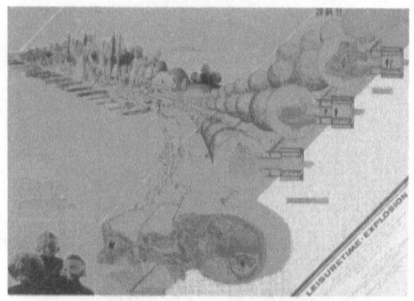

Las imágenes de los proyectos muestran la *distancia* creada entre la conceptualización (el baño de espuma mencionado, una burbuja, dos balones de fútbol ) y la realización específica. En estas *intervenciones* se hace palpable la voluntad irónica, alejada, distante y descontextualizada (porque se alejan de su contexto) y el cambio de escala (porque se distancian de su cotidianeidad). El ingrediente lúdico de cualquiera de estas actuaciones lo subraya el carácter festivo y celebrativo de las mismas. *El pneumacosm es una unidad residencial que funciona como una bombilla.* (Haus Rucker Co en Steiner, 2008: 21) o en la memoria del proyecto:

*Simplemente hínchalo, una nube gigante (...) Mucha diversión bajo una enorme nube de nata montada (...) los hombres como actores y juguetes.* (Haus Rucker Co en Steiner, 2008: 23)

Este proyecto de 12 metros de diámetro se puede considerar una ampliación de la investigación "interior" del Mind Expanding Program en la forma de una cápsula urbana que parasita lúdicamente la metrópoli moderna por excelencia, Nueva York.

*"divertirse y relajarse ( ) si entras en un Pneumacosm, vuelves a jugar como un niño".* (Haus Rucker Co en Steiner, 2008: 357)

37-HAUS RUCKER CO. Pneumacosm (1967)
38-HAUS RUCKER CO. Poste indicador (1971)
39-HAUS RUCKER CO. Fresh air preservation (1971)

## Metarrealidad y simbolismo

La hemos visto en Cloud (40) o la House with flying roof:

*La simulación de la cubierta despegando era el prerrequisito conceptual de las alteraciones estructurales de la casa y la destrucción de las paredes (por ejemplo, la hierba empieza a crecer en las habitaciones descubiertas, la lluvia se convierte en cascada cayendo a través de las plantas perforadas).* (Coop Himmelblau en Steiner, 2008: 18)

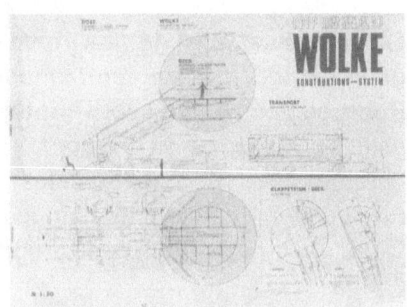

Observamos la invención de un *espacio* entre la realidad y la ficción, entre lo reconocible y lo extraño como premisa para la subversión irónica. O mejor, la inquietante distancia entre las expectativas de un *edificio* y lo que obtenemos en su lugar en acciones como el no-edificio Cloud:

*La tecnología es un medio, no un fin en si mismo. La arquitectura es contenido, no continente* (Coop Himmelblau en Steiner, 2008: 18) donde se aplaza la satisfacción inmediata por otra que se demora (y que no satisface tanto). En este aplazamiento reside la distancia irónica que nos interesa porque, si la cubierta de una casa vuela ¿qué queda de la casa?

Esta categoría metarreal está muy presente en buena parte de

40-COOP HIMMELBLAU. Cloud (1970)
41-HAUS RUCKER CO. Cover (1971)

la vanguardia radical austríaca. Por ejemplo, en Cover (41) la distancia irónica es reveladora de patologías ya procesadas en la actualidad pero emergentes (como el Green awareness) en los primeros años 70. El proyecto consiste en una capa protectora hinchable ante un *ambiente de creciente contaminación: vida en reservas sintéticas* (Haus Rucker Co en Steiner, 2008: 18). La ironía es aquí doble al utilizar (literalmente) un arquetipo de arquitectura moderna, la casa Lange de Mies Van der Rohe, como objeto a cubrir/proteger de la polución ambiental que *"no mata tan rápido como una bomba H pero que mata tan a fondo como ella"* (Steiner, 2008: 24). Los radicales se distancian tanto de la arquitectura como procedimiento compositivo y se acerca a lo ambiental (ver Ciudad) como se aleja de la arquitectura moderna como paradigma en crisis.

La doble ironía *medida* por la distancia radial entre la casa Lange y la película protectora.

## Italia irónicamente radical

El entendimiento de la ironía como *distancia táctica* será algo diferente en los agentes italianos, seguramente debido a una agenda política, intereses artísticos y un compromiso cultural distinto:

*Nosotros ponemos en valor la estupidez y la vulgaridad intencional como único lenguaje artístico extraño al mito de la inteligencia y de la elegancia capitalista ( ) Creemos en la traición cotidiana, en la mentira desenfrenada: queremos puntualmente traicionar la cultura.* (Archizoom en Gargiani, 2007: 47)

En esta categoría irónica transversal a casi toda la producción italiana radical encontramos la filiación a lo pop entendida como valoración explícita de la cultura de masas y los medios que ésta emplea. Cómics, iconos musicales, los automóviles americanos o los juke box se filtrarán en la producción temprana de grupos como Superstudio o Archizoom donde siempre encontraremos cierta distancia entre lo que se muestra y lo que se pretende desvelar. En su caso algo así como una *ironía alegórica* (*irogoría*) que representa lo que, de otra manera, sería de difícil visualización. Es decir, verifican el optimismo consumista asociado a lo pop utilizando sus herramientas y procedimientos (y se las apropian simbólicamente con sus reconocibles *relámpago zoom, el arcoíris, las gafas de sol, las notas musicales...* Gargiani, 2007: 18) para rechazar la propia naturaleza de lo pop adoptada por la *domesticidad burguesa*.

Existe una línea argumental *lúdica* en el trabajo de Archizoom que se inicia en las exhibiciones de Pistoia y Modena, pasa por la Superonda, el diván Safari y que se prolonga hasta los últimos Gazebos centrada en la identidad del objeto de consumo y, específicamente, el concepto *mueble doméstico*. En esta se verifica un uso *destructivo* de la ironía (pasando por Dream Beds) desde lo alegórico como instrumento revelador de patologías (por ejemplo la No Stop City) internas a la sociedad de consumo.

*Una vez colocados en casa (sus muebles) será difícil eliminarlos o hacerlos coexistir con los elementos domésticos normales.* (Gargiani, 2007: 48)

Las características fundamentales de dichos *anti-objetos* de consumo (caballos de troya para el propio grupo) son su eclecticismo (multiplicidad de referencias, de lenguajes, de materiales...), su anti-refinamiento o vulgaridad (lo kitsch, la cultura de masas, lo falso, lo barato...), su instantaneidad a lo ready-made (Duchamp) y su poder de seducción vinculado inicialmente a la estética Pop (formato cómic, colorido, sensualidad, familiaridad).

El probablemente primer ejemplo crítico (no complacientemente Pop de la Superarchitettura) sea el diván Safari (42). Lo produce la marca Poltronova en 1968 (Gargiani, 2007: 50) tras las intentonas fallidas de Archizoom de fabricarlas en plástico con

42-ARCHIZOOM. Sofá Safari (1967)

Kartell y pretende configurar un espacio o lugar compartido, el Safari es la posibilidad de un ambiente. Un *lugar apartado* (Gargiani, 2007: 50) de inspiración exótica que funciona por diálogo de conceptos opuestos en un juego irónico entre lo cartesiano y lo sinuoso, lo duro frente a lo blando, lo racional y lo delirante. En definitiva una máquina crítica o artefacto desequilibrante con la tarea de desplazar al usuario, prisionero o incauto de certezas o estados preconcebidos.

## La ironía alegórica: Dream beds

Otra muestra explícita del uso crítico-instrumental de la ironía por Archizoom lo encontramos en las Dream Beds (43). Ejercicio realizado en la segunda mitad de 1967 en pequeñas y coloristas maquetas con diferentes versiones de instalaciones para dormitorios *contemporáneos*.

Como se ha apuntado (Gargiani, 2007: 50-51), estas camas surgen como respuesta a la petición de Sottsass para una publicación en Domus en Octubre de 1967 y están relacionadas con el Katalogo Mobili presentado por Sottsass en 1966 o incluso antes con la Stanza da Letto presentada por él mismo en la exposición La Casa Habitada en 1965.

Las *Habitaciones de Ensueño* comparten las características anotadas anteriormente de eclecticismo, kitsch etc aunque tensan significativamente el mensaje irónico hacia la cultura de masas; es decir, cada una de las Dream Beds representa un estertor fascinado del repertorio figurativo Pop Art y se sitúan en un punto intermedio de la discusión presentada aquí. Son puras *máquinas para figurar.* Son tramoyas simbólicas que construyen ficciones en forma de teatrillos alegóricos

43-ARCHIZOOM. Dream beds (1967)

recubiertos de iconos contemporáneos y plagados de referencias eclécticas. Cada pequeño teatro comparte la condición transversal del dormitorio como estancia doméstica a *explorar* (desde el hedonismo, lo erótico, onírico o freudiano ) pero narra una historia diferente:

1-Rosa de Arabia, 2-Presagio de Rosas, 3-Naufragio de Rosas y 4-Electro Rosas despliegan la misma *distancia irónica* desde escenarios formales específicos.

No es objeto a estudio el análisis detallado de las Dream Beds y nos limitaremos a la propia descripción *distanciada* de lo que aparentan que Archizoom hace para su publicación en Domus:

*Para nosotros el problema es (...) hacer tragar un helado que nos quite las ganas de comer para toda la vida (...) bombas-manzana, caramelos venenosos, mentiras cotidianas, falsas informaciones, en definitiva, mantas, camas o caballos de Troya que dentro de casa destruyan todo lo que hay.* (Gargiani, 2007: 52)

En definitiva, ya sea distanciada del optimismo norteamericano de los carteles de neón, del movimiento moderno y su optimismo teleológico, del pacifismo orientalizante o de la tecnología salvadora/salvífica las Dream Beds se estructuran como dispositivos irónicos preparados para entrar en la escena de la sociedad de consumo y, haciendo un inventario exagerado, erosionarlo desde dentro.

*Nosotros revalorizamos la estupidez y la vulgaridad intencionada como único lenguaje artístico extraño al mito de la inteligencia y la elegancia capitalista. En este sistema violento y mistificador no creemos en el pacifismo, sino en la traición cotidiana, en la mentira desenfrenada: queremos puntualmente traicionar la cultura.* (Gargiani, 2007: 47)

Este texto aclara la instrumentalización crítica que del Pop hace Archizoom desde el principio (siendo más subliminal en el Safari que en los Gazebo) y apunta su desarrollo hacia regiones alejadas de la complacencia y el optimismo para (mediante un uso político de la ironía, instrumento político archizoomiano) revelar las contradicciones o patologías de la sociedad capitalista contemporánea.

Distancia irónica que recibe oportunamente el espectador (recordemos la presentación de Sottsass) como ataque frontal a lo establecido, incluso a lo real. La imitación de las vetas del mármol en algunas de las Dream Beds o la imitación de la piel del leopardo subrayan otra *medida irónica* generada: la que separa ló natural de lo falso.

En estas obras se aprecia una *reacción crítica* no únicamente contra la permeabilidad del lujo falso a las clases obreras, sino también una respuesta a la verdad de los materiales asociados al Movimiento Moderno. No existe complacencia consumista o figurativa en estos objetos pop, sino al contrario ya que actuarán como caballos de troya que, una vez instalados en los interiores domésticos y burgueses, destruirán desde dentro. Podríamos decir que Archizoom utiliza la *ironía* como distancia simbólica de terrorismo cultural.

## La construcción del espacio irónico: Los Gazebos

*La ironía, si no es intrínsecamente resentida, es, al menos, reactiva. Los ironistas (radicales) tienen que tener algo de lo cual dudar, algo de lo cual sentirse alienados.* (Rorty, 1991: 106)

Los *espacios rigurosos* o *templos para la contemplación privada*, como los llamaban los propios Archizoom, son útiles para esta investigación ya que se pueden analizar como acotaciones o materializaciones de la *distancia irónica*. Es decir, son dispositivos que construyen ficciones o simulacros destinadas a revelar las contradicciones del espacio doméstico. Emplearán objetos comunes en el mercado para, al distanciarse de ellos, permitir su cuestionamiento. Su caracterización de los Gazebos como *arquitectura figurativa* (Gargiani, 2007: 59) nos revela las intenciones irónicas del proyecto, al verificarse la lectura contraria de la realidad ofrecida, es decir, la ironía.

Los precedentes conceptuales de los Gazebos los encontramos en las Dream Beds (ya vistos, aún parcialmente imbricados en lo Pop) y en la instalación *Pabellón para la Meditación* en el local de Poltronova en Agliana (44)

Los Gazebos son puros artefactos irónicos (ironía funcional, hippie, jerárquica, ceremonial, simbólica, política, genuina, matérica, histórica ) que desarrollan y sistematizan la construcción de ambientes significantes para acotar lugares aislados y ficticios en los que se despliegan tácticas subversivas con voluntad esclarecedora de la realidad circundante.

Sus motivos recurrentes son:

- Estructuras ligeras (latón cromado...) que *delimitan* el espacio de juego

- Paños plásticos transparentes que *envuelven* cada ambiente significante

- Muebles diseñados ex novo para *introducir las diferentes narrativas en* los ambientes

- Apropiaciones figurativas que *añaden* capas metafóricas (eclécticas y conocidas) como pieles falsas, elementos vegetales, alfombras, hamacas )

- El léxico cromático y formal propio de los AZ (relámpago, arco iris, color verde esmeralda, dorado )

- Accesorios específicos para mejor *uso/disfrute* de los ambientes

La primera serie de Gazebos aparece en el primer número (diciembre 1967, Gargiani, 2007: 60) de la revista "Pianeta Fresco" fundada por Sottsass Jr., su mujer Claudia Pivano y con la colaboración de Ginsberg. El formato "comercial" de los Gazebos (pabellones irónicos) se confunde con los típicos catálogos de venta por correo y utiliza su seductora parafernalia formal y narrativa. *Esplendor en el Nilo, Rosa del Islam, Luna en el Bósforo, Perfumes de Oriente, Primavera Estrellada y Mecca 2* son los evocadores títulos que animan las enigmáticas instalaciones planteadas que comparten, sin embargo, un armazón común: Una

44-ARCHIZOOM. Pabellón de meditación (1967)

estructura rectangular de proporción aproximadamente 2:1 en planta y construida mediante tubos de latón cromado de 4 cm de diámetro.

Una vez constituido el *espacio de juego*, éste se utiliza como escenario teatral para presentar un conjunto de objetos que desplegarán una serie de estrategias político-ideológicas en posible conexión, como se ha apuntado, con Duchamp, Lautrémont o Fellini (Gargiani, 2007: 17). La contaminación política se hace explícita en la propia portada de la serie a modo de propaganda donde se anuncia la *"empresa"* Gazebo Inc. para difundir la cultura islámica en el mundo occidental. El *islamismo* (como ha hecho explicito Branzi, 2014) asume para Archizoom el significado de forma de poder ascendente contra el capitalismo occidental. Pero entonces, ¿Qué clase de ironía/distancia despliegan los Gazebos?: La ironía o distancia de la expectativa burguesa del Buen Diseño

## Crítica ironista periférica

*El concepto... de juego... implica... que ninguna partida dependa de la precedente. El juego no quiere saber nada de ninguna posición segura... No tiene en cuenta los méritos adquiridos antes y por eso se diferencia del trabajo. El juego acaba pronto el pleito con ese importante pasado en el que se apoya el trabajo.* (Baudelaire en Benjamin, 2003)

Los obras anteriores ilustran la potencialidad de la *crítica ironista* desarrollada por Archizoom. Pero si observamos la periferia, también la totalidad de la "producción" del grupo UFO se puede analizar desde la distancia o el desplazamiento semántico, ideológico, simbólico, formal . En la lámpara Paramount, el stand di milano o la Boutique mago di Oz (45). Tampoco se puede obviar la componente *distanciada* de Pettena o La Pietra.

45-UFO. Boutique Mago de Oz (1969)

Y así jugaron los agentes radicales analizados, perfectamente conscientes de la capacidad de lo lúdico para alterar las estructuras de poder heredadas (en el caso de los italianos, la relación con el futurismo/antitradicional y el situacionismo/lúdico. En el caso de los austríacos el juego se desmarca del compromiso político militante para verificar una escena lúdica esencialmente performativa con artefactos alegres inyectados puntual pero eficazmente en los canales culturales de la sociedad vienesa (principalmente). Por lo que parece oportuno preguntarse: ¿Puede el juego convertirse en una estrategia arquitectónica?

Creemos que el juego radical construye estrategias arquitectónicas y sus dinámicas son herramientas/filones valiosos actualmente. Podemos recordar la conocida charla sobre creatividad que John Cleese (Monty Python) pronunció en el Hotel Grosvenor de Londres (como parte del programa académico de la Universidad de Sussex) para caer en la cuenta de que las condiciones, los prerrequisitos para que dicha "creatividad" pueda *aparecer* están íntimamente ligados con la conceptualización planteada en esta investigación (nota: no es casual; de hecho cita y utiliza la caracterización de Huizinga) y que el exceso, la acotación, la ficción, las reglas...etc son categorías que pueden pertenecer a la disciplina arquitectónica. Una profesión que puede reformular la especificidad de su expresión creativa construyendo *conscientemente* un armazón lúdico, un soporte reglado con sus componentes característicos a favor de una arquitectura del goce, del disfrute y la diversión organizada. Proponemos la primacía metodológica del juego y la suspensión de las *referencias finales que determinan a la existencia activa y preocupada* (Gadamer, 1991: 144) para permitir la posibilidad del juego de la arquitectura... y abandonarnos seriamente al mismo.

*Todo esto es solo un experimento del pensamiento.* (Rorty, 1991: 123)

La probable actualidad y vigencia de una metodología del juego (tanto a nivel disciplinar como en uno más amplio de uso social y colectivo) se confirma por la resurrección/exhumación reciente de los proyectos (tanto teóricos como prácticos, si es posible trazar esa distinción) de la Arquitectura Radical, más empeñada en la conceptualización y desencriptado de las estructuras existentes que en el proyecto tradicional. Más presente en el conflicto y en la contestación cultural que en el terreno firme de la práctica disciplinar heredada mediante estrategias liberadoras y lúdicas.

# RECAPITULACIÓN

*El equipo de jugadores [arquitectos] propende a perdurar aún después de terminado el juego (...) el sentimiento de hallarse juntos en una situación de excepción, de separarse de los demás y sustraerse a las normas generales, mantiene su encanto más allá de la duración de cada juego.* (Huizinga, 1972: 25)

Al haber empezado con Le Corbusier parece que tiene sentido recapitular y concluir esta investigación con Rem Koolhaas tanto por su relación directa y permeabilidad con los agentes e ideas radicales (Natalini en entrevistas) como por ser uno de los arquitectos más influyentes de la contemporaneidad y posible sucesor de las teorías ensayadas. Para ello nos embarcamos en una última travesía en dos etapas, una analítica y otra especulativa; las dos enfocadas en Exodus como proyecto de carácter iniciático en Koolhaas y coetáneo a la escena radical.

## EXODUS, O LOS PRISIONEROS VOLUNTARIOS DE LA ARQUITECTURA

Exodus es un proyecto presentado por Koolhaas para el concurso: *"La ciudad como Ambiente Significante"* para la revista Casabella en 1972 y también entregado como proyecto final en la Architectural Association (Koolhaas, 1995: 2). Avanzaremos la hipótesis de que éste culmina el desplazamiento del paradigma radical en dos direcciones: la semántica (el valor de las palabras, la dualidad proyecto/libro) y la operativa/pragmática/proyectual (como visualización y/o verificación de la realidad). Este proyecto, prólogo del monumental SMLXL, verificará (paradójicamente como conclusión) buena parte de la metodología y las herramientas del paradigma radical.

Avanzaremos la hipótesis de que el proyecto arquitectónico llamado Exodus no es un objeto/edificio, sino un texto. Un relato alegórico del Muro de Berlín que Rem Koolhaas *disfruta* en 1971. Para su análisis utilizaremos, por lo tanto, el texto asociado al viaje a Berlín en un relato que borra. Y donde la relación entre el texto y las imágenes es alegórica. Para ello utilizaremos el propio proyecto, el texto sobre el Muro de Berlín, y el propio proyecto interpretado.

No abundaré en la constatación de sus parecidos razonables con el Monumento Continuo (*Me impresionó mucho el Monumento Continuo.* Koolhaas, 1995: 232) al haber sido mostrados con anterioridad y validados por el propio Koolhaas, además de por ser irrelevantes para esta investigación. Si será relevante la oposición programática de Exodus (como metonimia de la práctica proyectual de Koolhaas) al paradigma archigramesco (*los estudiantes "famosos" presentan megaestructuras hechas de azucarillos para aprobación universal de los sonrientes profesores archigramescos*- Koolhaas, 1995: 215) para la cualificación de la arquitectura de Cook, Webb... como precedente (moderno) al paradigma radical estudiado (posmoderno) por la ausencia en los británicos de una crítica operativa (*Archigram van sobrados en diseño y cortos en teoría*- Banham en Cook, 1995: 5). Ya hemos visto como la ironía británica no es una forma de crítica realista. Con este proyecto Koolhaas culmina, desarrolla y continua la práctica radical (que es crítica, textual, semántica) y la desplaza/actualiza hacia la operativa/proyectual (las dos son efectivamente radicales).

También comprobaremos que no existe, necesariamente, una relación simétrica entre la memoria y los dibujos. Es decir, las *imágenes* del proyecto (presuntamente coincidentes con éste) solo ofrecen una posibilidad entre infinitas. Como veremos, el proyecto *es* el texto; las imágenes, aunque fascinantes, únicamente ilustran *una* posibilidad del proyecto (esto es, el texto).

Además comprobaremos en 8 microapuntes críticos la permeabilidad (o no) de filones previos para su mejor comprensión (tanto teóricos como proyectuales), estos son (sin tratar de desarrollar bibliografías ajenas o combatir tesis parciales):

1. *Fuller* (Cúpula sobre Manhattan) - ¿Qué hay del proteger?, ¿de abrigar la "spaceship earth", de la cúpula sobre Nueva York y de todo esto? (Grimaldi, 1990: 85), pues nada.

2. *Constructivismo* (Leodinov, Palacio de Cultura- Gargiani, 2007: 21) – Referencia esencialmente ideológica pero con permeabilidad formal.

3. *Banham* (Well Tempered Environment, 1970) – Igual que con el optimismo tecnológico, y la modernidad de Fuller.

4. *Superstudio* – Adolfo Natalini (alma mater de Superstudio) es profesor visitante porque lo invita el propio Rem (Koolhaas, 1995: 232); el Monumento Continuo impacta en el holandés como pro-

yecto (idea), como posibilidad conceptual (lo que es *"imposible de pensar"* Lyotard a la Borges). También le gustan las imágenes y por eso las utiliza. Es llamativa la valoración de las ruinas del viejo Londres en su comparación con el bunch of skyscrapers de Superstudio. Puede ser nostalgia (aunque probablemente no) implícita o más bien un ancla conceptual que verifica el contraste de los dos organismos. También habría que *subrayar* el parecido de la maquinaria Exodus devorando Londres con la Ciudad en cinta continua del mismo grupo italiano.

5. *Archizoom* (o la No Stop City) – No creo que tenga ninguna influencia, ni siquiera formal. La carga ideológica neomarxista de Branzi imposibilita el diálogo con un *activista social* (Koolhaas, 1995: 149). Frente a Archizoom que usa la arquitectura para denunciar el límite ideológico del capitalismo y nos muestra lo que *no* se debería hacer (como hemos visto en el territorio *Indisciplina*), Koolhaas muestra, desvela el potencial creativo de la vida mediante, *con*, a través de la arquitectura (un Moneo tuneado). Su relación está más cercana a la rabiosa lucidez de su percepción de la realidad (*él solía decirme que mi problema era la discrepancia entre mi visión de la realidad y la realidad.* Zenghelis en García, 2011: 1).

6. *Muro de Berlín* (esta *sí* es la idea de proyecto, lo demás es retórica (surrealista, orwelliana...) y dibujos.

7. *Suprematismo*- La línea oblicua sobre Londres queda bonita.

8. Desplazamiento *posmoderno* del artista como relator, como crítico, no como autor (ver Minimalismo, Robert Smithson, Roland Barthes...).

Descripción de las imágenes:

Una franja (llamada por Koolhaas "Muro") de aproximadamente 790 metros de ancho y longitud indeterminada atraviesa la ciudad de Londres de Este a Oeste siguiendo su margen inferior el trazado de Oxford Street (nota no descriptiva, sino interpretativa al microapunte 7: Intuyo que la elección de Oxford Street es estratégicamente simbólica y que además les quedaba muy bien el dibujo al establecer una diagonal muy del gusto koolhaasiano por el suprematismo).

La franja está dividida en 10 sectores cuadrados de aproximadamente 624.000 m2.

Sectores cuadrados (de Oeste a Este):

Uno-Es el límite de la franja, la longitud de los muros que la acotan es diferente. Se muestra con una línea diagonal en relación a la franja. En la parte superior de la diagonal se transparenta el mapa de Londres junto a 5 pequeños volúmenes lineales. La parte inferior de la diagonal muestra una cuadrícula de 5 filas con fondo blanco.

Dos- Muestra una cuadrícula de 10 filas x 10 columnas con fondo blanco. Algunos de los cuadrados interiores tiene un cuadrado más pequeño, un círculo, unas ondas o un punteado.

Tres- Muestra una cuadrícula de 2 filas x 2 columnas. Un cuadrado tiene color blanco, otro gris oscuro, otro marrón y otro azul. En su interior tienen, respectivamente, una montaña irregular hundida, 5 rectángulos diagonales, una retícula interior de 6x6 cuadrados con pequeña pirámide y palmeras, unas líneas onduladas...

Y así podríamos seguir hasta el sector 10, pero esto no es el proyecto...

Tentativa de descripción del proyecto:

Exodus es, quizás, la respuesta a la pregunta que le formuló Boyarski (después de que Koolhaas presentara en la Architectural Association su investigación acerca del Muro de Berlin, "edificio" escogido por éste como Summer Study) de: *"Qué vas a hacer con esto?"* (Koolhaas, 1995: 231). Pues bien, parece que lo utilizará desprejuiciada y literalmente como filón arquitectónico.

Veremos como la agudeza analítica de Rem sobre el Muro berlinés desata toda una serie de protocolos críticos que posteriormente desplegará en forma de herramientas proyectuales (analogía, activación, vaciado, superposición, copia...) *escribiendo* simbólicamente sobre el tejido urbano del *viejo* Londres una línea recta. ¿Palimpsesto urbanístico o todo lo contrario?

El *proyecto* presuntamente consta de dos partes, o capas sintonizadas/ afinadas: la memoria y los dibujos. La relación de ambas capas es dialéctica en varias acepciones del término, pues tanto existe una discusión entre ellas como representan un proceso (platónico) de alumbramiento a través del significado de las palabras. En su *lectura individual*, la impresión que proporcionan ambas es similar por su capacidad destructiva, aniquiladora de convenciones y prejuicios, sublime -en la acepción romántica del término (*Temor controlado que atrae el alma-inmensidad, infinito, vacío, soledad, silencio...-* Burke, 1995*)*. Simulando la redacción, como buen guionista, de un hecho real, histórico o incluso mítico el texto empieza:

*Una vez, una ciudad se dividió en dos partes*

*Una parte se convirtió en la Mitad Buena, la otra parte en la Mitad Mala.* (Koolhaas, 1995: 5)

La ficción (que no es tal; es Berlín) de realidad, de "basado en hechos reales", utilizada por Koolhaas imposibilita la renuncia a continuar leyendo, neutraliza la posibilidad de abandonar el relato hasta que sepamos que les sucederá a los de la parte Buena y a los de la Mala. ¿Acabará bien el cuento?

De esta forma nos instala instantáneamente *dentro* del proyecto, nos fuerza a *habitar* el resto del texto como si de un edificio se tratara. Porque no se trata de un edificio, ¿o sí?

Si *avanzamos* en el relato Koolhaas muestra tanto sus intenciones proyectuales (construir un texto) como la desconexión (o la lobotomía programática de los rascacielos en Nueva York- Koolhaas, 2004) entre el texto y las imágenes: *"las autoridades de la parte mala hicieron un uso desesperado y salvaje de la arquitectura: construyeron un muro alrededor de la parte buena de la ciudad, haciéndolo completamente inaccesible a sus súbditos* (Koolhaas, 1995: 5).

Pero si cruzamos este párrafo con las imágenes del proyecto constatamos que el texto no está describiendo el presunto proyecto (los dibujos) adecuadamente. Existen dos posibilidades, o coexisten dos proyectos autónomos de jerarquía equivalente (hay dos proyectos) o uno de los dos (el texto o las imágenes) tiene una jerarquía mayor, es decir, uno de los dos es necesario, es la idea, es *el proyecto* y el otro es contingente, no es la idea ni el proyecto. Mantendré que *el proyecto* es el *texto* y los dibujos son una copia, una *mímesis*, algo de orden inferior que nos permite (ilusos nosotros) verificar una posibilidad formal (arquitectónica/urbana) del mismo. La sombra de Platón en su versión "línea blanca atravesando diagonalmente un mapa de Londres"). El mundo inteligible, *el proyecto*, no son la imágenes.

Para apoyar esta hipótesis, el propio Koolhaas, en su descripción del Muro de Berlín, que es origen real de este proyecto, dice: *En el mismo nivel de revelación negativa, el muro también (...) se burlaba abiertamente de cualquiera de los intentos emergentes para conectar forma y significado en una pesada relación regresiva (...) Su significado como muro –como objeto- era marginal; su impacto era totalmente independiente de su apariencia.* (Koolhaas, 1995: 227)

Donde nos indica que el Muro de Berlín no es significante en su descripción física, es decir: *Un muro de 165 km*, sino como Idea. En el texto sobre el Muro ya mencionado prosigue en esta línea al afirmar que en su "*imaginación, estúpidamente, el muro era un sencillo, majestuosa división norte-sur; una limpia, filosófica (cartesiana) delimitación; un limpio, moderno Muro de los Lamentos* (Koolhaas, 1995: 219) y constata/apoya las intuiciones anteriores. Además de sugerir implícitamente, en su referencia a la modernidad su sospecha posmoderna (*en las vísperas de la posmodernidad-* Koolhaas, 1995: 227). Y hay más pruebas del valor esencialmente *textual* que le otorga al muro de Berlín cuando afirma que éste: "*tenía que ver claramente con la comunicación, quizás semántica, pero su significado cambiaba prácticamente a diario, a veces cada hora*". (Koolhaas, 1995: 227). Pero, ¿como hacemos compatible que estúpidamente lo creyera tan *Moderno* como para ser una línea recta y después proyecte una línea recta?, la respuesta es la misma que en la proposición anterior; no *proyecta* una línea recta, solo la dibuja. No existe ni una sola referencia en el proyecto que nos induzca a pensar que el Strip es una línea recta (más allá de asociar *Franja* con línea recta de la misma manera que Koolhaas hizo con el concepto *Muro* en Berlín antes de visitarlo). En realidad lo que sucede es que nosotros, como usuarios- al estar dentro del proyecto/narración después de Barthes- completamos y fusionamos el proyecto con las imágenes. Y en realidad no dicen lo mismo.

Avanzaremos en la argumentación, pues, para verificar que Exodus es además una alegoría del Muro de Berlín, y lo vemos en el *reflejo* del anterior párrafo en el *proyecto* ( = texto. A partir de aquí me referiré siempre al texto como el proyecto. Las imágenes se llamarán imágenes) cuando describe el cuadrante final del Muro, el Tip of the Strip (la Punta de la Franja) cuando dice: *Ésta es la primera línea de la guerra arquitectónica librada en la vieja Londres. Aquí, el despiadado progreso del Strip realiza un milagro diario (...) En un enfrentamiento continuo con la ciudad vieja, la nueva arquitectura destruye las estructuras existentes (...) un modelo del Strip, continuamente modificado por la información recibida del Área de Recepción, transmite estrategias, planes e instrucciones* (Koolhaas, 1995: 11). Vemos como proyecta alegóricamente la fascinación que le provoca el muro como Idea cambiante, mutante y en continua evolución, siempre receptiva a la siguiente modificación sin atender a las consecuencias formales de cada actualización. Auténtica devoradora de certezas, hambrienta de ciudad, maquinaria *voraz* en permanente actividad como hemos apuntado por su relación con *La Ciudad a Cinta Continua*.

También se podría deducir que otra de las lecciones que Koolhaas aprendió de Berlín es la desconfianza frente a la forma como categoría hegemónica, él mismo dice: *Jamás volvería a pensar en la forma como el recipiente principal del significado* (Koolhaas, 1995: 227). Si analizamos la frase y tratamos de verificarla en las imágenes de Exodus nos sorprende por contradictoria, paradójica... ¿como puede ser compatible esta afirmación si las imágenes muestran una perfecta, monumental y cartesiana estructura lineal sobre la informe (infame) Londres? El Muro dibujado es un gesto totalitario, abstracto y estrictamente formal (nota RAE: tanto en su acepción esencial como por ser seria, amiga de la verdad y enemiga de las chanzas- las chanzas de la informal ciudad de Londres, se entiende). Es muy sorprendente.

Seguimos con el texto de Berlín para entenderlo:

*El muro no es estable (...) Es más bien una situación (...) En su estado "primitivo" el muro es decisión, aplicada con absoluto minimalismo arquitectónico (...) La escala de esta fase es heroica, p.e. urbana, hasta 40 metros de alto* (Koolhaas, 1995: 219). Es decir, la idea-muro coincide, es equivalente con la *decisión* de construir un muro. Y un muro, en el plano abstracto de las ideas, es una separación/límite y su *diagrama* es una línea.

El problema es que Rem (no tan estúpidamente) enfrenta dialécticamente la idea-muro a la realidad-muro, él mismo lo explica:

*Este era el dibujo esquemático. Pero debido a un realismo obvio, no se impuso a la ciudad como fórmula consistente. El muro se hincha para asumir su máxima identidad donde puede, pero en más de la mitad de su longitud, su regularidad se ve comprometida en una serie de adaptaciones sistemáticas que acomodaban los incidentes urbanos existentes o los conflictos dimensionales* (Koolhaas, 1995: 220-221).

Parece natural que las contingencias urbanas, topográficas o políticas comprometan la pureza, la nitidez del *dibujo esquemático* y lo alteren en cada una de las posibles versiones *realistas*. Por ejemplo en la versión realista alias: "Muro de Berlín". ¿Significa esto que el *proyecto* (que no los dibujos) de Exodus (una línea recta, blanca y cuadriculada) prefiguran una versión no realista sino idealista del dibujo esquemático?, si es así, ¿qué tipo de idealismo? ¿O será *simplemente* una versión irreal, surrealista? ... ¿incluso moderna?

La capacidad erosionadora de la Arquitectura Radical

Lo que sucede es que Koolhaas se salta las reglas del juego (académico) porque no está pensando en los términos habituales (pre-radicales, podríamos decir), no está prefigurando una eventual ocupación del centro de Londres con una *mole a-lo-Monumento-Continuo*. No está anticipando los medios necesarios para demoler unas 576 Hectáreas de la ciudad antigua, eso –Idealismo Moderno- ya lo hizo Le Corbusier en 1925 con la mirilla en París. Nada más lejos.

¿Estará haciendo arquitectura utópica?, ¿del tipo Cenotafio de Newton?, pues tampoco... los presupuestos utópicos suceden *al margen* de la realidad. Los estímulos, las preguntas a las que respondían (los revolucionarios) Boullee y Ledoux se mantenían estrictamente fuera de la realidad, que no les entendía. Como hemos visto incluso sus definiciones de la disciplina les alejan de cualquier versión probable de edificio

(*Nuestros edificios (...) deberían ser, en cierto modo, poemas* – Boullee en AAVV, 1972: 62).

Y obviamente no está siguiendo los remendones preceptos del Team X alternativos a la modernidad del CIAM de hilado, cosido, parcheado de la ciudad porque lo que está haciendo es socavar desde dentro la disciplina arquitectónica para así denunciar lo obsoleto de sus estructuras, de sus procedimientos. Al instalarse en un plano de absoluta realidad (realismo de facto: el Muro de Berlín no es concebible y sin embargo es!!) y superponer esa capa a Londres desde un obvio activismo o militancia social. Solape crítico y genuinamente destructor como lo explica el propio autor:

*Al principio de los 70, era imposible no percibir un enorme reservorio de resentimiento contra la arquitectura, con nuevas evidencias de su inadecuación – de su cruel y exhausto rendimiento (performance) acumulándose a diario.* (Koolhaas, 1995: 226).

Pero entonces, ¿qué clase de propuesta es Exodus?, la respuesta casi la podríamos tomar (aunque desde filones de pensamiento distintos) de Branzi:

*La Arquitectura Radical asume la utopía como dato inicial de trabajo y la desarrolla de modo realista. Concluido el proceso, no queda nada excluido, todo se cumple, como un acto perfectamente realizado en sí mismo, como pura energía creativa transformada, sin pérdidas, en energía constructiva. La utopía no está en el fin, sino en lo real.* (Navone y Orlandoni, 1974: 16)

Lo que está haciendo es Arquitectura Radical

Aplazaremos la condición presuntamente *no realista* del muro para adelantar sus dos cualidades fundamentales, precisadas en el proyecto, 1- la capacidad simbólica y 2- la capacidad performativa. Koolhaas nos ayuda a entenderlo: *La mayor sorpresa: el muro era desgarradoramente bello. Quizás tras las ruinas de Pompeya, Herculano, y el Foro Romano, era el vestigio más puramente bello de una condición urbana, impresionante en su persistente duplicidad* (Koolhaas, 1995: 222). Es decir, lo que le sorprende es la *idea* del muro y lo que éste *hace* efectivamente al partir la ciudad en dos. Y sabe que lo hace efectivamente porque lo está comprobando in situ. No hay ni rastro de idealismo moderno (del tipo: lo que podrían hacer las cosas si...). Está subrayando la capacidad simbólica del muro. Más adelante apunta en esta dirección cuando afirma a continuación: *El mismo fenómeno ofrecía, a lo largo de 165km, significados radicalmente diferentes, espectáculos, interpretaciones, realidades. Era imposible imaginar otro artefacto reciente con igual potencia significante.* (Koolhaas, 1995: 219)

El muro es una auténtica máquina simbólica. Subraya esta hipótesis el hecho de que las dos primeras frases del proyecto Exodus trabajen precisamente en ese nivel simbólico (el que hace que no podamos dejar de leer). Pero esto no es todo porque dicha capacidad figurada del Muro y lo que *hace* (to perform) no se limita al exterior. El muro no es una línea maciza/llena, sino porosa, inconsistente. Es materia que se ha horadado (a la Kahn), incorporando el vacío. Él mismo lo indica:

*En términos estrechamente arquitectónicos, el muro no era un objeto sino una borradura [como el borrado de Kooning visto en Arte], una ausencia recién creada. Para mi, era una demostración inicial de la capacidad del vacío-o la nada-para "funcionar" más eficaz, sutil y flexiblemente que cualquier otro objeto que pudieras imaginar en su lugar.* (Koolhaas, 1995: 228)

Como ha señalado el propio autor (Koolhaas, 1995: 603) el *vacío como estrategia proyectual*, el muro como ausencia será otra capa conceptual a añadir al simbolismo exterior. De hecho el vaciado (para su posterior llenado programático) será la estrategia proyectual *performativa* que, ahora si, puede hacernos entender (verificado lo simbólico, retratado en infinidad de pasajes del texto) el proyecto Exodus.

i. Exodus, The Strip, perspectiva aérea
j. Exodus, Los alojamientos
k. Exodus, La Punta del Strip
l. Muro de Berlín, planta
m. Exodus, The Strip, planta
n. Muro de Berlín, alzados al Muro
o. Exodus, Zona de Recepción
p. Muro de Berlín, Boda a ambos lados del Muro

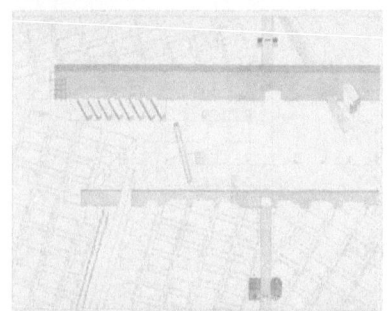
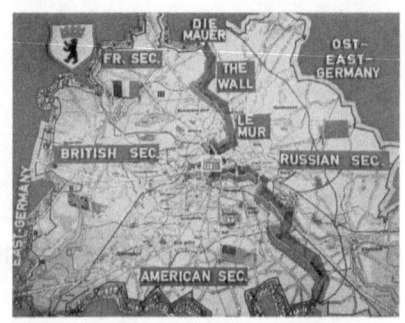
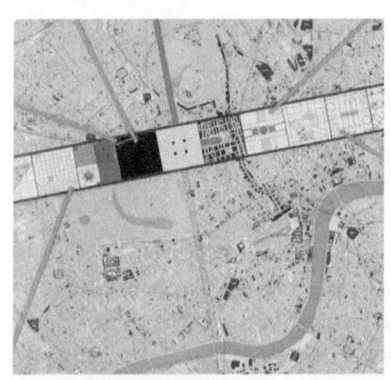

Descripción del proyecto:

El proyecto se divide en 13 capítulos titulados (en orden en el SMLXL):

1. Prólogo
2. Arquitectura
3. Los Prisioneros Voluntarios
4. Área de Recepción
5. Área Central
6. Plaza Ceremonial
7. Punta del Strip
8. El Parque de los Cuatro Elementos
9. Plaza de las Artes
10. Baños
11. Instituto de Transacciones Biológicas
12. Parque de la Agresión
13. Los alojamientos

Sin deleitarnos en exceso en las afinidades baudelerianas y orwellianas (tanto del flâneur como del totalitarismo) del proyecto advertimos que los 3 capítulos iniciales invocan principalmente la capacidad simbólica de la arquitectura, en tramos como *"La Mitad Buena, ahora solo vislumbrada por encima del amenazante obstáculo desde una distancia agonizante, se hizo incluso más irresistible* (...) *Desde fuera, esta arquitectura es una secuencia de monumentos serenos; la vida dentro produce un estado continuo de frenesí ornamental y delirio decorativo, una sobredosis de símbolos* (...) *De repente, una franja de intensa deseabilidad metropolitana recorre el centro de Londres"* (Koolhaas, 1995: 5, 7).

Sin embargo a partir del capítulo 4 se detecta un desplazamiento en el proyecto, centrándose especialmente en las actividades, acciones, en definitiva en los *verbos asociados* (desde una redacción anterior centrada en una descripción superadjetivada) para la creación de este nuevo edén. Parece razonable porque entramos en el primer cuadrante programático, lugar creado ex-novo mediante el vaciado/borrado de esa zona, el Área de Recepción:

*Grupos excitados elaboran propuestas en habitaciones especiales, mientras otros modifican continuamente la maqueta. Los programas más contradictorios se funden sin concesiones.* (Koolhaas, 1995: 9)

Observamos como cada uno de los 10 cuadrantes programáticos presenta una estrategia literario/textual (es decir, proyectual) similar: descender, proteger, alojar, hacer deporte, destruir, pelear, rehabilitar, emitir, crear... En definitiva, cada sector nos ofrece (¿nos oferta?) un caleidoscopio de posibilidades, de *situaciones* (Koolhaas, 1995: 219 - no parece casual en Koolhaas la elección de las palabras por lo que suponemos la conexión emocional con el situacionismo ya visto) diferentes pero unidas por un desarrollo común: el disfrute, el goce hedonista, un strip lúdico.

De esta manera retoma otro de los filones no desarrollados dentro de la disciplina académica (la seria, se entiende. Las Vegas no cuenta) y que ya ha sido mencionado con anterioridad, la capacidad de incorporar el arte a la vida, la posibilidad de fusionarlas mediante la creatividad heredero del situacionismo y éste del dadaísmo (el surrealismo...). La capacidad performativa del paraguas de Lautreamont. Recordemos que en 1924 Breton escribe el primer Manifiesto Surrealista y en éste indica: Filosofía: *"El surrealismo se basa en la creencia de una realidad superior de ciertas formas de asociación desdeñadas hasta la aparición del mismo, y en el libre ejercicio del pensamiento. Tiende a destruir definitivamente todos los restantes mecanismos psíquicos, y a sustituirlos por la resolución de los principales problemas de la vida"*. (Breton en Maderuelo, 2008: 170)

Por lo que parece, constatamos que el proyecto *Exodus, o los prisioneros voluntarios de la arquitectura* es un texto. Rem Koolhaas entregó un texto (y añadió algunas imágenes chocantes también, es cierto, pero entregó un texto) como Proyecto Final de Carrera. Era cierto lo que decía Kipnis:

*Todo vale. Como PFC, escribe un libro si quieres, baila y hazte pis en los pantalones si quieres, o dibuja y haz una maqueta si quieres, todo vale mientras lo hagas de verdad convencido de ello.* (Kipnis en García, 2011: 1)

Koolhaas como (de)legado, filón de la Arquitectura Radical (frente a estrategias anteriores modernas o revisionistas) de transformar al arquitecto en un zahorí informado (como el artista de las segundas vanguardias plásticas ya analizado) y crítico; un constructor de textos (proyectos), ideas preñadas de realidad convertidas en *acción/ambiente* mediante herramientas críticas (analogía, contraste, copia...). Arquitectura conceptual emancipada de la preocupación de que no se construyan nuestros dibujos sino centrada en verificar la relación arquitecto-problematizador del mundo (no el constructor del mundo de Taut).

En relación a su condición no realista no hace falta teorizar mucho sino leer: "*Como tantas veces ha sucedido en esta historia de la humanidad, la arquitectura era el instrumento culpable de la desesperación (...) mirando al muro como arquitectura, era inevitable ocultar la desesperación, el odio y la frustración que inspiraba al ámbito de la arquitectura (...) en comparación [con el muro] los sueños de la década de los 60 del potencial liberador de la arquitectura- en los cuales me estuve marinando durante años como estudiante- se antojaban débiles juegos retóricos. Esos sueños se evaporaron instantáneamente*" (Koolhaas, 1995: 226). Y, por si fuera poco, el propio Koolhaas dijo de Exodus años después:

*Es un proyecto anti-utópico y fue contra toda la situación. Me atormentaba terriblemente la arquitectura simplona que estaba siendo interpretada en aquellos momentos... Exodus intenta ir un paso más allá*" (Koolhaas en García, 2011: 3). Es decir, le molestaba ver muchos dibujos (¿de arquitectura?) y pocos proyectos (de arquitectura).

En definitiva, y para acabar la primera parte de las conclusiones, podemos decir que la metonimia arquitectura-Exodus verifica su pretensiones iniciales:

*Esta investigación describe los pasos que deben darse para establecer un oasis arquitectónico en el sumidero conductual de Londres.* (Koolhaas, 1995: 7)

Entendida su investigación como lo que hemos expuesto en este análisis: Posicionamiento informado y estratégico desde dentro de la realidad para la elaboración de episodios críticos y activadores. Vaya, nos ha salido al final la definición de Arquitectura Radical.

(Post data)

Olvidaba el análisis formal de las imágenes asociadas a Exodus: Se parece mucho al Monumento Continuo

# EPÍLOGO

- *¡Tendrían ustedes una razón para la castidad!- dijo el salvaje, sonrojándose ligeramente al pronunciar estas palabras.*

- *Pero la castidad entraña la pasión, la neurastenia. Y la pasión y la neurastenia entrañan la inestabilidad. Y la inestabilidad, a su vez, el fin de la civilización. Una civilización no puede ser duradera sin contar con una importante cantidad de vicios agradables.* (Huxley, 2005: 235)

# LOS CINCO TERRITORIOS RADICALES

Si nos preguntáramos por qué Exodus comprende las conclusiones de esta investigación podríamos apuntar a que, a modo de epílogo (contradictorio prólogo en SMLXL), éste verifica la validez, permeabilidad, desarrollo y transmisión del filón de la Arquitectura Radical definido como *posicionamiento en la realidad al* sugerir (prácticamente imponer) su análisis en los 5 territorios que estructuran esta investigación: *Posmodernidad, Arte, Ciudad, Indisciplina y Juego.*

Asistimos a cierta condición circular de lo argumentado/expuesto con el proyecto Exodus y, sin voluntad de ser exhaustivos, utilizaremos el léxico radical recién estrenado:

Posmodernidad: Exodus es un pequeño relato, descreído, completado por el lector/habitante, con la voluntad de minar/destruir estados de ánimo rutinarios, instalado en el valor de la imagen presentada como simulacro (ficticio) de realidad (el texto), simbólica e ilusionista, teatral y sin autor.

Ciudad: ¿Y si tuviésemos/quisiésemos comprobar cómo Exodus soportar el análisis "urbanístico" ensayado en esta investigación radical? ¿Como se instala en el territorio/escenario de lo urbano?, porque parece "evidente" y natural su inclusión en la categoría de lo urbano, en el territorio de la ciudad como escenario privilegiado de la actividad/función humana. Podríamos interpretar Exodus como ciudad alegórica (la división del bien y el mal, o que habla de Londres cuando se refiere a Berlín...), incluso como ejercicio de metaurbanismo, más allá de la planificación para adentrarse en el relato de la ciudad imposible y sin embargo ya inventada/habitada.

Arte: Exodus también se puede interpretar por su contaminación artística. Ya hemos apuntado la relación de Koolhaas con el suprematismo pictórico y habría que incorporar el montaje pop-tecnológico de la gran cinta blanca, además de las evidentes transferencias de cierto minimalismo; algo así como un Carl Andre superlativo.

O la inmersión en las dinámicas del happening, donde cada actividad planteada en el interior de esta colosal ciudad alternativa es un auténtico evento colectivo, gozoso y especial. O el propio Monumento Continuo como obra de Land Art extraordinariamente grande...

Indisciplina: O como el proyecto erosiona (literalmente) la ciudad *trouvé* como cinta omnipotente (y omnívora) superando cualquier disciplina heredada. Exodus es tecnológica/crítica, revolucionaria/simbólica... es una protesta, un grito a la propia disciplina... de hecho lo valida el propio autor cuando afirma que *es un proyecto antiutópico que fue contra toda la situación (...) Exodus intenta ir un paso más allá* (Koolhaas en García, 2011: 3). *Como proyecto final te podías hacer pis en los pantalones si querías (...) Todo vale* (Kipnis en García, 2011: 1)

Juego: No parece forzado interpretar Exodus desde las dinámicas del juego: redundante (ya existe Londres), acotado (difícilmente de forma más rotunda), ficticio (pura imaginación), con reglas (cada sector esta lúdicamente *regulado*), placentero (¡¡pues claro!!) y destructivo como el potlach (porque demuele – a lo Ciudad a Cinta Continua de Superstudio- la ciudad presente a medida que crece). Consciente, distanciada, festiva e irónica.

Finalmente, de lo anterior podemos concluir y confirmar que Exodus es un genuino producto de Arquitectura Radical en un Koolhaas que, lejos de cerrar la puerta (y echar la llave) de la codificación interpretada en esta investigación, la hace viable y la proyecta en la mejor arquitectura contemporánea: Crítica, informada, comunicativa, interrogante, activadora, expansiva y liberadora.

Podríamos considerar a Exodus como el alter ego (con todos los matices malvados) del Centro Pompidou. Donde el *edificio* de Piano y Rogers hace viable la última modernidad practicada por Archigram, el *proyecto* de Koolhaas hace desaparecer (y olvidar) la caracterización arrinconada del arquitecto constructor y la sustituye -mejor dicho, la suma- a descripciones escoradas hacia lo sociocultural.

La propia investigación se ofrece como reescritura del horizonte radical, sus agentes desvían el entendimiento disciplinar y ubican al arquitecto como mediador *intransitivo* del mundo frente a definiciones rutinarias de un oficio *transitivo*. O lo que es lo mismo, la Arquitectura Radical *problematiza*, no *construye edificios*. Lección bella y de aplicación directa en una práctica verdaderamente útil, valiosa, consciente... Esto o seguir viendo únicamente sombras.

*Arquitectura* [radical] *o revolución*

*Se puede evitar la revolución.* (Le Corbusier, 1977: 243).

## 1980

**AUSTRIA**
RAIMUND ABRAHAM (RA); COOP HIMMELBLAU (CH); HEINZ FRANK (HF); HAUS RUCKER CO (HRC); HANS HOLLEIN (HH); FRANTISEK LESAK (FL); MISSING LINK (ML); MAX PEINTNER (MP); WALTER PICHLER (WP); FRIEDRICH ST. FLORIAN (FSF); MARIO TERZIC (MT); KLAUS GARTNER (KG); DOMENIG & HUTH (DH); LAURIDS ORTNER (LO); GUNTER ZAMP KELP (GZK); ANGELA HAREITER (AH)

FREDERICK KIESLER (FK); FRIEDENSREICH HUNDERTWASSER (HU)

**ITALIA**
ARCHIZOOM (AZ); REMO BUTI (RB); RICCARDO DALISI (RD); UGO LA PIETRA (ULP); ALESSANDRO MENDINI (AM); GAETANO PESCE (GAP); GIANNI PETTENA (GP); FRANCO RAGGI (FR); ETTORE SOTTSASS JR. (ESJ); GRUPPO STRUM (GS); SUPERSTUDIO (SU); UFO (U); ZZIGURAT (ZZ); 9999 (9999)

**INGLATERRA**
ARCHIGRAM (AG); (CP); STREET FAR; INDEPENDENT GR; ALLISON & PETER (A&P)

**USA**
ANT FARM (AF);

## 1975

LEYENDA :    PROYECTOS    ESCRITOS    AGENTES    REVISTAS/E

WATERGATE · HOUSE WITH FLYING ROOF (CH) · CLOUDS (CH) · ACUERDO VIETNAM · 10 HOUSES (RA) · AN ATTEMPT TO CLARIFY THE SITUATION (ML)

GREEN LUNG (HRC)

RLEBNIS SAND (FL) · THE ELEMENTS OF THE HOUSE (RA) · ACCIONES (ML) · CENTRAL PARK EVENT (HRC)

INSTANT CITY IBIZA / PRADA-POOLE

SIEGES ET LITS (HF) · FLORASKIN (DH) · HINGE CHAIR (RA) · WHITE SUIT (CH) · CAVALLERIA URBANA (ML) · COVER (HRC) · APOLO 15

ALTAR (WP) · RESTLESS SPHERE (CH) · HAPPENING · COCOON (HRC) · LIVI GIA

## 1970

UMBAS EN · BLACK POWER · HARD SPACE (CH) · PERFORMANCE (SDE) · VIENA'S GOLDEN HEART (ML) · VANILLA FUTURE (HRC)
L PAISAJE (WP) · PASILLO (MP) · SOFT SPACE (CH) · SALZ DER ERDE · SIA CON ALT (ML) · ELECTRIC SKINS (HRC)
CONTEMPLACIÓN (MP) · ZÜND UP · GREAT VIENNA AUTO EXPANDER (ZU) · APOLO
TUMBAS AUDIOVISUALES (MP) · HEART SPACE (CH) · THE WHITE SUIT (CH) · BOB DYLAN · MISSING LINK · GOLDEN HEART (
MAX PEINTNER · FACE SPACE (CH) · COOP HIMMELBLAU

DAILY EARTH CHRONICLE(ON) · MUERE MARTIN LUTHER KING · VILLA ROSA (CH) · RELAXING ROOM (GJN)
MUERE DUCHAMP · STADT RAGNITZ (DH) · CHE GUEVARA · FUTURE HOUSE (AH) · HAUS RUCKER CO

V HELM (WP) · TRIGON 67 (DH) · GUERRA 6 DIAS · VIETNAM · PNEUMACOSM (HRC) · EXPO '67

ABITACIÓN GRANDE (WP) · LIVE INFORMATION (AH) · FRITZ WOTRUBA

## 1965

ASESINATO DE MALCOM X · SUPERPOLIS (GF) · BAU · LINEAR CITIES (RA) · S

VERTICAL CITY (KG) · COMPACT CITIES (RA) · AEROPUERTO (LO)

NFICIO (WP) · ELEMENTARE ARCHITEKTUR (RA) · ABSOLUT ARCHI
UDAD SUBTERRÁNEA (WP) · SOY BERLINÉS (JFK) · RAYMUND ABRAHAM · KENNEDY · BACK TO ARCHITECTURE (HH)
ERRA INDEPENDENCIA · CIUDAD COMPACTA (WP) · MUERE MARILYN · CRISIS MISILES EN CUBA · HANS HO
GELIA

FLUXUS · GAGARIN VIAJA AL ESPACIO

## 1960

WALTER PICHLER

ANTROPOMETRÍAS DE YVES KLEIN · PLASTIC SPACE (HH)

CIUDADES

ALLAN KAPROW

INCIDENTAL ARCHITECTURE (GF)    1958__MANIFEST OF MOULDING AGAINST RATIONALISM IN ARCHITECTURE (HU)    1958__WHAT IS ARCH
1947__MAGIC ARCHITECTURE (FK)
1954__RONCHAMP (LC)

LAS PROFECÍAS DE LA ARQUITECTURA RA

**INGLATERRA**
ARCHIGRAM (AG); CEDRIC PRICE (CP); STREET FARMER (SF)
INDEPENDENT GROUP (IG); ALLISON & PETER SMITHSON (A&P)

**PENSADORES**
CHARLES JENCKS (CJ); RICHARD RORTY (RR); PAUL VIRILIO (PV); PAOLO PORTOGHESI (PP)
JEAN-FRANÇOIS LYOTARD (JFL); RICHARD RORTY (RR); PAUL VIRILIO (PV); JEAN BAUDRILLARD (JB); CLAUDE LEVI-STRAUSS (CLS)

REMO BUTI (RB);
RD); UGO LA PIETRA
D MENDINI (AM);
GAP); GIANNI PETTENA
GI (FR); ETTORE
GRUPPO STRUM (GS);
; UFO (U); ZZIGURAT

LA COND

**USA**
ANT FARM (AF); ONYX (ON)

**VARIOS**
YONA FRIEDMAN (YF); ARATA ISOZAKI (AI); KOYONORI KIKUTAKE (KK); REM KOOLHAAS (RK); CONSTANT & DEBORD (C/D)

AGENTES    REVISTAS/EVENTOS    CONTEXTO/VARIOS

---

EMPT TO CLARIFY THE SITUATION (ML)
GREEN LUNG (HRC)
VIDA EDUCACIÓN CEREMONIA AMOR MUERTE (SU
**ITALY: THE NEW DOMESTI**
S (ML) CENTRAL PARK EVENT (HRC)    GO (HRC)    BLOODY SUNDAY    MÁSCARAS (MT)
T CITY IBIZA  PRADA-POOLE    OASIS (HRC)    EXODUS (RK)    SUPERSUPERFICIE (
RBANA (ML)    COVER (HRC)    APOLO 15    PNEUMATIC FORMATION (HRC)    MIS ALAS (MT)    WARHOL
NG    COCOON (HRC)    LIVE (HRC)    ESTATUA DE LA    FILOSOFÍA ORIENTAL    A
    GIANT BILLIARD TABLE (HRC)    ONYX    LIBERTAD EN    HISTOGRAMAS DE ARQUITECTURA (SU)    C
N HEART (ML)    VANILLA FUTURE (HRC)    EXPO '70 OSAKA    PRÉSTAMO (FSF)
    ELECTRIC SKINS (HRC)    FLY HEAD (HRC)    SPIRAL JETTY (RS)    HIPPIES    M
SSING LINK    **APOLO 11**    OFICINA MÓVIL (HH)    IMAGINARY SPACE (FSF)    WOODSTOCK    D
ELBLAU    GOLDEN HEART (HRC)    MIND EXPANDER (HRC)    ANT FARM HAIR    2001: ODISEA E
    RELAXING ROOM (GJN)    **TODO ES ARQUITECTURA (HH)**    IMAGINARY ARC
RE HOUSE (AH)        JJOO MÉXICO    BARBARELLA
**HAUS RUCKER CO**    **BALLOON FOR TWO (HRC)**    PÍLDORA DE LA ARQUITECTURA (HH)
PNEUMACOSM (HRC)    EXPO '67 MONTREAL    ESTRUCTURAS NEUMÁTICAS (HH)    N
OTRUBA    LINEAR CITIES (RA)    **SPACE CITIES (RA)**    REJILLA EN NUEVA YORK (HH)    COMPLEJIDAD Y CONTRAD
            EN ARQUITECTURA (RV)
        ENTRENADOR DE LA ARQUITECTURA (GZK)    DONALD JUDD
(RA)            MICHAEL FRIED    CIUDA
    AEROPUERTO (LO)        GALLERIE ST. STEPHAN    FRIEDRICH
            DAN FLAVIN
            GRUNDE (HH)    PORTAAVIONES (H    BEAT
**ABSOLUT ARCHITECTURE (WP/HH)**
BACK TO ARCHITECTURE (HH)    CIUDAD, COMUNICACIÓN, INTERCAMBIO (HH)
        ROLLING STONES
        THE BEATLES
A AL ESPACIO    HANS HOLLEIN    CONSTRUCCIÓN DEL MURO DE BERLÍN
        INVASIÓN DE BAHÍA DE COCHINOS
PLASTIC SPACE (HH)
    CIUDADES (HH)

OULDING AGAINST    1958__WHAT IS ARCHITECTURE (HH)    RASCACIELOS EN CHICAGO (HH)
TECTURE (HU)

1954__RONCHAMP (LC)

LAS PROFECÍAS DE LA ARQUITECTURA RADICAL (AB)

M

RICHARD RORTY
PAOLO

RD (JFL); RICHARD
O (PV); JEAN
UDE LEVI-STRAUSS

ESTÉTICA DE LA DESAPARICIÓN (PV)

LA CONDICIÓN POSMODERNA (JFL)

FILOSOFÍA Y EL ESP

ALCHIMIA

EL LENGUAJE DE LA ARQUITECTURA POSN

RATA ISOZAKI
KE (KK); REM
ANT & DEBORD

PUNK

MARGARET THATCHER

ARQUITECTURA RADICA

EL ESPEJO DE LA PRODUCCIÓN (JB)

TÉCNICA P

VIDA EDUCACIÓN CEREMONIA AMOR MUERTE (SU)   GLOBAL TOOLS. Nº1   ARNOLFO (GP)

ITALY: THE NEW DOMESTIC LANDSCAPE   EL ANARQUITECTO (GP)

LAS 12 CIUDADES IDEALES (SU)

EXODUS (RK)   SUPERSUPERFICIE (SU)   NO STOP CITY (AZ)   RADICAL NOTES (AB)   ELEMENTOS DE P
APUNTES ACERCA

WARHOL   MATTA CLARK

DE LA   FILOSOFÍA ORIENTAL   ALESSANDRO MENDINI   CIUDAD CADENA DE MONT
EN   HISTOGRAMAS DE ARQUITECTURA (SU)   CASABELLA   MONUMENTO COI
(FSF)   SPIRAL JETTY (RS)   HIPPIES   MUEBLES GRISES (ESJ)   DE LA ANALOGÍA M
IMAGINARY SPACE (FSF)   WOODSTOCK   DISCORSI PER IMMAGINI (SU/AZ)   THE WELL TEMPERE

ANT FARM   HAIR   2001: ODISEA EN EL ESPACIO (SK)   ANDREA BRANZI   MINIMALISMO   ARNOLFO

UITECTURA (HH)   IMAGINARY ARCHITECTURE (FSF)   MAYO 68   UTOPIA DELLA QUALITÁ (AZ)   GIAI
BARBARELLA   ALLEN GINSBERG   GAZEBOS (AZ)   SOFO (SU)

RC)   PÍLDORA DE LA ARQUITECTURA (HH)   MODA   DREAM BEDS (AZ)   DOMI
ESTRUCTURAS NEUMÁTICAS (HH)   JACK KEROUAC   SUPERONDA (AZ)   POP ART   BANHAM
PASSIFLORA (SU)   SUPERARCHITETTURA   S

ORK (HH)   COMPLEJIDAD Y CONTRADICCIÓN   TOWER CABINET (ESJ)   INUNDACIÓN RIO ARNO   A
EN ARQUITECTURA (RV)   LA CIUDAD VERTICAL Y SUS ELEMENTOS (FSF)   UMBE
DONALD JUDD   CIUDAD VERTICAL (FSF)
MICHAEL FRIED   FRIEDRICH ST. FLORIAN

IN   BEATLEMANIA   ARCHIGRAM 4 (AG)   PLUG IN CITY (AG)
H)   MARSHALL MCLUHAN   WALKING CITY (AG

PORTAAVIONES (HH)

MBIO (HH)

ES

LÍN

GALLERIE ST. STEPHAN

ETTORE SOTTSASS JR.

1958_DEFINICIONES SITUACIONISTAS (C/D)   MOBILE ARCHITECTURE (YF)

1955__ TRISTES TRÓPICOS (CLS)

MEMPHIS

STRADA NOVISSIMA (PP)

CHIMIA   FILOSOFÍA Y EL ESPEJO DE LA NATURALEZA (RR)

DE LA ARQUITECTURA POSMODERNA (CJ)

# MODO
FRANCO RAGGI

MALETA DE LOS ESTILOS (FR)

CUATRO CASAS (RB)   LÁMPARA LA CLÁSICA (FR)
PLATOS (RB)         TIENDA TEMPLO (FR)

RQUITECTURA RADICAL (PN+BO)  RADICAL ARCHITECTURE- REFUTANDO EL PAPEL DISCIPLINAR (AB)
DUCCIÓN (JB)                  LA REAPROPIACIÓN DE LA CIUDAD (HLP)

GRADOS DE LIBERTAD (HLP)

OLFO (GP)

TÉCNICA POVERA (RD)

GAETANO PESCE   RADICAL STORY (FR)
                POR RETRASO DEL AVIÓN (ESJ)

DADES IDEALES (SU)   DECODIFICACIÓN DEL AMBIENTE (HLP)   NAGAKIN TOWER (KIK)

VESTIRSE ES FÁCIL (AZ)  CONQUISTAS Y PROBLEMAS DEL DESIGN ITALIANO (EA)   GIRO DE ITALIA (U)
                        LA TÉCNICA POVERA (RD)   RED LINE (GP)

NOTES (AB)   ELEMENTOS DE PROSÉMICA TERRITORIAL/CUESTIONARIO (UFO)                          LAND ART
             APUNTES ACERCA DE UNA ARQUITECTURA CONCEPTUAL, HACIA UNA DEFINICIÓN (PE)  GRUPO STRUM  STREET FARMER 2
MATTA CLARK                                                                                         STREET FARMER 1
                                                                                        UN NUEVO FUTURO PARA EL DESIGN (JB)
                            EL CONMUTADOR (HLP)   REMO BUTI   SILLAS "PONIBLES" (GP)   ICE HOUSE (GP)

DAD CADENA DE MONTAJE DE LO SOCIAL (AZ)   HORA 11 (RB)   IN più   SIN TÍTULO (GC)
ONUMENTO CONTINUO (SU)   EL SISTEMA DESEQUILIBRANTE (HLP)

                                                         ARQUITECTURA PARA EL HOMBRE OLVIDADO (AM)
DE LA ANALOGÍA MECANICÍSTICA A LA ANALOGÍA ORGÁNICA (NK)   ZZIGURAT  9999
(SU/AZ)   THE WELL TEMPERED ENVIRONMENT (RB)                          S-SPACE (9999+SU)   CASAS ANAS (U)
                              HAPPENING EN PONTE VECCHIO (9999)   LÁMPARA DÓLAR (U)   OBJETOS DE
MINIMALISMO   ARNOLFO (GP) LAUNDRY (GP)                                               AMBIENTE (U)
UTOPIA DELLA QUALITÁ (AZ)  GIANNI PETTENA   HOMBREHUEVOESFERA (HLP)
SOFO (SU)                                   CASCO SONORO (HLP)    URBOEFÍMEROS (U)   INMERSIONES (HLP)
              CARABINIERI (GP)
AZ)                                          UGO LA PIETRA        ARCHITETTURA FREE (RB)
OP ART      DOMUS           SUPERSTUDIO      UFO                  LAS PALABRAS Y LAS COSAS (MF)
          BANHAM
RARCHITETTURA              ARCHIZOOM         LA ARQUITECTURA DE LA CIUDAD (AR)
INUNDACIÓN RIO ARNO                          VIAJE A OCCIDENTE Nº1: QUÉ HACEN AHÍ DENTRO (ESJ)
                UMBERTO ECO
                                             LA CASA HABITADA (ESJ)

AG)   PLUG IN CITY (AG)     ZOOM AND REAL ARCHITECTURE (A/PC)
      WALKING CITY (AG)
HAN


        ARCHIGRAM 1 (AG)    FUN PALACE (CP)   CITY IN THE AIR (AI)

        ALLISON & PETER SMITHSON                OCEAN CITY (KK)

                                                MARINE CITY (KK)
                POP ART
            1956__THIS IS TOMORROW (IG)
MOBILE ARCHITECTURE (YF)   RICHARD HAMILTON   EDUARDO PAOLOZZI

            1953__PARALLEL OF LIFE AND ART (IG)

INDEPENDENT GROUP

# Entrevista a Adolfo Natalini (Superstudio)

Florencia, 3 de junio 2014

*Miguel Luengo: Buenos días, señor Natalini, lo primero que me gustaría saber es su relación actual con Superstudio:*

Adolfo Natalini: (...) Yo diría que Cristiano Toraldo di Francia está muy contento de contar la historia de Superstudio porque él aún tiene un poco de este espíritu, es profesor, le gusta mucho la gente joven y está convencido de que gran parte de la antigua y la nueva vanguardia arquitectónica, de Rem Koolhaas a Bernard Tschumi, se derivan de Superstudio. Para mi la historia es muy distinta, porque en determinado momento he empezado a pensar que este trabajo de la vanguardia, que este movimiento Situacionista (Superstudio) tenía que acabar; porque no se puede dedicar toda la vida a destruir... que a partir de determinado momento debemos construir, está escrito incluso en el Eclesiastés (...) por lo que a partir de ese punto me he dedicado a trabajar de arquitecto y esto me ha traído problemas porque nadie me encargaba nada porque pensaban que Superstudio se dedicaba a hacer bromas... cosas tremendas. Para mis amigos de la Arquitectura Radical esto fue una especie de traición, el hecho de que yo construyera los ponía completamente en crisis. Otra cosa fue la reacción de Peter Cook o Hollein (...) Todos nosotros queríamos construir pero la situación era como para que no pudiéramos construir nada. Que ahora las neoavanguardias construyan quizás se deba a lo que hicimos nosotros(...).

Nuestro trabajo se relacionaba con el arte, la filosofía, la política... y del 73 al 78 con una investigación antropológica dentro de la universidad y dedicada a los valores locales (...) les pedía a los miles de alumnos que tuve que analizaran sobre sus contextos locales, sobre la arquitectura sin arquitectos, las circunstancias del trabajo de arquitecto en cada contexto particular y esto me acercó a las realidades locales. Después de Superstudio he tratado de hacer una arquitectura contextual, apropiada a los lugares y la cultura de las personas que lo habitaban, a los tiempos actuales...(...) Dentro del canal del regionalismo crítico y, dentro de la dirección de la revista Locus, lo publicaba. Sin embargo, mientras el trabajo de Superstudio se publicaba mucho, continuamente, inmerso en la cultura mediática en revistas como Domus, Casabella, Architectural Design (aunque nunca se construía) y, cuando empecé a publicar en revistas como Lotus y otras normales mi trabajo "normal" o "cotidiano" ya no le interesaba a nadie, porque las revistas y libros se interesan solo por la novedad. Por las excepciones, no las reglas (...) Como la Bauhaus o el Futurismo (...) La arquitectura tradicional no es noticia y no está en los libros de arquitectura.

*ML: Entonces, ¿tenemos que ser modernos?*

AN: Eso de "arquitectura moderna" es un concepto que no funciona, es un oxímoron (...) No puede haber nada bueno en la modernidad porque dura demasiado poco. Es como los pantalones campana de los años 70, no se puede hacer una arquitectura "de moda" (...) Partiremos de la base de que Superstudio y lo que yo pienso ahora de Superstudio son dos cosas diferentes: Superstudio era un movimiento Situacionista que trabajaba en contra de las ideas correctas y también para Superstudio la arquitectura a combatir era la modernidad, era la globalización, era el Estilo Internacional, eso es. Nosotros hacíamos una especie de parodia del Estilo Internacional; la retícula, que era una especie de parodia de Mies Van der Rohe (...) Pero servía en cierta manera para destruir, la vanguardia es un término militar (un término feo) ¿pero que hace la vanguardia?: Destruye, luego el grueso del ejército lo remata y después la retroguardia recopila los muertos. La retroguardia y la vanguardia son dos modos diferentes de ver la historia... pero es la retroguardia la que construye.

*ML: De acuerdo, entonces: ¿cuál es su definición de arquitectura?*

AN: Me interesa una arquitectura apropiada al lugar, al tiempo y a las personas pero que tiene esencialmente dos objetivos: la seguridad y la felicidad de las personas (...) porque, ¿cómo hacemos una arquitectura nueva?: Con una que sea diferente a la que se ha hecho hasta ese momento. Pero lo que se ha hecho hasta este momento era bueno, económico, bello, funcionaba por lo que es más común hacerlo feo, poco económico y que dé miedo (y no tanto que sea mejor, más económico...etc).

Toda la arquitectura moderna es una arquitectura del terror, por ejemplo el último edificio de Koolhaas en China parece que se va a caer, es como la torre de Pisa. ¿Por qué va la gente a Pisa?, con la esperanza de que se derrumbe. ¿Por qué la gente va a Venecia? Por si se hunde (nota: ver el proyecto de Salvamento de Centros históricos como metáfora de lo anterior).... Es la agonía de una civilización.

*ML: ¿Entonces Superstudio tenía intenciones anti-arquitectónicas?*

AN: Era un movimiento crítico, situacionista. Y usábamos la arquitectura y las relaciones sociales que planteaba para mostrar que no era una situación ideal. Trabajos como las 12 ciudades ideales o el Monumento Continuo eran anti-utopías. Utopías negativas (distopías) que hacían ver que la tecnología salvadora, que la simbología asociada a los monumentos.... Pues eso, lo ponemos todo junto y sale el Monumento Continuo; que es un monumento hipertecnológico absolutamente monstruoso (...) por lo tanto, como la extrapolación estaba bien hecho. El problema eran las premisas iniciales; lo demostrábamos ad absurdum. Este es el trabajo que hicimos a través de catálogos y planteamientos científicos (...) De hecho el otro día me ha llamado un amigo y me ha dicho que la Biennale de Koolhaas es igual a lo que hacía Superstudio (...) como el curso del 73 al 78 que yo hice en la universidad que era sobre puertas, escaleras...etc. Como un catálogo como el de Fundamentals (Natalini enseña un curso muy elaborado con dibujos y diagramas fascinantes y muy cercanos a lo tradicional).

Porque yo quería ser pintor (la escuela de Pistoia) pero me di cuenta de que la pintura no era socialmente útil y no servía en lo real en la órbita ideológica (...) y entonces Leonardo Savioli me dijo que no quería que me graduara como arquitecto.... era cargarse un buen pintor para conseguir un mal arquitecto. Entonces dejé la carrera para estudiar realmente arquitectura, la obra completa de Le Corbusier y Louis Kahn; y a través de Kahn la arquitectura antigua (que en la universidad no se estudiaba, solo se hablaba de 1800 en adelante) y Kahn demostraba que los egipcios, los romanos o los mayas eran grandes arquitectos.

*ML: El origen de Superstudio, ¿lo podría volver a contar?*

Una vez que me gradué me invitaron a hacer una exposición de pintura donde yo trabajaba pero les dije que fuera de arquitectura; pero como no tenía nada invité a unos amigos, que después fundaron Superstudio. La exposición: Superarchitettura, en cualquier caso, mostraba un trabajo más cercano al arte con muebles de colores...etc con mucha influencia Pop. Porque a mi me interesaba la cultura inglesa, mi mujer era inglesa y viajé varias veces allí. Y conocí artistas ingleses nuevos, de Paolozzi a Hamilton e incluso Archigram... pero me interesaba la pintura.

Este trabajo que empecé con Superstudio estaba a medio camino entre el arte, la arquitectura...etc. (...) Pero lo que yo considero importante de este periodo es el catálogo de los Histogramas, el Monumento Continuo, la arquitectura Escondida, las 12 ciudades ideales y Vitta, Educazione, Morte.... Y para mi esto es lo que todavía queda de Superstudio, todo el resto no es tan importante.

El libro de Gargiani muestra nuestro trabajo hasta el 73 pero mezcla los trabajos teóricos con los trabajos "profesionales" pero estos no eran importantes como para recordarlos, solo eran para vivir.

Después en el 79-80 empecé a hacer arquitectura desde lo local, la historia de la arquitectura, lo necesario y justo (...) en Alemania quería ser un arquitecto alemán y en Holanda un arquitecto holandés. (...) hacia finales de los 90 ha retornado la Arquitectura Radical e hicimos una muestra en 2003 con 70.000 visitantes en 3 meses (...) que cuando llegó a Holanda fue muy polémica porque se preguntaban como el radical Natalini se había convertido en el arquitecto holandés más tradicionalista (...) He tratado de explicarlo pero no lo he conseguido porque en Holanda hay un gran sentido del progreso.

*ML: ¿Tuvo Superstudio influencia en arquitectos de vanguardia posteriores?*

AN: Rem Koolhaas fue estudiante mío así como Leon Krier (aunque de esto no puedo decir nada...). Aldo Rossi fue muy importante para mi (no estoy seguro si para Superstudio) porque éramos muy diferentes. Toraldo di Francia tendía a la ciencia, era hijo de un gran científico (candidato al Nobel), Frasinelli estaba muy interesado en la antropología, los hermanos Magris eran muy prácticos, pragmáticos; uno era un inventor y además hacían deporte (ninguno de los otros éramos deportistas). Teníamos historias e intereses diversos, lo tecnomorfo, monumental, el racionalismo italiano.... Muy diferentes backgrounds.

Superstudio era un grupo de amigos, diferentes pero que tratábamos de ponernos de acuerdo para sacar lo mejor de cada uno.

*ML: ¿Y acerca de la trayectoria posterior de los agentes radicales?*

AN: Branzi se ha convertido en un gran teórico, Morozzi en un diseñador, Deganello también... lo increíble es que nadie se ha dedicado a la arquitectura, y esto es incomprensible para mi. Sólo Coop Himmelblau y Archigram lo han hecho (...) En cualquier caso la premisa es que no debo contar nada de Superstudio porque cada uno que habla sobre el tema miente... Lo que quisimos decir lo dijimos en nuestros proyectos.

*ML: ¿Y la indisciplina? ¿Qué opina de esta categoría?*

AN: Hay un dicho que reza: "Los que empiezan como pirómanos acaban como bomberos". Es decir, nuestra indisciplina consistía en romper la disciplina para buscar un camino diferente (...) después la cosa ha sido otra. Pero el juego no era por diversión, era un trabajo muy serio; filosófico, político y nos acusaban de terroristas. Como Gregotti que decía que era terrorismo religioso. Era algo serio que enfadaba a la gente. Domus empezó a publicar nuestro trabajo y el de Archizoom y las empresas que se publicitaban en esta revista la llamaron para que dejaran de publicar nuestro trabajo porque era una crítica sobre ellos (...) así que dejamos de publicar en Domus porque editaba nuestro trabajo y nos fuimos con Casabella para que no lo editaran... como las Brigadas Rojas (...) En el Monumento Continuo nosotros usábamos figuras como la metáfora, la alegoría, la ironía para denunciar la fe apodíctica en la tecnología y el simbolismo que se iniciaba con Aldo Rossi (...) el juego tenía que ver con cambiar las reglas, escorábamos el discurso hacia otros lugares y ampliábamos los límites. Koenig mostró que este proyecto se parecía al expresionismo de Scheerbart aunque nosotros no lo conocíamos.... Y es cierto, tenía que ver con la crítica a su tiempo, como nosotros con la Italia de la época, pero no con la forma.

*ML: ¿Y hay relación con el juego o el Arte?*

AN: Depende, en el primer caso siempre que sea algo serio. Los niños se apropian del mundo a través de esta actividad, por lo que el juego es algo serio y no como divertimento (...) En 1972, con la exposición en el MOMA pensábamos que no se podía ir más allá en nuestras intenciones y organizamos la escuela Global Tools.... No funcionó y nos dedicamos a otras cosas. Como dar clases, ten en cuenta que la Escuela estaba destruida con las revueltas estudiantiles y podíamos trazar otros límites disciplinares (...) La arquitectura tiene una componente cultural, e hice un libro con mis clases en 1984 que se llama figuras de piedra: Lo primero la retórica, yo digo que la arquitectura es un sistema para comunicar, utiliza las figuras de la lengua como la metáfora, alegoría... etc. Lo que ocurre es que ahora mismo solo quiero hablar y demostrar mis hipótesis a través de las construcciones. La arquitectura es uno de tantos lenguajes que hay disponibles tanto para entender el mundo como para tratar de transformarlo y ese es el idioma que quiero hablar ahora (...) Superstudio no trabajaba con los materiales, se manejaba en paralelo con el dibujo y el texto.

Y con el Arte....claro, también soy pintor, por lo que había y hay relaciones. Y se producen fundamentalmente porque comparten el dibujo.... yo trabajo con el dibujo; nacen del mismo sitio (...) En definitiva, Superstudio me ha permitido hacer otras cosas... como las enfermedades que tienes cuando eres pequeño y así quedas inmunizado, aunque vosotros las podéis seguir contrayendo.

Y todo lo hacíamos conjuntamente, no firmábamos individualmente aunque alguno podía ser algo mejor escribiendo, otro dibujando, otro imaginando proyectos, otro hacía el fotomontaje....era un trabajo colectivo como elección ideológica, el artista no era una figura aislada sino parte de la sociedad, una creatividad y memoria colectiva (...) igual que dividíamos el dinero dividíamos la gloria.

# Conversación con Gianni Pettena

Fiesole/Madrid (via Zoom), 23 de abril de 2021

*Miguel Luengo: Buenos días, Gianni, ¿cómo te encuentras?*

Gianni Pettena: Muy bien, gracias. Ya vacunado del COVID... vaya desastre

*ML: Totalmente, sin embargo algo ha cambiado en relación a la importancia que el público en general está dando al espacio doméstico. Parece que ahora la gente es más consciente de lo pésimo que era el entorno construido en el que desarrollaban su actividad habitual, ¿no crees?*

GP: (risas), cierto, se diría que la gente se ha dado cuenta sin los arquitectos de que les hacen falta los arquitectos

*ML: Para empezar la conversación, me gustaría preguntarte qué es la arquitectura para ti*

GP: La arquitectura es la síntesis de las artes (al menos eso se decía en los años 30). Y eso que aunque parece estática (la arquitectura) no hay nada más dinámico que la arquitectura. Porque si te mueves, te levantas, giras la cabeza, los ojos...entonces todo se mueve porque tu punto de vista se mueve. Paradójicamente no hay nada más dinámico que la estática arquitectura. Pero también es un diagrama que une lenguaje visual, filosofía, estrategia y lo racional junto a lo emocional.

La arquitectura es experta en hacer trabajar juntos la intuición y la razón, dos mundos diferentes que colaboran. Es un lenguaje visual que incluye (como cualquier otro lenguaje...la música, el teatro, el cine, la danza...) estos dos mundos en una síntesis.

*ML: Estoy de acuerdo, sin embargo cualquier definición "rutinaria" de arquitectura es incapaz de acercarse a la Arquitectura Radical. Quizás se le sumamos la crítica, la lucha, la diferente relación con la palabra "contexto", que además no será geográfico únicamente sino psicológico, político, emocional, teórico... ¿qué opinas?*

GP: La única ventaja que tenemos hoy comparado con los años 30 es que nosotros añadimos, después de la guerra, también por la filosofía radical ese contexto. En los 30 les interesaba el objeto arquitectónico como algo opuesto al contexto. Mi generación entendió que cada edificio tenía que relacionarse con el contexto, no únicamente yuxtaponerse en él. Como el proyecto en Praga de Gehry (Ginger y Fred) que es una pieza que cuida el contexto y a la vez reclama el derecho de hablar el lenguaje de su tiempo. Considera importante dialogar con el contexto.

ML: *En un diálogo entre ingredientes locales y sus propias ideas arquitectónicas. Seguramente sabes que Enric Miralles planteó que durante un periodo creyó que la mejor manera de relacionarse con un lugar como arquitecto era diseñar el edificio en otro sitio y después "trasplantarlo" al contexto real...quizás así pudiera ofrecer algo relevante, que mereciera la pena. Pero creo que la manera de enfrentarse a la construcción sigue siendo insuficiente para acercarse a la Arquitectura Radical.*

GP: Lo que ocurre siempre es que las nuevas generaciones juzgan a las generaciones previas (el Futurismo contra el Art Decó introduciendo la tecnología, por ejemplo). Cuando Sottsass empezó a trabajar en el estudio de su padre (que era un racionalista riguroso) como co-fundador del MIAR (Movimento Italiano per l'Architettura Razionale) la retícula y el lenguaje eran estrictamente racionales y organizados. El propio padre luchaba contra el pasado, contra la decoración, el color y el desorden de la naturaleza... Pero cuando el hijo empezó a trabajar en su estudio, y no había nadie alrededor (solo ellos dos), la presencia del hijo empieza a criticar la rigidez de la retícula del padre..... El padre empezará a dejar al hijo que lo critique. Como en mi proyecto Arnolfo, donde reclamas el derecho, mides la presencia de las generaciones precedentes mediante la crítica...porque el trabajo del padre le pertenece a él, son sus conclusiones cuando tenía la edad del hijo. En este caso, Sootsass incluye la componente emocional a la arquitectura. Como en mi proyecto Imprisonment que critica la rigidez de la crítica.

ML: *Pero si la Arquitectura Radical es un movimiento generacional que naturalmente reclama su posición y critica a sus padres..si es una crítica a lo que ha heredado y no acepta, entonces estás de acuerdo con que, en general, vosotros estabais criticando el consumismo, los medios de comunicación de masas, la tecnología, la modernidad arquitectónica y su status quo...etc?*

GP: La crítica de la Arquitectura Radical era la crítica de una generación entera que, después de la II Guerra Mundial, se rebelaba contra todo lo que nos parecía equivocado. Por ejemplo, los jóvenes americanos que se veían obligados a ir a la guerra de Vietnam a miles de kilómetros de los Estados Unidos de América para matar y ser matados por gente que luchaba por su independencia política. Nosotros sentíamos simpatía por ellos y su crítica se propagó.

Los jóvenes americanos decían: "Queridos padres, vosotros habéis decidido hacer esta guerra contra los que son diferentes a nosotros (los comunistas)... pues bien, nosotros nos negamos a ir, id vosotros a luchar esta estúpida guerra". Y también: "queridos padres, estáis maltratando el planeta con esa misma violencia, creéis que el planeta es una papelera gigante pero no.... Esta filosofía de violencia contra los hombres y la naturaleza es vuestra no nuestra. Nuestra filosofía trata de entender la diferencia, por qué son diferentes y dialogar con ellos"... y de cara a los norteamericanos: "no nos resulta nada inspiradora vuestra manera de entender el mundo, preferimos los nativos americanos que nos enseñan a comprender y hablar con la naturaleza y respetarla, también que los humanos somos parte de la naturaleza... no nos tenemos que defender de ella". Piensa que incluso cuando la arquitectura construye un muro con una ventana es para protegerse de ella....la alternativa nómada es mejor, se desplazan y reconocen una arquitectura ya presente en la naturaleza como las cuevas para protegerse o bien inventan sus propias tiendas (los tipis) el Existenzminimum entendido como cualquier otro animal. También nos interesaban los filósofos pacifistas, la India.. los que hablaban de la no violencia.

ML: *¿Entonces proyectos en apariencia tan artificiales, tecnológicos e incluso de ciencia ficción como los de Coop Himmelblau y los de Haus Rucker Co de burbujas serían una manera de imaginar este nuevo diálogo con la naturaleza?*

GP: ¡Si, claro! O bien Fuller con el proyecto de Manhattan o la cúpula del 67 en Montreal ... que es transparente, no rechaza la relación con el contexto, tenemos la obligación de entender el contexto y aplicar la estrategia arquitectónica de relacionarnos con él.

ML: *Lo que ocurre es que hay toda una vertiente en la Arquitectura Radical que es extraordinariamente (al menos en apariencia) formal. Como el Monumento Continuo, la No Stop City, los proyectos austríacos de hinchables en general. ¿Se podría decir entonces que, paradójicamente, hay un* rechazo directo por parte de la Arquitectura Radical contra la arquitectura heredada, contra esa arquitectura moderna que es ciertamente "formal", explícitamente dedicada a la forma arquitectónica y que por eso vosotros os desviasteis hacia una arquitectura "sin forma"?

GP: O con todas las formas, ninguna forma o todas...porque ya no hay rigidez para hacer esa elección. La actividad radical en los 60-70 era así pero más adelante incluso los arquitectos radicales empezaron a ser un poco "formalistas" como Zaha, Hollein, Eisenman... antes luchaban esta batalla del lenguaje propio, pero esa lucha conceptual después se fue diluyendo (olvidada la intensidad y fuerza inicial) hacia algo más "estético".

Cada edificio lucha por una idea, pero la lección de los 60-70 era una lucha por el lenguaje propio que continuaron sólo unos pocos, como Sottsaas como hermano mayor de los arquitectos radicales que nos decía, sin decírnoslo, "la arquitectura no es solo racional, sino también emocional" y que usar diferentes materiales y colores era acertado.

*ML: Entonces la arquitectura moderna era no única (y explícitamente) reductiva sino percibida como un corsé insoportable, ¿es así?*

GP: Eso es. Si lo piensas verás que el racionalismo era una arquitectura que estaba a dieta, que había eliminado muchos alimentos (y era correcto cuando lo hicieron porque era a su vez una lucha contra el exceso Beaux Arts y Liberty) pero para nosotros esta batalla tenía que continuar... sin embargo, cuando empiezas a construir un edificio detrás de otro puede ser que empieces a cometer los errores que habías combatido previamente... el formalismo.

Los AR luchábamos por la libertad del lenguaje, por la ausencia de fronteras... pero en arquitectura ... uno no obtiene de un edificio lo mismo que obtiene de una película de cine, de esa experiencia, de las contribuciones culturales de otras disciplinas... nosotros éramos conceptuales, no formales. La innovación era necesaria, constantemente, con Sootsass, Mendini, Branzi y yo mismo. Hay que amar la arquitectura... pero si la amas no la obligas a vender su cuerpo en el parque, como un chulo, sino que la idealizas.... Amamos la arquitectura y nuestros edificios deben manifestar este amor.

ML: *Pero si la Arquitectura Radical no tiene forma o las tiene todas, y además es un movimiento "natural" que se enfrenta a las ideas heredadas de los padres, entonces cada periodo debe tener sus arquitectos radicales, ¿no es así?. Es más, la arquitectura gótica (como crítica, como búsqueda del lenguaje propio) también es una versión de Arquitectura Radical. En cualquier caso, ¿cómo es un arquitecto radical hoy?*

GP: Pues nosotros buscábamos un lenguaje que pudiera interpretar nuestras ideas, y vosotros tenéis que hacer lo mismo. Tenéis que responder a las preguntas que os hacéis hoy. Debéis traducir vuestras ideas en edificios y preguntaros ¿cómo?, ¿por qué? ¿Cómo resolvemos los problemas de hoy? Quizás en eso consiste ser radical.

ML: *Entonces, si estamos de acuerdo (y lo estamos) con que la arquitectura es un lenguaje, ¿cual sería el proceso de transformación de los problemas actuales desde la arquitectura? Quiero decir dentro de la disciplina, o al menos usando nuestras competencias. Porque no dejamos de ser arquitectos y un pintor tiene sus útiles, un escritor tiene sus herramientas, un cineasta maneja otras...etc.*

GP: Nosotros tenemos más responsabilidad que un pintor, un director de cine...etc, porque si hacen algo que no está hablando, sintonizando el lenguaje de su tiempo entonces de la sala de cine se va al almacén. Sin embargo lo que nosotros hacemos se construye, físicamente y no podemos evitar que esté ahí, ¡porque está!

Sin duda se deberían demoler, y con dinamita, enormes pedazos de superficialidad y anonimato que desprecian al hombre y su contexto.

ML: *Volviendo a que ser radical tiene que ver con detectar los problemas presentes y traducirlos a nuestro idioma. Si vamos a lo más actual y quizás urgente hoy, el COVID, por ejemplo, ¿cómo transformamos y criticamos como arquitectos radicales la desagradable realidad (los problemas actuales) y cómo crees que el mundo está cambiando por ello desde la arquitectura?*

GP: El COVID es el hecho más dramático junto a la guerra. Cada día mueren en Italia más de 500 personas por el virus y eso es la consecuencia de la falta de respeto de los hombres hacia el planeta. El CO-

VID lamentablemente devuelve el equilibro al planeta, porque hemos sustraído elementos primordiales de la tierra, hemos deforestado, hemos contaminado, estamos destruyendo la posibilidad de que los hombres sobrevivamos en este planeta.... y el COVID es una imagen de esto. Como Greta Thunberg cuando fue a la ONU y dijo a los adultos allí presentes de una manera fuerte, incluso violenta: "¿Sabéis lo que estáis haciendo al planeta?", ¿qué posibilidades les dejáis a mi generación?... ¡Ella estaba cabreadísima! ¿Cómo podía no estar así con esta dramática situación?

*ML: Lo entiendo, pero vuelvo al lenguaje: ¿cómo nos relacionamos con estos problemas usando herramientas radicales?, ¿cómo sería una Greta arquitecta?. ¿Sería alguien que, mediante dibujos, diagramas, fotomontajes inocula veneno a los acomodados órganos de las esferas de poder?... ¿un caballo de Troya como los planteados por Archizoom?*

GP: Creo que el foco está también hoy en el planeta. Nuestras intervenciones en el mundo tienen que ser más suaves, menos agresivas... como en mi trabajo que se exhibió en Bruselas. Tenemos que luchar por una intervención en el planeta más respetuosa y preocupada por la naturaleza.

*ML: Pero eso no ha cambiado mucho (lamentablemente), porque sería como el Monumento Continuo de Superstudio, que era una manera irónica de criticar el maltrato hacia el planeta como parte del Green Awareness que nació en ese período.*

GP: Claro. Si continúas nuestra investigación que se inicia en los años 60 y la rastreas hasta la actualidad verás que existe continuidad en esta preocupación por el planeta. Y esto me hace sentir la responsabilidad de seguir hoy con este diálogo con la naturaleza, ¡es nuestra tarea hablar el lenguaje propio y salvar el planeta!

*ML: ¿Estás de acuerdo en que la Arquitectura Radical hoy está incluso de moda?. Creo que es porque se percibe como algo actual, en presente, que está aquí ahora mismo, ¿verdad?. Quizás la abundancia de problemas muy graves y la percepción de cierta inoperancia por parte de instituciones y organismos oficiales nos llevan a agruparnos en pequeños batallones, a contestar desde la indisciplina, ¿no crees?*

GP: Por supuesto, tenemos que ser más radicales hoy que nunca, tenemos que luchar por el planeta y dejarlo con el menor número de problemas que podamos siendo responsables... quizás los científicos lo sean o algunos jóvenes arquitectos actuales que hacen coincidir lo emocional y lo racional para respetar el equilibrio con el planeta.

*ML: Pero creo que hay una diferencia muy notable entre la sostenibilidad y la Arquitectura Radical. Porque no es lo mismo el posicionamiento (más amplio, más crítico, más creativo incluso) de la Arquitectura Radical con el discurso específico de la arquitectura sostenible, creo que no son lo mismo en absoluto. La Arquitectura Radical es lucha, teoría, crítica... creo que es mucho más*

GP: ¡Pues claro! Respetar y cuidar el contexto no significa necesariamente no construir pero si no contribuir a la contaminación. También podemos hacerlo con escritos, charlas, clases en la universidad, exhibiciones en museos. Donde pueden ofrecerse múltiples interpretaciones.

Creo que los últimos 50 años son los más dramáticos, pero recuerda que el COVID mata más gente que las dos guerras mundiales juntas. Es algo que hace pensar, ¿no crees? Desde cualquier profesión y tenemos que ser severos en nuestros análisis sobre el tema.

*ML: Pero la Arquitectura Radical no prestaba mucha atención a la escala. Vosotros diseñabais, muebles, ciudades, formas de habitar otros planetas, edificios, libros. Todo esto para vivir de forma más socialmente útil, pero también más placentera, más bella, más consciente.*

Sigue intacta, creo, la capacidad del arquitecto para lograrlo, sigue estando ahí, con todo su esplendor esperándonos para ser utilizado cuando toque. Vosotros nos legasteis críticas que siguen estando vigentes y son cautivadoras porque no son únicamente textos, ¡es que son proyectos arquitectónicos!

GP: Pero nosotros no teníamos presupuesto, usábamos agua y el frio del ambiente para hacer la Ice House. O la Clay House que fabricamos con algo de arcilla y nuestras manos en una arquitectura efímera que se ha preservado en fotos, videos...etc. Y aún así lo que hacíamos lo hacíamos en directo, con la gente y para la gente... como una especie de cortocircuito cultural.

ML: Entiendo, pero nadie os pedía esto, ¿verdad?, de hecho muchos se molestaban por vuestras ideas. En mi investigación planteo que la indisciplina y el juego son materiales arquitectónicos de primera magnitud, ¿qué opinas?

GP: Ciertamente éramos indisciplinados, sin duda. Y además jugábamos, juegos muy serios. El juego es un ejercicio. Pero nosotros no tenemos que sufrir por la estupidez de nuestros políticos, sino disfrutar, y confiar en los científicos. Ayer fue el día del planeta y los políticos se han comprometido a que para 2050 nos abasteceremos únicamente de energías limpias…. pues habrá que creerles porque han tomado una decisión seria, pero hay que controlarles para ver si cumplen.

ML: Como un arquitecto radical genuino, experto y sabio, ¿le podrías sugerir algo a uno de 2021?

GP: Si. Creo que todo lo que hagamos tiene derecho a ser hecho pero con responsabilidad: el reciclaje, la globalización, tenemos que dejar de obedecer las decisiones criminales de los políticos y tener más conciencia política para salvar nuestro planeta.

Cuando voy a mi cabaña en la playa ya no veo animales, en 30 o 40 años han desaparecido. ¡Ya no están, solo unos pocos peces!

ML: Entonces, si lo más urgente es salvar el planeta (¡desde luego no lo voy a poner en duda!) entonces lo más radical para un arquitecto hoy sería decidir no construir.

GP: Yo he hecho algo parecido…varias veces (risas)

ML: ¿Entonces tenemos que ser más decididos y tomar riesgos?

GP: Exacto, para proteger la naturaleza... porque aunque la ley lo permita, hay que luchar contra esto

ML: ¿Una lucha entonces?

GP: Como la de Greta, que no iba a la escuela pero que ha aumentado la sensibilidad ambiental. ¡Todo esto una niña!

ML: ¿Hace falta ser indisciplinado, entonces?

GP: Absolutamente, incluso cuando conviene o interesa ser disciplinado o una mínima noción de cultura parece que nos obligue a serlo.

ML: *Pero entonces es extraño que la historia de la arquitectura prácticamente no mencione la Arquitectura Radical en sus textos más oficiales (Frampton, Tafuri...), ¿verdad? Se diría que esta lucha no gusta a los relatores oficiales porque a pesar de que sus proyectos son útiles, necesarios o incluso urgentes muchos piensan que sus proyectos o ideas no tienen sentido, que son inútiles. ¿Es una lucha de poderes?*

GP: Cierto. Hace poco me dieron un premio nacional y pensé.... ¿pero cuando me he equivocado yo para merecer esto? ...Y el que me dio el premio me preguntó: ¿en qué te has equivocado? Y yo le dije que cada acto de mi trabajo era la conclusión de un análisis muy serio... el no me respondió y me dio el premio (risas)

ML: *Pero hay muchos que creen que la Arquitectura Radical es un error, ¡una anomalía en general!*

GP: ¡Claro! porque no defiende la profesión, porque el arquitecto debe obedecer las leyes limitativas de su libertad (ya sean del lenguaje arquitectónico o el mental), tú debes obedecer y basta, y no molestar. Si molestas trabajas contra los arquitectos... y yo siempre he molestado, desde que me licencié

ML: *Estoy de acuerdo, quizás la capacidad y voluntad de molestar sea una de las cualidades más importantes de un arquitecto radical. No es preciso estar directamente contra el sistema pero al menos tenemos que sentir la responsabilidad de criticar lo que no nos parece bien... y eso no gusta mucho.*

GP: Cuando diseñamos un edificio que va a durar varias décadas, tenemos que preocuparnos de lo que hacemos y ser críticos con nuestro trabajo... incluso aunque las leyes nos lo permitan, imaginas al director de Mauthausen explicando: "yo obedecía órdenes y por eso he matado 10 millones de personas".

ML: *Y para concluir, ¿qué opinas sobre la clasificación de la Arquitectura Radical en este libro dividida en los 5 capítulos que conoces: Posmodernidad, Ciudad, Arte, Indisciplina y Juego?*

GP: Estoy de acuerdo, lo que tenemos que hacer es que esas categorías se relacionen entre si de forma positiva. Esa clasificación es correcta y tenemos que hacer que coexistan y dialoguen para tener el mejor desarrollo posible. Cada generación tiene el derecho y la labor de hacer lo siguiente, apunta: "El mejor análisis y la mejor traducción en términos arquitectónicos de nuestra situación cultural. No podemos evitar responder, debemos responder a esta pregunta también mediante nuestra profesión".

*ML: Pues me encanta esta labor que tenemos. Gianni, ¿hay algo que nos falte por debatir?*

GP: No, no, creo que hemos hecho un buen repaso. Quizás cerraría diciendo que el radicalismo es un virus que ayuda a luchar contra otros virus como el COVID.

*ML: Magnífico cierre, muchas y radicales gracias.*

# BIBLIOGRAFÍA

AAVV. Casabella, Milán; 1971

AAVV, Revista de ideas estéticas. Madrid; 1972

AAVV. Diccionario metápolis de arquitectura avanzada. Barcelona: Actar; 2001a

AA.VV. Architecture Radicale. Institut d'art contemporaine de Villeurbanne;

2001b

AA.VV. Gianni Pettena. Le métier de l'architecte. Orleans: XYX; 2002

AA.VV. Gianni Pettena. Milán: Silvana Editoriale; 2003

AAVV. Lacaton & Vassal. Barcelona: Gustavo Gili; 2007

AAVV, Breathable. Madrid: Universidad Europea de Madrid; 2008

AAVV, Recordando los sesenta. Madrid: Parragon; 2012a

Abalos, I. Energía y capitalismo. Madrid: Arquitectura Viva 146; 2013

Abraham, R. St Florian, R. L'architettura sperimentale. Roma: Catalogo della

mostra; 1967

Ambasz, E. Italy. The new domestic landscape. Nueva York: Museum of Modern

Art; 1972

Amendola, G. La ciudad posmoderna. Roma: Celeste; 1997

Ant Farm. Proposal for Expo 70. Londres: Architectural Design; 1969

Ant Farm. Inflatocookbook. Sausalito: Rip Off Press; 1970

Ant Farm. Ant Farm, in vita morte e miracoli dell'architettura. Florencia: G&G;

1971

Arce, A. La ironía y su definición (sobre la distancia irónica). La Rioja: Emociones

Thémata; 2000

Archigram. Amazing Archigram four zoom. Londres; 1964

Archilla, D. Metodología del disfrute. Cinco habilidades a desarrollar en el proceso proyectual. Madrid: ETSAM; 2008

Archizoom. Le stanze vuote e i gazebi. Milán: Domus; 1968

Archizoom. Discorsi per immagini. Milán: Domus; 1969

Archizoom. La catena di montaggio del sociale: Ideologia e teoria della metropoli. Milán: Casabella; 1970

Archizoom. No-Stop-City. Milán: Domus; 1971

Archizoom. Utopia della qualità; utopia della quantità. Milán: In; 1971

Arendt, H. La condición humana. Barcelona: Paidós; 2008

Argan, G.C. El arte moderno. El arte hasta el 2000. Madrid: Akal; 1992

Augé, M. Los no lugares. Espacios del anonimato. Antropología sobre la modernidad. Barcelona: Gedisa; 1993

Avedon, E. M. The Structural Elements of Games. New York: John Wiley & Sons; 1971

Bachelard, G. La poética del espacio. Méjico: Fondo de cultura económica; 1965

Balzac, H. La comedia humana. Madrid: Hermida; 2014

Banham, R. El nuevo brutalismo. Londres: Architectural review; 1955

Banham, R. A Home is not a House. Londres: Architectural Design; 1969a

Banham, R. The architecture of the well tempered environment. Chicago: The university of chicago press; 1969b

Banham, R. Megaestructuras. Futuro urbano del pasado reciente. Barcelona: Gustavo Gili; 1978

Banham, R. Teoría y diseño en la primera era de la máquina. Barcelona: Paidós; 1985

Barthes, R. L'analyse structurale du récit, Communications n°8. París: Seuil; 1966

Barthes, R. De l'ouevre au texte. París: Revue d'esthetique; 1971

Barthes, R. La actividad estructuralista. Barcelona: Seix Barral; 1973

Barthes, R. El grado cero de la escritura. Madrid: Siglo XXI; 1997

Barthes, R. El sistema de la moda. Barcelona: Gustavo Gili; 2005

Bataille, G. The Accursed Share, Volume 1: Consumption. New York: Zone Book; 1991

Battcock G. Minimal art: A critical anthology, Los Angeles: University of California press; 1995

Baudelaire, C. Las flores del mal. Madrid: Alianza; 1991

Baudelaire, C. Paris Spleen. Richmond: One world classics limited; 2010

Baudrillard, J. El sistema de los objetos. México D. F: Siglo XXI; 1969

Baudrillard, J. Simulations. Nueva York; 1982

Baudrillard, J. For a critique of the political economy of the sign. San Luis: Telos Press; 1981

Baudrillard, J. El espejo de la producción. St Louis: Telos Press; 1975

Baudrillard, J. El intercambio simbólico y la muerte. París: Gallimard; 1975

Baudrillard, J. Cultura y simulacro. Barcelona: Kairós; 1978

Baudrillard, J. La sociedad de consumo. Sus mitos, sus estructuras. Madrid: Siglo XXI; 2009

Bell, C. The Aesthetic Hypotesis. Londres: Chatto and Windus; 1931

Benevolo, L, Historia de la arquitectura moderna, Gustavo Gili, Barcelona, 1974

Benjamin, W. Discursos interrumpidos I. Buenos Aires: Taurus; 1989

Benjamin, W. Imaginación y sociedad. Buenos Aires: Taurus; 1998

Benjamin, W. La obra de arte en la época de su reproductibilidad técnica. México DF: Itaca: 2003a

Benjamin, W. El azar en Baudelaire. Lainsignia.org; 2003b

Benjamin, W. El libro de los pasajes. Madrid: Akal; 2005

Bergson, H, La evolución creadora. Barcelona: Planeta. 1985

Binazzi, L. Fenomeno radicale. Milán: Modo. 1984

Boesiger, W. Le Corbusier. Barcelona: Gustavo Gili; 1995

Boatto, A. Pop art in USA. Milán: Lerici; 1967

Borges, J. L. Otras inquisiciones. Buenos Aires: Emecé; 1960a

Borges, J. L. El Hacedor. Buenos Aires: Neperus; 1960b

Borges, J. L. El jardín de los senderos que se bifurcan. Buenos Aires: Emecé; 1962

Bradburi, R. Fahrenheit 451. Madrid: MDS books; 2002

Branzi, A. Il ruolo dell'avanguardia 1: La Gioconda sbarbata. Casabella 363; 1972a

Branzi, A. Il ruolo dell'avanguardia 2: L'Africa è vicina. Casabella 364; 1972b

Branzi, A. Il ruolo dell'avanguardia 3: Abitare è facile. Casabella 365; 1972c

Branzi, A. Radical Notes: Strategia dei tempi lunghi. Casabella 370; 1972d

Branzi, A. Global Tools scuola di non-architettura. Tecnologia o eutanasia. Milán: Casabella; 1975

Branzi, A. No-Stop City. Archizoom Associati. Orleans: HYX; 2006

Branzi, B. Radical Design, in Anni Settanta. Il decennio lungo del secolo breve. Milán: Skira; 2007

Branzi, A. Una generazione esagerata. Dai radical italiani alla crisi della globalizzazione. Milán: Baldini&Castoldi; 2014

Brayer, M. A. Migayrou, F. Arquitectures Expérimentales 1950-2000. Orleans: HYX; 2003

Breitwieser, S. Pichler. Prototypen/Prototypes. 1966-1969. Cat. exp. Vienna/Salisburgo; 1998

Breschi, A. Fiorenzuoli, G. Pecchioli, R. Due tesi di laurea dello studio Zzigurat. Milán: Controspazio; 1971

Brinton, C. The Shaping of Modern Mind. Nueva York: The new american library; 1953

Burke, E. Indagación filosófica sobre el origen de las ideas acerca de lo sublime y lo bello. Madrid: Altaya; 1995

Burns, J. Arthropods. Londres: Academy; 1972

Caillois, R. Man, Play, and Games. New York: The Free Press; 1962

Capitel, A. Kenzo Tange y los Metabolistas. Madrid: Asimétricas; 2010

Carboni, M. Ettore Sottsass jr. '60-70. Orleans: HYX; 2006

Cardini, F. Florence is the next Florence, Una strategia per il contemporáneo a Firenze: Florencia; 2013

Celant, G. Ugo La Pietra. Milán: Casabella; 1967

Celant, G. Senza titolo. Milán: In; 1971

Celant, G. Arti e architettura. Milán: Skira; 2004

Chalk, W, El grupo Archigram, Cuadernos Summa-Nueva visión, Buenos Aires, 1968

Colomina, B y Buckley, C. Climp Stamp Fold. The radical architecture of Little magazines 196x to 197x. Barcelona: Actar; 2010

Colquhoun, A. Arquitectura moderna y cambio histórico. Barcelona: Gustavo Gili; 1978

Colquhoun, A. La arquitectura moderna. Una historia desapasionada. Barcelona: Gustavo Gili; 2005

Conde, Y. Arquitectura de la indeterminación. Barcelona: Actar; 2000

Connor, S. Cultura posmoderna. Introducción a las teorías de la contemporaneidad. Madrid: Akal, 1996

Cook, P. Archigram. Nueva York: Princeton Architectural Press; 1999

Cook, P. Experimental architecture. Nueva York: Universe books; 1970

Cook, P. Archigram, Studio Vista, 1972

Cook, P. Drawing, the motive force of architecture. Chechister: Wiley; 2008

Cook, P. El grupo Archigram, Cuadernos Summa-Nueva visión, Buenos Aires, 1967

Cook, P. Hedjuk, J; and Binet, H. The House of the Book: Building, Zvi Hecker. London: Black Dog, 1999

Cook, P. Primer. Academy Editions, Londres, 1996

Cortázar, J. Rayuela. Madrid: Bibliotex; 2001

Cortés, J. A. Modernidad y arquitectura. Valladolid: Secretariado de publicaciones e intercambio editorial; 2003a

Cortés, J. A. Nueva Consistencia. Valladolid: Universidad de Valladolid; 2003b

Crimp, D. The photographic activity of Postmodernism. Nueva York: October 15; 1980

Croce, B. Estética. Málaga: Ágora; 1997

Crompton, D, Concerning Archigram, Archigram Archives, 1999

Crompton, D y Herron, R, Archigram: Architecture Now, Martins Press, 1980

Crosby, T. El Superitaly. Londres: Architectural Design; 1975

Crow, T. El esplendor de los sesenta. Madrid: Akal; 2001

Curtis, W. La arquitectura moderna desde 1900. Londres: Phaidon; 1986

Dalisi, R. Radicalmente, tornare ai fulcri generativi dell'architettura. Roma: Kappa; 2004

Davies, C. The Prefabricated Home. London: Reaktion Press; 2005

Debord, G. La sociedad del espectáculo. Valencia: Pre-Textos; 1999.

Debord, G-E. Theory of the Dérive. Paris: Internationale Situationniste; 1958

De Fusco, R. Ma sono progetti senza cantieri. Milán: La Repubblica; 1976

Deganello, P. 1968-XIV Triennale, della constestazione. Milán: Casabella; 1974

De Landa, M, Guerra en la Era de las Máquinas inteligentes, Zone Books; 1991

Deleuze, G, El pliegue. París: Paidós, 1989

De Lucchi, M. Progetti di abitazioni verticali. Nuovi comportamenti all'interno della casa. Florencia: Il Candelaio edizioni; 1978

Derrida, J. La escritura y la diferencia. Barcelona: Anthropos; 1989

Derrida, J. Mémoires d'aveugle. L'autoportrait et autres ruines. París: Réunion des musées nationaux; 1990

Dostoievski, F. El idiota. Madrid: Alianza; 2004

Durand, J.N.L. en Hernández, Antonio, J.N.L. Durands architectural theory. New Haven: Perspecta; 1969

Eisenman, P. Appunti sull'architettura concettuale. Verso una definizione. Milán: Casabella; 1971

Ellmann, R y Feidelson, Ch. The Modern Tradition. Background of Modern Literature. Nueva York: Oxford University Press; 1965

Espuelas. F. Un futuro sin memoria. Barcelona: DC Papers; 2012

Esteban Penelas, J.L. Superlugares. Madrid: Rueda ediciones; 2007

Ferriss, H. Power in Buildings. New York: Columbia University Press; 1953

Feuerstein, G. Visionary Architecture in Austria in the Sixties and Seventies. Inspirations, Influences, Parallels. Ritter: Klagenfurt; 1996

Feuerstein, G. Urban fiction. Strolling through ideal cities from antiquity to the present day. Stuttgart: Axel Menges; 2008

Fiell, C&P. Decorative Art in the 60s. Köln: Taschen; 2013

Foster, H. La posmodernidad. Barcelona: Kairós, 1985

Foster, H. El retorno de lo real. La vanguardia a finales de siglo. Madrid: Akal, 2001

Foucault, M. Las palabras y las cosas: Una arqueología de las ciencias humanas. París: Gallimard; 1966

Foucault, M. Utopias y Heterotopias, Londres: Neil; 1997

Foucault, M. La arqueología del saber, Buenos Aires: Siglo XXI; 2002

Frampton, K. Modern architecture. A critical history. Londres: Thames and Hudson; 1980

Frampton, K. Historia crítica de la arquitectura moderna. Barcelona: Gustavo Gili; 1998

Frampton, K. Apuntes sobre la cultura arquitectónica británica 1945-1965/ el estatus del hombre y el estatus de sus objetos. Pamplona: T6) Ediciones; 2012

Freud, S. Obras completas, Buenos Aires: Amorrortu; 1982

Fried, M. Three American painters, Cambridge; 1965

Fried, M. Absortion and theatricality: Painting and beholder in the age of Diderot, Berkeley: University of California press; 1980

Frisch, M, Homo faber. Un informe. Barcelona: Seix Barral; 1968

Fuller, R. Buckminster. The World Game: Integrative Resource Utilization Planning Tool. Carbondale, Chicago: Southern Illinois University; 1971

Gadamer, H.G. Verdad y método. Salamanca: Sígueme ediciones; 1977

Gadamer, H. G. La actualidad de lo bello. El arte como juego, símbolo y fiesta. Madrid: Paidós ibérica; 1991

García-Germán, J. Estrategias operativas en arquitectura. Técnicas de proyecto de Price a Koolhaas. Buenos Aires: Nobuko; 2012

García González, C. Lugarizando Exodus. Madrid: Circo; 2011

García González, C. Atlas de Exodus. Tesis doctoral: ETSAM; 2014

Gargiani, R y Lampariello, B. Superstudio. Bari: Laterza; 2010

Gargiani, R. Dall'onda pop alla superficie neutra. Archizoom associati 1966-1974. Milano: Mondadori Electa; 2007

Giedion, Siegfried. Space, Time & Architecture: The Growth of a New Tradition. Cambridge: Harvard University Press; 1941

Global Tools, Documento 1. Casabella 377; 1973a

Global Tools, Global Tools. Milán: Casa Vogue; 1973b

Greenberg, C. Modernist Painting, Arts yearbook 4, 1961

Greenberg, C. Modern and Postmodern, Arts yearbook 54, 1980

Grimaldi, R. R. Buckminster Fuller 1895-1983. Roma: Officina Edizioni; 1990

Habermas, J. Legitimation crisis. Londres: Heinemann; 1976

Habermas, J. La modernidad. Un proyecto inacabado. Buenos Aires: Punto Sur; 1989

Habermas, J. El discurso filosófico de la modernidad. Madrid: Taurus; 1993

Harvey, D. La condición de la posmodernidad: Investigación sobre los orígenes del cambio cultural. Buenos Aires: Amorrortu editores, 1998

Hassan, I. The dismemberment of Orpheus: Towards a Postmodern Literature. Nueva York: OUP; 1982

Hassan, I. The postmodern turn: Essays in postmodern theory and culture. Ohio: OUP; 1987

Haus Rucker Co. Cover. Catalogo della mostra. Krefeld: Museum Hans Lange; 1971a

Haus Rucker Co. Haus Rucker Co. Londres: Architectural Design; 1971b

Hegel, G. W. F. Lecciones sobre la estética. Madrid: Akal; 1989

Herron, R. Archigram, Princeton Architectural Press, Nueva York, 1999

Hitchcock, H.R y Johnson, P. The international style. Londres: W.W. Norton & Company; 1932

Hess, Alan. Viva Las Vegas: After-Hours Architecture. San Francisco: Chronicle Books; 1993

Hollein, H. Transformations. Londres: Arts and Architecture; 1966

Hollein, H. Alles ist Architektur. Viena: Bau; 1968

Hollein, H. Todo es arquitectura. Viena: Architectural Design 2; 1970

Houellebecq, M. El mapa y el territorio. Barcelona: Anagrama; 2011

Huizinga, J, Homo ludens. Madrid: Alianza; 1972

Huxley, A. Un mundo feliz. Barcelona: Debolsillo; 2005

Jameson, F. Postmodernism and consumer society. Nueva York: Whitney Museum; 1982

Jameson, F. The politics of theory: Ideological positions in the Postmodernist debate. Nueva York: New German Critique; 1984

Jameson, F. Reading without interpretation. Postmodernism and the video text, en the linguistics of writing: arguments between language and literatura. Manchester: Derek Attridge; 1987

Jameson, F. El posmodernismo o la lógica cultural del capitalismo avanzado. Barcelona: Paidós; 1991

Jameson, F. Las semillas del tiempo. Madrir: Trotta; 2000

Jarauta, F. Arquitectura Radical. Las Palmas de Gran Canaria: La Imprenta; 2002

Jarauta, F. Construir la ciudad genérica. Barcelona: DC papers; 2012

Jencks, C. The supersensualists. Londres: Architectural Design 6; 1971

Jenks, C. Postmodern architecture. Londres: Academy editions; 1977

Jenks, C. Modern movements in architecture. Londres: Palikan; 1973

Jenks, C. El lenguaje de la arquitectura Posmoderna. Barcelona: Gustavo Gili; 1980

Jencks, C. What is Postmodernism. Londres: Academy editions; 1986

Jencks, C. Interview with Charles Jencks. Londres: Academy editions; 1987

Jencks, C. The evolutionary tree. Londres: Architectural design n°11/70, 2000

Johnson, P. The seven crutchs of Modern Architecture. New Haven: Perspecta; 1955

Kafka, F. Informe para una academia. Madrid: Akal; 1985

Kaufmann, E. Three Revolutionary architects, Boullée, Ledoux and Lequeu, Filadelfia: The american philosophical society; 1952

Kaufmann, E. Bernet, R. De Ledoux a Le Corbusier. Origen y desarrollo de la arquitectura autónoma, Barcelona: Gustavo Gili; 1982

Koolhaas, R y Mau, B. SMLXL. Italia: Evergreen; 1995

Koolhaas, R, Globalización. Londres: Bruyn, Gerd & Trüby; 2003

Koolhaas, R, Delirio de New York, Barcelona: Gustavo Gili, 2004a

Koolhaas, R. Content. Colonia: Taschen; 2004b

Koolhaas, R y Obrist, H. U. Project Japan. Metabolism Talks. Koln: Taschen; 2011

Krauss, R. Sculpture in the expanded field. Nueva York: October; 1979

Krauss, R. La original de la vanguardia y otros mitos modernos. Madrid: Alianza Forma; 1996

Krauss, R. Pasajes de la escultura moderna. Madrid: Akal; 2002

Kuhn, T. La estructura de las revoluciones científicas. México D.F: Fondo de cultura económica; 1971

Lachmayer, Herbert, A Guide to Archigram: 1961-1974, Londres: Wiley-Academy; 1994

Lang, P y Menking, W. Superstudio. Life without objects. Milán: Skira; 2003

La Pietra, U. Il sistema disequilibrante. Milán: Galleria Toselli; 1970

La Pietra, U. Abitare la città. Ricerche, interventi, progetti nello spazio urbano dal 1962 al 1982. Florencia: Alinea; 1982

La Pietra, U. Habiter la ville. Orleans: HYX; 2009

Lash, S. Postmodernism as a régimen of signification, theory, culture and society. Londres; 1988

Latour, B. We have never been modern. Cambridge. Harvard university press: 1993

Le Corbusier. Hacia una arquitectura. Barcelona: Apóstrofe; 1998

Le Corbusier. Cómo concebir el urbanismo. Buenos Aires: Ediciones Infinito; 2006

Levi-Strauss, C. Tristes tópicos. Paidós, Barcelona; 1988

Lipovetsky, G. Los tiempos hipermodernos. Barcelona: Anagrama; 2006

Loos, A. Ornamento y delito. Barcelona: Gustavo Gili; 1972

Lyotard, J-F. La condición posmoderna. Madrid: Cátedra; 1984

Lyotard, J-F. La posmodernidad (explicada a los niños). Barcelona: Gedisa; 1987

Maderuelo, J. La idea de espacio en la arquitectura y el arte contemporáneos 1960-1989. Madrid: Akal; 2008

Malaparte, C. Kaputt. Barcelona: Galaxia Gutenberg; 2010.

Mallarmé, S. Antología. Madrid: Visor libros; 2009

Marchán Fiz, S. Del arte objetual al arte de concepto. Epílogo sobre la sensibilidad "postmoderna". Madrid: Akal; 1972

Marchán Fiz, S. Contaminaciones figurativas. Madrid: Alianza Forma, 1986

Martínez, P. Andrea Branzi y la "cittá senza architettura". De la No-Stop City a los Modenos de Urbanización Débil; Tesis doctoral: ETSAM; 2014

Marx, K. El 18 brumario de Luis Bonaparte. Madrid: Federico Engels; 2003

McLuhan, Marshall, The Mechanical Bride: Folklore of Industrial Man. New York: The Vanguard Press; 1951

McLuhan, Marshall, The Medium is the Message. New York: Random House; 1967

McLuhan, M y Powers, B.R. La aldea global. Barcelona: Gedisa; 1993

Melville, H. Moby Dick. Almería: Perdidas; 2010

Mendini, A. L'architettura sperimentale. Milán: Casabella; 1967

Mendini, A. Radical design. Segrate: Casabella 367; 1972

Merleau-Ponty, M. Fenomenología de la percepción. Barcelona: Península; 1975

Merleau-Ponty, M. Lo visible y lo invisible. Buenos Aires: Nueva visión; 2010

Migayrou, F. Menna, Z. Architectures non standard. París: Pompidou; 2003

Missing Link. Arbeitsbericht Projekte 1970-1972. Viena; 1972

Mitscherling, J. Hegelian elements in Gadamer's notions of application and play. Londres: Man and World; 1992

Montaner, J.M. Sistemas arquitectónicos contemporáneos. Barcelona: Gustavo Gili; 2008

Montaner, J. M. Después del movimiento moderno, arquitectura de la segunda mitad del siglo XX. Barcelona: Gustavo Gili; 1993

Moreno Mansilla, L y Tuñon, E. Escritos circenses. Barcelona: Gustavo Gili; 2005

Mullin, S. Ant Farm strikes again. Londres: Architectural Design; 1970

Mumford, L. La ciudad en la historia, Logroño: Pepitas de calabaza; 2012

Musil, R. El hombre sin atributos. Barcelona: Seix Barral; 1969

Natalini, A. Monstrum. Florencia: Bolletino degli ingegneri; 1968a

Natalini, A. Savioli, L. Arte visive e spazio di coinvolgimento. Segrate: Casabella; 1968b

Natalini, A. Abitare con libertà. Milán: Casa Vogue; 1969

Natalini, A. Le Dream House di Raimund Abraham. Milán: Domus; 1971

Natalini, A. Italy: the new domestic landscape. Architectural Design 8; 1972

Natalini, A. Adolfo Natalini. Architettore. Lucca: Fondazione centro studi sull'arte Licia e Carlo Ludovico Ragghianti; 2002

Natalini, A y Lang, P, Ibelings, H. Heynen, H. Superstudio: The Middelburg lectures. Zeeuws Museum; 2005

Navone, P y Orlandoni, B. Architettura "radicale". Segrate: Documenti di Casabella; 1974

Newman, C. The postmodern aura: the act of fiction in an age of inflation. Evaston: Northwestern UP; 1985

Nieuwenhuys, C. New Babylon: An Urbanism of the Future." Architectural Design; 1964

Noever, P. Coop Himmelb(l)au. Beyond the blue. Munich: Prestel; 2007

Norberg-Schulz, Christian. Genius Loci: Towards a Phenomenology of Architecture. London: Academy Editions; 1980

O'Brian, J. Collected Essays and criticism. Chicago: University of Chicago Press; 1995

Obrist, H.U. Re:CP. Basilea: Birkhäuser; 2003

Ockman, J. Architecture culture. 1943-1968. Nueva York: Rizzoli; 1993

ONYX. Calendar. Manifesto; 1969

Orlandoni, B. y Vallino, G. Dalla città al cucchiaio. Saggi sulle nuove avanguardie nell'architettura e nel design. Torino: Studio Forma; 1977

Orwell, G. Animal Farm. Barcelona: Destino; 2003

Orwell, G. 1984. Barcelona: Destino; 2006

Owens, C. The allegorical impulse. Towards a Theory of Postmodernism. Cambridge: MIT Press; 1980

Peintner, M. Three for the future. Londres: Architectural Design; 1970a

Peintner, M. Live. Londres: Architectural Design; 1970b

Peintner, M. Snuk off. Londres: Architectural Design; 1970c

Peintner, M. Spaces. Londres: Architectural Design; 1970d

Peintner, M. Superstudio. Londres: Architectural Design; 1970e

Perniola, M, Los Situacionistas. Madrid: Acuarela; 2008

Pettena, G. A Firenze grandi oggetti nel vuoto di una stanza. Milán: Domus; 1969

Pettena, G. Grass architecture; imprisonment; Paper architecture, in vita morte e miracoli dell'architettura. Florencia: G&G; 1971

Pettena, G. L'anarchitetto. Florencia: Guaraldi; 1973

Pettena, G. Superstudio, 1966-1982. Storie, figure, architettura. Firenze: Electa; 1982

Pettena, G. La città invisibile. Architettura sperimentale 1965/75. La critica e gli scritti del "radicale". Firenze: Servizio Editoriale; 1983

Pettena, P. Hans Hollein. Opere 1960/1988. Milán: Ideabooks; 1988

Pettena, G. Radicals. Architettura e design 1960/75. Firenze: Il Ventilabro; 1996

Pettena, G. Sottsass. Florencia: m&m; 1999a

Pettena, G. Archipelago. Architettura sperimentale 1959-1999. Florencia: Maschietto e Musolino; 1999b

Pettena, G. Radical Design. Ricerca e Progetto dagli anni '60 a oggi. Florencia: m&m; 2004

Pettena, G. Vienna e dintorni. Milano: Vanilla edizioni; 2012

Pettena, G. Vienna e dintorni. Milano: Vanilla edizioni; 2012

Pevsner, N. Pioneros del diseño moderno: De William Morris a Walter Gropius, Buenos Aires: Infinito; 2000

Pichler, W. Pichler. Salzburgo: Residenz; 1971

Piñón, H. Reflexión histórica de la arquitectura moderna. Barcelona: Península; 1981

Pivano, F. Beat hippie yippie- dall'underground alla controcultura. Roma: Arcana; 1972

Platón. Diálogos I. Madrid: Gredos; 1985

Poe, E. A. Relatos. Madrid: Cátedra; 2000

Poe, E. A. Historias extraordinarias. Madrid: Akal; 2004

Porsch, J (ed.). The Austrian Phenomenon. Architecture, Avantgarde, Austria 1956-1973. Viena: Birkhauser; 2009

Portoghesi, P. Le inibizioni dell'architettura moderna. Bari: Laterza; 1974

Portoghesi, P. After Modern Architecture. Nueva York: Rizzoli; 1982

Price, C. Potteries Thinkbelt. Londres: Architectural Design; 1966

Prix, W. D. Coop Himmelblau. Complete Works 1968-2010. Colonia: Taschen; 2008

Quetglas, J. Pasado a limpio I. Valencia: Pre-textos; 2002

Quetglas, J. Pasado a limpio II. Valencia: Pre-textos; 2001

Racionero, Q. Construir la diferencia. Madrid: UNED; 2005

Raggi, F. Poesia contro retorica. Il concorso per il nuovo cimitero di Modena. Milán: Casabella; 1972

Raggi, F. Architettura d'Opposizione. Milán: Casabella; 1974

Ramirez, J. A. Duchamp. El amor y la muerte, incluso. Madrid: Siruela; 1993

Ramirez, J. A. Modernidad y arquitectura. Valladolid: Universidad de Valladolid; 2003

Read, H. Orígenes de la forma en el arte. Buenos Aires: Proyección; 1967

Redon, O. À soi-même. Journal 1867-1915. París: José Cortí; 1989

Richardson, S, Peter Cook: Beyond Archigram: A Bibiliography, Londres: Vance Bibiliographies, 1999

Rorty, R. Contingencia, ironía y solidaridad. Madrid: Paidós; 1991

Rorty, R. La filosofía y el espejo de la naturaleza. Madrid: Cátedra; 2010

Rossi, A. La arquitectura de la ciudad. Barcelona: Gustavo Gili; 2011

Rowe, C y Koetter, F. Collage city. Londres: Architectural Review; 1975

Rowe, C. Manierismo y arquitectura moderna y otros ensayos. Barcelona: Gustavo Gili; 1978

Rui, A. Ugo La Pietra. Progetto disequilibrante. Milano: Corraini: 2014

Sadler, S. Archigram. Architecture without architecture. Cambridge: MIT publishing; 2005

Salz der Erde. Teatro della strada. Milán: In; 1971

Sancho, J.C. El sentido cubista de Le Corbusier. Madrid: Munilla-Lería; 2000

Saramago, J. La balsa de piedra. Madrid: Alfaguara; 1999

Sartre, J. P. El ser y la nada. Buenos Aires: Losada; 2013

Savioli, L. Ipotesi di spazio. Florencia: G&G; 1972

Smithson, A y P. But today we collect ads. París: L'architecture d'aujourd'hui; 2003

Smithson, P. Conversaciones con estudiantes. Barcelona: Gustavo Gili; 2004

Soriano, F. Es pequeño, llueve dentro y hay hormigas, Barcelona: Actar; 2000

Soriano, F, Sin_tesis. Barcelona: Gustavo Gili; 2004

Sota, A, Alejandro de la Sota, Arquitecto. Madrid: Pronaos; 1989

Sottsass Jr. E. Gli Archizoom. Milán: Domus; 1967a

Sottsass Jr. E. In un soggiorno semplice. Milán: Domus; 1967b

Sottsass Jr. E. Mémoires di panna montata: Londra. Milán: Domus; 1967c

Sottsass Jr. E. Nuovi mobile: gli Archizoom "Gazebo's inc. export import. Milán: Pianeta Fresco; 1967d

Sottsass Jr, E. Il pianeta come festival. Milán: Casabella; 1972

Spiller, N. Visionary architecture. Londres: Thames and Hudson; 2006

Stauffer, M.T. Figurationen des utopischen. Archizoom und Superstudio. Munich: Deutscher Kunstverlag; 2008

Steinberg, L. Other Criteria. Confrontations with Twentieth-Century Art. Oxford: Oxford University Press; 1972

Steiner, D. Arquitectura en Austria. Una visión del siglo XX. Barcelona: Actar; 1998

Steiner, D. The austrian phenomenon. Architektur Avantgarde Österreich 1956-1973. Viena: Birkhäuser; 2013

St Florian, F. Imaginary architecture. Catalogo della mostra. Moderna Museet: Estocolmo; 1969

Street Farmer. Street Farmer 1. Londres; 1971

Superstudio. Discorsi per immagini. Milán: Domus; 1969a

Superstudio. Superstudi: lettera da Graz. Una mostra sul tema: Architettura eLibertà. Milán: Domus; 1969b

Superstudio. Stare insieme fuori di casa. Florencia: Abitare; 1969c

Superstudio. Superstudio. Tre architetture nascoste. Milán: Domus; 1969d

Superstudio. Design d'invenzione e Design d'evasione. Milán: Domus; 1969e

Superstudio. Per Osaka. Milán: Domus; 1969f

Superstudio. Superstudio. Progetti e Pensieri. Milán: Domus; 1969g

Superstudio. Hidden architecture. Londres: Design Quaterly; 1970a

Superstudio. Superstudio. Londres: Architectural Design; 1970b

Superstudio. The Continuous Monument series. An architectural image for total urbanization. Tokio: Japan Interior Design; 1970c

Superstudio. Distruzione, metamorfosi e ricostruzione degli oggetti. Milán: IN; 1971a

Superstudio. The 12 ideal cities. Tokio: Toshi Jutaku Urban Housing; 1971b

Superstudio. Twelve cautionary tales for Christmas. Premonitions fo the mystical rebirth of urbanism. Londres: Architectural Design; 1971c

Superstudio. Il monumento continuo/storyboard per un film. Milán: Casabella; 1971d

Superstudio. L'Architettura Riflessa. Milán: Casabella; 1972a

Superstudio. Supersuperficie. Milán: Rassegna; 1972b

Superstudio. Vita, Educazione, Cerimonia, Amore e Morte: Cinque storie del Superstudio. Milán: Casabella; 1972c

Superstudio. Superstudio & Radicals. Tokyo: Japan Interior Inc; 1982 Tafuri, M. Architecture and Utopia. Design and Capitalistic development. Cambridge: MIT; 1976

Tafuri, M. Teorías e Historia de la Arquitectura. Madrid: Celeste; 1997

Terzic, M. Mario Terzic. Catalogo della mostra. Viena: Galería nachst St. Stephan; 1972

Tomkins, C. Marcel Duchamp. Una biografía. Barcelona: Anagrama; 1999

Toraldo di Francia, C. Lo spazio di vendita. Milán: Domus; 1981

Toraldo di Francia, C. Architecture, archetypes and place. Florencia: California State University; 1986

Toraldo di Francia, C. Fabbriche hibride. Florencia: Alinea; 2002

Trini, T. Masaccio a Ufo. Milán: Domus; 1968

Tschumi, B. Architettura e Disgiunzione. Bolonia: Pendragon; 2005

UFO. Effimero urbanístico scala 1/1. Florencia: Marcatre; 1968a

UFO. Urboeffimeri avvenenti scala 1/1. Florencia: Marcatre; 1968b

UFO. Della parodia. Milán: Domus; 1971

UFO. Ufo Story. Catalogo mostra. Preto: Museo Pecci; 2012

Valéry, P. Eupalinos o el arquitecto. El alma y la danza. Madrid: Machado; 2004

Vattimo, G y Rovatti, P. A. Il pensiero debole. Milán: Feltrinelli; 1983

Vattimo, G. El fin de la modernidad. Nihilismo y hermeneútica en la cultura posmoderna. Barcelona: Gedisa; 1986

Venturi, R y Scott-Brown, D. Aprendiendo de todas las cosas. Arte y comento: Bilbao: 1971

Venturi, R. Complejidad y contradicción en arquitectura. Barcelona: Gustavo Gili; 1974

Venturi, R. Izenour, S. Scott Brown, D. Aprendiendo de Las Vegas. El simbolismo olvidado de la forma arquitectónica. Barcelona: Gustavo Gili; 1998

Vidler, A. Historias del presente inmediato. La invención del movimiento moderno arquitectónico. Barcelona: Gustavo Gili; 2011

Vidotto, M. Alison + Peter Smithson. Obras y proyectos. Barcelona: Gustavo Gili; 1997

Viollet Le Duc, Eugene, Entretiens sur l'architecture, París, 1863

Virilio, P. La estética de la desaparición. Barcelona: Anagrama; 1988

Vitruvio, Marco, Los diez libros de la arquitectura, Alianza Forma, Madrid, 1995

Wallis, B. Arte después de la modernidad. Nuevos planteamientos en torno a la representación. Madrid: Akal; 2001

Webb, M. Drive-in Housing, Suitaloon, Londres: Architectural Design; 1968

Webb, M. Archigram. Nueva York: Princeton Architectural Press; 1999

Zabalbeascoa, A y Rodríguez, J. Minimalismos, un signo de los tiempos. Madrid: Aldeasa; 2001

Zevi, B. Historia de la arquitectura moderna. Buenos Aires: Emecé; 1954

Zevi, B. Al cimitero c'é un'assemblea. Milán: L'Espresso; 1977 9999. Happening progettuale. Milán: Casabella; 1969a 9999. Las Vegas. Milán: Casabella; 1969b

www.ingramcontent.com/pod-product-compliance
Lightning Source LLC
Chambersburg PA
CBHW020217240426
43672CB00006B/340